A Brief History of the Overseas Dissemination of Chinese Culture

中华文化海外传播简史

武斌 著

山东人民出版社 · 济南

国家一级出版社 全国百佳图书出版单位

图书在版编目（CIP）数据

中华文化海外传播简史 / 武斌著 . — 济南：山东人民出版社，2022.3（2024.5重印）
　ISBN 978-7-209-13596-2

Ⅰ.①中… Ⅱ.①武… Ⅲ.①中华文化－文化传播－文化史 Ⅳ.①G125

中国版本图书馆CIP数据核字(2022)第029675号

中华文化海外传播简史
ZHONGHUA WENHUA HAIWAI CHUANBO JIANSHI

武斌　著

主管单位	山东出版传媒股份有限公司
出版发行	山东人民出版社
出 版 人	胡长青
社　　址	济南市市中区舜耕路517号
邮　　编	250003
电　　话	总编室（0531）82098914
	市场部（0531）82098028
网　　址	http://www.sd-book.com.cn
印　　装	山东临沂新华印刷物流集团有限责任公司
经　　销	新华书店

规　　格	16开（170mm×240mm）
印　　张	29.5
字　　数	430千字
版　　次	2022年3月第1版
印　　次	2024年5月第2次
印　　数	4001—5500
ISBN	978-7-209-13596-2
定　　价	120.00元

如有印装质量问题，请与出版社总编室联系调换。

前　言

一

公元1774年，也就是清朝乾隆三十九年，远在巴黎的著名经济学家魁奈去世了。在魁奈的葬礼上，魁奈的学生弥拉波发表了一篇深情的演说。弥拉波把魁奈与中国的孔子联系起来，说：

> 孔子的整个教义，在于恢复人受之于天，而为无知和私欲所掩蔽的本性的光辉和美丽。因此他劝国人信事上帝，存敬奉戒惧之心；爱邻如己，克己复礼，以理制欲。非理勿为，非理勿念，非理勿言。对这种宗教道德的伟大教言，似乎不可能再有所增补；但最主要的部分还未做到，即行之于大地；这就是我们老师的工作，他以特别聪睿的耳朵，亲从我们共同的大自然母亲的口中，听到了"纯产品"的秘理。[①]

弥拉波和魁奈的其他弟子都把魁奈称为"欧洲孔子"。在那个时代，被称为"欧洲孔子"的还有法国大文豪伏尔泰、英国哲学家大卫·休谟等人，这意

[①] 〔德〕利奇温著：《十八世纪中国与欧洲文化的接触》，朱杰勤译，商务印书馆1962年版，第92—93页。

味着他们被看作是当时最有学问的人，而且他们都对中华文化有着强烈的倾慕之情，是中华文化的赞誉者和推崇者。弥拉波在魁奈葬礼上的演说，以信奉孔子学说为魁奈盖棺定论，反映了魁奈的思想学说与中国古代学术思想之间的密切关系，而这一点正是魁奈以及整个重农学派的重要理论特征。魁奈对孔子学说和中华文化极为推崇，而魁奈本人则被他的弟子们视为孔子事业的直接承继人。有一位法国学者分析说，重农学派毫无疑义地受到中华文化的影响，并且把孔子视为学者的理想化身。

不仅是重农学派，在整个18世纪的启蒙运动中，许多思想家都受到中华文化的深刻影响。那时正是中华文化在欧洲广泛传播并深受推崇的时代，是中华文化深刻影响了启蒙运动并直接推动了欧洲历史进程的时代。在启蒙思想家们的眼里，遥远的中国是他们梦想的地方，是一个乌托邦的理想样板，而作为中华文化精神代表的孔子，则是人类智慧的化身，在欧洲获得了极大的声望，被誉为"启蒙运动的守护神"。就像一个医生，如果被称为他所处时代的希波克拉底就是给予他最高赞誉一样，如果认为哪一位思想家是他所处时代最有智慧、最有学问的人，人们就称他为这个时代的"孔夫子"。

所以，像魁奈、伏尔泰、大卫·休谟那样被称为"欧洲孔子"，则是那个时代能够给予他们的莫大荣耀。他们是那个时代领先思想潮流的学者的典范，也都是与中华文化有着深厚思想渊源的思想家。

二

16—18世纪，是中华文化在欧洲传播的一个高潮时期。中华文化的伟大，体现为它的丰富辉煌、博大精深、源远流长，还体现为它在世界文明中举足轻重的地位、传播于各地的广泛影响以及对人类历史的宝贵贡献。

中华文化是在与世界各民族文化的广泛交流中成长和发展的。横贯欧亚大陆的丝绸之路，为各民族、各文化区之间的交往和交流提供了巨大的载体。中华文化具有全面开放的广阔胸襟和兼容世界文明的恢宏气度，通过丝绸之路，中华文化广泛地学习和吸收人类文明的一切优秀成果；也是通过丝绸之路，中华文化广泛地传播于世界各地。这样，中华文化就不仅属于中国，而且属于世界，成为世界文化的组成部分，并且是举足轻重的组成部分。

在几千年漫长的历史进程中，中华文化滋养哺育了世世代代的中国人，塑造了中国人的精神世界和文化家园。同时，它也持续地向海外广泛传播，近则泽被四邻，如朝鲜、日本和越南，它们世受华风濡染而成为东亚文化圈的成员；远则经中亚、西亚而传至欧洲，或越大洋而传至美洲，在那些遥远的地方引起一阵阵文化冲击。中华文化以自己的光辉辐射四方，通过种种直接的和间接的途径，广泛传播于世界各地，使中华民族的文化变为全人类的共同财富，促进了世界各民族文化的进步和繁荣。

中华文化向海外传播的历史相当悠久。早在中华文化的草创时期，其就与外部世界有了初步的接触和交往，并在周边一些地方留下了文化传播的遗迹。随着中华文化自身的发展、成长和成熟，随着交通的发达、对外交往的扩大，中华文化向海外传播的内容更为丰富了，传播的范围更加广泛了，它所产生的影响也就越来越大了。

在历史上，中华文化在海外的传播，有几次大的高潮。第一次是在汉代，特别是汉武帝时期开辟丝绸之路以后。汉帝国疆域广大，中华文化的基本形式和格局已渐成熟，工艺学术全面繁荣，出现了中华文化发展的第一个鼎盛时期，处处体现着宏阔包容的气度和开拓进取的精神。在这一时期，中华文化从东、南、西三个方向与外部世界展开了多方位、多层次的广泛交流，播撒自己的辉煌于广大的地域，初步确立了在世界文化总体格局中举足轻重的地位。

第二次高潮是在唐代。唐代是我国古代封建社会最强盛、最发达的时代之一，中华文化也达到了一个兴隆昌盛、腾达壮丽的高峰。在这一时期，中国与世界各国进行着极为广泛和多方面的文化交流，长安成为一个世界性大都市和中外文化交汇融合的中心。博大精深的盛唐文化，深刻地影响和改变了东亚世界的文化面貌，形成了"东亚文化圈"的东亚地区文化秩序。

第三次是元帝国时代。这个时代，横跨亚欧的帝国版图以及驿站制度的完善，更使东西方的交通畅通无阻。在这样开放的国际环境下，东西方的交往空前频繁，使节的往来、命令的传递、商队的贸易等络绎不绝，形成了文化大交流、大融合的壮观景象。中国的许多重大发明，如火药和火器技术、雕版印刷术和指南针等，都是在这一时期传到欧洲的。而以马可·波罗为代表的来华欧洲人士，第一次直接面对中华文化，并把他们的发现介绍到了西方。

第四次是明清之际，来华的天主教传教士充当了文化传播的主要角色。他们把许多中国学术典籍翻译介绍到欧洲，并通过撰写专著和大批的书信，介绍中国的历史、地理、政治制度、社会生活、民间风俗、文学艺术，在欧洲思想界引起强烈反响，对正在兴起的启蒙运动产生了重大影响。伏尔泰、狄德罗、莱布尼茨、大卫·休谟等欧洲大思想家，都对中华文化表示出热烈的赞许和倾慕之情。在他们的心目中，"中国"是一个令他们向往的"乌托邦"，他们以中国来对照批判当时欧洲各国的封建专制制度，提出改造欧洲社会的方案。与此同时，中国的瓷器、漆器、茶叶、丝绸等日常生活用品大量销往欧洲，在欧洲各国刮起了持续一个多世纪的"中国风"，在一定程度上影响甚至改变了人们的日常生活方式和艺术风格。这是一个中华文化广泛西传并在近代欧洲社会发展中留下相当有意义的影响的时期。

中华文化向海外传播的历史不仅极为悠久，而且源远流长，如滔滔江河，奔腾不息，数千年没有中断。中华文化向海外传播的历史是与中华文化的发展史同步的。所以，中华文化向海外传播的历史，是中华文化史的一部分，而且可能是比较重要的部分。认识和了解中华文化向海外传播的历史，也就是从世界文化大历史的角度来认识我们自己的文化。

三

　　中华文化之所以能在海外传播并产生广泛影响，首先在于中华文化的丰富性和先进性。长期以来，中华文化居于世界文化总体格局的领先地位。从公元前后至19世纪中叶的将近2000年间，中国的经济总量在世界经济总量中一直占有很大比重，在经济上和科技上一直是推动世界发展的最重要力量。中华文明不仅在某个领域、某个方面居于世界之先，而且整体性地领先于世界。在全球史的视野中来比较，在18世纪欧洲工业革命以前，中国的经济和文化水平在世界上长期居于领先地位，中华文化是世界上最先进、最丰富的文化，是世界文化史上一座巍峨壮观、风光无限的高峰。

　　丰富的、先进的中华文化，本身就具有强大的自信和力量，具有广阔胸襟和恢宏气度。中华文化在海外的广泛传播，证明了中华文化的开放性和开拓性。中华文化不是在自我封闭中而是在与世界各民族文化的广泛交流中成长的。虽然中国历史上也有过海禁、闭关、锁国的时期，但毕竟是短暂的和暂时的。从整个中国历史来看，开放的时代远远超过封闭的时代。即使在封闭时代里，中国也不是完全割断了与外部世界的联系或者完全中断了与外来文化的接触和交流。一方面，大规模地输入、接受和融合世界各民族文化，使中华文化系统处于一种"坐集千古之智""人耕我获"的佳境，使整个机体保持旺盛的生命力；另一方面，中华文化具有积极主动地向海外开拓的内在动力，播辉煌于四海，大规模地输出、传播，使中华文化的优秀成果融合于世界各民族的文化体系中，为它们的文化发展提供源头活水和发展动力。坦诚而主动地进行文化交流，广泛地吸收外来文化，大规模地进行文化输出，都是对自己的民族和文化有着强烈自信心的表现。

　　中华文化向海外传播的历史，也就是中国人、中华文化走向世界的历史，是参与世界文化总体对话的历史。中华文化向海外传播的历史，是一部辉煌壮丽、博大厚重并且具有永久魅力的历史，是一部风光无限、高潮迭起、深邃凝重而又光彩照人的历史。中华文化在走向世界、参与世界文化总体对话的过程中，使自己获得了世界性的文化价值和文化意义。正是由于中华文化的参与，世界文化格局才显得如此丰富多彩、万千气象，世界文化的总体对话才显得如此生动活泼、生机盎然。

鲁迅先生说："国民精神之发扬，与世界识见之广博有所属。"所谓"世界识见"，就是一种世界的眼光、世界的意识、世界的胸怀。可以肯定地说，我们今天的"世界识见"是远远超过我们的前辈先人的。在古代漫长的历史时代，中华民族的前辈先人创造了极为丰富多彩、灿烂辉煌的中华文化，在古代世界文化的发展中矗立起一座座雄伟的高峰。在今天，我们也一定会做出无愧于前辈先人的贡献。

目　录

第一编

第一章　中华文化与朝鲜文明开发

一、一个超大型的移民团

文化传播有一条基本的规律，就是由近及远。中华文化最先传播到的地区，或者说最先受到中华文化影响的地区，是那些与中国在地域上比较接近、交通往来也比较便利的地区。朝鲜半岛与中国山水相连，是最早接受中华文化传播并受到深刻影响的地区。

根据有关考古发现的材料，中华文化传播到朝鲜半岛，从新石器时代就开始了。朝鲜半岛考古发现的新石器制作技术、稻作文化、制陶技术以及石棚式墓葬习俗，都受到中国东北以及山东半岛相关文化的影响。这说明在新

∧ 公元前4世纪—公元前3世纪的朝鲜细形铜剑

⋀ 公元前3世纪—公元前2世纪的朝鲜多钮细纹镜

石器时代两地就有了文化交流，但中华文化对朝鲜半岛最重要的影响还是发生在商末周初这一时期。

商朝是中国历史上第二个王朝。商朝晚期，已经创造了比较发达的文明，也聚集了很多的社会财富。此时却出现了一个奇葩的帝王，他荒淫无度，胡作非为，把延续几百年的商朝命脉掐断了。

这位帝王就是商纣王。商纣王是中国历史上著名的暴君，他沉溺酒色，奢靡腐化，残暴无道，而且不听任何劝谏。比干、箕子、微子三位大臣极力向纣王劝谏，反遭迫害。《论语》说："微子去之，箕子为之奴，比干谏而死。孔子曰：'殷有三仁焉。'"

"三仁"中的箕子是纣王的叔父。箕子名胥余，是商朝末年的太师，因封国在箕地，所以称"箕子"。箕子曾多次苦心谏阻纣王，但纣王不听。于是，箕子披发佯狂，独自一人隐居在箕山，即今山西陵川棋子山，隐而鼓琴以自悲，每日只管弹唱《箕子操》曲，以发泄心中悲愤。纣王闻知，便把他囚禁在一个名叫"箕子台"的地方。

▲ 明·仇英《帝王道统万年图》第十二幅，内容为武王访箕子

武王灭商建周后，释放了箕子。箕子不忍看到殷商王朝灭亡的惨状，遂率族人去了朝鲜。周初分封诸侯，周武王闻知箕子东走朝鲜，便封箕子为朝鲜侯。箕子在朝鲜建立国家，定都于王俭城（今平壤），受周之封号，为周之藩属。此后，每12年朝周一次。

周武王时，箕子应武王之召至周之镐京，与武王共同讨论治国方略，并作一篇题为《洪范》的文章。《洪范》载于《尚书》，司马迁《史记·周本纪》认为，《洪范》是周武王与箕子的谈话记录。"洪"的意思是大，"范"的意思是法。《洪范》讲的是治国的九条大的规则。这篇《洪范》是中国人对人生、对现实关怀而求得的经验知识，是商代治国经验的总结，被后代儒家学者奉为最早的经典文献。

据说，箕子率领子弟与商朝的遗老故旧一大批人，从胶州湾渡海，奔向朝鲜。同去的有殷商贵族景如松、琴应、南宫修、康侯、鲁启等。箕子一行到了黄海边，便乘木筏向东漂去。几天后登上一岛，见岛上山清水秀，芳草连天，一派明丽景象，便将此地叫作"朝鲜"。从此，箕子带领的约5000人在这里定居下来。

周初的朝鲜应是今朝鲜半岛北部。箕子"走之朝鲜"应该就是指这里。箕子创立古朝鲜的一代王朝，即"箕子朝鲜"或"箕氏朝鲜"。这个"箕氏朝鲜"传40余世，历900多年。

箕子是一位有很高地位的殷商王朝的统治集团成员，他率领的约5000人，实际上是一个庞大的移民集团。这个移民集团具有较高的文化水平，他们中有懂诗书、礼乐、医药、阴阳、巫术的知识分子，有懂各种技艺的能工巧匠。百家技艺皆从其入朝，他们推广殷商的田亩制度和中原先进的耕作、养殖技术，把先进的生产技术和文化带到朝鲜，在生产技术和文化制度上对当地社会生活有一定的帮助。《汉书·地理志下》说，箕子"教其民以礼义、田蚕织作"，因而使朝鲜的文明推进一大步。

箕子到朝鲜后便建筑房屋、开垦农田、养蚕织布、烧陶编竹，还设"犯禁八条"，即《汉书·地理志下》记载的"乐浪朝鲜民犯禁八条"。这"八条之教"是：

（1）相杀，以当时偿杀。

（2）相伤，以谷偿。

（3）相盗者，男没入为其家奴，女子为婢，欲自赎者，人五十万。

（4）妇人贞信。

（5）重山川，山川各有部界，不得妄相干涉。

（6）邑落有相侵犯者，辄相罚，责生口、牛、马，名之为"责祸"。

（7）同姓不婚。

（8）多所忌讳，疾病死亡，辄捐弃旧宅，更造新居。

由于箕子的礼义教化和律法严明，"其民终不相盗，无门户之闭"。这"八条"是古朝鲜受中华文化影响而形成的最早的成文法。而成文法是社会达到较高文明程度的标志之一。可以说，箕子东走朝鲜，给那里带去了较为先进的中国文明，对于推动朝鲜半岛的社会发展和文化进步起到了很大作用。

箕子在朝鲜积极推行文明开发，以《洪范》为指导思想、以"八条之教"为律法，在朝鲜政治和思想文化史上都产生了很重要的影响。朝鲜李朝时代学者李珥说："朝鲜被仁贤之化，为诗书礼乐之邦，朝野无事，人民欢悦，以大同江比黄河，作歌以颂其德。"

箕子作为教化之君，把中华文化传播到朝鲜半岛，将朝鲜由"夷"带入"华"的文明圈。春秋时代，当时所认识的文化基本上分作华夏与夷狄两大类。华夷观念成为中华世界评判文明程度高低的标准。朝鲜原本处于"华夏"边缘，是"东夷"的一支，但朝鲜是一个积极向"华"学习的"夷"。朝鲜时代的学者普遍认为，箕子是促使朝鲜由"夷"入"华"的关键人物，他们纷纷称颂箕子的教化之功。朝鲜时代的崔岦说："朝鲜之有箕子，犹周之有文武也。"箕子在朝鲜的地位，就如同中国的周文王、周武王。朝鲜之所以被称为礼义之国，是因为有箕子的教化。因为箕子的东来，朝鲜由"夷"变"华"，成了"小中华"。

二、汉置四郡与乐浪文化

汉武帝时，汉朝将朝鲜半岛北部地区改为直属政区，设置乐浪、玄菟、真番、临屯四郡，历史上称其为"汉四郡"。汉四郡的最初位置是：乐浪郡在朝鲜清川江以南、慈悲岭以北，即今平安道南部和黄海道北部；真番郡为旧真番地区，在慈悲岭以南、汉江以北，即今黄海道大部和京畿道一部；临屯郡为旧临屯地区，即东北海岸，包括今咸镜南道全部；玄菟郡即今鸭绿江中部流域和浑江流域。汉四郡设置后，又下设众多县。郡县长官由汉朝中央派遣汉人担任。汉四郡的设置，说明汉武帝已经将朝鲜半岛北部地区纳入了汉帝国的统治范围。

汉武帝之后，西汉在朝鲜半岛北部的郡县设置情况有所变化。昭帝始元五年（前82），罢去真番、临屯二郡，并将原属于它们管辖的范围并入乐浪、玄菟二郡。乐浪郡治所在今朝鲜平壤，当时管辖濊貊、沃沮等族；玄菟郡治所则初在夫租（今朝鲜咸兴），后因受濊貊所侵而迁往高句丽西北（今辽宁新宾），管辖高句丽、夫余等族。4世纪，高句丽先后占据了乐浪郡和玄菟郡，从而结束了中国王朝在朝鲜半岛设置郡县的历史。在汉四郡中，乐浪郡存续时间最长，从公元前108年至公元313年，共存在了421年。

汉朝在朝鲜北部地区进行郡县统治，将其完全置于汉文化的势力范围。当时不仅有汉人官吏到四郡任职，更有很多富商大贾前往朝鲜经商，大量百姓到朝鲜垦荒，半岛与大陆的经贸往来和文化交流更为频繁和密切，四郡已是一派汉文化景象。美国学者赖肖尔等认为，朝鲜半岛的汉置郡县是"持续4个世纪之久的汉文明前哨站"①。

20世纪中期以后，在汉四郡地区的考古发掘中，出土了大量汉朝的官印

---

① 〔美〕费正清、赖肖尔、克雷格著：《东亚文明：传统与变革》，黎鸣等译，天津人民出版社1992年版，第282页。

和各种质地不同、形状各异的器皿，考古学家将这种文化现象称作"乐浪文化"，其实也就是汉文化。乐浪文化的考古发现，为研究这一时期的历史和文化提供了具体的物证。学术界对于乐浪文化的基本看法是：乐浪文化属于广义的汉魏晋文化系统，两汉时期，在中央政权对边郡的有效管理之下，乐浪文化得到了高度发展。

▲ 乐浪遗址出土的金制腰带铰扣

在原乐浪郡地区陆续有不少重要的考古发现，在平壤市南郊大同江南岸，现在仍有一个以"乐浪"命名的区。区内的台地上有土城遗址，略呈不规则形，东西约700米，南北约600米。考古学者认为，此处即乐浪郡治址。在1935年和1937年的考古发掘中，城址东部发现柱础石、甬路、井、下水道等建筑遗迹。城址内出土的遗物相当丰富，历年采集所得的有砖瓦、封泥、陶器、铜铁器等。瓦当上除常见的云纹外，还有"乐浪礼官""乐浪富贵""大晋元康"等铭文。特别是封泥，除吞列、华丽二县外，乐浪郡所辖的其他23县的令或长、丞、尉的官印以及"乐浪太守章""乐浪大尹章"都有发现。

东汉末年，乐浪郡辖下的屯有县以南地区置带方郡，郡治在带方县。带方郡及占蝉、长岑、昭明三县的城址都已发现。带方郡城址位于今朝鲜黄海北道凤山郡石城里。城址略呈长方形，东西556米，南北730米。城址内出土有东汉到西晋的纪年砖，如光和五年（182）、泰始七年（271）等。城址北面发现的墓砖上有"使君带方太守张抚夷""大岁戊申渔阳张抚夷"等铭文。占蝉县城址位于今朝鲜平安南道龙冈郡城岘里，城址略呈长方形，东西约1500米，南北约1300米。城址东北遗有元和二年（85）的占蝉神祠碑。碑铭的内容为占蝉长向山川之神、平山君祈求百姓安宁、五谷丰登。此碑是朝鲜半岛已发现的最早的石刻。长岑县城址位于今朝鲜黄海南道信川郡凤凰里。在这里，考古发现长篇铭文："守长岑县王君，君讳乡，年七十三，字德彦，东莱黄人也。正始九年（248）三月廿日，壁师王德造。"昭明县城址位于今黄海南道信川郡土城里。城址呈长方形，东西500米，南北200米。城址附近发现的墓砖上有"太康四年（283）三月昭明王长造"的铭文。

在原乐浪郡各县遗址还发现了许多墓葬，被称为"乐浪墓葬群"。其中以乐浪郡治址南面的墓葬群最为有名，有2000多座，多为方台形封土的坟丘墓。经过正式发掘的有50余座。这种墓葬形制是中国周汉时期最为通行的形制。墓葬的结构主要为木椁墓和砖室墓两种，分别代表不同时期。木椁墓是带墓道的土坑竖穴，椁室是木制的，有单室和双室之分，一般容纳两棺，也有一棺或多棺者，随葬品排列在棺椁之间。椁室的周围有的还积石积炭或用砖包围，椁室上面用土逐层夯实。比较典型的是王光墓和彩箧冢，前者单室双棺，出土的

▲ 朝鲜乐浪郡时期的瓦质陶器（1—3世纪）

木印上刻有"乐浪太守掾王光之印",表明了墓主的身份;后者双室三棺,因出土有以孝子传为题材的人物彩画漆箧而得名,同出的一枚木简上书有"缣三匹,故吏朝鲜丞田肱谨遣吏再拜祭",表明墓主也是乐浪郡的官吏。砖室墓顶为穹隆形,有单室和双室之分,后者前室两侧往往附有耳室。墓室内一般容纳两棺。墓砖铭文的纪年,较早的有魏嘉平二年(250)、景元元年(260),稍晚的有西晋时期的泰始、咸宁、太康、元康、建始、太安、建兴等年号,甚至还有东晋的永和九年(353)、元兴三年(404)等纪年。这说明乐浪郡和带方郡于建兴元年(313)被高句丽攻陷之后,砖室墓的使用仍持续了一个时期。这两种墓葬的砖砌和木工的做法、木棺的样式,乃至细微到一块砖上的花纹或一个榫卯,都和中原地区的汉代古墓了无差异。考古发现的随葬品十分丰富,几乎包括了所有汉朝贵族日常生活所需的物品。各墓出土的带铭文漆器达57件,多数有纪年,上自西汉始元二年(前85),下到东汉永元十四年(102),所出铜镜的形制、纹饰也表明这些木椁墓的年代基本上属于这个时期。另外,漆器的铭文中还有"广汉郡"或"蜀郡"等字样,表明它们的出产地是四川,是从中国内地传过来的。

乐浪墓葬群及其丰富的随葬品,充分反映了其属于汉文化,也具体体现了当时中华文化向朝鲜半岛传播的一个重要侧面。

乐浪文化出土的文物十分丰富,包括服饰类、武器类、车马具器类、漆器生活用品类、钱币类等。这些文物反映出汉文化在朝鲜半岛的广泛影响,特别是其中的漆器,各种图案线条流畅,黑漆朱绘,色泽沉着,可与马王堆汉墓出土的漆器相媲美。青铜器中,青铜博山炉也是中原汉墓中常

▲ 韩国蔚山出土的汉代铜鼎

见的随葬品。从出土文物的分布来看，汉文化还通过乐浪郡传播到朝鲜半岛南部的金海、永川、扶余、济州等地。

三、朝鲜三国与中华文化的联系

公元前1世纪中叶到公元7世纪中叶，是朝鲜历史上的"三国时代"。朝鲜半岛上出现了高句丽、百济、新罗三个国家，呈三足鼎立之势。三国时代是朝鲜社会文化大发展的时期，也是大规模学习、吸收和移植中华文化的时期。朝鲜在三国时代与中国经济文化交流的新发展态势，对朝鲜社会、文化的进步和繁荣产生了重大的影响。

从地理位置来看，高句丽位于朝鲜半岛的北部，与中国邻接；百济位于

△ 高句丽古墓壁画——《飞天像》，平安南道南浦市江西大墓（7世纪）

∧ 高句丽古墓长川一号坟模型，韩国国立中央博物馆藏

半岛西南，隔西海（即黄海）与中国相望；而新罗在地理上偏于东南，要输入中国文化须通过高句丽与百济。所以在三国初期，新罗在文化上、政治上都比高句丽和百济落后。在隋唐统一中国以前，高句丽交往的重点主要在中国北方，输入了中国北朝系统文化，形成了纯朴、强劲的文化风格；百济和新罗交往的重点主要在中国南方，接受了中国南朝系统文化，受南方浪漫细腻文化的影响，形成其文化的风格。高句丽与中国的交往，主要是通过陆路，有时也通过海路。由于北方高句丽切断了陆路交通，百济主要从海路到达中国；而新罗在6世纪占领汉江流域前，主要通过高句丽从陆路前往中国，或通过百济从海路到达中国，后来则主要通过海路到达中国。

　　由于地理位置上的特殊关系，高句丽在政治、经济、文化上与中国有着密切的往来。中国的三国时期，高句丽与曹魏和东吴政权也都有往来。及至南北朝时期，高句丽与北朝的北魏、东魏、北齐、北周等皆有遣使往来。427年高句丽移都平壤，政治中心转至半岛中部后，与南朝也保持了朝贡关系。隋代和唐初与高句丽的关系比较紧张，但除战争外，双方往来也不少。

中原的政局变迁对高句丽也有直接的影响。北魏太延二年（436），北魏对北燕发动强大攻势，北燕国君冯弘（430—436在位）不敌，向高句丽求援。高句丽派步骑两万人，将冯弘君臣及大批人员军资财宝接入高句丽。冯弘君臣也是一个很大的移民集团，带去了先进的汉族文化。在高句丽的发展史上，冯弘一行的作用相当显著。在接收了冯弘一行后，高句丽骤然强大了许多，取得了对百济的明显优势。

百济地处半岛西南，与中国大陆隔海相望，主要通过海路与中国通使交往。百济数次遣使，与西晋、东晋通贡。南北朝时期，百济与南朝、北朝都保持着朝贡关系，但与南朝的关系更为密切，大量输入了中国南方文化，并接受南朝的册封。之后，百济与隋唐两朝都保持较为密切的接触，还接受唐的册封。

由于交通不便，新罗最初主要是通过高句丽、百济间接地吸收中华文化。6世纪时，强盛起来的新罗积极向外扩张，于551年从高句丽手中攫取了汉江上游盆地，后又从百济手中夺取了汉江的下游地带，从而使新罗在朝鲜半岛西岸获取了一个出海口，为其通过海路直

△ 高句丽平壤七星门

伽倻铁制甲胄（5世纪）

接与中国建立关系提供了便利。从此，新罗与中国大陆多有接触往来。

648年，新罗相金春秋（后为新罗太宗武烈王）及其子文王朝唐。金春秋是新罗的实权人物，很有个人魅力，又有外交才能，受到唐朝的礼遇与款待，唐太宗诏授金春秋为特进，文王为左武卫将军。金春秋归国前，唐太宗诏令三品以上官员宴饯，优礼甚备。金春秋及使团在唐的活动，对于发展两国关系具有重要的意义。金春秋向唐太宗提出四个方面的要求。第一个方面涉及请兵，建立两国的军事同盟，这实际上是两国关系的重要基础。其他三个方面都涉及文化问题，比如请诣国学、观释奠及讲论，是关乎学术和宗教方面的问题；"改其章服，以从中华制"、奉正朔等，即在生活礼仪风俗方面模仿、学习中国；留他的儿子在唐朝宿卫，

通过丝绸之路经中国传到新罗的玻璃器（5世纪前后）

实际上开了新罗向唐朝派遣宿卫生和留学生的先河，为以后新罗大规模向唐朝派遣留学人员奠定了基础。

金春秋入唐，开启了新罗大规模学习、接受唐文化的运动，而这对于朝鲜半岛历史文化的发展具有特别重大的意义。

金春秋出使的第二年，即649年，新罗发布改服衣冠令，新罗王实施金春秋在唐时的请求，改变新罗固有的朝廷衣冠制度，全部采用唐朝的服饰制度。次年初，又下敕令，采用唐朝的朝廷礼仪。同年，新罗开始使用唐朝永徽年号纪年，标志着新罗和唐朝稳固的藩属关系最终建立。

四、汉字、儒学和佛教在朝鲜的初传

朝鲜三国都分别与中国同时期的历代王朝保持频繁的接触和往来，在礼仪制度、宗教、历法等方面都有着很广泛的交流，受到中华文化深刻的影响。

朝鲜古时没有自己的文字。大约在公元前5世纪—公元前2世纪，中国的汉字便已传入朝鲜半岛。汉字在朝鲜三国时代已经被广泛使用。高句丽在公元前后的建国初期已经比较广泛地使用汉字，前后两次史书《留记》和《新集》(已佚)的编纂，都是利用汉字撰修本国史。百济也很早就接触到汉字。346—375年，近肖古王在位期间，博士高兴以汉文撰修百济国史《书记》，表明此前百济输入汉字、汉文化已有较长的发展时期。新罗在建国初期没有文字。《梁书》记载，新罗"无文字，刻木为信"。但在部落联盟后期，新罗已经在一定程度上掌握了汉文。6世纪初，新罗把国号、王号等都改为汉文名称，汉文已被确定为新罗官方正式文字。545年，又有居柒夫等以汉文撰修新罗国史。

汉字在朝鲜半岛的传播和应用，对于推动朝鲜文化的发展具有特别重要的意义。7世纪中后期，新罗的任强首、薛聪等人，在总结朝鲜人使用汉字经验的基础上，创造了用汉字的音或义标记朝鲜语的方法——吏读。吏读的创制，使得用朝鲜语解释大量中国书籍成为可能，朝鲜对中华文化典籍和汉文的学习进入了新的发展阶段。同时，吏读也是后代朝鲜"国文"的先声。但吏读文字标法并不完善，只作为辅助文字使用。朝鲜从古代至李朝末年，正式通用的文字一直是汉文。

公元前后，孔子的儒家学说开始传入朝鲜半岛。从那时起的漫长历史过程中，儒家学说在朝鲜逐渐传播、扎根，并日益朝鲜化，形成了具有民族特色的朝鲜儒学，成为朝鲜民族传统文化的主流。在一定意义上说，朝鲜思想文化史也就是朝鲜儒家文化的发展史。

在汉四郡时代，儒家的经典和其他典籍就已经传入朝鲜。据说，1世纪初，一些朝鲜人就已能背诵《诗经》《书经》《春秋》等。朝鲜三国时代，儒学思想在朝鲜半岛的传播有了进一步的发展。高句丽以《周礼》为依据，仿效中国法制，制定各种律令与社会统治体制。《旧唐书·高丽列传》记载，高句丽"俗爱书籍，至于衡门厮养之家，各于街衢造大屋，谓之扃堂，子弟未婚之前，昼夜于此读书习射。其书有五经及《史记》、《汉书》、范晔《后汉书》、《三国志》、孙盛《晋春秋》、《玉篇》、《字统》、《字林》；又有《文选》，尤爱重之"。

高句丽于小兽林王二年（372）正式设立儒学的最高学府——太学。这是朝鲜模仿中国制度建立国立大学的开始。太学是培养贵族子弟、使之成为国家官吏的教育机关。太学中的教学内容，主要是五经、三史。此外，仿效中国太学，还可能设有历书、医学、算学、乐书、兵书等课程。鉴于当时三国鼎立，常有战事，所以高句丽非常重视武艺教育，把"习射"列为课程之一。太学之外，高句丽在城镇又设有扃堂。与国立太学教育贵族子弟不同，扃堂是私立大学，为训练、教育平民子弟的机关。扃堂中的教学内容为经学、史学、文学，以学习汉文。因此，不管是太学还是扃堂，皆以教授儒学经典为主。

百济曾直接从中国引进汉文典籍。《新唐书·百济列传》记载，百济"有文籍，纪时月如华人"；《旧唐书·百济列传》记载，"其书籍有五经、子、史，又表疏并依中华之法"。精通儒学五经之人可称为"博士"。据日本《古事记》等史书记载，日本最早接触到中国儒家文化是通过百济的王仁博士。以中国经史为主要内容的百济教育事业也有很大发展。3世纪中叶以后，百济建立儒学教育制度，出现了王仁、高兴这样的儒家学者。6世纪初又相继出现了段杨尔、高安茂等儒家学者。

582年，一位姓朴的新罗文人到中国游学，后来在南朝陈出家为僧，他就是著名高僧圆光。来华前，他在儒家典籍及子史篇章方面已经具有了一定的修养，只是"博赡犹愧于中原"，才毅然西渡求学。入学后，他在儒学上有了更深的功底。及至新罗统一三国前后，新罗的学术文化和教育事业已有了很大发展，出现了不少精通儒家经典和汉学的著名儒学家，如编纂新罗国史的居柒夫，创制"吏读"的任强首、薛聪等人。

△ 位于韩国忠清南道的瑞山摩崖三尊佛，雕凿于伽倻山溪谷中的峭壁上，是百济后期的杰作

∧ 高句丽延嘉七年（539）铭金铜佛立像

　　高句丽、百济和新罗都曾派遣贵族子弟入唐留学。由于政府的大力提倡，儒学在朝鲜三国都有比较广泛的传播，学习儒家经典成为一时风气，儒家思想也产生了比较普遍的社会影响。

　　佛教在汉末传入中国后，经过中国佛教学者的改造，与中华传统文化相结合，发展为中国化佛教，成为中华传统文化的重要组成部分。中国佛教大约是在朝鲜三国时代传入朝鲜半岛的。372年，中国前秦王苻坚遣使送名僧顺道携佛像、佛经到高句丽。高句丽小兽林王带领臣下到省门迎接顺道，并把他安置在宫内传教。这是佛教传入朝鲜的开始。在小兽林王之后继位的故国壤王于392年发布崇佛法令，要求人民"崇信佛教求福"。由于国家的支持和鼓励，佛教在高句丽广泛传播并兴盛起来。

　　高句丽还曾向百济、新罗和日本派遣僧侣传法，在传播佛教中做出了贡献。另一方面，高句丽、百济和新罗三国陆续派遣本国僧侣入华求法请益。所谓"请益"，是已经受过教育但还要进一步请教的意思，就是指在本国已经学完明经、纪传等专门学科的学生，或跟师僧已经学了一些经论的僧侣，为了进一步深造而去留学。他们也为中国佛教的传播做出了很大贡献。在朝鲜早期入华的请益僧中，最为著名、影响也最大的有圆光、慈藏、义湘等人。

除了汉字、儒学和佛教外，中国的音乐、绘画、造型艺术、建筑文化、科技文化和中医药学等都在朝鲜三国时代有所传播。朝鲜三国在日常生活、民俗风情方面也受到中华文化的深刻影响。

∧ 韩国忠清南道扶余郡百济时期定林寺五层石塔(6—7世纪)

史籍记载，高句丽"种田养蚕，略同中国"(《旧唐书·高丽列传》)，百济"婚娶之礼，略同华俗"(《北史·百济列传》)。

五、朝鲜成为向日本传播文化的桥梁

朝鲜半岛与日本仅有一条海峡相隔，来往方便，这条海峡在古代曾经作为中华文化传播到日本的一条通道，是中华文化向日本传播的桥梁。

历史上，不断有中国大陆移民通过朝鲜半岛去日本。箕子到朝鲜时，一些人也有可能再从朝鲜半岛进入日本列岛，并在那里定居下来。战国时期，苦

△ 青铜神兽镜，百济武宁王陵（525）出土

于战乱兵祸的北方齐、燕、赵等国居民纷纷避居朝鲜，有些人以朝鲜半岛为中介，东渡日本，在那里定居繁衍，成为日本史学家所说的"铜铎民族""出云民族""天降民族"。在日本备后国（今广岛县）御调郡三原町和备前国（今冈山县东部）邑女郡山手村，都曾发现先秦时代燕、赵、齐等国的货币明刀。而在朝鲜半岛的一些地方也先后发现这样的明刀。这说明在春秋战国时代，中国古代文化已经通过朝鲜半岛传入日本。

汉朝在朝鲜的乐浪、带方二郡后来被高句丽、百济吞并。居住在二郡的中国移民，有的回国，有的归服高句丽和百济，也有不少人渡海移居日本。日本史书称这一时期是移民"归化人"进入日本列岛的第一次高潮。后来在日本很有影响的"秦人""汉人"两个移民集团，也是原住在朝鲜，然后去日本的。

据《日本书纪》记载，雄略天皇七年（463），天皇听一个自称为西汉才伎欢因知利的归化人说，技艺卓越的带方郡汉人，还有很多留在百济，便派遣吉备弟君率欢因知利到百济，责令百济献出这些汉人。在日本古史中，为了同以前来的汉人相区别，日本便把这批从朝鲜半岛招募的中国人称为"新汉人"。这些"新汉人"到日本后，主要从事手工业生产和技术性工作。新汉人至少有8个"部"，其中，陶部是制作陶器的手工业技术集团。他们带来新的制陶技术，能够生产一种灰色无釉陶器，被称为"须惠陶器"，后来这种技术传播到了日本各地。鞍部原是做马鞍的，后来也从事雕塑佛像、翻译方面的工作。手人部、衣缝部和宍人部也是具有一定专业技术的手工业者，其中"宍人部"也写作"害人部"，是烹调肉类的。由于宍人部以及汉移民的增多，日本的食物范围逐渐扩大，烹调法也有了种种改善。画部是以绘画技艺世世侍奉朝廷的。其中有一人叫作安贵公，自称是魏文帝的后裔，率领4部部民赴日本，系新汉人中人数最多的一支。其子辰贵又名龙，擅绘画，成为日本著名画师。

朝鲜三国时，百济与日本一直保持着密切的关系。中国的汉字、佛教、制陶技术和其他文化都通过百济传入日本。一些日本皇族和学者来到百济进行教育和文化交流，还有一些百济王族和贵族成员与日本皇族通婚。

3世纪后半期，百济学者王仁到日本讲授《论语》。《日本书纪》载，应神天皇十五年（284）八月，百济国王派遣阿直岐送来两匹良马。阿直岐能读中国经典，太子菟道稚郎子拜他为师。应神天皇问阿直岐："还有没有比你高明

△《日本书纪》第十卷残卷，平安时代（9世纪）。这一残卷有王仁博士来日本的记载

的博士？"阿直岐答："有个叫王仁的，很高明。"应神天皇随即派人去百济邀请王仁。应神天皇十六年（285）二月，王仁到达日本，太子菟道稚郎子拜王仁为师，学习中国典籍。王仁对于汉籍和儒家思想的东传，有首导之功。这位王仁博士，从他的姓名和教养上可以推知，可能是一位生活在朝鲜半岛的汉族移民，或者是一位汉族移民的后裔，《大日本史》则说他是汉高祖刘邦的后代。与王仁同时到日本的还有一位辰孙王，他们二人与阿直岐被日本人誉为"国初三儒"。在日本文化思想史上，王仁、阿直岐和辰孙王，特别是王仁，是有着重大影响的人物，受到人们的推崇和纪念。

▲ 百济金铜大香炉（6—7世纪）

继体天皇七年（513），百济国王派遣五经博士段杨尔去日本，以换取日本转让的它在朝鲜半岛南端的属地任那的四县土地。在段杨尔到日本之后3年，百济又派"五经博士汉高安茂，请代博士段杨尔"去日本。这位高安茂的名字前加一个"汉"字，无疑是移居百济的中国人或其后裔。以后，百济似乎继续以轮换的办法派遣五经博士常驻日本。6世纪中叶，百济又派来了易博士、历博士、医博士、采药师等，这说明历学、医学等也已经传到了日本。

百济还多次向日本派遣佛僧，将佛教传道事业扩大到日本。据《日本书纪》记载，在日本钦明天皇十三年（552），百济圣明王派使者到日本献金铜佛像、幡盖、经论等。这是中国佛教传入日本之始。此后，道深、日罗、丰国、慧聪、观勒、慧弥、道欣、道藏等僧人都从百济到达日本传教，主要弘传三论宗和成实学理论。602年，观勒到日本，带去历书和与天文、地理、遁甲、方术相关的书多种，对当时的日本文化有一定影响。百济的寺工、炉盘工、瓦工、画工等，随着一些僧人来到日本，修建寺塔佛像。

通过百济向日本传播的中华文化，其中有一部分是经过百济"消化吸收"过的中华文化，所以带有百济文化与中华文化的"重构"形态。比如最初佛教是通过百济传入日本的，而在此之前佛教在百济已经流行了将近200年，所以早期日本佛教的寺庙在风格上与百济有许多相似之处。

还有一些高句丽僧过海到日本传教，6世纪有慧便、慧慈，7世纪有僧隆、云聪、昙征、慧灌等。他们除传教外，还介绍中华文化。其中，慧灌住奈良元兴寺，传三论宗，被后世奉为日本三论宗始祖。慧慈自高句丽渡日，圣德太子奉其为师。

新罗时期也有不少僧人陆续到日本。推古天皇十六年（608）九月，新罗僧智隆赴日；同年三月，新罗僧兼医生明聪、观智等赴日。元明天皇庆云四年（707）五月，学问僧义法、义基、净达等从新罗赴日。圣武天皇天平年间（729—748），审祥赴日，住大安寺，天平十三年（741）在爱东大寺讲《华严经》。

日本学者上垣外宪一指出，位于朝鲜半岛中部的乐浪郡成为汉人"通往南面韩人的居住地区和更为靠南的倭人居住的日本列岛的前进基地，或者是交流基地。当然，乐浪郡在倭人看来也意味着其承担着通向前方中国门户的作用"①。

后文我们将要说到，中日之间文化交流的高潮是从圣德太子时代派遣隋使开始的。而圣德太子最初是通过与朝鲜人的接触，知道了很多关于中华文化的知识，并阅读了一些由他们带去的汉文典籍，进而产生了从中国直接引

---

① 〔日〕上垣外宪一著：《日本文化交流小史》，王宣琦译，武汉大学出版社2007年版，第2页。

进先进文化的愿望，他所派出的遣隋使就是担负着这样的使命来到中国的。在圣德太子周围，形成了一个由朝鲜僧侣组成的顾问集团，其中有慧聪、观勒、昙征等，他们都是博学之士。而日本遣隋使于隋大业四年（608）入华时，是与百济使节一同到来的，所以有日本学者估计，百济使节"或许为日本使节充任向导"①。

中国唐朝时，日本连续向唐朝派遣遣唐使、留学生和学问僧，同时，日本认为新罗是"中国文化的分店"②，还向新罗派了不少留学生。不少日本青年因为没有机会到唐朝留学而去了新罗。这些留学生和入唐留学生一样，回国后在引进中华文化、促进日本文化发展方面发挥了重要作用。

---

① 〔日〕木宫泰彦著：《日中文化交流史》，胡锡年译，商务印书馆1980年版，第50页。
② 〔日〕木宫泰彦著：《日中文化交流史》，胡锡年译，商务印书馆1980年版，第152页。

第二章 中华文化在日本的初传

一、徐福东渡日本

和在朝鲜的情况一样，中华文化在日本的初传，也是由一个移民集团开始的，只不过要比去朝鲜的箕子移民集团晚好多年。徐福东渡是发生在秦始皇时代的故事。

秦始皇好神仙。好神仙的目的是希望长生不老。公元前219年，秦始皇第一次东巡海上，看到大海中的海市蜃楼，如仙山琼阁，美不胜收，于是征召大批方士，询问海中神仙与仙药之事。方士是先秦时代独具一技之长的人士，其中大多数人熟知生产技术和实践经验，掌握炼丹术、医药术、占星术、航海术等。环渤海的齐燕之地是方士云集活动的场所，齐地更是诸子百家进行学术交流的中心。秦始皇时期的方士，便是这样一批为迎合秦始皇长生不老的愿望而滋生出来的"神仙家"。在史籍中留有姓名的方士有侯生、卢生、韩终和徐市，徐市就是徐福。侯生与卢生当初是秦始皇身边的方士，长期为秦始皇求仙人和仙药，却始终没有找到。依照秦朝法律，求不到仙药就要被处死。于是，侯生、卢生悄悄地远走他乡，由此引出著名的"焚书坑儒"中"坑儒"的故事。被秦始皇派往海外寻找仙药的韩终，最后带领一些人到了朝鲜半岛南端住了下来，成为"秦韩"即"辰韩"的来源。

徐福是齐国的方士，传说他博学多才，通晓医学、天文、航海等知识，且同情百姓，乐于助人，故在沿海一带民众中名望颇高。据说徐福是鬼谷子先生的关门弟子，学辟谷、气功、修仙，兼通武术。他对秦始皇说可以到海外

"三神山"寻找仙药。一心想要长生不老的秦始皇闻徐福所言极为高兴，对徐福的索要无不应允。于是徐福便带了数千名童男童女出海远航。秦始皇三十七年（前210），秦始皇东巡时又一次找徐福问求药之事。此时离"焚书坑儒"事件不久，徐福没有得到仙药，害怕秦始皇加罪于他，谎称自己已到了蓬莱，但是仙人们嫌秦始皇送的礼物太薄了，不肯给药。秦始皇便问仙人还要什么，于是徐福又索要了三千童男童女，还有五谷的种子，数百名精通各种技艺的能工巧匠。徐福又称，大海中常有大鲛鱼出没，海上航行非常危险，一定要派善于使用连弩的射手去才能排除来往途中的各种困难。秦始皇答应了他的要求，重新挑选三千童男童女，又选派了各种工匠手、射箭手百余名。徐福装足粮食、淡水，择日出海，十条大船浩浩荡荡奔东海而去。徐福第二次出海，从此一去不返，再无音讯。

徐福东渡是经过精心组织和策划的，并且进行了充分的准备，是一次有计划、有准备的大规模移民活动。徐福所带领的是一支人员配置齐全、装备精良的庞大的移民队伍。徐福本人是当时齐地的方士，而方士是当时社会上掌握一定科学知识和生产技术的知识分子，齐地又是方士集聚之地，是文化比较发达的地区，所以，以徐福为代表的方士实际上就是一个文化精英团体。在他的移民集团里，有所谓"百工"，即各方面的专业人士，他们掌握着农业、手工业、艺术工艺等方面的专业知识。徐福东渡是在秦代末期，经过春秋战国几百年的发展，此时中国的生产技术、科学知识以及学术文化和艺术文化已经发展到很高的水平，其中包括农耕技术、养蚕缫丝和纺织技术、冶炼技术、造船与航海技术等，涉及人类生产生活的各个方面。他们还带去了"百谷"即各种农作物尤其是水稻的种子。还有"童男童女"，他们不仅仅是为了繁殖后代，而且也是一支从事生产和技术工作的劳动大军。而此时的日本还处在绳纹文化即新石器时代。那么，当这样一个庞大的文化移民集团到达日本的时候，不难想象会产生什么样的巨大影响。这个时期正是日本从绳纹文化向弥生文化转变的时期，而从绳纹文化向弥生文化的转变，是一次历史性的"突变"。没有强大外来文化的刺激，不可能发生这样的突变。也许，徐福移民集团的到来，就是这个强大的外来文化刺激的主要力量。

我们可以将徐福东渡日本与箕子"走之朝鲜"的故事做一下比较。他们带领的都是从中国出走的庞大的移民集团。这样的移民集团得以成行，需要进行周密的组织和准备。他们为所到之地带去了先进的物质文明和精神文明，尤其是先进的文化理念和思想，并直接在那里进行文明开发。因此，从文明的开端上来说，朝鲜半岛和日本都直接受到中华文化的强大刺激和影响，这也为它们以后加入东亚文化圈创造了前提条件。

徐福带着庞大的移民队伍，东渡到日本。中国的先进文化与日本原有的当地文化相整合，促进了日本由原始社会向文明社会的转化。宋代诗人欧阳修在《日本刀歌》中说到徐福东渡日本的事迹：

> 传闻其国居大岛，土壤沃饶风俗好。
> 其先徐福诈秦民，采药淹留丱童老。
> 百工五种与之居，至今器玩皆精巧。
> 前朝贡献屡往来，士人往往工词藻。
> 徐福行时书未焚，逸书百篇今尚存。
> 令严不许传中国，举世无人识古文。

欧阳修明确肯定徐福到了日本，还说徐福入海时，除携带五谷种子，还携带了一部分书籍，其中包括《尚书》百篇在内。

二、徐福在日本的遗迹

当年，徐福和他的船队就是从茫茫大海驶来，踏上这片未经开垦的处女地，带来了先进和丰富的大陆文化。日本有许多关于徐福的遗迹和纪念地，人们一直把对徐福的纪念刻写在日本的历史文化中。

九州佐贺的金立山是脊振山脉的主峰，海拔500多米。登上金立山顶远望，前面是一片广阔的平原，远处则是笼罩在云雾中缥缈的大海，也许，这里就是徐福的"平原广泽"吧！山间还有一座纪念徐福的金立神社。日本奉祀徐福的神社有多处，但年代最久远的是这座金立神社。据说，徐福在日本深得人们爱戴，他死后，人们为他创建了这座神社，尊他为司农耕、医药、求雨之神。于是，金立山成为日本古代著名的宗教圣地，参拜进香者络绎不绝，就连在"大和"地方（日本古代都城驻地）的日本天皇，也每年派特使到金立山进香拜谒。

每年4月27日，当地都要举行为期三天的"徐福大祭"，这是佐贺历史最悠久、规模最大的祭典。每年秋收后，当地居民要以"初稻"奉献金立神社。佐贺平原是日本稻作的发祥地，人们深信这些农作技术是徐福传给他们祖先的。

纪伊半岛是日本太平洋沿岸最大的半岛，气候温暖，雨水充足，农林业发达。传说徐福一行抵达九州后，率众北上，在纪伊熊野登陆。在熊野川的岸边，有一座"秦徐福上陆之地"纪念碑，这座石碑记载了为寻找蓬莱山而来的徐福登陆的地点。据日本《和歌山县史迹名胜志》《同文通考》《三重县药业史》等文献记载，徐福一行在此地登陆，散居于熊野平原，并在本地传授农耕、捕鲸、医药、制陶等技术，从而促进了这一地区的经济开发和社会发展。

据现代日本学者考证，徐福从山东半岛出发不久，便在海上遇到了一

⚠ 日本新宫市徐福上陆地碑

场持续数天的大风暴，船队被刮到朝鲜半岛南端的济州岛。在济州岛稍事停留，他们便南下，在纪伊熊野新宫市的波多须浦登陆。上岸后，徐福经武雄进入筑紫平原，在筑紫平原中心佐贺屯扎了9年，后徐福又折回，到了高千穗的"日向"，在新宫之地停驻了3年。而后又到了伊势湾腹地，进到内陆檀原，并在此称王，最后在富士山麓终其天年。

阿须贺神社坐落在熊野川岸边，背靠一座名叫"蓬莱山"的形似倒扣碗的小山丘。自古以来，此山在日本就被认为是天神下凡的灵山，广受世人尊崇。阿须贺神社也是一处纪念徐福的神社，建有"徐福宫"。徐福宫是一座全石结构的建筑，雕琢精致，古朴典雅，里面供奉着徐福的牌位。宫前的甬道旁，立有一座方形石碑，刻有"徐福之宫"四个大字。在神社的一侧，还有几座纪念徐福的诗碑，其中以"祖元禅师诗碑"最为瞩目。1279年，南宋禅僧无学祖元应日本镰仓幕府执政北条时宗之邀，在日本镰仓建立圆觉寺。1281年，他去徐福墓园祭拜，并赋《徐福祠献香诗》一首，这是记载熊野地

△ 日本阿须贺神社徐福宫

区徐福传说的最早文献。诗曰：

> 先生采药未曾回，故国山河几度埃。
> 今日一香聊远寄，老僧亦为避秦来。

新宫市是一座美丽的滨海小城，有许多关于徐福的传说和遗迹，有"徐福町"等以徐福命名的街道，还有让当地人引以为荣的"徐福茶""徐福饼""徐福长生不老果子"等。可以说，整个新宫市就是一座充满着浓郁历史气息的"徐福城"。徐福公园的大门是一座仿中国风格的大门，飞檐斗拱，雕梁画栋，十分气派。走进公园，中间是一洼湖水，被命名为"不老池"。池边种植了7棵天台乌药，还坐落着一座显得十分古朴的石质徐福雕像。两棵高大

∧ 日本新宫市徐福公园

⋏ 日本新宫市徐福公园内徐福像

⋏ 日本新宫市徐福公园内徐福墓

的楠树下有一座墓碑，镌刻着"秦徐福之墓"的字样，由绿色片岩勒刻而成。徐福墓碑右侧，有一个未经雕磨的绿色片岩立石，铭曰"七冢之碑"。相传是徐福七位重臣之古墓，原呈北斗星之势分布在徐福墓四周。年代久远，"七冢"早已不在。日本大正四年（1915）建"七冢之碑"奉祀于徐福墓旁。徐福墓左侧，有昭和十五年（1940）建立的徐福显彰碑，横镌"秦徐福碑"四个篆字，2000多字的碑文记述了徐福对日本文化的贡献。

徐福在日本留下诸多足以让后人铭记的遗迹。据史料记载，日本各地有关徐福的遗址有20多处，传说地有50多处，而徐福团队的后代在日本则有3000多万人。日本裕仁天皇之弟三笠宫曾说："徐福是我们日本人的国父。"

三、泰伯后裔与秦人、汉人

徐福东渡的故事，反映的就是秦汉之际中国移民日本的早期史实。早期中国移民进入日本列岛，给那里带去了先进的大陆文化，对日本的早期开发以及从绳纹文化向弥生文化的变迁，起到了重要的作用。

实际上，中国向日本的移民可能比徐福那个时代还要早许多。中国和日本的一些文献中，有关于泰伯后裔移民日本的记载，说的是在吴越地区发生过的大规模族群迁徙。据这些记载，泰伯是周太王的长子，但太王有意把王位让给三子季历，因为他疼爱季历之子昌，想使王位将来再传给昌（后来的周文王）。泰伯看出父亲的这番心思，便和二弟仲雍逃到南方尚未开发的"荆蛮之地"，断发文身，表示决绝于王位。当地蛮民被他的品德所感化，"归之者千余家"，立国号句吴。这便是历史上有名的"吴之泰伯"。泰伯死而无子，弟仲雍继位，称为"吴之仲雍"。泰伯、仲雍将中原先进的生产技术和管理经验、先进的社会制度带到了吴地，使吴地的社会经济生活发生巨大变化。吴泰伯在吴地建立政权后，一直传了25世，至夫差时为越国所灭。灭国后的吴氏后裔，据有些中国历史传说记载，他们逃到了东海之中，成了"倭寇"。而据《魏略》的记载，日本人就是居于南方的泰伯的后裔。

学术界一般认为，公元3世纪的日本，分为30余"国"（亦称"部落"），尚没有统一的国家和种族。《魏略》中根据当时使节回来所说记为"泰伯之后"的很可能是指吴越遗民，不一定是指泰伯直裔的子孙。日本学者认为，日本与吴越故地隔海相望，春秋末越王勾践灭吴后，吴姓子孙纷纷逃往海外，或"散处吴楚、闽越间"。其中也有王室幸存者逃亡到日本，此后便在日本定居扎根。他们给当时落后的日本带来文明的种子，旋即树立起崇高威望，成为当地土著的首领。今日，广岛县境内的"吴"、大分县国东半岛境内的"吴崎町"、土佐高知县境内的"久礼町"等地名，就是当时吴人留下来的。时至今日，在日本人的姓氏"吴""吴羽""吴人""吴服""吴汉"中，还保留了"吴"的标志。9世纪初的《新撰姓氏录》记载，来自"吴国"的氏族有：和药使主、牟佐村主、松野连、工造、祝部、额田村主、刑部造、茨田胜、蜂田药师、高向村主、吴服造、吴氏、牟佐吴公、小豆首、吴公等。

1996年开始，中国和日本学者组成"江南人骨中日共同调查团"，对中国江苏省发掘出来的春秋至汉时（公元前6世纪至公元1世纪）的人骨，与差不多同时期的日本北九州及山口县绳纹至弥生时代的人骨，进行了对比研究。经过DNA检验分析，两者的排列次序有部分竟然一致，证明两者源自相同的祖先。这意味着日本人为"吴泰伯后裔"已得到考古学方面的证实。另外，日本学者对佐贺唐津市出土的弥生"瓮棺"进行了考证，出土的大量青铜镜、剑、矛、手镯、玉等证据表明，采用"瓮棺"的弥生人似乎不是中原汉族人，而是吴越人，或者说他们就是日本古籍中记载的"吴泰伯后裔"。

楚灭越及秦亡后，又有吴越居民逃亡日本。日本学者福永光司和谏访春雄在《古代日本与中国江南》一文中指出，越国后裔的一部分人，在越亡国后，首先从对马海峡进入日本海，第一站到达日本的岛根半岛。岛根半岛的"出云""八云"等都出自中国语。越人进入日本的第二站是丹后半岛。从丹后半岛到若狭湾、敦贺一带这一片区域，靠近丹波、大江山的元伊势皇大神宫就是信奉元照大神的最早起始地。第三站是能登半岛。这里有著名的信仰海神、信仰大树、信仰排列成环状树木等的祭祀遗迹。第四站是男鹿半岛。男鹿半岛有信奉防病避灾的一神宗教社，这是来自中国江南的传统。他们认为，岛根、丹后、能登、男鹿半岛，基本上反映了越文化传播的地域。

日本考古学者认为，公元前3世纪后，进入日本的大陆移民急剧增加，有数十万人之多，在某些地区约占人口的四成到九成。

"泰伯之后"的大规模移民和徐福东渡，分别发生在战国和秦汉交替之际。这形成了中国大陆向日本移民的第一次高潮，促进了日本文化从绳纹文化向弥生文化的历史性突变。

汉代以后一直到南北朝这个时期，仍不断有中国人移居日本。如据日本方面史料记载，公元2世纪末，有一位名叫功满王的中国人，把蚕种从朝鲜半岛的百济传到日本。不久，又有一些中国人因被掠俘而移居日本。魏晋和南北朝时期，政权频繁更迭，民生凋敝，中原人民大量流寓迁徙，有的辗转到达日本列岛。

这时移居日本的中国人，主要有弓月君（融通王）率领的"秦人"和阿知使主率领的"汉人"两大移民集团。所谓"秦人"和"汉人"，是因他们自称为秦王朝或汉王朝的后裔。如弓月君，有的说是秦始皇的五世孙，有的说是十三世孙；而阿知使主，有的说是东汉灵帝的三世孙，有的说是四世孙，传说不一。当时移居日本的中国人和朝鲜人，大都为了夸耀自己的门第，抬高身价，冒称是某帝某王的后裔。这些传说，只能姑且听之，不足凭信。其中有的可能是含有秦、汉帝王血统的后裔，但更主要的是，秦、汉、吴、晋等国号代表他们进入朝鲜半岛和日本的时代或出发地点。据《古事记》和《日本书纪》记载，应神天皇十四年（283），弓月君率"百二十七县"百姓移居日本。关于"百二十七县"，有人认为可能是"二十七县百姓"之误，也有人认为这里所谓的"县"不是指行政区域的县，而是指他所率领的移民分属多少个氏族部落。不论是哪种情况，都可知这个"秦人"移民集团的人数是很多的。

秦氏一族在日本的活动，主要集中在农业技术和与农业有关的土木工程方面。养蚕制丝是秦人主要从事的职业之一。邪马台国时已有养蚕和丝织业，但质量低，产量小。秦人抵日后，分住畿内各地，从事养蚕制丝业。从此，中国的养蚕和制丝技术在日本广为传播。雄略天皇时，因各地豪族的使役和占有，独立从事生产的秦人所剩不多，严重影响到了养蚕制丝业。雄略天皇遂下令收集秦氏遗族，赐其首领名为酒公，要求酒公率其部民养蚕制丝，向大和朝廷纳贡。秦氏部民辛勤劳作，业绩显著，所献绢帛数量日增，且质地优良，深受朝廷和豪族喜爱。为表彰酒公和秦氏部族，朝廷赐姓"波多"。

秦人在农田建设方面也颇有贡献。他们散居于京都盆地西部的松尾、松室一带，从事农田开拓，并在葛野川（今桂川）附近建设堤堰，开渠灌溉，围垦水田，将中国历史悠久的农田水利技术应用于当地农业生产中。秦人在土木工程方面也有突出建树。大和朝廷为贮藏秦人所献绢帛，令其建造仓储。秦人利用先进的建筑技术，建造了长谷朝仓宫，并为日后日本土木建筑的发展做出较大贡献。而京都的广隆寺是作为秦氏的祖祠而建立的。

"汉人"是当时另一个较大的东渡日本的移民集团。据《日本书纪》记载，阿知使主及其儿子都加使主在应神天皇二十年（289）率领17县部民迁来日本岛，定居在大和高市郡桧隈一带。当年曹氏灭汉建魏，汉献帝刘协被曹丕贬为山阳公，建都山阳郡下的浊鹿城。阿知王在这时也随东汉皇室遗民从洛阳徙居浊鹿。后来司马氏灭魏建立西晋，刘氏皇族的情况开始恶化。西晋太康十年（289），刘阿知见当时天下混乱之相已生，遂决定率其家族东渡，前往日本避难。这样，刘阿知便率领他的儿子刘都贺、舅舅赵舆德和族人等共2000多人，离开中国本土，先到朝鲜半岛北部带方停留，然后漂洋过海，几经艰难，来到日本。阿知王到达日本后，被日本天皇赐号"东汉使主"。在今天日本的奈良县桧前村和冈山县仓敷市妙见山顶，都有"阿知宫"，是后人祭祀阿知王的场所。当年随阿知王来日本的，还有段姓、郭姓、李氏、多姓、皁姓、朱姓、高姓等7个姓的人。阿知王又奏请日本天皇，派遣使都前往高句丽、百济、新罗等国，将许多流落在这些地方的同乡族人招来日本。

阿知使主到日本后，成为这些归化汉人的首领。"汉人"们在日本主要从事手工业生产。他们运用中国先进的生产技术，为大和朝廷制造甲胄、弓、箭、矛、盾等兵器。还从事马具及装饰品制造，经营冶金、铁加工、木材加工、制革、油漆以及玻璃制品、金银加工等。特别是在冶铁方面，他们带去了中国先进的冶炼加工技术，使日本的生产方式发生重大变化。为了适应日本社会生活、生产发展的需要，阿知使主等人还曾返回中国，为日本聘请技术人员。

日本大和朝廷还曾专门派遣使节赴中国南朝，请求技术援助。468年，天皇派身狭村主青和桧隈民使博德，去南朝刘宋王朝要求支援技工。刘宋朝廷支援了汉织、吴织、兄媛、弟媛。天皇十分重视从中国来日的织、缝工匠，把安置吴工的住处命名为"吴原"，组成衣缝部，命弟媛掌管。中国织、缝工匠的到来，有力地促进了日本衣缝工艺的发展，日后的飞鸟衣缝部、伊势衣缝部就是在这个基础上形成的。

⚀ 天寿国绣帐残片，日本奈良中宫寺藏

⚀ 四天王狩狮锦（局部），日本奈良法隆寺藏

总之，从汉到南北朝，有许多中国人陆续移居日本。这一时期的中国移民在数量上相当可观。据9世纪初日本朝廷编纂的《新撰姓氏录》记载，在朝廷中拥有一定政治地位的氏族共1059氏，在京城、山城、大和、摄津、河内、和泉等地区收集起来的归化人系统的氏族有324氏，约占日本全部氏的30%，其中属于汉族的有178氏。可见当时日本的中国移民数量之多。

在这一时期去日本的中国移民，不论他们直接来自中国大陆还是来自朝鲜半岛，都在当时日本的经济、政治和文化生活中发挥了重要的作用，对日本的技术和文化发展做出了突出贡献，为后来飞鸟文化的形成奠定了深厚的基础。

四、中华文化刺激下的弥生文化

日本新石器时代的文化被称为"绳纹文化"，因这一时期陶器上的绳纹式花纹而得名。绳纹文化可能持续了很长的时期，有人认为延续了四五千年，也有人认为经历了一万年上下非常漫长的岁月。石器时代的考古学研究表明，中日两国的旧石器文化在发展序列、石器类型和加工技术等方面都有很多共同点。日本迄今为止发现并已被确认的最早的旧石器文化遗址，即位于九州东北部的早水台遗址，出土有石器，与中国北京周口店第15地点所发现的石器在所用原料和加工技术方面几乎完全相同；在日本群马县五牛遗址发现的手斧、在鹿儿岛上场遗址发现的石球，也都可以在中国丁村文化和许家窑文化的遗址中找到它们的原型。所以，许多学者认为，日本的绳纹文化也与中国大陆文化有关，但其发展程度远远落后于后者。

到了公元前2世纪—公元3世纪时，日本文化经历了从绳纹文化向弥生文化的一次重大转变，开启了日本文化史上的一个崭新的时代，即弥生文化时代。

弥生文化是以1884年最早在东京本乡区的向冈弥生町发现的陶器而命名的。学者们认为，这种弥生式文化，很明显从一开始进行农耕就伴有铁器，特别是栽培水稻，因此，不能将其看作由绳纹式文化直接发展的结果，它无疑是以某种形式受到中国文化的影响而发展起来的。

弥生文化时代的陶器与绳纹陶器有很大的不同，甚至可以说是与绳纹陶器完全不同的陶器，而在形制、花纹等方面与中国的陶器有很多相似之处，很可能是源于从中国传去了新的制陶技术。

弥生文化的另一个特征是金属器，特别是铁器与青铜器并存。按照世界文明史的规律，一般的地区都是从石器时代经过青铜器时代而进入铁器时代的，但日本的情况比较特殊，青铜器和铁器几乎是同时传入日本列岛的，甚至铁器可能比青铜器还先一步传入和应用。原因在于在公元前后，即日本列岛还使用石器的原始社会时，中国早就进入了铁器时代。因此中国大陆上的铁制农具、武器通过朝鲜半岛传入日本列岛时，青铜器作为礼器和武器也同时传入。

在日本出土的青铜器中，铜镜受到更多的关注。这个时代的遗址出土的铜镜有两种：一种是汉镜，经朝鲜输入，是作为随葬品在北九州出土的；另一种是多钮细文镜，这种铜镜和一般铜镜不同，是凹镜，不能用来照物，是西汉以前制作的青铜镜。1984年在岛根县簸川郡斐川町的荒神谷遗址中，一次出土358件青铜剑。次年，又在该遗址附近发现了16个铜矛和6个铜铎。1986年春开始挖掘的佐贺县吉野里遗址，也发现了丁字把铜剑。尤其引人注目的是，1985年在长崎椎浦遗址中，发现几个马车车轴上的青铜饰器，经鉴定，属中国秦代前后之物。这说明秦汉时代中国青铜器在日本流传的种类已发展到工具、兵器和生活用品、祭祀品等。

在中国金属制品传入日本的同时，制

△ 日本弥生时代人面壶形陶器

△ 日本铜铎（弥生文化晚期）

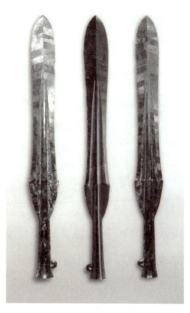

△ 日本铜矛（弥生文化中期）

造这些制品的技术也传入了日本。日本制造的青铜剑器身扁平，刃在铸造后未经加工，根本无法切割，可能不是作为武器而是作为非实用的礼器仿制的。中国的金属冶炼技术在日本推广的重要标志是铜铎。铜铎的形状好像是从侧面压成扁平状的寺钟，小的高度在12厘米左右，大的高达150厘米。在日本九州和畿内地区共发现300多个铜铎。所发现的铜铎都是日本生产的。这种铜铎的形制，普遍认为起源于中国战国时代的乐器编钟。几例铜铎内部带有下垂的舌，可能其原来的用途是乐器。日本学者认为，铜铎的制作技艺和显示出的金属冶炼水平，是中国大陆文化在日本传播的结果，是中国先进的生产技术在日本开花结果的象征。

　　据记载，日本人很快掌握了制作铁制工具的方法。日本登吕和爱知县瓜乡等处遗址中，发现了那时木匠使用铁制工具的痕迹。

日本文化历史上发生的从绳纹文化向弥生文化进步这样划时代的转变，在很大程度上是由于外来文化传入亦即中国文化的刺激。而这时的文化传播，主要是通过中国人移民日本进行的。中国移民带去了中国先进的文化和生产工具、生产技术，特别是种植粮食和使用金属工具的技术，使日本列岛的社会生产力有了很大发展。日本的考古发现也证实了这一变化。所以，日本的弥生时代，既是铜铁器与石器并用的时代，又是水稻农业发展的时代。

五、稻作文化传入朝鲜、日本

中国长江流域下游是亚洲稻作农业的发源地。长江下游及其附近地区是我国史前栽培稻的一个重要的传播中心。中国史前的稻作农业，正是从那里呈扇面展开的，其传播所及几乎包括了我国稻作农业的全部地区。

水稻在我国推广种植后，很快传到了东亚近邻国家。朝鲜半岛发现距今3000年的稻作地点20余处，早期稻作遗址在朝鲜半岛南北均有分布。其中年代测定最早的是京畿道骊州郡欣岩里遗址，为公元前1260年左右。学术界普遍认为，朝鲜半岛的水稻农业是中国水稻农业传播的结果，河姆渡可能是它的源头，传播路线应是自山东半岛至辽东半岛，再东至朝鲜。山东半岛龙山文化时代栖霞杨家圈遗址和渤海湾青铜文化时代大嘴子、双坨子遗址出土的稻作遗存为传播提供了证据。从年代上看，目前发现的朝鲜半岛的稻作遗存都在3000年前这个时段，大概和箕子"走之朝鲜"有关。

在水稻传入朝鲜的同时，伴随稻作文化而来的有段石锛、半月形石镰，它们的最早形制的实物都出土于中国东南沿海的河姆渡文化遗址。中国的一些铁制农具，如铁镰、铁锹、铁制半月刀等，也传到了朝鲜。

中国的水稻和稻作技术传播到日本要比朝鲜半岛晚，大约在公元前6世纪春秋末期。日本弥生文化的一个重要特点是从采集经济向农耕经济的转变，特别是水稻栽培的普遍推广。根据附着在陶器上的稻谷痕迹，以及从遗迹中出土的碳化米、各种农具、水田遗迹等丰富的考古材料，可以想见这一时期的农耕经济已经比较发达。日本列岛的自然条件非常适宜水稻种植，这里有温暖的气候、丰沛的雨量，到处都有可供开成水田的低湿的土地。

有的学者认为，中国水稻栽培技术是直接从中国江南一带横渡东海传入日本九州岛，进而扩大到近畿并遍及全日本各地的。这可能和从吴越地方到日本的移民有关。另有一种观点认为，吴越地区的稻作文化可能是先由长江下游向北传播，及于江淮平原与山东半岛，然后北越黄河到达朝鲜半岛西南部，再南下到日本九州岛。

日本稻作文化出现在从绳纹文化到弥生文化的过渡时期，或者可以说，稻作文化是弥生文化的一个重要内容。和水稻一起传入日本的，还有原始的农具。这些农具，一为石庖刀，一为片刃石斧。弥生文化遗址中，有很多石庖刀和片刃石斧出土。这两种原始农具都是中国大陆系统形态的输入。在中国大陆先进文化的浸润下，这一时期日本的稻作技术有了相当程度的发展，比如农具器质及器形的演替、农田水利技术的发展、农田区划以及水稻移栽技术的出现等，标志着其已形成了颇为体系化甚至具有某些精耕细作特点的技术体系。

在弥生文化时代，传入日本的不仅有水稻及稻作技术，还有其他农作物。源自中国的黍、粟及豆类等都曾经在日本局部引种过。从弥生文化时期遗址发掘来看，当时关东等丘陵地带豆类和杂谷的种植非常普遍。此外，其他栽培植物，如桃、杏、柑橘、葫芦、甜瓜、构树、芋头、菱角、白苏等，可能也是在这一时期前后传入日本的。这一时期从中国传入日本的栽培植物有40余种，被日本学者称为"太古大陆渡来"的植物。

起源于中国的稻作文化，对日本列岛和朝鲜半岛的民族生存、文明发展起到了不可估量的巨大作用。水稻不仅仅是一种植物，农耕也不仅仅是一种技术。水稻农耕作为典型的生产经济方式，取代了以狩猎、捕捞、采拾为主要形式的自然经济，由此产生的结果不仅限于生产方式的革命，而是从根本上改变了日本列岛的文化性质。有的学者认为，稻作、大米的历史是与日本的历史共同开始的。稻作与大米可以被看作日本历史的象征，至少是日本历史形成的一个重要组成部分。法国历史学家布罗代尔认为，对某些地区来说，

∧ 日本桃山时代《每月风俗屏风画》

"接受稻米种植'是获得文明证书的一个方式'"①。水稻的输入,使日本原始社会发生了划时代的变革。金属工具的使用和农耕经济的发展,使日本的生产力有了大幅度的发展,社会结构也发生了重大变化。有日本学者指出,水稻农业这种新文化要素预示着一场"农业革命"的到来,其意义可与近代的"工业革命"相媲美。

六、一枚金印引出的故事

1784年,即日本江户时代的天明四年,在当时的筑前国糟屋郡志贺岛叶崎地方(今福冈县粕屋郡志贺町),一个名叫甚兵卫的农民在修筑田地沟渠时挖出许多碎石,碎石下覆盖一块两人方可移动的大石。移开大石,下有一石室,从石室出土一枚金印。这枚金印后来被献给了大名黑天氏。该印由纯金制成,上部为蛇钮,下部印面2.34厘米见方,刻有"汉委奴国王"五个阴刻篆字。

"汉委奴国王"金印,现藏于日本九州福冈博物馆

---

① 〔法〕费尔南·布罗代尔著:《十五至十八世纪的物质文明、经济和资本主义》第1卷,顾良、施康强译,生活·读书·新知三联书店1992年版,第168页。

经日本史学家鉴定，该印的尺寸符合汉代"方寸之印"的规定，蛇形钮饰也符合汉代授予夷王印章的规定。因此可以断定，这是汉光武帝赐给倭奴国国王的金印。按汉制，赐给太子及诸侯王的金印，一般是龟钮，赐给臣服国国王的印钮则多用蛇、芋、骆驼等造型，日本出土的这枚金印均符合汉制。

这枚金印在中日文化交流史上具有十分重要的意义，是两国早期往来的重要物证。这枚金印现藏于日本九州福冈博物馆。

《后汉书·东夷列传》记载，光武帝建武中元二年（57），"倭奴国奉贡朝贺，使人自称大夫，倭国之极南界也。光武赐以印绶"。这个倭奴国，是当时日本岛上百余个倭国中的一国，其地理位置，多数研究者认为在今北九州福冈县博多附近的志贺岛一带，可能是占据着北九州大门口的一个部落国家。这里所记的倭奴国王的"奉贡朝贺"，似乎不是首次，但应该是倭国使臣首次到达京师洛阳。因此，公元57年，应该是倭国中的一国与汉开始通交的确切年代。《后汉书》说"光武赐以印绶"中的印，就是江户时代发现的那枚"汉委奴国王"金印。

中国史籍中记载的中日关系，继东汉之后，是曹魏与邪马台国之间的往来。该国位于九州一带，也有的学者认为位于畿内大和地区，是当时日本列岛上生产力最发达的一个国家。邪马台的统治者是女王卑弥呼。魏明帝景初三年（239），卑弥呼遣大夫难升米等出使带方郡，要求入贡。带方郡太守刘夏派人将他们送到洛阳，魏明帝以盛礼接见，诏封邪马台女王卑弥呼为"亲魏倭王"，并授金印紫绶。魏明帝还赐给卑弥呼丝绸金银等各种礼品。第二年，即正始元年（240），魏明帝令新任带方太守弓遵遣建中校尉梯俊等人"奉诏书印绶诣倭国，拜假倭王，并赍诏赐金、帛、锦罽、刀、镜、采物"。梯俊等肩负出使倭国和护送倭使的双重任务，到达邪马台国，见到了卑弥呼，实现明帝授女王印绶之遗命，归国时"倭王因使上表，答谢恩诏"。这是东汉光武帝建武中元二年（57）倭奴国向中国派遣使节之后，中日两国之间又一次重要的通交史实。

从这时开始的曹魏与邪马台国的交往在友好的气氛中继续下去，仅记录所载，双方的使节就有数次往来。

5世纪时，统一日本后的大和国朝廷频繁地向中国南朝宋、齐、梁等派遣使节，进行直接交往。著名的"倭五王"，即赞、珍、济、兴、武，据日本学者考证，应是日本历史上的仁德天皇[①]、反正天皇、允恭天皇、安康天皇、雄略天皇。他们向中国南朝派遣使节的一个共同目的，就是请求授予封号。

对于两汉至南朝这一时期日本向中国通使，更为重要的是，通过与中国的通交往来，中华文化大量流传到日本，刺激了日本人学习先进的中华文化、发展民族文化的强烈愿望。

在这一时期，中华文化在日本的传播是多层面、全方位的，不仅包括生产技术和物质文化层面，而且包括文字、宗教、艺术、思想等精神文化层面；中华文化在日本的影响和作用也是相当广泛和深刻的，不仅影响和推动了日本经济技术和社会的发展，而且深刻影响了日本人的生活方式、活动方式和思想方式。中华文化在日本的传播，对于日本文化的早期开发和发展的作用是巨大的。

特别重要的是，在这一时期，汉字传入日本，对日本文化的发展起到了重要的推动和促进作用。在此之前，日本只有口头语言而无文字。由于日本文化发展自身的需要和日益频繁的与中、朝的文化交流，日本人也迫切需要文字符号。日本人学会使用汉字，不仅仅是掌握了一种表意和交流工具，而且为接触汉籍、了解中国思想提供了可能。

∧ 日本出土的魏景初三年（239）铭花纹带神兽铜镜

---

① 日本历史学者中也有人认为赞是应神天皇。

第三章 浪漫的丝路，风情的丝绸

一、张骞"凿空"的大道

汉建元三年（前138），26岁的张骞与向导、随员等100多人组成的马队，牵着骆驼，从长安城的雍门出发，一路向西，向着一个未知之地进发。

这次张骞西行，是汉武帝临时安排的一项任务。这次任务十分重大，关乎汉朝的国运，关乎国家的未来。汉武帝派张骞去西域找一个叫大月氏的国家，联合该国一起抗击匈奴。

匈奴是生活在中国北部草原地带的游牧民族，长期以来是中原王朝的主要边患。汉初时，汉朝一直对匈奴采取忍让妥协的政策，与匈奴和亲并赠送大批缯絮米蘖。但匈奴仍自恃强大，经常策骑南下，掳掠汉边民和财富，给汉朝的安定造成很大威胁；同时压迫西域各国，阻遏汉与西域各国的商业往来。汉武帝继位时，汉朝正处在蒸蒸日上的时期，经济繁荣，国力强大，所以，武帝决定改变对匈奴的政策，积极抗击匈奴的侵扰。

武帝听说，几十年前，原居住在河西走廊一带的大月氏人被匈奴驱赶出故地，被迫西迁。匈奴单于还杀了大月氏王，大月氏人常思报仇。于是，武帝决定派张骞作为国家的使臣出使大月氏，劝说大月氏人和汉朝联合起来共同击败匈奴。

这是一个重大的战略决策。张骞一行带着这样的使命出发了。但他们只知道大月氏人去了西域，并不清楚他们究竟迁到了什么地方。他们完全是向着一个未知的地方行进。他们坚信，只要一路向西，就能找到大月氏人。他

们更坚定的信念是：他
们肩负的是朝廷的使命、
国家的使命，是一个必
须不遗余力为之奋斗的
伟大使命。

　　他们从长安出发，一
路向西，风餐露宿，备
尝艰辛，途中充满了各
种危险。他们来到了号
称"四塞之国"的陇西
地区，也就是现在的甘

敦煌壁画《张骞通西域图》

肃省东部地区，这里是去西域的必经之路，在当时是匈奴人控制的地区。张骞
一行被匈奴军队抓获，并被押送到位于今内蒙古自治区呼和浩特市附近的匈奴
王庭。张骞在匈奴困顿了很多年，匈奴首领为其娶妻成家，劝其投降。后来，
匈奴人的监视渐渐有所松弛。元光六年（前129），张骞和随从找准了机会，
终于逃了出来。

　　张骞一行从匈奴人那里逃出来后，并没有返回长安，而是牢记着汉武帝
的嘱托，牢记着自己的使命，继续向西而行，去完成自己的外交任务。这种逃
亡是十分危险和艰难的。幸运的是，在匈奴留居多年，张骞等人详细了解了通
往西域的道路，他们穿着"胡服"，会说匈奴话，顺利地穿过了匈奴人的控制
区。他们取道车师国，进入焉耆，又从焉耆溯塔里木河西行，经过龟兹、疏勒
等地，翻过葱岭，兼程西行。

　　经过几十天的长途跋涉，他们最后到了中亚大国大宛。大宛位于帕米尔西
麓，也就是今乌兹别克斯坦费尔干纳盆地。张骞一行在大宛稍事休息之后，便
在大宛向导的陪同下，来到了大宛的邻国康居。康居国王派人送他们一行到大
月氏。

　　公元前129年，也就是汉元光六年，张骞一行抵达大月氏。这时距他们从

长安出发已经过去了9年。

此时大月氏已立新王，吞并了西域国家大夏。这里土地肥沃，生活安定，大月氏人已经在此安居乐业。大月氏王热情地接待了张骞一行，张骞则转达了汉武帝的建议，希望他们与汉联盟共破匈奴。但大月氏王对张骞提出的建议并无多大兴趣，他们认为汉朝离大月氏太远，如果联合攻击匈奴，遇到危险恐难以相助。张骞在大月氏的都城监氏城逗留一年多，虽然受到很好的款待，但终没能说服大月氏王，不得不无功而返。

汉武帝元朔元年（前128），张骞为了避开匈奴人，改从南道东归。他们翻过葱岭，沿昆仑山北麓而行，经莎车、于阗、鄯善等地，进入羌人居住地区，不料又为匈奴骑兵所获。一年后，适逢匈奴内乱，张骞乘机逃出，于元朔三年（前126）回到长安。

张骞此行并未达到联合大月氏共抗匈奴的目的，但他之西使，其意义远远超出他的直接使命。作为汉朝的官方使节，张骞实地考察了东西交通要道，是中国官方开拓通往西域道路的第一人。

△ 敦煌的汉长城遗址

张骞的功绩，被司马迁称为"凿空"。他"凿空"了通往西域的大道，意味着东西交通大干线的正式开辟。

现在，人们把这条交通大干线称为"丝绸之路"。

二、丝绸之路：中华文化走向世界的大道

张骞通西域之后，汉王朝与西域各国使节往来不断，民间商旅更是相望于道，贸易十分频繁活跃。武帝时，汉朝向西域遣使十分频繁，每年都要派遣五六批乃至十余批使团，每批都有百余人至数百人。这些使节往返一次常常要八九年。汉朝使者不仅到达乌孙、大宛、大月氏等，更远者到达安息、奄蔡、犁轩、条枝、身毒。这些使节都带着贸易的目的，汉的缯帛、漆器、黄金、铁器是各国所欢迎的产品。

与此同时，西域诸国也频繁向中国派遣使节。西域各国的使节，怀着对汉文明的向往，骑着骆驼，经过长长的丝绸之路，来到汉帝国。伴随着他们的

▲ 西安的丝绸之路群雕

▲ 敦煌阳关的丝绸之路遗址纪念碑

足迹，西域文化也传播到汉帝国。据史书记载，在西汉京师长安，西域货物云集，异国客人熙熙攘攘。大宛的葡萄、石榴、胡麻，乌孙的黄瓜，奄蔡的貂皮，大月氏的毛织品，异域的杂技、音乐、绘画艺术、风土人情，注入中土。西域的使节在中国受到相当高的礼遇。如武帝巡狩时常带上外国客人，并给予很多赏赐，设酒池肉林宴，还向外国客人开示府库，让他们看很多藏品，以示汉朝之强大。

自此之后，两千多年来，有无数的人行走在丝绸之路上。人们还把联系欧亚大陆北边的草原之路、南边的海上交通，也都称为草原或海上"丝绸之路"。丝绸之路就是连接中国与世界的大通道。

"丝绸之路"是一个包罗万象的、诗一般的名称，具有十分浪漫的色彩，令人们产生无尽的遐想和向往。在作家和诗人的笔下，那茫茫的草原、连绵的群山、万里的晴空、成群的牧羊、迷人的异域风情以及对于远方的奇异想象，都具有诗一般的意境。然而，这也是一个容易引起误解的名称。实际上的丝绸之路，并非鲜花铺路，一马平川，而是充满了艰难险阻，是一个极为艰辛的旅程。沿途人烟稀少，水源奇缺。茫茫的戈壁，飞沙走石，热浪滚滚；巍巍的雪山，冰雪皑皑，寒风刺骨；大漠流沙，激流险滩，都挡在旅行者的途中。唐太宗在《大唐三藏圣教序》中说到玄奘的艰难行程："往游西域。乘危远迈，杖策孤征。积雪晨飞，途间失地。惊砂夕起，空外迷天。万里山川，拨烟霞而进影。百重寒暑，蹑霜雨而前踪。"

然而，尽管道路艰险，前路茫茫，千百年来，漫漫长路上，行走的人何止成千上万。其中又有多少人埋骨黄沙，葬身海底，在历史上留下名字的只是极少数。而正是在这极少数人中，我们看到，有络绎不绝的商旅，有肩负国家使命的使臣，有怀揣信仰的宗教人士，有负笈远行的学子，有远征戍边的武士，以及旅行家、航海家、艺术家，他们或经过大漠流沙，或翻越崇山峻岭，或踏破惊涛骇浪，不畏牺牲，历经艰辛，冒险犯难，以自己的热血和忠诚，以自己的梦想和情怀，走出了奔向远方的路，开辟了各民族文化交流的路。

丝绸之路是中华文明走向世界的道路，是中华文化与西方文化相遇、交流、对话、融合的道路。丝绸、瓷器等丰饶的中华物产，经由这条国际贸易的大通道输往沿途各国，中国的生产技术、科学知识也陆续传往西方世界，而关于中国的种种游记、见闻乃至传闻，不时向西方传达着遥远东方帝国的文化信息。可以说，在古代，丝绸之路是中华文化与外来文化相互交流、激荡和影响的主要媒介之一，对于中华文化的丰富和发展，对于世界文明的繁荣发展，都具有十分重大的意义。

三、丝绸之路与丝绸

那么，为什么要用"丝绸"来命名贯穿欧亚大陆的大通道呢？这当然与丝绸有十分密切的关系。

桑蚕丝绸是中华民族非常伟大的发明，是中华文明的特征之一。中国是世界上最早饲养家蚕和缫丝制绢的国家，长期以来曾经是从事这种手工业的唯一国家。或许可以认为，丝绸是中国古代对于世界物质文化最大的一个贡献。

中国人养蚕、缫丝和织绸，可能在几千年前的新石器时代就已经开始了。传说中黄帝的后妃嫘祖发现桑树上蚕吐的丝柔软细长，可以用来编成织物遮体御寒。于是，她教导人们把蚕养起来，缫丝织绸，以制衣裳。这个传说的实质意义在于，把丝绸的起源追溯到和中华文明起源的诸要素一样遥远而古老，使丝绸成为中华文化发生期所创造的文化成果之一。

据现代考古发掘的结果，一般认为中国丝织物开始出现于中国东南地区的良渚文化（前3300—前2400）时期，这时的中国先民已经成功地驯化了野生

桑蚕，使其成为可以饲养的家蚕，并利用蚕吐的丝作为原料，织造丝绸之物。4700年前，浙江吴兴钱山漾一带，已能生产丝绢。

到了商代，中国的丝织物已达到很高的水平。当时除了平织的绢外，已经有了经线显花的单色绮和多彩的刺绣。至迟在殷商时代，中国人已充分利用蚕丝的优点，并且改进了织机，发明了提花装置，能够用蚕丝织成精美的丝绸。《吕氏春秋》中载："后妃率九嫔蚕于郊，桑于公田。是以春秋冬夏皆有麻枲丝茧之功。"《诗经》中有不少桑事织衣的诗篇，这是反映中国中原地区丝织发达、分布广泛的一个记录，如《诗经》中描写蚕桑丝绸生产：

> 七月流火，八月萑苇。
>
> 蚕月条桑，取彼斧斨。
>
> 以伐远扬，猗彼女桑。
>
> 七月鸣鵙，八月载绩。
>
> 载玄载黄，我朱孔阳，为公子裳。

生产机具的改进和生产技术的提高，大大提高了生产效率。汉代丝织业有了相当大的发展，生产规模很大，花色品种繁多，产品数量也很大，出产了丰富多彩的丝织品，如锦、纱、罗、绫、缎、绸、绒、缂丝等。汉朝在长安设少府，其下有东西织室，置织室令，管理丝织生产。在地方也设有专门管理织造的机构,《汉书·禹贡传》说仅齐地就有"作工各数千人,一岁费数巨万"。民间从事丝织生产的人也相当多。据记载,汉武帝元封元年(前110),汉朝自民间征集的绸帛达500万匹,可见当时纺织业的兴盛状况。丝绸生产是人民生活的重要组成部分,凡宜蚕之地,每家每户均树桑养蚕,并以绢作为赋税。长沙马王堆西汉古墓出土的素纱单衣,长132厘米,重量不到1两,其工艺之精巧,轰动世界。湖北江陵楚墓因出土了大量丝织品而被誉为"世界丝绸宝库"。到了唐代,丝织业有了更大规模的发展。官营或私营的丝织业都很发达,产品种类也非常多,质地优良,产地遍布全国,尤以关东、巴蜀及吴越地区为盛。

　　丝绸是中国人对于世界物质文化的一个伟大贡献。精美绝伦的各色丝绸,为人们提供了舒适的衣料和优美的装饰物,丰富了人们的日常生活。所以,中

∧ 宋徽宗《摹张萱捣练图》(局部),美国波士顿美术博物馆藏

国丝绸传播到任何地方，都受到热烈的欢迎。丝绸是中国最早的、持续时间最长的、分布地区最广的大宗出口货物，而且直到明清时期，一直是向海外输出量最大的、最受欢迎的中华物产之一。经丝绸之路运往中亚和西亚乃至欧洲的中华物产，在很长一段时间里以丝绸为主。在漫长的历史时期内，在经销的数量之大、范围之广、持续时间之长和影响之深远方面，世界上的任何一种产品都不能与中国的丝绸相比。正如瑞典学者斯文·赫定所说：

> 中国内地沿着（丝绸之路）这条皇家驿道出口的商品中，无论在数量上或地位上，都没有哪一样能与华美的丝绸相媲美。两千年前，中国丝绸是世界贸易中最受崇尚、最受欢迎的商品。①

∧ 湖南长沙马王堆汉墓出土的乘云绣

西方世界最初也是通过传到那里的丝绸而知道中国、认识中国的。丝绸经久不衰地传播到世界各地，被人们称为"东方绚丽的朝霞"。它以其精美绝伦的色彩和风情万种的姿韵，征服了全世界，成为全人类都喜爱的织物和艺术佳品。在世界各国人民的心目中，"丝绸"是最有代表性的中国文化符号。

丝绸的大量外销，不仅

---

① 〔瑞典〕斯文·赫定著：《丝绸之路》，江红、李佩娟译，新疆人民出版社1986年版，第214—215页。

具有经济贸易交流的意义，而且具有重要的文化意义。"丝绸之路"这个概念抓住了"丝绸"这个古代东西贸易的核心，丝绸之路首先指的就是东西方的贸易之路。在许多情况下，正是丝绸贸易，促进了中外交通的开辟，促进了中华文化向海外的传播。如果没有丝绸和丝绸贸易，中西文化交流恐怕要向后推迟许多世纪。

所以，正是绚丽多彩的中国丝绸，把整个欧亚大陆连接了起来；也正是因为丝绸，才有了东西交通的大通道，有了丝绸之路这个美丽浪漫并令人产生无限遐想的名称。

四、丝绸之路与西域文明开发

丝绸之路首先是通往西域之路。张骞的"凿空"，就是找到了通往西域的大道。

西汉时，西域指今甘肃敦煌西玉门关、阳关以西，葱岭以东，昆仑山以北，巴尔喀什湖以南，即汉代西域都护府的辖地。在汉、唐时代，中国的西部疆土要比现在的版图更为广阔。历史学家向达指出：狭义地说，"中国史上的西域可说是相当于今日的中亚地方"[①]。

丝绸之路畅通以来，西域地方与中原王朝的联络往来日益频繁。官方使节除了担负政治、经济和军事使命外，还负有文化交流的使命，至少会向西域介绍中原的文化信息。而那些民间人士，往来于中原与西域之间的旅人，包括商人、艺术家乃至旅行家，也带给西域许多关于中原的见闻。这些都引起人们极大的兴趣。这样，西域对于中原的认识就大大增加了。

当时西域各国的疆域很不固定，各族人民杂居共处或移民迁徙是很常见的。特别是汉朝设置河西四郡和西域都护府后，就有计划地向西北边疆移民屯田，使西域各族有机会与汉民族有更多的交往。随着丝绸之路的畅通，也有一

---

① 向达著：《中外交通小史》，商务印书馆1930年版，第15页。

些中原人士移居西域，把中原的生产技术、科学知识和观念文化传播过去。这些移民中包括在历次战争中流寓于西域的中国士兵。

在这几百年间的无数次大小战争中，有许多（可能数量很大）中原王朝军队的士兵因被俘或离散而流落到西域各国。他们在传播中华文化方面起到了很大作用。如《史记·大宛列传》讲到大宛以西直到安息地域时说："其地皆无丝漆，不知铸钱器。及汉使亡卒降，教铸作他兵器。"这里说的"汉使亡卒"大概是从汉朝使节的随从人员中擅自脱队的人，而军队的"亡卒"可能就更多了。

中国冶铁和制作铁兵器的技术在汉代传入西域，当时传入主要是由于战争。铸铁技术应用早是中国冶铁技术上突出的长处。西汉时铁剑长度在80厘米到118厘米之间，剑的刃部经过淬火，坚实锋利。这些锋利有力的武器正是西域各国所缺少的。当时西域各国铸造铁器的技术不精。汉建昭三年（前36）陈汤到西域时见到"胡兵"的武器不如汉朝军队的武器，"兵刃朴钝，弓弩不利。今闻颇得汉巧"。这些"胡兵"的弓矢和铁兵器与汉朝军队所配备的长柄的矛、戟、弓弩和剑相比，要落后得多。《史记》说"汉使亡卒"将铸铁技术教给大宛的铁工，大宛人从汉朝人那里学会了铸铁技术。

由于丝绸之路的畅通，商旅往来频繁，中国的物产持续传播于西域各国。中国输入西域的货物以丝绸为大宗，此外还有漆器、铁器、软玉、麻织品、釉陶和各种饰品。

早在商代就有丝织物成批地外销。到周代，传说周穆王西征时，带有精美的丝织物作为礼品送给西王母。在西域的广大区域内，包括现在新疆地区和帕米尔以西的区域，陆续出土了大量从春秋战国一直到汉晋时代的丝绸制品。汉代西域通道大开，出现中国丝绸大量输入西域的盛况。从考古发现来看，汉代丝织物在甘肃武威、敦煌，新疆楼兰、民丰，中亚地区的刻赤、奥格拉赫提，叙利亚的帕尔米拉、杜拉欧罗波等地均有发现，种类包括锦、绮、罗、绢、纱等。

位于楼兰以西约200公里、地处交通要冲的营盘遗址，经发掘清理发现的丝织物，几乎包括了我国汉晋时期丝织品的所有品种，有绢、纱、绮、绫、锦等印花织物。其中，绢的数量最多，有百件以上，衣袍、覆面等服饰，大都以

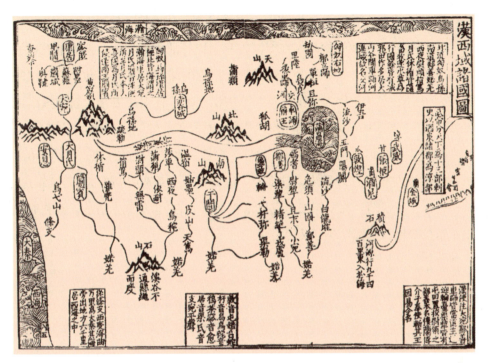

△ 南宋《汉西域诸国图》，首都图书馆藏

绢制成。同时出土的贴金印花织物、从内地输入的漆料制作的木胎漆器，都反映了中原文化对西域的广泛影响。与此同时，在这里还发现了大量当地出产的丝绸产品，这些产品都带有明显的西域文化特征。

新疆民丰西北的古精绝国尼雅古城遗址，在1959年曾经出土了东汉时期的"延年益寿大宜子孙"锦鸡鸣枕，图案由云纹、茱萸纹、禽兽纹组成，上有"延年益寿大宜子孙"8个字。类似纹样的织锦在罗布泊也有发现。在叶尼塞河畔的奥格拉赫提的2世纪的古墓中也发现了这种纹样的汉锦，上面还残留着"益""寿""大"3个字。尼雅还出土了"万世如意锦"，图案由"Z"字形云纹、茱萸纹组成，上有"万世如意"4个字。1995年又在尼雅遗址的古墓中出土了大量色泽鲜艳、种类繁多的丝织物，其中"五星出东方利中国"锦护膊，图案题材新颖，色彩艳丽如新，引起国内外广泛关注。同类的织锦在楼兰东部汉墓中也多有发现。

　　20世纪初，俄罗斯探险家在今蒙古乌兰巴托北面的匈奴古墓群中发现了漆器、玉器、铜镜、丝织品等大量文物，出土的漆器上有汉"建平"年间的铭文，可以断定其年代为西汉末年。墓中出土的汉代织锦中有"新神灵广成寿万年锦""群鹄颂昌万岁宜子孙锦""游成君时于意锦""山石鸟树纹锦"等。其中的"山石鸟树纹锦"尤为引人瞩目，它是一块帷帘状的挂锦，长约186厘米，残存最大宽度为39厘米，挂锦的一边尚存有一条宽约1厘米的连续织边。墓中还出土了汉绮。在罗布泊、克里米亚半岛上的1世纪刻赤遗址、叙利亚的帕尔米拉等地，也都发现有汉代的绮。

◀"五星出东方利中国"锦护膊（汉晋），新疆民丰尼雅1号墓地8号墓出土，新疆维吾尔自治区博物馆藏

▲"延年益寿大宜子孙"锦鸡鸣枕（东汉），新疆民丰尼雅432号墓出土，新疆维吾尔自治区博物馆藏

▲"千秋万岁宜子孙"锦枕（汉晋），新疆民丰尼雅1号墓地3号墓出土，新疆维吾尔自治区文物考古研究所藏

五、丝绸公主的故事

随着丝绸被大量地贩运到西域，中国的养蚕缫丝技术也传到了西域，推动了当地丝绸产业经济的发展。

关于养蚕缫丝技术的西传，有一则关于蚕种传于阗的故事。西域的于阗国王瞿萨旦那欲至东国访求桑蚕种，东国国王不许。瞿萨旦那王于是向东国公主求婚，并遣使告公主，说于阗"素无丝绵桑蚕之种"，不能以衣服馈送。公主知国法禁携桑蚕出境，便私藏桑蚕种于帽中，带至于阗，于阗始有蚕丝。唐玄奘的《大唐西域记》卷十二"瞿萨旦那国"记载了这个故事。此事还见于正史，如《新唐书·西域传上》卷二二一对此有所记载。

敦煌莫高窟藏经洞出土的吐蕃文《于阗国授记》也记载了与其类似的传说，主要情节差不多，只是多了一段波折：当东国公主把蚕种带到于阗，并在当地培育了一些蚕之后，东国大臣想从中破坏，于是告诉于阗国王，说蚕会变成毒蛇。国王居然听信了这一谗言，把蚕室放火烧了，幸亏公主抢救出一些蚕，后来公主用蚕吐的丝制成衣服，穿在身上，并把详情告诉国王，国王方大悔。

这个故事还可以通过考古资料得到印证。斯坦因曾在新疆和田丹丹乌里克古城遗址剥下并带走了几幅壁画，其中有一幅就是《东国公主传入蚕种》。这

▲和田丹丹乌里克古城遗址中关于蚕种西传传说的壁画

∧ "胡王"锦（南北朝），新疆吐鲁番阿斯塔那169
号墓出土，新疆维吾尔自治区博物馆藏

幅壁画是约8世纪的作品，上面描绘着一个公主戴着一顶大帽子，一个侍女正用手指着它。研究者认为，这幅画所画的就是那位传播养蚕制丝方法的"丝绸公主"。

"东国公主传入蚕种"的故事，为探究中原的养蚕制丝技术传入西域提供了一个线索。现在学者们一般认为，养蚕制丝技术应是在四五世纪时从中原传入西域的。另外，我国有的学者认为蚕种传于于阗，可能是1世纪初的事。上文说的于阗之"东国"，据研究者认为可能是鄯善国。鄯善国在汉代时已有桑的栽培，鄯善王尤还是"汉人外孙"，较早有蚕桑极有可能。东汉明帝时，匈奴大军兵临于阗，迫使于阗每年缴纳罽絮。絮即敝绵，说明1世纪初于阗已经知道栽桑养蚕。于阗初传桑蚕，只能漂渍绵纩，后来才能缫丝织帛。

另外，考古发现也说明至迟在3世纪时西域地方已经有了蚕桑。尼雅遗址曾于多处发现枯干的桑树，还发现了一枚蚕茧，经专家鉴定是家蚕，一端有一蛾子咬破的小孔。尼雅遗址中发现的木简，年代最晚的一枚是晋武帝泰始五年，即269年，因此可以断定这个遗址废弃的年代在269年之后。这说明在这个时间点之前，即269年之前，此地已育蚕植桑。

5世纪时，天山以南的高昌、龟兹、疏勒都能纺织丝锦了。中国史籍中有高昌"宜蚕"的明确记载。出土的吐鲁番文书也显示高昌有丝绸制造业。在吐鲁番文书中，还出现了"丘兹锦""高昌所作丘兹锦""疏勒锦"等专名。根据这些文书可以判断，高昌的蚕桑业和缫丝织造业已有相当规模的发展，并达到了一定的水平。

在高昌的考古发掘中，出土了大量精美的丝织物，花色品种多样，有精美绝伦的织锦，有红地团花纹、彩条纹、龟背"王"字纹、对鸡对兽"同"字纹、棋纹，也有联珠天马骑士纹、鹿纹、双人、猪头、小联珠对鸭纹等图案。在织造

△ 蓝地对鸟对羊树纹锦（唐代），新疆吐鲁番阿斯塔那151号墓出土，新疆维吾尔自治区博物馆藏

技术上，不仅有经线显花，也有纬线显花。华丽的织锦，除了大量来自中原外，不少系本地产品或西方的产品。

在中亚粟特人生活的地区，也有丝绸的生产。丝织业是粟特地区的重要手工业，"昭武九姓"之安国是丝绸的重要产区，撒马尔罕发展成为世界丝织品生产中心之一和重要的丝绸集散地，粟特织锦十分有名。粟特人的康国所产的赞丹尼奇锦，运销范围北达挪威，南至拜占庭，西达波斯。

养蚕制丝技术传到西域后，丝绸织造业在西域各地都发展起来。西域国家的纺织业是在毛纺织基础上发展起来的，所出丝织品以锦类为主，染色、

提花、刺绣等一如毛纺。这些织锦传入中国后，被人们泛称为"胡锦""西锦"等。这些"胡锦"在织造技术上保持了毛纺的特点，采取斜纹组织和纬线起花等手段，原料上以混纺为特色，多加以金、银丝线和毛、麻等，花纹图案则基本上是西域传统文化方面的内容，结构形式多为联珠团窠或几何图形内增加动植物纹。波斯的"冰蚕锦"、女蛮国的"明霞锦"、龟兹和高昌的"龟兹锦"、疏勒的"疏勒锦"等，都是西域著名的丝织品。到宋元时期，中亚地区各种装饰盖布、马披、丝绸褥垫、镶金织锦、绸缎、塔夫绸、撒马尔罕的薄绒，驰名世界。

丝绸之路所经之地，不仅成为丝绸国际贸易的中转站和集散市场，而且成为丝织品的重要产地。西域人谙熟毛纺织的技艺，要掌握中原传来的育蚕、缫丝、织造等一系列细致复杂的技艺，也需要一定的时间。但养蚕和制丝技术的西传，更与中原生产技术的西进特别是与大量移民有关。高昌实际上就是一个主要由中原汉族移民组成的社会，来自中原的汉族构成了高昌社会和统治阶层的主体。他们在移民高昌一带的时候，也必然带来了中原的生活和生产技术，包括养蚕制丝和丝绸织造技术，并在当地发展起养蚕制丝和丝绸织造产业，以满足日常生活的需要以及进行丝绸贸易。

第四章　丝绸与希腊罗马

一、古希腊艺术中丝绸的影子

在古希腊时代，地中海边上的希腊城邦与东方的中国，相距十分遥远，很难通达信息。所以，在那个时代，希腊人很少有可能获知远方中国的情况。但很可能经过斯基泰人，中国的丝绸已经运抵希腊城邦。在雅典西北陶工区的墓葬中，有一座雅典富豪阿尔希比亚斯家族的墓葬，在发掘中找到了6件丝织物和一束可以分成三股的丝线。经鉴定，这些丝织品是中国的家蚕丝所织，时间在公元前430—前400年，相当于中国战国的初期，也就是古希腊伯罗奔尼撒战争前后。

我们在古希腊女神的雕像中，在绘画和其他雕塑艺术作品中，也若隐若现地看到了中国丝绸飘忽的影子。许多考古资料已经证明，早在公元前5世纪，经过后来被称为丝绸之路的通道，中国的丝绸已经越过阿尔泰山，来到了中亚地区。那么，中国的丝绸也有可能沿着那时已经开辟的草原丝路，由希腊人称之为斯基泰人的商队运抵希腊，成为素以爱美著称的希腊人所喜爱的一种珍贵的衣料。

古希腊雕刻和陶器彩绘人像，有的所穿衣服细薄透明，因而有人推测在公元前5世纪时中国丝绸已经成为希腊上层人物喜爱的服装。古希腊的服饰不经剪裁缝制，直接披挂包裹在身体上，简洁、清纯，以衣褶来表现飘逸的动感美。雅可波利斯的科莱女神大理石像，胸部披有薄绢，是公元前530—前510年的作品。雅典卫城巴特农神庙命运女神浮雕是公元前438—前431年的作

古希腊雅典陶壶上穿着
丝服的人物

品，埃里契西翁的加里亚狄雕像是公元前5世纪的雕刻杰作。这些雕像人物都身穿透明的长袍，衣褶雅丽，质料柔软，体现了丝织衣料的特点，希腊人常用的亚麻织物很难有这种感觉。

希腊绘画中也有类似的丝质衣料。公元前5世纪雅典成批生产的红花陶壶画中已经有非常细薄的衣料，公元前4世纪中叶的陶壶狄奥希索斯和彭贝更是表现得比较明显。特别是克里米亚半岛库尔·奥巴出土的公元前3世纪的绘画《波利斯的裁判》，将希腊女神身上穿着的纤细衣料表现得十分完美，透明的丝质罗纱将女神的乳房、肚脐显露出来。这种衣料在当时只有中国才能制造，绝非野蚕丝织成。①

据考，在西方人的著作中，最早有关丝绸的记载，是古希腊诗人阿里斯托芬的《吕西斯特剌试》（前411），其中提到一种用"Amorgis"的绢做成的长上衣，叫"Amorgiam"。此为古希腊著作中最早提到的有关丝的记述。哲学家亚里士多德在《历史》的《论动物》一节中提到过丝绸，不过他所指的丝绸究竟是来自中国的蚕丝，还是希腊本土生产的一种轻薄织物，学术界还有不同的看法。

二、丝绸征服了罗马

公元前53年，也就是中国的汉宣帝甘露元年，罗马与安息帝国之间在卡莱尔这个地方发生了一场大战。安息即帕提亚王国，也就是波斯第二帝国阿萨息斯王朝，中国史籍译为"安息"。当时，罗马"三头政治"其中之一的执政官克拉苏就任叙利亚行省总督不久，就匆忙率军远征安息。在卡莱尔，罗马军

① 沈福伟著：《中西文化交流史》，上海人民出版社2006年版，第20页。

团与波斯人发生大战。天当正午，交战正酣，波斯人突然展开鲜艳夺目、令人眼花缭乱的军旗。由于这些军旗耀眼刺目，再加上罗马人本来就已疲惫不堪，所以他们很快就全线崩溃。这就是历史上有名的卡莱尔战役。在这场战役中，克拉苏阵亡，他的儿子也在战场上捐躯，2万多名罗马士兵血染沙场，另有1万名士兵被俘。

那些在关键时刻扰乱罗马军心的、色彩斑斓的军旗，就是用中国丝绸制作的。这是有记载的罗马人第一次见到中国的丝绸。

在很长时间内，波斯人垄断了丝绸之路上的贸易，所以，在罗马人对丝绸还一无所知的时候，波斯人已经将丝绸广泛用于他们的生活中，其中就包括在卡莱尔战役中大显神威的丝绸军旗。

在卡莱尔战役之后不久，通过波斯人，罗马人也熟悉了这种风情万种的织物。经过波斯人，经丝绸之路西运的丝绸远达罗马。德国人李希霍芬创造"丝绸之路"这个名词，就是为了强调这条路的开辟主要是为了将中国丝绸运输到罗马帝国去。

据说，著名的罗马统治者恺撒曾穿着绸袍出现在剧场，引起轰动，甚至被认为奢侈至极。还据说，恺撒曾用过丝质的遮阳伞。埃及女王克利奥巴特拉，就是那位著名的"埃及艳后"，曾身穿华丽的绸衣出席宴会。1世纪中叶罗马诗人卢卡努斯这样记述这位绝代女王："她白皙的胸部透过

△ 1世纪初堪培尼亚壁画上穿着丝绸服装的罗马妇女

西顿衣料显得光耀夺目，这种衣料本由细丝精心织成，经罗马工匠用针拆开，重加编织而成。"①

丝绸最初输入罗马时，几乎是一种无价之宝，只是少数贵族享用的奢侈品，但过了不久，就在全帝国风行开了。罗马皇帝提庇留曾试图禁止男人穿丝绸，以遏奢靡之风，但没有成功。他的继任者卡利古拉第一个穿上了丝绸裙子。顿时，中国丝绸风行于罗马宫廷和上层社会，元老院的议员一向以能穿中国的丝袍为荣。罗马城中的多斯克斯区有专售中国丝绸的市场，罗马贵族们不惜重金高价竞买中国丝绸。在2世纪时，在罗马帝国极西的海岛伦敦，丝绸的风行程度甚至"不下于中国的洛阳"。在罗马帝国境内的多个遗址中，都有当年的丝织品遗物出土。

5世纪，各外族涌入罗马帝国以后，为罗马贵族的豪奢之风所熏染，也开始追求东方奢侈品。408年，西哥特国王阿拉里克率军围攻罗马，向帝国政府勒索大量财物，除金银财宝外，还有丝绸外衣4000件、皮革3000皮和胡椒3000磅。对于这些外族人来说，中国丝绸也是挡不住的诱惑。

在罗马，纯丝绸制品已经成为追赶时髦的必备之物，但它价格昂贵，并非人人都能穿得起。罗马人一般不直接消费中国高档的提花丝织品，而是将成本较低的素织物拆开，取其丝线，再分成经线和纬线，在其中加入亚麻或羊毛使得纤维更多一些，然后重新纺织，织成适合当地的轻薄半透明的织物。古罗马博物学家普林尼在他那部著名的《博物志》中就说过，进口的丝织物被拆解成丝线，重新纺纱、织造、染色，制成轻薄半透明的织物，再染色、绣花、缕金，以适应罗马市场的需要。

罗马的丝织业在地中海沿岸繁荣起来。沿海城市提尔、贝鲁特、西顿，都出现了以加工中国丝绸为主要业务的丝织工坊。今叙利亚境内丝绸之路要道上的帕尔米拉更是地中海地区的古代纺织中心。罗马人正是依靠来自中国的丝织品和生丝，也借鉴高度完美的中国丝织技术，才纺织出他们的刺金缕绣，织

---

① 沈福伟著：《中国与非洲——中非关系二千年》，中华书局1990年版，第27页。

成金缕罽、杂色绫等。

所以，罗马人争相追捧的丝绸，其实主要是这种"半丝绸"。直到3世纪，罗马人才流行穿纯丝制成的衣服。

织成半透明薄纱的丝绸衣料，可供罗马贵族夫人和小姐们缝制最时髦的服装。人们更多的是用丝绸来做一些小装饰品，染成紫红色或者做成刺绣，然后嵌饰在内衣上，或绣在白毛线边上，有时也缀在从埃及进口的柔软的棉织品衣衫上或来自巴勒斯坦的亚

▲ 古罗马庞贝古城壁画中身着丝绸服装的女神梅娜德，意大利那不勒斯博物馆藏

麻布衣服上。人们也顺便把所有的零碎丝绸小片拆开，以便把丝线从中抽出来，然后再织成更薄的绸布。

中国的丝绸在罗马赢得了广泛的赞誉。"其洁白光泽和独一无二的品质可以绣上各种色彩的图案，从最生动的到最温馨的，从橘黄色、紫晶色、色雷斯鹤的色彩、海水的颜色抑或是奇幻的色彩：'万里无云，温和的西风带着潮湿的气息徐徐吹来。'"①

三、丝绸带给罗马的新时尚

中国丝绸的大量输入，给罗马世界带来了不可估量的影响。丝绸在罗马的风行，正好适应了当时席卷罗马帝国全社会的奢靡之风。2世纪中叶的鼎盛

---

① 〔法〕让-诺埃尔·罗伯特著：《从罗马到中国——恺撒大帝时代的丝绸之路》，马军、宋敏生译，广西师范大学出版社2005年版，第198页。

时期，大约有7500万人生活在罗马的统治下，占全球人口的1/4。庞大的帝国，富庶的经济，使罗马社会生活充满了繁荣、浮华和奢靡的气氛。如今到罗马城，去看一看已经成为废墟的罗马广场、巍峨的斗兽场以及庞大的洗浴场，仍然能感受到当年的辉煌与浮华。正是在这个时候，来自遥远中国的丝绸进入罗马社会，进入罗马人的日常生活中。可以说，来自远方的中国丝绸，参与创造了罗马的浮华、奢侈、追求时髦的社会风尚，丝绸以风驰电掣般的速度席卷罗马。

丝绸本身就有豪华的特征，但更具有吸引力的是它遥远而又神秘的起源。当时罗马人只知道丝绸来自遥远的"赛里斯"，但是，对于"赛里斯"的位置以及那里人们的样貌，就只有一些荒诞不经或道听途说的想象和传闻了。这就更增强了丝绸的神秘性。在所有人的心里，丝绸享有一个神奇东方的内涵。在所有的文化中，都有对于异国情调的想象与向往，如果这种想象负载在一个具体的事物当中，那么，这个事物就被赋予了特殊的、超出它本身的文化价值。丝绸在罗马就是这样。丝绸成了罗马人对于异邦想象的文化载体。没有任何商品会具有如此梦幻般的意义。

丝绸创造了一种新的时尚，一种新的审美理想。时髦、豪华和享乐是密切联系在一起的。中国的丝绸薄如蝉翼，风情万种，非常性感，具有浓烈的女性化气息。罗马的美女们享用着来自东方的粉脂和香水，满足于丝绸衣物这种新鲜而又丝滑的手感。丝绸及其织品创造

🔺1世纪古罗马壁画《爱与美之女神维纳斯》，画中人物的右手拈着透明的薄纱

了一种时髦的服装。这种时髦，使丝绸服装变成令人向往的对象。它相当稀少，可以作为名誉地位的标志，接触到它就可以变成生活的典范。丝绸潜移默化地改变着罗马妇女、男人的着装习惯和审美趣味，掀起了一场时尚的狂澜，使整个社会竞相追逐。

中国丝绸在罗马社会生活中引起了巨大的波澜，形成了一种社会风尚，这种追求异域风情和奢侈浮华的风气弥漫于整个社会。也可以说，这是中国文化在欧洲引起的第一股"中国风"，这股"中国风"以丝绸为主要载体，虽然当时的人们还不知道"中国"。有法国学者说："自从罗马的贵族夫人们身穿透明罗纱以来，欧洲就已经非常向往中国了。"[1]

这就是说，当丝绸在罗马帝国的大地上风行的时候，有关中国文化的某些信息也随之传了过去。思想负载在物质上，使物质成为两种文化间接接触的一个渠道。

丝绸在罗马的风行，也造成了重大的社会后果。一些罗马人为透明的丝袍可能会引起道德败坏而焦虑不安，而另外一些人则担心购买奢侈品的巨大花费可能会损害帝国的经济。

实际上，这两种担心都说明了进口的丝绸对罗马消费者的巨大吸引力。

罗马的风纪检察官们就曾批评这种服装过于性感、暴露。哲学家塞涅卡一方面肯定了丝绸对罗马人生活的影响，说"没有丝国的贸易，我们何能蔽体"；另一方面，他又这样写道："我看到了丝绸衣服，如果您称它们为衣服的话，那些衣服一点都不能为着装人提供身体的保护，也不能保持着装人的端庄，虽然穿着衣服，但没有一个女人敢诚实地发誓说她不是裸体的。这些衣服高价从那些甚至不懂商业的国家进口过来，目的是使我们的已婚妇女除了在大街上展示的，再没有什么身体部位可以在卧室里向她们的丈夫展示。"[2]还有

---

[1] 〔法〕F.-B.于格、E.于格著：《海市蜃楼中的帝国——丝绸之路上的人、神与神话》，耿昇译，喀什维吾尔文出版社2004年版，第5页。

[2] 〔英〕S.A.艾兹赫德著：《世界历史中的中国》，姜智芹译，上海人民出版社2009年版，第41页。

∧ 庞贝壁画中的罗马贵妇人

一部作者不详的书——《希腊拉丁作家的远东记述》中写道："丝国衣不能蔽体，不能遮蔽私处；穿上丝国衣，妇女们可以称自己尚未裸体，只是稍微明亮。""我们的妇女已受到警告，除了在闺房，不许在公共场所显露丝衣，以免有诲淫之嫌。"①

　　普林尼充分论述了中国丝绸对罗马经济和社会的重要影响。他不仅盛赞中国丝绸之美，还特别强调丝绸作为最高级的奢侈品使罗马金银大量外流，造成外货入超的严重影响。

---

　　① 引自高千惠著：《千里丝一线牵——汉唐织锦的跨域风华》，台湾历史博物馆2003年版，第21页。

当时罗马的丝绸价格相当昂贵。作为中国丝绸的交换物，罗马帝国将宝石、毛纺织品、石棉和玻璃运往东方。然而所有这些物品当中，没有任何一种物品的价值可以和丝绸相匹敌。历史上有若干时期，当丝绸抵达目的地时，其价值要用等量的黄金来衡量。由于丝绸价格昂贵且又大量进口，所以当时的丝绸贸易已达到极大的金额，以致罗马黄金大量外流。近代历史学家中有人认为罗马帝国的灭亡实则是贪购中国丝绸以致金银大量外流所致。

301年，罗马帝国皇帝戴克里先下令将每磅生丝的价格确定为274个金法郎，并且实行统制经济政策，加强对丝绸进口的管理。当时的海关条例、和平条约、商行章程、限制奢侈法等，都有关于丝绸的内容。丝绸成了决定帝国各项政策的一个重要因素。

如果将罗马帝国的灭亡归结于丝绸和其他奢侈品的流行，似乎有些简单。庞大的罗马帝国大厦轰然坍塌，有着相当复杂的历史原因，是许多因素合力造成的结果。英国历史学家吉本为此写了几大卷著作来探讨这个历史之谜。但是，以丝绸风行为代表的整个罗马社会的腐化、奢靡之风，从内部腐蚀着社会的肌体，不能说不是导致罗马文明覆灭的原因之一。

四、丝绸皇帝与蚕种偷渡

罗马帝国灭亡了，但是，中国的丝绸贸易仍在继续，追求丝绸的奢靡之风仍在继续。

东罗马帝国在历史上也被称为拜占庭帝国，它的首都君士坦丁堡位于欧洲和亚洲的交界处，扼黑海咽喉，海上贸易发达，经济发展十分迅速，为中世纪东西交通要道，全世界船只云集于此，被马克思称为"沟通东西方的金桥"。它是当时世界的商业都城，街道两旁店铺林立，各种商品交易极为兴旺。

拜占庭帝国继承了罗马帝国的衣钵，成为罗马文化的传承者，其奢靡之风有增无减，中国丝绸仍在东罗马境内广为流行。而且，这时地中海沿岸居民对远东奢侈品所形成的嗜好，远甚于罗马时代流行的风尚。拜占庭人在往日罗马的奢华传统之上，还对奢华服饰增添了一种新的、更明显的东方情趣。对于丝绸的热爱，既是为了显示他们对色彩的强烈和日新月异的追逐，也是为了服务于成为社会文化形式的、那种神圣的和繁文缛节的盛大辉煌。

4世纪后期的罗马史家马赛里奴斯谈到丝绸在拜占庭帝国的流行时说："服用丝绸，从前只限于贵族，现在已推广到各阶级，不分贵贱，甚至于最低层。"他还描述了401年襁褓中的皇帝狄奥多西二世受洗时的盛况：君士坦丁堡"全城的人都头戴花环，身穿丝绸袍服，戴着金首饰和各种饰物，没有人的笔墨能形容全城的盛装"。[1]在拜占庭，皇帝还拿上好的织物作为部分薪俸赐给他的臣下。

基督教在成为罗马国教以后，教会的经济实力逐渐强大。教会盛行以丝绸装饰教堂、制作教士法衣，以丝绸裹尸体下葬。查士丁尼皇帝时期的一份统计数据显示，有的教堂400多件丝绸刺绣、丝质祭被、壁衣、祭坛上的地毯以及各式衣服上，都镶着金线和银线，上面的图案讲述着一个个宗教故事。

拜占庭帝国的东方贸易尤其是丝绸贸易，也像罗马帝国一样受制于波斯。408—409年，为扩大贸易规模，拜占庭帝国又与波斯商定，增加幼发拉底河左岸的拜占庭城市卡里尼库姆和波斯-亚美尼亚地区的波斯城市阿尔达沙特作为通商口岸。此后两大帝国在通商口岸的丝绸贸易进行了大约两个世纪。

531年前后，拜占庭帝国的查士丁尼皇帝利用控制红海北部的有利条件，劝诱其在红海地区的盟友埃塞俄比亚人前往锡兰（今斯里兰卡）购买丝绸。当时的锡兰是印度洋海上丝绸贸易的一个中心。查士丁尼向埃塞俄比亚人指出合作的大好前景："（你们）这样做可以赚取很多钱，而罗马人也可以在一个方面受益，即不再把钱送给它的敌人波斯。"埃塞俄比亚人接受了请求，却未能实现诺言。有研究者认为，其原因可能是，埃塞俄比亚人已与波斯人在东方贸易上达成默契，即埃塞俄比亚人垄断香料贸易，波斯人垄断丝绸贸易，双方都不愿为拜占庭帝国的利益而卷入两败俱伤的竞争，锡兰人可能也不愿损坏已与

---

① 〔英〕赫德逊著：《欧洲与中国》，王遵仲等译，中华书局1995年版，第50、87页。

波斯建立起来的商业关系。

查士丁尼皇帝计划的失败，使拜占庭在叙利亚的丝织业受到严重影响。为了防止波斯丝商提高丝价，查士丁尼命令加强对生丝的垄断，由政府商务官在固定边界交易点上从波斯人手中购买生丝，以保证政府优先得到生丝，同时避免丝商争购造成波斯人抬价；他还禁止私人丝织者以每磅8个金币以上的价格出售丝织品。这个价格低于私商从波斯人手中的购买价，大量私商因这一规定而破产。

540年，第二次波斯战争爆发，生丝贸易停止。政府所存生丝又不敷用，所以，为了保证政府作坊的供应，查士丁尼宣布接收私人丝织场为国有，将生丝和丝织品的买卖全部变为国家垄断。拜占庭丝织业陷于萧条，提尔、贝鲁特两地大批的丝业工人失业，造成严重社会危机，拜占庭不得不放弃限制办法。

▲ "丝绸皇帝"查士丁尼的宫廷弥撒

　　面对城市里没有丝绸的可怕前景，拜占庭决定努力寻求自己生产蚕丝的办法，以摆脱受制于波斯的被动局面。

　　养蚕制丝技术传入欧洲，起源于一个波澜起伏的故事。拜占庭历史学家普罗柯比的《哥特战纪》记载，552年，有几位印度僧侣向查士丁尼皇帝建议在他的国家里自行产丝，并把蚕子带到拜占庭，向东罗马人传授养蚕技术。普罗柯比说，印度僧侣声称自己曾在一个叫作赛林达的地方生活过一段时间，而赛林达又位于印度许多部族居住地以北，他们曾非常仔细地研究过罗马制造丝绸的可行办法。僧人们解释说，丝是由某种小虫所造，天赋了它们这种本领。他们还补充说，绝对不可能从赛林达地区运来活虫，但可以很方便也很容易生养这种虫子，这种虫子的子是由许多虫卵组成的。在产卵之后很久，人们再用厩肥将卵种覆盖起来，在一个足够的时间内加热，这样就会使小虫子们诞生。听到这番讲述以后，皇帝便向这些人许诺将来一定会得到特别优厚的恩宠，并鼓励他们通过实验来证实自己所说。为此目的，这些僧人返回赛林达，并且从那里把一批蚕卵带到了拜占庭。依法炮制，他们果然成功地将蚕卵孵化成虫，并且用桑叶来喂养幼虫。从此以后，罗马人也开始生产丝绸了。

　　另据8世纪拜占庭史学家泰奥法纳所述，蚕卵是由一位波斯人传入拜占庭的。这位波斯人来自赛里斯，他把蚕卵藏在竹杖中离开赛里斯，一直携至拜占庭，在那里孵化成蚕。泰奥法纳还说，查士丁尼曾向突厥人传授过有关蚕虫的诞生和丝茧的工序问题，突厥人对此感到惊讶不已。

　　从上述普罗柯比和泰奥法纳的记载中可以得知，是印度人或波斯人在6世纪时将蚕卵和养蚕技术直接从中国传至拜占庭的。不管是印度人还是波斯人，他们的行为正如同普罗米修斯从天上偷来了火种那样，对于拜占庭来说，蚕卵和养蚕技术不仅是振兴经济的火种，也是文化的火种。于是，拜占庭也继波斯之后而能养蚕缫丝，并且首次使用西方生长的蚕所吐的丝做纺织丝绸的原料了。

　　地中海沿岸的气候适宜发展养桑业，桑蚕种在那里苗壮地成长。由于拜占庭政府有了桑蚕，各种能工巧匠也不乏其人，所以就真正掌握了一张"王

∧ 拜占庭丝织物残片，约5—6世纪

牌"。从此，拜占庭既可以用自己的丝绸来争夺西方市场，又可以挫败波斯人的竞争，还可以为国库积累大量资金以支付战争的费用。

由于查士丁尼推动了东罗马帝国养蚕业的发展，所以他被称为"丝绸皇帝"，人们认为是他把养蚕、种桑、缫丝机织绸技术引进了拜占庭，并使东罗马帝国依靠丝绸生产发了财。中国的养蚕制丝技术从此传播到欧洲和阿拉伯地区。

但是，对于这一历史事件，也有人给出另外的评论。英国历史学家吉本在他的史学巨著《罗马帝国衰亡史》中说："前人对奢侈品的追求固然可以理解，但是我们不得不痛心地假设，如果买卖丝绸的商人带来的是当时在中国已经广泛应用的印刷术，那么公元6世纪以来，该有多少名著能得以保存流传啊！"

但是，历史容不得吉本等学者们去假设，当时人们对丝绸的追捧，远甚于对印刷术以及名著的需求。在查士丁尼皇帝的推动下，拜占庭的养蚕业首先在叙利亚发展起来，那里长期以来便集中了许多原来进行加工来自中国的丝绸和生丝的纺织厂家，到了6世纪末，本地生产的蚕丝似乎能够满足这些厂家对原料的需求了。9—10世纪，拜占庭的丝绸生产达到极盛。君士坦丁堡不仅是世界性的丝绸贸易市场，也是重要的丝织业重镇。当时的拜占庭人已经学会了纺织华丽的丝绸锦缎，用金线和丝线互相交织。

拜占庭宫廷的丝绸纺织作坊，因为雇用许多妇女来从事这项工作，所以被称作"闺房"。首批"闺房"丝绸作坊是在君士坦丁堡建立的，亚历山大城和迦太基也都起而仿效，纷纷建立这种作坊。这种作坊完全是为了生产宫廷的必需品而建立的，其价格由宫廷决定。

到7世纪，当时的世界，东起日本，西到欧洲，西南到印度，均有丝绸生产，空间分布很广，基本上奠定了今天蚕丝产区的格局。而中国发明的养蚕制丝和织造丝绸技术，到这个时候已经有了将近4000年的历史，这是对世界物质文明发展有重大影响的中国发明之一。

一

第
二
编

第五章　大唐文明与东亚文化圈

一、繁盛的大唐，世界的长安

盛唐时代是中国古代社会继汉代之后的又一个黄金时代，是中华文化发展历史上的一个巅峰。

唐代的文化繁荣是一次普遍的、全面的文化繁荣。这是一个在各个领域都显示出蓬勃生机、蒸蒸日上的时代，是一个在各个方面都充满创造活力、满壁风动的时代，是一个超越前朝历代并在发展的总体水平上领先于世界的时代。唐代建立了完备的制度文化，其学术文化也进入相当繁荣的时期。唐代的文学艺术繁盛发达、灿烂辉煌，在各个领域都显示出创造的生机，取得了巨大的成就。有唐一代，诗的创作，无论内容之广泛、艺术之精湛、数量之繁多，都是中国诗歌史上的最高峰，是中国诗家辈出、诗情郁勃的黄金时代。绘画艺术具有极尽春花怒放的璀璨盛况，造像雕塑艺术也各显其妙，音乐舞蹈艺术则集时代之大成，气象壮阔。唐代的科学技术也达到了一个新的水平，无论从深度还是从广度上来看，都反映出中国古代科学技术已发展到成熟的阶段。科学的教育和普及，生产技术的定型和推广，促使唐代的文明高度发达。唐代社会经济繁荣，当时的长安、洛阳、扬州、成都和广州，都是极其繁盛的商业大都市。

盛唐文化的辉煌是一种世界性的辉煌。在当时的世界上，欧洲正处在中世纪的"黑暗时代"。与西方文明在这个时代的低迷衰落相对照，处于盛唐时期的中华文化则如日中天，灿烂辉煌。在整个欧亚大陆上，唐朝是国力最强盛、文化最发达的大帝国，是当时世界的文化中心所在。盛唐文化不仅是中华文化发展到那个时代的最高成就，而且是世界文化在那个时代的最高成就。

唐朝在统一中原的同时，积极向周边地区开疆拓土，加强对边疆地区的经略与控制，扩大帝国版图。唐朝疆域辽阔，极盛时势力东至朝鲜半岛，西北至葱岭以西的中亚，北至蒙古，南至印度支那。"前王不辟之土，悉请衣冠；前史不载之乡，并为州县。"（《唐大诏令集》卷一一一《太宗遗诏》）疆域的扩大意味着文化势力的扩大。随着唐王朝加强对边疆地区的经略和控制，唐朝的先进文化广泛地在这些地方传播，促进了民族文化的融合和当地经济社会的发展。

唐代还是积极发展对外关系、加强与世界各国交流往来的时代。唐代的对外交通已经十分发达，陆路和海路并举，东、西、南三个方向都十分畅通。交通的发达，为国家之间的交往和民间的交流提供了便利条件。由于唐朝的声威远播和积极的对外开放政策，与唐朝保持政治、经济和文化联系的国家众多，来唐朝贺、奏事、进贡的使节往来非常频繁。朝鲜、日本以及东南亚、西亚、欧洲诸国，都频频遣使入唐，以通友好。唐朝也向各国派遣使节。可以说，唐朝是中国古代史上对外关系最活跃的时期之一。

盛唐文化不但对后世中华文化产生极大影响，而且也广泛传播至欧亚大陆许多地方，产生了不同程度的影响，发挥了引导世界文化发展潮流的功能。

△ 唐懿德太子墓壁画《城阙图》（局部）

唐朝的都城长安，规模极其宏大，一派帝都气象。它不仅是全国的政治中心，也是经济、文化中心和交通枢纽，百业俱兴，商贾云集。长安还是一个世界性的商业都会和文化交流中心。唐帝国的兴盛发达，帝都长安的雄伟壮观，中华文化的灿烂辉煌，都令世人钦慕景仰，吸引着世界各国人士。长安的鸿胪寺接待过70个国家的外交使节，外交使节们率领着颇具规模的使团，出现了"万国衣冠拜冕旒"的盛大景象。其中有的外国使节还长住长安，乐不思归。长安的国子学和太学还接纳了许多来自日本、朝鲜、琉球以及西域等地的留学生，他们在这里学习中华文化典籍，其中有些人还参加了唐朝科举考试。而对外贸易的发展，吸引着南亚、西亚、欧洲的商旅来到长安，使长安成为一个国际贸易的场所，成为东西方国际贸易的一个集会点。此外，还有来自各国的旅行家、艺术家、佛教僧侣、祆教徒、摩尼教徒、景教徒、伊斯兰教徒等。据估计，当时住在长安的外国人约占长安人口总数的2%。见诸诗文、笔记、小说所称者，有商胡、贾胡、胡奴、胡姬、胡稚、蕃客、蕃儿、昆仑奴等。历史学家向达说："第七世纪以降之长安，几乎为一国际的都会，各种人民，各种宗教，无不可于长安得之。"①

这些来自世界各地的外国人，亲见盛唐文化的缤纷灿烂，置身于繁荣富庶、欣欣向荣的氛围之中，深深领略到中华文化的博大厚重。有一位来中国的梵僧写过几首诗，真切地表达了当时入唐的外国人对中华文化的景仰和依恋之情：

> 天长地阔杳难分，中国中天不可论。
> 长安帝德承恩报，万国归朝拜圣君。
>
> 汉家法度礼将深，四方取则慕华钦。
> 文章浩浩如流水，白马驮经远自临。

---

① 向达著：《唐代长安与西域文明》，生活·读书·新知三联书店1957年版，第41页。

故来发意远寻求，谁为明君不暂留。

将身岂惮千山路，学法宁辞度百秋。

何期此地却回还，泪下沾衣不觉斑。

愿身长在中华国，生生得见五台山。

也许只有亲自置身于当时的盛都长安，才能真切体会此等域外人士的真情实感。而我们今天从中所得知的，正是唐帝国和盛都长安的泱泱文化风范，正是处于中华文化历史巅峰的盛唐文明的世界性辉煌。

二、天可汗与东亚文化秩序

在当时亚洲的历史舞台上，唐朝担当着领衔主角，具有极大的感召力和巨大的国际威望，各国争相与唐朝通聘往来，发展友好关系。中国的周边国家都称中国皇帝为"天可汗"，表示对唐朝的臣属关系。

在中国东北、西北边外的各国，"可汗"是国家领袖的尊号，等于中国内地历来所称的皇帝或天子。而唐代自太宗时起，一国之君一方面为中国的皇帝，同时又被中国以外的周边诸国共同拥戴为"天可汗"。所谓"天可汗"，就是诸国归服和崇敬的可汗。《唐会要》卷一〇〇《杂录》称，贞观四年（630）：

三月，诸蕃君长诣阙，请太宗为天可汗，乃下制，令后玺书赐西域北荒之君长，皆称皇帝天可汗，诸蕃渠帅有死亡者，必下诏册立其后嗣焉。

这里所说的"诸蕃君长"，《资治通鉴》卷一九三《唐纪》九作"四夷君长"，指当时中国东北、西北、西南边外的各国首领。所谓"皇帝天可汗"，指中国皇帝兼各国拥戴的天可汗。这种"天可汗"的观念，不是因武功形成的，而是当时各国心悦诚服地表现出来的。

△ 唐章怀太子墓壁画《外番使臣入贡图》（局部），陕西历史博物馆藏

　　这样，在当时的东亚和中亚地区，就形成了一种以唐朝为中心的国际政治秩序和文化秩序。也有的学者称其为"东亚世界体系"。

　　这种建立在"天可汗"观念上的国际关系和国际秩序，开始于唐太宗贞观四年（630），直至唐玄宗天宝十四载（755），持续了125年。安史之乱以后，唐朝放弃了对中亚地区的经略和控制，使其脱离了中华文化的势力范围。而以后的东亚文化圈，只包括中国本土以及朝鲜、日本、越南等东亚和东南亚国家。凡此东方诸国，其与唐帝国的关系，政治上为册封体制，文化上为模仿中国。工艺方面也是如此，但又各有自己的发展特色。例如朝鲜的织锦，其精美程度还胜于中国产品。朝鲜与日本的儒学与佛教，发展十分迅速，既承袭中国的传统，又发展出自己的特色。

　　由于这种原因，东亚地区的国家关系，在政治层面上，形成了以中国为中心的册封体系或朝贡体系。这种册封体系或朝贡体系，常与条约体系、殖民体系并称，是世界主要国际关系模式之一。册封体系本身，最早是中国王朝的国内秩序，即以皇帝作为顶点和由这个顶点与贵族、官僚所形成的君臣关系秩

△ 唐·阎立本《职贡图》(局部)

序。因此，中国王朝与周边国家之间所形成的册封体系，体现的是这种国内秩序的外部延伸。中国王朝对具有册封关系的国家要求其臣服和礼敬，显示了中国王朝的权威；周边诸国家要求中国王朝的册封，则有利于通过册封来确立其统治者的国内权威。

以中国中原王朝为中心的朝贡体系最早开始于汉代。在这个时期的朝贡体系中，中原政权和其他诸国以"册封"关系为主。各外国需要主动承认中原政权的共主地位，并凭借中央政权的册封取得统治的合法性。中央政权对各地方政权的君主往往直接封为"某某国王"，如"汉委奴国王""南越武王""疏勒国王"等。各受封国对中原政权按照不同的要求负有进贡和提供军队等义务。早期的这种朝贡册封关系比较简单，中国的王朝需要附属国的仰慕，认为自己是这个世界的中心，是文明之国，而附属国则是"夷"，是未开化的民族。但从宋代开始，朝贡的性质发生了很大的变化。一方面，朝贡关系仍然保持着原来的政府之间的关系；另一方面，随着政府对贸易的重视，朝贡逐渐变

⋀ 陕西乾陵六十一番臣石像

成了一种贸易手段。到了明清以后，朝贡体系越来越具有贸易的性质，因而有
"朝贡贸易"之说。朝贡体系或朝贡贸易，成为物质文化交流的一种形式。

三、东亚文化圈

　　唐代对外文化交流最重要的成果是在东亚地区形成了以中华文化为中心
的东亚文化秩序，形成了东亚文化圈。东亚文化圈又称"中华文化圈"，东亚
"文化秩序"即"中华文化圈"内的"文化秩序"。"东亚"概念除了地理和人
种含义外，更包含文化的含义，主要指渊源于古代中国的文明圈。这些地区高
度发达的文明及基本的文字体系都渊源于古代中国，从这个意义上说，古代东
亚就是"中华文化区"。这个共同体是以内在的一些相互确认的基本因素连接

在一起的。文字系统、宗教信仰、观念意识、生产方式等相互关联、联结在一起，构成了古代东亚文明共同体。

一般说来，世界范围的文化交流是个别地区的交流活动扩展而成的。在某一比较广阔的地区内，某一国家或民族的文化，由于内部的和外部的原因，发展的水平比较高，因而对周围的一些国家和民族产生了较大的影响，逐渐形成了特定的文化圈。文化圈的形成、发展与定型是在历史中完成的。文化圈也有明确的时间范围。庞大帝国的出现表征着文化圈的发展达到鼎盛，文化圈内各文化的同质性程度较高。唐代时，欧亚大陆的文化在发展、传播和交流的过程中，从西而东形成了四大文化圈，即基督教文化圈、伊斯兰教文化圈、印度文化圈和东亚文化圈。这些文化圈在非常辽阔的地区内，在相当长的历史时期中，对圈内的国家都产生了较大的影响。

东亚文化圈的范围包括朝鲜、日本和越南等东亚、东南亚地区。在19世纪西方殖民主义势力进入东亚、东南亚地区以前，日本、朝鲜、越南以中国为文化母国，大规模地吸收和融合中华文化，并在此基础上构建起符合本民族特性的文化体系。当时的东亚、东南亚世

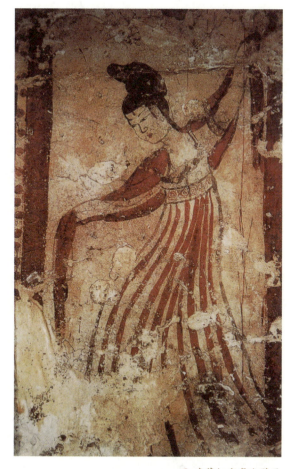

△ 唐墓红衣舞女壁画

界，在地理上以中国本土为中心，在文化上以中华文化为轴心，从而形成区别于其他文化圈或文明区的东亚文化圈。

东亚文化圈的形成，首先与地理环境有关。东亚文化圈所表达的首先是特定区域的文化概念。中国位于欧亚大陆的东侧，北部大漠浩渺，西部高原壁立，东南则濒临浩瀚无际的太平洋。这样的地理环境犹如一道道天然屏障，把中国与其他文明区分开来。当然，中国先民很早就致力于开辟与域外诸国诸民族的交通，特别是汉代以降，海陆交通都繁盛通达，中国与各国的经济和文化交流都很活跃。但是，在当时的交通条件下，毕竟是道路艰险、困难重重，文化交流的广泛性和普遍性都受到了限制。不过，在太平洋的东亚海域，中国大陆、朝鲜半岛、日本列岛、琉球群岛之间构成了一个不甚完整的内海，有人将其称作"东方地中海"。自古以来，东亚人民沿着"日本海环流路"等自然航道，借助季风，往返于中国大陆、朝鲜半岛、日本列岛之间，"东方地中海"也就成了以中国大陆为内核，以朝鲜、日本为外缘的东亚文化圈的交通走廊。另外，朝鲜和越南与中国本土接壤，陆路交通方便，而日本与朝鲜仅有一海峡之隔，这也为东亚文化圈的形成提供了便利的地理条件。

东亚文化圈形成的另一个条件是东亚各国都是传统的农耕文明区域。中国古代的生活方式、观念礼俗、政治制度乃至以儒家为代表的思想体系，都反映了当时的农业生产方式，而朝鲜、日本、越南也是长期以农业生产方式为主，因而对于反映农业生产方式的中华文化比较容易接受和认同。

东亚文化圈的形成经过了长期的历史过程。在文化发生期，东亚诸国的先民们就有所往来和交流。在唐末以前，越南一直是中原王朝直接控制的地区，汉朝在朝鲜半岛北部设置郡县，实行直接统治和控制。中国王朝与朝鲜三国、日本一直保持通使往来，加大了中华文化传播的力度，为东亚文化圈的形成奠定了基础。但是，东亚文化圈的总体形成，是在7—9世纪的唐代。在这一时期，中华文化显示出一种阶段性的、集大成的灿烂风采和恢宏气度，具有极大的文化辐射力和感召力。另一方面，这一时期的朝鲜半岛和日本列岛先后形成了较为强大的封建中央集权国家，其社会文化系统具有向中华文化学习的需要以及吸收、兼容中华文化的有效机制。正是在这样的总体背景下，盛唐文化以前所未有的规模和力度在东亚各国传播，朝鲜、日本以前所未有的热情学习、吸收和兼容中华文明，从而深刻影响和改变了东亚的文化面貌。

所以，东亚文化圈不仅仅凝聚着中华民族的智慧，也是东亚各国人民的共同创造。在东亚文化圈中，中华文化是一种高势能文化或优势文化。按照文化传播理论，高位文化向低位文化的传播和流注，是一种必然的现象。但是，中华文化向东亚其他国家的传播，绝不仅仅是高位文化向低位文化的自然流注，而是东亚其他国家对中华文化主动摄取的过程。同时，东亚其他国家对中华文化还具有一种主体性的选择与受容，也就是实现中华文化的本土化。在东

△ 云冈第二十窟释迦坐像

亚文化圈内，每个国家和民族都有其自己的特点。它们可以将中华文化作为模式和仿效、学习的样板，但只能从其本身的民族传统和文化特性出发，对中华文化加以吸收消化，然后再创造出适应其自身的文化。因此，中华文化圈内其他各国的文化，不能还原成为中华文化，也不能把这一文化圈内某些国家和民族的文化看作中华文化，只能说，它们是以中华文化为范本，受中华文化影响后派生出来的。实际上，东亚国家在大规模吸收中华文化的同时，都十分注意保持主体的选择性，而不是全盘"华化"或"唐化"。

东亚文化圈内各国的文化交流不是单向的输出。虽然在很长的历史时期中，中华文化向东亚国家的输出是主要的，但东亚国家在接受中华文化的同时，还将经过吸收、消化、再创造的文化因素逆向输回中国，从而对中华文化在本土的发展产生一定的影响。这种情况在宋代以后逐渐显著起来。实际上，任何文化交流都是相互的。中华文化在泽被东亚地区的同时，也从东亚各国中吸取了许多有益的文化要素，丰富和促进了自身的发展。

东亚文化圈是一个多样统一、有机组合的文化世界，是地理上以中国本土为中心、文化上以中华文化为轴心的东亚文化结构秩序。这种文化秩序自唐代形成以后，延续至19世纪中叶，持续了千余年，始终是东亚地区的基本文化秩序，规定着东亚各国文化发展的趋向和历史轨迹。19世纪西方殖民主义势力侵入东亚地区，是对中华传统文化的严重挑战和冲击，东亚各国都经历了历史性的嬗变和更新。但是，中华文化在千余年中对东亚文化圈中成员的文化影响，并没有也不可能随着东亚文化秩序的解体而湮灭，因为中华文化的一些基本要素已经成为朝鲜半岛、日本、越南文化的组成部分。在中国和这些国家走向现代化的道路上，中华传统文化影响的痕迹依然随处可见。

四、东亚地区的文化亲属关系

中华文化在海外的传播和影响，当然不仅限于东亚地区。但是，不同文化的接触和交流，所给予对方的影响，常常随着地区、时间的不同而产生不同的结果。换句话说，文化的影响是有程度和性质的区别的，不能一概而论。因此，研究中华文化在海外的传播和影响，必须区分文化圈内的影响和文化圈外的影响两个层次。中华文化的多种因素都曾传播于许多国家，甚至在一些国家产生了很大的影响，但在这些地方中华文化并没有成为其文化的主要成分，因而不能将其纳入东亚文化圈的范围。例如，东南亚地区在历史上与中国交往一直很密切，虽然中华文化的传播和影响很广泛，但是并未成为那里文化的主要成分，因而不能视其为东亚文化圈的成员。而中华文化的若干成分已成为东亚地区的共同文化要素，成为这个地区文化的主要成分。这些成分不但在当地生根，并且与其在中国本土一样绵延不断地发展。正是这些共同文化要素，成为东亚文化圈形成和存在的根据。

在中国与周边国家之间，都有一些亲缘或准亲缘关系的传说。例如朝鲜，有箕子"走之朝鲜"的故事；在日本，有徐福东渡的故事，有"泰伯初祖"的传说；在越南，有蜀王子建瓯雒国的故事；等等。这些故事和传说的主人公，都对当地有文明开化的功绩，也就是说，他们把当地带入了文明社会。这些故事或传说，实际上表现了东亚国家之间文化上的亲缘关系或"文化亲属关系"。

构成东亚文化圈的要素包括汉字、儒学、中国化佛教、中国式典章制度和中国科学技术。正是这些文化要素或文化特征，决定了某一国家是否属于东亚文化圈，决定了东亚文化圈与其他文化圈的根本区别。我们说中华文化圈形成于唐代，是因为在此之前，中华文化诸要素陆陆续续传入朝鲜半岛、日本和越南地区，经过时间、环境的考验，至盛唐时才促成上述要素或特征的出现，因而也就促成了东亚文化圈的出现。

第一，汉字。朝鲜半岛、日本和越南都曾长期沿用汉字。至迟在5世纪时，诸国的贵族阶层已能熟练地使用汉字。在古代，汉字是该地区唯一的通用国际文字，各国之间的外交文书都是用汉字书写的。汉字不仅是外交文书的通用文字，也成为各国国内唯一的通用文字。在这些国家中，通晓汉文不仅是贵族阶层应有的素养，而且是有教养的象征。随着汉字的普及推广，这些国家都发展起各自的汉文文学，其史籍也多是用汉字撰写的。同时，通过学习和使用汉字，这些国家获得了学习中华文化的便利条件，从而得以大量引进中国汉文典籍，包括历史、哲学、文学作品和佛教经籍等，并使其在社会上广为流传。各国都涌现出不少精通汉文典籍的学者。汉字是维系东亚文化圈的纽带。

另一方面，在这些国家中，由于汉字的培育，他们自己民族、国家的文字慢慢地产生了。虽然后来这些国家几经文字改革，使用汉字的频率逐渐下降，范围也逐渐缩小，但仍然可见受到汉字影响的深刻痕迹。实际上，日文、朝鲜文以及越南历史上的喃字，都是在汉字影响下形成的"汉字型文字"。这样，在汉字文化圈内，不仅有记录汉语的汉字，也有记录日本语、朝鲜语、越南语等非汉语的汉字或准汉字，形成了一文多语——同一文字范式记录多种语言的汉字系统文字。

第二，儒学。早在3—5世纪，儒学便传到东亚其他国家。儒学在这些国家中曾是长期居于统治地位的意识形态，成为国家统治的指导方针以及社会生活的行为准则，受到官方的推崇和支持。不仅如此，儒学在中国本土的发展演变，也都会在东亚诸国引起反应。这些国家哲学思想的发展，直到近代以前，始终没有脱离儒学的传统。

第三，中国化佛教。佛教传入中国后，经过中国的吸收、消化，被改造成为适合中国文化的佛教。这种中国化的佛教又传到东亚文化圈内的其他国家。中国化佛教主要有两个特征：一是汉译《大藏经》的完成与流传；二是大乘佛教，主要是指在中国隋唐时代所建立的天台、华严、净土及禅宗等大乘佛教宗派。东亚各国流行的佛教，都是从中国传去的这些佛教宗派，或是它们在当地产生的支派。佛教的传播，不仅包括中国的教派和汉译佛典，还包括宗教礼仪、造像、绘画和雕刻艺术以及寺塔建筑技术等。

第四，中国式典章制度。东亚各国都以中国为蓝本创建本国的典章制度。例如今天日本政府的"省"和朝鲜地方行政区划名中的"道"，都源自唐代。日本在645年实行大化改新，即以"中华化"为最高理想。新政推行的班田制和租庸调制以及中央集权的政治制度，都是以唐制为蓝本的。朝鲜亦以唐制为立国轨范，在中央职官制度、地方行政制度等方面都仿唐而设。越南立国后，其典章制度亦仿效中国。朝鲜和越南都实行科举制度，作为朝廷选拔官吏的主要手段。在法律方面，中国的律、令、格、式法律体系到唐朝时已经比较完备，是国家统治体制在法方面的主要依据。朝、日、越三国的法律制度多仿照中国律令。

第五，中国科学技术。中国的天文学、历学、算学、医学以及阴阳五行说等都陆续传播于东亚各国。这些传统科技因与政治关系密切，所以在各国都成为官方的主要学术。19世纪以前，东亚各国的科技都是在中国的影响下发展的，例如各国的医学都是汉方医学的分支，各国的天文学都是中国天文学的余脉。

东亚文化圈是一个文化大家庭，是一个多样统一的有机文化世界。汉字、儒学、中国化佛教、中国式典章制度和中国科学技术，是东亚文化圈的基本要素或特征。凡属东亚文化圈内的国家，都具有这些基本文化要素，从而形成这一文化圈的有机文化体系。当然，中华文化在东亚各国的传播和影响，并不仅仅局限在这几个层面。在长期的文化交流中，中国的文学、艺术、生活方式、风俗民情等许多方面，都在朝、日、越三国广泛传播，并产生着持续和深远的影响。

第六章 君子之国，有类中华

一、唐朝与新罗的往来

朝鲜是东亚文化圈的主要成员之一。7世纪中后期，新罗先后灭百济和高句丽，统一了朝鲜半岛，开始了新罗统一王朝的时代。此时正值中国盛唐时代。盛唐文化泽被四方，新罗首受其惠。新罗社会从上至下盛行慕华之风，并通过密切的官方往来和贸易关系，通过向唐朝派遣留学生和求法请益僧，以及各种民间交流，大规模地学习、移植和吸收盛唐文化，全面引进中国典章、文教制度，促进了朝鲜半岛社会的发展和文化的繁荣。

中华文化向朝鲜半岛大规模传播，新罗以开放的态势全面接受和吸纳中华文化，是这一时期中朝文化交流的主要内容。对于新罗人来说，辉煌灿烂的盛唐文化具有经久不衰的魅力和强大的吸引力，他们以学习和获得盛唐优秀文化为民族的幸事。新罗历代统治者都以向中国学习为己任、为光荣，普通民众也同样表现出对中华文化的极大热情和向往。新罗奈勿王七世孙大世曾与交游僧淡水说过这样一段话：

> 在此新罗山谷之间，以终一生，则何异池鱼笼鸟，不知沧海之浩大，山林之宽闲乎！吾将乘桴泛海，以至吴越，侵寻追师，访道于名山。若凡骨可换，神仙可学，则飘然乘风于沉寥之表。此天下之奇游壮观也。（《三国史记·新罗本纪》）

崔致远在《奏请宿卫学生还蕃状》中指出当时新罗学习唐文化的高度热情，以及向唐朝派遣留学生对于新罗文化发展的重要性：

> 右臣伏以当蕃地号秦韩，道钦邹鲁，然而殷父师之始教，暂见躬亲；孔司寇之欲居，唯闻口惠。郯子则徒矜远祖，徐生则可愧顽仙。是以车书欲庆于混同，笔舌或惭于差异。何者？文体虽侔其虫迹，土声难辨其鸟言。字才免于结绳，谭固乖于成绮。皆因译导，始得通流。以此敷奏天朝，只迎星使，须凭西学之辨，方达东夷之情。故自国初，每陈蕃贡，即遣横经之侣，聊申慕化之诚。

唐朝与新罗的官方交往十分频繁密切。每次新罗王薨逝，必遣使来华告哀，唐朝皇帝则为之辍朝举哀，并遣使持节赍诏书往新罗吊慰，追赠故王官爵，赙赠锦彩等物。同时，新罗国新王登位，也必请加册命，唐朝皇帝则遣使持节赍诏书往新罗册立，加封新罗王官爵，册新王之母为太妃，妻为妃，并赐王以旌节，赐重臣以门戟，赐王、王妃、重臣等以衣物。贺正使或贡使来华时，唐皇帝一般宴见于内殿，授以官爵，赐以衣物。来使回国时一般都赍回唐皇帝嘉奖新罗王、盛赞两国友谊的诏书及赐予新罗王、王妃、重臣的礼物。

唐天宝年间，因安史之乱，唐玄宗避难成都，并失去帝位。新罗景德王遣使至成都以示慰问。唐玄宗大为感动，作《赐新罗王》诗写道：

> 四维分景纬，万象含中枢。
>
> 玉帛遍天下，梯杭归上都。
>
> 缅怀阻青陆，岁月勤黄图。
>
> 漫漫穷地际，苍苍连海隅。
>
> 兴言名义国，岂谓山河殊。
>
> 使去传风教，人来习典谟。
>
> 衣冠知奉礼，忠信识尊儒。

诚矣天其鉴，贤哉德不孤。

拥旄同作牧，厚贶比生刍。

益重青青志，风霜恒不渝。

有唐一代，新罗共向唐遣使126次，唐向新罗遣使34次，平均一年多就有一次使节往来，新罗有时甚至一年有两三次向唐遣使。与同时期日本派遣唐使相比，新罗向唐遣使的次数是相当多的，可见当时唐与新罗之间交往之密切。

新罗所派的贺正使、朝贡使多为宗室大臣乃至王弟、王子。遣唐使的大使、副使，多由新罗身份制度"骨品制"中的上层人士（真骨，六头品）担任。尤其值得注意的是，曾经出任遣唐使、后来登上王位者，竟有6人之多。除此之外，担任过遣唐使的官员，后来历任上大等、侍中、兵部令、都督等，由真骨独占之官职者，更是不可胜数。这一方面说明遣唐使需要如此人才，另一方面说明遣唐使的人选在新罗是举足轻重的。与此同时，成为遣唐使被视作在新罗政界崭露头角的机遇，有此经历者往往对新罗政治产生直接的巨大影响。

▲ 新罗时期青铜制银纹平托镜，韩国国立中央博物馆藏

新罗的唐化政策和以该政策为媒介的中央集权体制，在真德王、景德王和哀庄王在位时都获得了很大发展，而在这个过程中，金春秋、金忠信（上大等）、金彦升（摄政）等遣唐使扮演着主角。遣唐使人选由特定的人物、特定的家族世袭，例如金仁门出任7次，金良图出任6次，金庾信一族中的金三光、金钦纯、金岩先后入选遣唐使。

新罗所派的贺正使、朝贡使完成使命后，有的即时回国，有的就留唐作为质子（也称侍子），宿卫于唐。唐对新罗质子常予以厚赐，或给予高官厚禄，以安其心。

新罗的遣唐使到达长安后，与唐朝的文人墨客进行种种交流。同样，唐朝派往新罗的著名文人，也促进了这种文人之间的交流。

二、新罗与唐朝的经贸交流

和中国历史上与其他国家交往的情况一样，唐与新罗的遣使往来，也兼有官方贸易的任务。所谓"朝贡"，实质上是一种以"朝贡"为名义的易物贸易。新罗遣唐使中将近一半属于"贺正使"。遣唐使的贡品包括金银、牛黄、人参等珍宝，以及朝霞锦、木棉布、金银器皿、工艺品等加工品。对此，唐王朝予以极其隆重的接待，并向新罗国王和使臣赠送"赐物"。《新唐书·新罗传》记载，新罗兴光王遣使"数入朝，献果下马、朝霞绸、鱼牙绸、海豹皮"，"亦上异狗马、黄金、美髢诸物"。唐玄宗则"赐瑞文锦、五色罗、紫绣纹袍、金银精器"。唐朝使臣到达新罗时也要携带许多礼品赐赠，并接受新罗的回赠。

随着两国社会的发展和经济的繁荣，双方往来的主题更多地转移到了经济文化方面，礼品的交换逐渐演变成正常性的官方贸易，交换的种类和数量也大大增加了。通过这种官方贸易，大量中国物产传播于新罗，丰富了新罗人的物质文化生活，也促进了中国先进生产技术和科学知识的传播。在官方贸易中，除了奢侈品和高档商品的交换，也有一些对平民生活产生影响的物品交换。《三国史记》卷十载，新罗兴德王三年（828），"入唐回使大廉持茶种子来，王使植地理山。茶自善德王时（632—646）有之，至于此盛焉"。茶叶从此在新罗盛行。

唐与新罗的民间私人贸易也很活跃。从唐代宗到唐宪宗时期，高句丽人李正己、李师道家族割据淄青镇，与新罗、渤海做生意，"货市渤海名马，岁岁不绝"。山东半岛与新罗、渤海的民间贸易也相当发达。

在当时，新罗商船不仅往来于唐与新罗之间，还航至日本，连通整个东亚海域三国，建立了唐、新罗、日本之间的贸易航线。有学者推测，新罗商人的渡日最早可以追溯到8世纪。而9世纪初新罗商人开始频繁渡日，揭开了唐日贸易的新篇章，形成了后来学者所称道的"东亚贸易圈"。往来频繁、技术先进的新罗船队和谙熟海路、善于驾船的新罗水手，活跃于东亚海上，成为东亚三国海上交通的重要载体。当时参与这个"东亚贸易圈"的有新罗商人、唐商人、日本商人和渤海商人。

这个贸易网络由被称为"海上王"的张保皋贸易商团所垄断。张保皋贸易商团的海上贸易十分兴盛，形成了以清海镇为大本营，以赤山（今山东荣成石岛镇）、登州（今山东蓬莱）、莱州（今山东莱州）、泗州（今安徽泗县）、楚州（今江苏淮安）、扬州（今江苏扬州）、明州（今浙江宁波）、泉州（今福建泉州）和日本九州为基点的海运商业贸易网络。张保皋的商团几乎垄断了唐、新、日三国的海上贸易，是当时最大的国际贸易集团。唐会昌二年（842）张保皋商团被查封后，其角色由活跃的中国明州商帮所取代，"东亚贸易圈"的贸易活动并没有中断。

三、崔致远与遣唐留学生

867年，也就是唐咸通八年，新罗少年崔致远，背着行囊，离家随商舶渡海入唐，成为新罗派往唐朝的留学生中的一员。他的父亲崔肩逸对他寄予厚望，行前对他说："十年不第进士，则勿谓吾儿，吾亦不谓有儿，往矣勤哉，无隳乃力。"

崔致远来到中国后，在长安度过了6年艰苦勤勉的求学生活。唐僖宗乾符元年（874），他18岁时，参加科举考试，进士及第，是当时少数能够中举的外国留学生之一。随后，他至洛阳，遍游东都附近的名胜古迹。约在乾符三年（876）初，崔致远被调授为江南道宣州溧水县尉，成为一名唐朝的地方官。

崔致远于溧水县尉任满后，原准备赴长安应"宏词"试以图再获调任，但因中原战乱而未能如愿。广明元年（880）底他转投淮南幕府，先后担任馆驿巡官和都统巡官，多次参与淮南军府的机密要务和军事行动，成为淮南节度使高骈信任和器重的异国幕僚。居幕4年期间，他与高骈建立了融洽的宾主情谊与亲密的诗友关系，为高骈撰写了大量的幕府文翰，淮南使府的表状书启、征兵告檄多出其手。高骈起兵讨黄巢时，崔致远为高骈作《讨黄巢檄》。

唐僖宗中和年间，崔致远上书请求归国。中和四年（884）秋天，他被任命为国信使，与从弟崔栖远乘船离开扬州，沿运河北上至山东半岛，于光启元年（新罗宪康王十一年，885）三月浮海返回了新罗。崔致远11岁入唐，留唐十几年，回国时已经28岁了。

崔致远留唐期间，自谓"西笑倾怀，南音著操"，有"译殊方之语言，学圣代之章句"的语言特长和文学素养，曾广游今河南、湖北、湖南、安徽、江苏、江西、山东等地的名胜古迹，与唐各阶层儒吏文人交游频繁，过从甚密，相互酬唱和诗，感情十分融洽，成为与唐代文人交游最广的新罗文士。

崔致远回国时，中国友人纷纷赠诗送别。他的挚友顾云作诗惜别，盛赞他的才华：

△ 文昌公崔致远像

> 我闻海上三金鳌，金鳌头戴山高高。
>
> 山之上兮，珠宫贝阙黄金殿，
>
> 山之下兮，千里万里之洪涛。
>
> 傍边一点鸡林碧，鳌山孕秀生奇特。
>
> 十二乘船渡海来，文章感动中华国。
>
> 十八横行战词苑，一箭射破金门策。
>
> （《三国史记》卷四六）

这首诗形象地说明了崔致远的文章在中国广为流传，文名甚佳。

归国后，崔致远与崔仁滚、崔承祐并称"一代三鹤，金榜题回"，受到了新罗宪康王（金晸）的器重，被授为侍读、翰林学士，守兵部侍郎，知瑞书监事，成为新罗王室倚重的栋梁之材。但此时新罗王室混乱，各地盗贼蜂起，社会极为动荡，崔致远向真圣女王进献《时务策》十余条，呼吁选贤任能，补偏救弊。女王采纳了这些建议，拜其为阿餐。崔致远一生经历了唐末黄巢之乱和新罗本国的动乱，"动辄得咎，自伤不遇"，已厌倦宦途，无心从政，遂"逍遥自放于山林之下，江海之滨，营台榭，植松竹，枕藉书史，啸咏风月"，遍游各地名山。真圣女王八年（894），崔致远携家归隐于伽倻山海印寺。

崔致远是新罗时代文学成就最高、留存作品最多的文学家。他在留唐期间刻励为学，对中国传统的儒释道思想、诗、文、赋等有很深的造诣，以俊丽的才思创作了大量成熟的汉文汉诗作品，归国后也写出了不少优秀的汉文汉诗。

崔致远在汉诗创作上取得了很大成就，其题材涵盖了送别、纪游、咏史、怀古、干谒、酬赠、咏物等方面，体裁则包括了五绝、七绝、五律、七律等不同的类型，这些诗歌情感丰富，意蕴深长，艺术上情景相融，技法娴熟，基本具备了唐人诗歌的丰神情韵。崔致远的一些经典诗作成为高丽、李氏朝鲜两代诗人步韵模仿的范本。崔致远的散文是新罗汉文学遗产中的精华，其留唐时所撰的《桂苑笔耕集》是韩国现存最古老的汉文典籍之一，被誉为"东方文章之本始"和"东方艺苑之本始"。

崔致远也是思想史上享有盛名的儒学家,历来被誉为"东国儒宗""东方理学之宗"。

崔致远的文学成就对朝鲜半岛汉文学的发展有着非常深远的影响,在一定程度上促进了半岛汉文学的勃兴。因而,他被尊崇为"朝鲜汉文学的奠基人""汉诗学宗师"。朝鲜名士洪奭周说:"吾东方之有文章而能著书传后者,自孤云崔公始;吾东方之士北学于中国,而以文声天下者,亦自崔公始。"

崔致远是新罗时期派遣到唐朝的留学生中仕唐甚久、诗文卓著者之一,也是为中华文化向新罗传播做出重要贡献的人物之一。新罗向唐派遣留学人员,直接在唐学习中国文化,成为一时风气。这些留学人员在两国文化交流中担当了直接的媒介,是新罗人学习、移植盛唐文化的先行者。

新罗向唐派遣留学生始于朝鲜三国时期的640年。朝鲜半岛的高句丽、百济和新罗三国都是在这一年开始派遣唐留学生。三国同时竞遣子弟入唐求学,亦可见当时半岛的一般风气。新罗统一之后,更是向唐派遣大批留学生,从此新罗学生入唐者日众,如崔致远说的"憧憧往来,多多益办"。新罗派遣来唐学习的留学生人数,因时而异,最少每次两三人,多者七八人,甚至近20人。到9世纪时,新罗人来华留学达到高潮。唐文宗开成二年(新罗僖康王二年,837)时有216名。但这个数字还只是官费留学的人员,由于缺少史料而无法统计的自费留学生也为数不少。新罗学生是当时在唐的外国学生中人数最多的。有学者估计,自640年以后,新罗派往唐朝的留学生总数,大概超过2000人。

在这些留学生中,不乏才华杰出人士。像崔致远那样参加唐朝科举考试而及第者,新罗学生共有58人。在五代时期,新罗留学生中及第者又有32人。他们有的被唐任为官吏,在唐为吏几年后始回新罗,有的则在及第后回国。对于荣归故里的宾贡进士,新罗朝廷常会授以朝中大夫、翰林学士或外交使节等重任。留唐学生返国后大多都具有较高的社会地位和声望,在传播中华文化、加强两国文化交流方面发挥重要作用。

四、新罗入唐僧

在大批新罗青年学子负笈西渡，直接学习中华文化的同时，还有许多新罗佛教僧侣，也以献身佛法的巨大热情，来中国求法请益。

早在朝鲜三国佛教肇始时期，便有一些佛教僧侣来华求法，把中国的佛教文化移植于朝鲜半岛。在这些先行者中，有圆光、慈藏、义湘等著名高僧。

638年，出身新罗贵族的僧人慈藏率门人僧实等10余人入唐巡拜佛迹，学习佛法。慈藏在华生活多年，游学于长安、五台山、终南山等地，受到唐太宗的诏赐。唐贞观十七年（643），他带着唐朝所赐藏经一部及佛像等物回国，受到新罗国王的欢迎，获任"大国统"，被委以振兴僧侣戒律和监督寺刹运营

△ 韩国庆州佛国寺

的权力。针对新罗佛法传入以来"仪轨缺如"的状况，慈藏等制定佛法之纲则仪轨，即"慈藏定律"，整肃教团，使佛教纲纪焕然一新，皈依佛门者日众。他创建的通度寺，为新罗第一座佛教戒坛。在慈藏及其弟子的努力之下，新罗的佛教发展很快。在慈藏提议之下，真德女王于649年下令全国服唐朝衣冠，第二年奉唐正朔，用"永徽"年号。

玄奘筹创唯识宗时期，慕名问道者甚众，其中有一批新罗入唐学僧在玄奘门下，或翻译，或撰疏，或宣讲，与中国高僧一道研习唯识学说。史载在玄奘门下的弟子有数十人，其中新罗僧约占总数的1/5，主要有智仁、圆测、神昉、玄范、神廓、胜庄、义寂等人。他们有的留唐不归，有的回归故国或远走日本，从事传播唯识宗的事业。

圆测是这些新罗僧中著名的人物，号称"海东法将"。圆测出身新罗王族，系新罗国王孙。628年，他15岁的时候始入唐学法请益，早年师从长安法常、僧辩，与玄奘有同学关系，同室听法，后住长安玄法寺，"古今章疏，无不娴晓"，并由此而"声名蔼著"。玄奘西行回国后，圆测应选入西明寺助玄奘教化。至武则天当政时，圆测备受重视，武后"实重之如佛"，其被选入译经馆。其间新罗国王屡次上表唐朝廷，请圆测归国弘法，但"圣帝重情""优诏显拒"，终未还国。圆测在华达69年之久，于武周万岁通天元年（696），以84岁的高龄在洛阳佛授记寺去世。圆测门下多有追随，遂形成"西明系"，与窥基的"慈恩系"并称为中国唯识宗的两大派系。

圆测终身在唐，未还故国，他的学说由入唐学僧道证传回新罗，对新罗有很大影响。道证入唐后，在西明寺西明法系门下，师从圆测法师，专研唯识之学，武则天如意元年（692）自唐归国，是新罗所有入唐研习唯识学的僧人中唯一的学成归国者。道证的弟子太贤生活于新罗景德王年间前后，自号"青丘沙门"，是当时的瑜伽学大德，号称"海东唯识之祖"。

650年，新罗僧人义湘与元晓，因慕唐朝玄奘、窥基之名，结伴入唐。半路遇雨宿于墓地之中，元晓有所顿悟，决定半途而返，义湘只好只身一人渡

△ 新罗时代佛国寺金铜阿弥陀如来坐像

海入唐。他投师于终南山至相寺的智俨，受到智俨的殊礼接待，许为入室弟子，研习《华严经》。义湘在中国游学20余年，于671年回国。回国后，他在太伯山奉旨创建浮石寺，据此寺开弘《华严经》，讲解时也介绍唐智俨的见解，成为新罗华严宗的初祖。

义湘在唐时，与后来创立中国华严宗的法藏同为智俨弟子，二人在同学时便结下深厚的友谊。义湘先派弟子胜诠前往法藏处求法问道，继而又托孝忠携金相赠，以表未忘之志。692年，胜诠在法藏门下学成归国，法藏托胜诠给义湘捎去书信一封并撰述诸种，对义湘归国宣传华严教义表示赞赏。义湘的门徒很多，其中悟真、智通、表训、真定、真藏、道融、良圆、相源、能仁、义寂等10名为上足弟子，号称"亚圣"，都在新罗致力于振兴华严宗。由于义湘及其弟子辈的积极弘扬，华严宗在新罗迅速传播开来，势力日益扩大，影响遍及全国，至7世纪末8世纪初蔚成一大宗派。因此义湘被推为海东华严初祖，是新罗佛教史上的"十圣"之一。

新罗统一三国后，佛教极度兴盛，无数佛僧争先恐后地来唐朝学习钻研佛教。在当时，没有到唐留学经历的僧侣，便无法以名僧大德自居。

新罗僧侣留唐学法者众多。据有关学者研究，新罗留唐僧侣法号可考者约130人。①如果连同此前朝鲜三国时期的入华求法僧和新罗之后高丽时期的入华求法僧（值中国南朝梁代经隋唐而至北宋前期），近600年内，朝鲜僧人入华求法请益可稽考者达200多人。新罗留学僧除了入住各大寺院，师从中国高僧求法请益外，有的人还到一些佛教圣地巡礼圣迹。

新罗佛僧踏波蹈海，赴唐求法，代不乏人，他们为传播佛教文化，为传播和移植盛唐文化，进而促进新罗佛教的兴隆和文化的昌盛，做出了巨大的贡献。

在朝鲜三国时期，佛教已经在新罗有了一定的传播，并受到朝廷的重视。新罗统一后，佛教得到进一步的传播，并日益普及全国各地，社会崇佛风气日盛。新罗统一时代，是朝鲜佛教文化大发展的时期，佛教始终占有十分重要的地位。新罗有"佛教王朝"之称。

在中国南北朝时期，中国佛教已分出成实、涅槃、毗昙、地论、摄论、俱舍诸宗派。在佛教初传朝鲜半岛时，其中一些宗派已介绍或传至高句丽、百济和新罗三国，但当时三国僧俗基本上没有佛教宗派的观念。新罗统一三国后，这种情况发生了重大变化，新罗佛教开始出现教宗分立的局面。新罗的佛教宗派实际上是中国佛教宗派的衍生发展。新罗入唐留学僧多依某一宗派为弟子，或专门研习某一教宗的法理，回国自立门派，将其传承推广。中国唐代前期佛教宗派最盛的是天台宗、律宗、法相宗和华严宗，当时的新罗留学僧以研习律宗、法相宗的人数为多。唐中期以后，中国密宗和禅宗大为发展，这时新罗留学僧归宗密宗和禅宗的人数也最多。相应地，新罗在7世纪中叶以后出现五大佛教宗派，9世纪时形成禅宗九山。新罗留学僧们努力追寻中国佛教发展变化的新风尚，所以新罗本土佛教诸宗之盛衰，与唐土相呼应。

汉文佛典在朝鲜半岛的流布，是中国佛教文化东传的一个重要内容。佛典东传，主要有两个渠道：一是官方的赐赠，朝鲜与中国历来通使频繁，历

---

① 严耕望著：《新罗留唐学生与僧徒》，载张曼涛主编《日韩佛教研究》，台湾大乘文化出版社1978年版，第291页。

代朝鲜王朝间或向中国王朝求赐佛典，中国王朝都允其所请；二是入华求法请益僧在游学时亦注意收集佛典章疏，回国时一同携回。这些来中国的新罗求法僧不仅踏遍中国大地，到处寻师问道，而且竭力搜求经籍，或由自己抄写，或从大寺或朝廷请得，源源携归本国。特别重要的是，唐代正是大藏卷帙开始固定的时候，唐贞观十七年（643），新罗入唐学僧慈藏回国时，向唐太宗请得经藏一部，共400余函。唐、五代间写本大藏经东传朝鲜半岛，可考者有3次。汉文佛典的东传，对于促进朝鲜半岛的佛教发展起到了重要的作用。

五、新罗仿唐的教育制度

新罗统一后，与唐朝的往来密切，大批入唐留学人员归国，进一步加强了对儒家学术文化的引进和吸收，儒家思想在新罗产生了越来越重要的影响。对于这种情况，唐朝也有所了解，并把向朝鲜半岛推广儒学作为两国政治往来和经济文化交流的一项重要内容。

中国儒家思想在朝鲜半岛的传播和影响，在新罗时代突出表现为移植中国的教育制度，推广以儒家经典为主要内容的教育等。新罗神文王二年（682），新罗仿唐建置，在中央"立国学，置卿一人"，并配备博士、助教各若干人和大舍二人，成为实际上的国立大学。国学主要面向贵族子弟，也吸收少量平民子弟。在国学中学习的教科内容主要是儒家经典，包括儒家经籍、史学、文学、医学、数学、律令学等。据记载，新罗国学"教授之法，以《周易》《尚书》《毛诗》《礼记》《春秋左氏传》《文选》，分而为之业。博士若助教一人，或以《礼记》《周易》《论语》《孝经》，或以《春秋左传》《毛诗》《论语》《孝经》，或以《尚书》《论语》《孝经》《文选》，教授之。……若能兼通五经、三史、诸子百家书者，超擢用之"（《三国史记》卷三八《职官》）。

747年，新罗景德王把国学改称为"大学监"（惠恭王时复故），并扩充它的内容，"置国学诸业博士、助教"，讲授数学、医学、天文学等科技方面的课程。不过，虽然"国学"中的主要教育科目包括多方面的学问，但儒家经典的经学是最主要的科目，其中尤以《论语》《孝经》为基本。

新罗朝廷对传播儒家思想、推广儒学教育十分重视，甚至国王也时常到"国学"听讲。为倡导对儒学的尊重，入唐宿卫、新罗王子金守忠归国时，曾携回文宣王、十哲、七十二弟子图，置于"国学"奉供。

788年，新罗朝廷仿唐科举考试制度，制定了以儒学经典和汉学作为选择人才的主要考试科目的"读书三品出身法"，依学生结业成绩上中下三等录为各品官吏，规定"读《春秋左氏传》，若《礼记》，若《文选》，而能通其义，兼明《论语》《孝经》者为上；读《曲礼》《论语》《孝经》者为中；读《曲礼》《孝经》者为下。若博通五经、三史、诸子百家书者，超擢用之。前只以弓箭选人，至是改之"（《三国史记》卷十《新罗本纪第十》）。"读书三品出身法"以法律形式固定了以学习儒学经典和汉学选拔人才的新制度，不仅提高了"国学"的地位，而且为大规模吸收和推广盛唐文化开辟了广阔的道路。

新罗把引进中国经籍作为吸收唐文化的一个重要措施。新罗常派使节入唐请索其所需文章典籍，唐王朝均热情接待并尽量满足其要求。新罗所获唐朝书籍不在少数，甚至还是唐朝书籍流入日本的一

△ 新罗时代庆州瞻星台

个重要通道。新罗还给入唐留学生发放买书金，留学生在学期间所购书籍，在归国时当一并带回，书籍的数量亦不在少数。新罗官方使节和民间商人入唐，也多购书携回国内。比如中唐诗人白居易的诗集大受新罗商人的欢迎，"鸡林行贾售其国，相率篇易一金"。入唐的新罗商人也把采购中国文人的诗文作品作为一类大宗商品。他们不仅收购唐人诗作，还在唐朝境内以及唐、日本、新罗之间进行运输和贩卖。当时元稹、白居易的诗作在新罗很受推崇。

六、新罗的汉文学

随着遣唐留学生回国、汉文典籍的流传和"读书三品出身法"的创立，新罗的汉文学有了很大的发展，成为新罗文学的重要组成部分。留唐的新罗学子、僧侣，置身于中华文化的环境之中，受到中国文学的耳濡目染，他们往往精通儒家典籍，熟悉各种汉文学体裁的写作，都会写汉诗，如骚体诗、乐府诗、七言诗、五言诗、律诗、绝句等，此外还有骈文之类。

新罗时代出现了金大问、薛聪、慧超、崔致远等杰出的汉文作家和诗人，其诗作形式、风格都酷似唐诗，形成了朝鲜历史上第一次汉文学创作高峰。汉文学是朝鲜文学发展史上的一个重要组成部分。

朝鲜三国时代，就已经有了汉诗的创作。有学者认为，中国陈朝时高句丽僧定法师有《咏孤石》一诗，为朝鲜诗歌之祖。诗中写道：

迥石直生空，平湖四望通。

岩根恒洒浪，树杪镇摇风。

偃流还渍影，侵霞更上红。

独拔群峰外，孤秀白云中。

650年，在统一新罗建立前不久，新罗大败百济，真德女王织锦，作五言太平颂，遣法敏赴唐，献给唐朝皇帝。其辞曰：

大唐开洪业，巍巍皇猷昌。

止戈戎衣定，修文继百王。

统天崇雨施，理物体含章。

深仁谐日月，抚运迈时康。

幡旗何赫赫，钲鼓何锽锽。

外夷违命者，剪覆被天殃。

淳风凝幽显，遐迩竞呈祥。

四时和玉烛，七曜巡万方。

维岳降宰辅，维帝任忠良。

五三成一德，昭我唐家皇。

　　唐高宗见此锦颂大为高兴，拜法敏为大府卿。真德女王的这首五言诗，一般认为是出自强首之手笔，历来学者都给予了很高的评价。这首五言排律被收入《全唐诗》，《唐诗品汇》评其"高古雄浑，可与初唐诸作相颉颃"。从真德女王的这首织锦诗可以看出，当时朝鲜半岛的汉文学已经很是流行，具备一定的体裁格式。

　　新罗文学的主体也是散文与诗歌。散文成就最著者为强首与金大问。强首是新罗前期著名的汉文大家，"魁然为一时之杰"。新罗统一前致唐之国书多出于强首之手。金大问赴唐求学回国后，用汉文作有《花郎世记》《汉山记》《乐本》《高僧传》等，是朝鲜文学史上有名的汉文散文佳品。

　　唐代正是五言诗、七言诗的繁荣时期。写汉文五言诗、七言诗也成了新罗知识阶层表达思想的主要手段，他们的作品也达到了很高的水平。新罗最重要的汉诗人是崔致远，他一直被历代学者尊为朝鲜汉文学的鼻祖。其他诗人的汉诗也达到很高水平，颇具唐诗韵味。

　　此外，还有高元裕、金立之、金可纪、金云卿等人，他们均有诗被收于《全唐诗》中。在新罗时期，汉文学的发展出现了"礼义国为最，诗书家所藏""文章礼乐，灿然可观；德义簪裾，浸以成俗"的繁盛局面。

第七章 山川异域，风月同天

一、遣唐使：旷世的文化壮举

唐代的中日交通和中华文化在日本的传播，进入了一个前所未有的辉煌时代。

这一时期中日文化交流的盛况是以日本多次派遣唐使为标志的。向中国派遣使团，是从圣德太子派出遣隋使开始的。

日本朝野都对中华文化有着深深的仰慕之情。圣德太子本人也对先进的中华文明倾心向往，并且具有较深的汉文化修养。圣德太子进行了一系列国政改革，大力推行新政，实质上是学习和模仿中国政治文化的社会改革。

圣德太子的一项重要事业就是积极开展与中国隋朝的交通联系，他几次派出遣隋使，恢复了自5世纪末以来中断了的中日两国政府间的往来。遣隋使的派出，不仅为中国隋代文化输入日本、增进两国关系的发展和文化交流做出了重大贡献，而且为日后盛唐时代大规模的中日文化交流开了先河。

自圣德太子派遣隋使后，中日文化交流的态势、中华文化向日本传播的态势，发生了一个重要的变化，即由自发的文化传播转变为由日本方面自觉地向中国学习先进文化，移植和吸收先进文化。

遣唐使是前朝遣隋使活动的继续，但又不仅仅是简单的重复。无论是在规模、组织、活动范围，还是在所产生的影响上，遣唐使都远远超过遣隋使。

推古天皇三十一年（623），当年随遣隋使一同赴华的留学生楼汉直福因和学问僧惠齐、惠光、惠日等搭乘新罗使船返回日本。这些留学生和学问僧的

▲ 日本遣唐使船抵达中国港口

归国，进一步激起了日本朝野发展中日交通、全面学习和移植中华文化的愿望和热情，为遣唐使的派遣创造了社会氛围。惠日等人向天皇建议，与唐王朝加强往来，把已经学成的留学生、学问僧召回国，让他们在国内的政治、经济、文化各个领域发挥作用，实现以大唐为蓝本来建立"法式备定"的天皇制国家的理想。惠日的上奏促使日本天皇下定决心派出遣唐使。

舒明天皇二年（630）八月，日本朝廷派出了第一个遣唐使团。朝廷选任曾为第四次遣隋使大使的犬上三田耜（犬上御田锹）为正使、遣隋学问僧药师惠日为副使，于第二年十一月抵长安入朝贡献。"太宗矜其道远，敕所司无令岁贡。"（《旧唐书》卷一九九上《倭国传》）日使在唐近两年，广泛接触各方面人士，深入了解唐朝的情况，学到许多新知识，于632年秋东归。太宗特遣新州刺史高表仁与之同行，持节访日。

从日本第一次正式派出遣唐使的630年（唐太宗贞观四年，日本舒明天皇二年），到894年（唐昭宗乾宁元年，日本宇多天皇宽平六年）停止派遣，遣唐使前后历日本26代天皇，达264年之久。在这期间，日本朝廷共任命遣唐使19次。不过，在这任命的19次中，因故中止的有3次，实际入唐的共计16次。这其中有一次仅抵百济，有两次系为送回唐之来使而任命的"送唐客大使"，另有一次为入唐日使久客未归，特派使团前往迎接的"迎入唐大使"。这几次都负有特殊任务，驻留时间较短，与一般遣唐使性质不同。所以名副其实的遣唐使共计12次。

除中日两国史学家公认的这19次遣唐使外，在中国文献的记载中，还有龙朔三年（663）、咸亨元年（670）、神龙二年（706）、景云二年（711）、天宝十四载（755）、大中二年（848）、大中七年（853）等7次日人入华的记载。但中国文献只是有"日本国遣使来朝"的简单记载，而日本方面则没有将他们列入遣唐使之中。这种情况可能是因为，遣唐使是日本朝廷专门组织的大规模官方使团，有别于一般的使节往来。或者，这7次来华的日本人可能不是日本官方正式派出的遣唐使，但仍然在当时的中日往来中发挥了一定的作用，所以才会被郑重地记入史册。由此可以想见，在唐代中日文化交流的高潮中，遣唐使是主要的官方往来形式，但并不是唐朝与日本交往的全部。此外，还存在着广泛的民间往来和交流，并且同样为中华文化的东传发挥了重要作用。

对于日本朝廷来说，派出遣唐使是一件十分重大的事情，所以每次派遣，都慎

▲ 福江岛遣唐使船寄泊地

重地挑选使节，并进行严密的组织和充分的准备。

遣唐使团一般设大使1人（有时2人），代表日本国家全权处理与唐朝的国交事务；副使1至2人，为大使佐贰，有时可代行大使事；判官、录事各数人，为大使、副使的主要助手，航海时往往负责所在使舶事务而独当一面，有时另设准判官和准录事；大通事1人，负责翻译、联络事务；有时在大使之上特置执节使或押使。以上这些使臣的选任相当严格，均为才干出众的一流人才。

除大使、副使外，遣唐使团的随行人员也相当之多。前四次，每次一两艘船，有120—250人。到了8世纪后，遣唐使团的编制随规模的扩大而臻于完善，阵容极为整齐，每次都是4艘船，人数多达四五百人。例如717年的一次，人数就有557人；733年的一次，人数增加到594人；838年的一次，人数多达651人。

由于当时造船和航海技术还不发达，遣唐使船屡遭风波之险。每次出海西渡，都是一次前途未卜的冒险旅行。中日两国素有一衣带水之说，以现代眼光来看不过四五百海里的距离，一两天的路程，算不得遥远，更谈不上艰险。当时的日本虽为海洋国家，造船、航海技术却非常落后。使团长期在海上漂泊，还要忍受严酷的生存条件，许多人由于饮食失调、酷热冷雨而染上疾病最后不治身亡，所以，每一次出使唐朝都是生死难料，一入大海，就像走向战场，要与惊涛骇浪搏斗，随时都有生命危险。

但是，为了学习和移植先进的大唐文化，推动本民族文化的发展和繁荣，遣唐使们不畏艰险，做出了重大牺牲。因此，当时日本人往往把遣唐使出行视为英雄所为、悲壮之旅。遣唐使的经历如一首万行史诗，反映了大和民族强烈的求知欲和不畏艰险的冒险精神。

自唐太宗始，唐朝历代皇帝都对遣唐使来华一事十分重视，优礼有加。如752年，藤原清河率第十一次遣唐使访华。唐玄宗于次年正月初一在大明宫含元殿接见使团，称赞藤原清河："闻日本国有贤君，今见使者趋揖自异，礼义之国之称，洵不诬也。"特命秘书监卫尉少卿晁衡（阿倍仲麻吕）陪同藤原清河等人游览大明宫府库、三教殿和长安市容及名胜古迹，还命宫廷画匠给藤原清河大使、吉备真备副使画像留作纪念。当藤原清河一行回国时，玄宗赐诗《送日本使》饯行：

> 日下非殊俗，天中嘉会朝。
> 念余怀义远，矜尔畏途遥。
> 涨海宽秋月，归帆驶夕飙。
> 因惊彼君子，王化远昭昭。

同时，玄宗还特别指派鸿胪寺卿蒋挑捥陪送他们至扬州，并指定魏方进负责供应。

遣唐使一行一般在华居留一两年。他们身处文化荟萃的长安，与各界人士广泛接触交游，并经常参列宫廷的各种仪式。他们还利用各种机会，游览参

△ 日本福冈太宰府政厅遗迹

> 遣唐使船模型

⌃ 唐三彩钱纹鞍马，日本天理大学附属天理参考馆藏

⌃ 唐三彩印花凤首壶，日本兵库县白
　鹤美术馆藏

观，感受大唐文化的灿烂辉煌。他们担负的主要是一种文化使命，所以，他们一抵唐都，便如饥似渴地拜求名师，虚心学习。例如，第九次遣唐使押使多治比县守要求从唐学者研究经书，玄宗特遣四门助教赵玄默到鸿胪寺为其师。而藤原清河获准纵览经史子集四库存书89000卷，并获准进入内存九经三史的三教殿，任其参观浏览。

遣唐使回国之后，带回大量唐朝文化典籍以及科学技术和律令制度等方面的知识，对日本的政治经济发展起到了重要作用。一些遣唐使还得到日本朝廷的重用，推动了日本的社会变革。

遣唐使人员中还包括医师、阴阳师、乐师、画师，以及玉生、锻生、铸生、细工生等专业人员和技术工匠。他们抵唐后，都在各自的领域寻访名师，学习唐之先进技艺。

遣唐使是中日文化交流史上最灿烂的一页，也是世界文化史的辉煌壮举。遣唐使的规模之大、次数之多、历时之久，冒险犯难、艰苦牺牲之巨，都为世所罕见。遣唐使以他们的满腔热情和血肉之躯，在茫茫大海上架起一座中华文化全面向日本传播的大桥，为促进日本文化的全面繁荣做出了突出的贡献。所以，在日本文化史上，遣唐使是日本民族深刻的文化记忆。在以后的日本历史上，陆续出现了一些以遣唐使为题材的文学作品，比如10世纪后半期的《宇津保物语》、11世纪后半期的《滨松中纳言物语》和12世纪后半期的《松浦宫物语》等。至于对遣唐使进行研究的著作和文献，就更是汗牛充栋了。

二、吉备真备与阿倍仲麻吕

在遣隋使时期，就有留学生跟随一起来到中国，并且留在中国长期学习。据日本学者木宫泰彦的《日中文化交流史》统计，隋朝时日本派到中国的留学生、留学僧留下姓名的有13人。在遣唐使时，日本陆续派遣留学生和学问僧，赴唐进行较长时期的学习。由于遣唐使平均20年才派遣一次，有些入唐求法心切的僧侣就有不待遣派而自行搭乘便船赴唐的。

日本派遣来中国的留学者，依其不同的研究目的，可分为两类：从事学问、技术、技艺的研究者称为留学生，以学习和钻研佛教为主的研究者称为学问僧。在日本史籍中还有"还学生""还学僧""请益生""请益僧"等称谓。所谓"还"，是去而复回的意思，是指随遣唐使去并随同遣唐使回来的人。他们都是遣唐留学生和学问僧的一种。日本皇廷对选送留学生和学问僧极其慎重，要求必须是爱好学问、潜心研究的硕学俊彦，以便在短期内学得唐朝的学术、制度。

据中日学者研究，有唐一代，日本来华的留学生和学问僧估计在二三百人。根据日本有关文献记载，名留史籍的学问僧有92人，留学生有27人。这些只是有幸名留史册的人，另外还有一些没有在史籍中留下姓名而默默无闻的人。

早期留学生出于汲取中华文化的决心和热情，一般在中国留学的时间都比较长，有的甚至长达二三十年。到了后期派出的留学生，留学时间就比较短了，一般是一两年，长一些的也很少超过五年。派遣的还学生、请益生也大概是这样。但是，这时的留学生和学问僧已不再像前代那样毫无计划，他们对于入唐后向哪些学者请教什么问题等，大体已经预先确定，所以尽管留学时间短，收获却较大。

由于日本朝廷对于向唐朝派遣留学人员十分重视，所以，对留学生和学问僧都赐给较多的绝、绵、布等物，以做他们入唐后的生活之资。另一方面，唐朝廷也对日本留学生给予照顾和优待。一般情况下，留学生进的是国子监，即唐朝的最高教育机关，他们的生活条件是比较优越的。

2004年，西北大学博物馆入藏了日本人井真成的墓志。据考证，井真成与玄昉、吉备真备、阿倍仲麻吕等是同时代人。这块墓志是日本遣唐使的首例实物明证。墓志为汉白玉质，志盖为覆斗状，青石质，边长37厘米，篆书"赠尚衣奉御井府君墓志之铭"。墓志全文171字，记载此位遣唐使姓井，字真成，国号日本。文中称他"才称天纵，故能（衔）命远邦，驰骋上国，蹈礼乐，袭衣冠，束带（立）朝"。可惜井真成因患急病，于唐开元二十二年

△ 西安兴庆公园内的阿倍仲麻吕纪念碑

（734）去世，享年36岁。唐玄宗十分痛惜，特追封他为尚衣奉御（管理皇帝服饰的五品官员），并为他举办了隆重的葬礼。墓志上还刻有"客死他乡，魂归故里"等字样。

井真成墓志的发现，引起中日两国学术界的高度重视和研究热情。日中友好协会会长平山郁夫说："井真成墓志表明日中两国早在一千多年之前就有着十分频繁和高水平的交流，是遣唐使将中国的文化、佛教、艺术等带回日本并影响至今。"在2005年5月开幕的日本爱知世博会上，井真成墓志在中国馆展出。2005年8月24日井真成墓志在东京国立博物馆展出时，日本天皇亲临参观。

在留学生中，最杰出的人物有高向玄理、吉备真备、大和长冈、阿倍仲麻吕、橘逸势、菅原道真等，其中以吉备真备和阿倍仲麻吕最为著名。在当时日本人的心目中，他们二人就是遣唐留学生的翘楚。

吉备真备和阿倍仲麻吕都是在717年（唐开元五年，日本元正天皇养老元年）随第九次遣唐使到中国留学的。当时阿倍仲麻吕16岁，吉备真备24岁。与他们同行的还有留学生大和长冈、学问僧玄昉等人。他们到达长安后，照例通过鸿胪寺的安排，进入国子监学习。经过三四年的学习，阿倍仲麻吕和中国的学生一样，通过考试，入仕唐朝。而吉备真备在离开国子监后，继续在长安学习五经三史以外的各种技艺，包括明法（法律）、算术、音韵、籀篆、天文、历法、兵法等，涉及范围极为广泛，同时他非常注意搜集书籍、工具、兵器等。

733年，第十次遣唐使来华。在第二年准备回国的时候，照例要带上已经学习结业的随上次遣唐使同来的留学生和学问僧。吉备真备、大和长冈和玄昉等，就都结束了他们10多年的游学生活，于734年回国。吉备真备回国后不久，先是循例由朝廷授职授位，开始只是正六位下的大学助，不久就改任中宫亮，以后又进到从五位上，改任右卫士督。因为他所担任的官职是内宫的职

△ 富冈铁斋《阿倍仲麻吕明州望月图》，1914年

务，所以很快和僧玄昉一道为当时的太子阿倍内亲王（后来的孝谦天皇）所赏识。吉备真备教太子《礼记》《汉书》等，深得恩宠。752年，第十一次遣唐使赴华时，吉备真备被任命为副使，大使是藤原清河。他回国后，照例升叙到正四位，后升任太宰大贰。764年，发生了"惠美押胜之变"①，吉备真备因平叛有功，被授勋二等，叙正三位，参与朝政并主管皇宫守卫。766年升任大纳言，同年又升任右大臣，达到他一生政治生涯的顶峰。

吉备真备是入唐留学生回国后最得重用的一人。他不仅是奈良时代有名的政治家，也是十分博学的学者。他精通经史、天文、兵刑、阴阳、历数、音韵、籀篆学，在删定律令、整顿释尊仪式、实行新历等许多方面发挥了很大作用，对于移植唐文化、推动日本奈良时代文化的发展做出了值得称道的贡献。

与吉备真备同期来唐的阿倍仲麻吕在结束国子监的学习后，经过科举考试，被留唐仕官。他先是任左春坊司经局校书，负责校订经史子集四库书籍，并辅佐太子李瑛研习学问。731年（唐开元十九年），阿倍仲麻吕晋升为门下省左补阙，掌供奉、讽谏、扈从、乘舆等事务。大概在担任这个职务期间，唐玄宗赐给他一个中国名字：朝（晁）衡，他自己则把原名仲麻吕改为字"仲满"（日语"麻吕"与"满"同音）。在吉备真备、大和长冈等人回国时，阿倍仲麻吕也动了思乡之念，向朝廷提出归国的请求，但玄宗爱其才具，未准其回国。此后，阿倍仲麻吕不断得到提升。天宝末年升任秘书监兼卫尉卿（从三品）。秘书监是秘书省的长官，职掌国家经籍图书之事；卫尉卿是卫尉寺长官，职掌国家器械文物，总管武库、武器、守宫三署。阿倍仲麻吕在担任这些职务的同时，还广泛结交长安各界学者名流，和著名诗人李白、王维、储光羲、赵晔、包佶等人都有密切交往，互相赠答诗文，结下了深厚友谊。监察御史储光羲曾用"朝生美无度，高驾仕春坊"的诗句赞美他。

以藤原清河为大使、吉备真备为副使的第十一次遣唐使来华时，阿倍仲

---

① 惠美押胜即藤原仲麻吕，中臣镰足之孙，孝谦朝时的权臣。后因受孝谦天皇冷遇，于764年发动叛乱，企图铲除孝谦天皇宠臣道镜，史称"惠美押胜之变"。

麻吕又动了思乡之念，再次向朝廷申请归国。玄宗鉴于他赤诚仕唐30余年，感慨舍爱，便命他为送使，即以皇帝特派大使的身份伴送日本大使藤原清河等回国。与他有着深厚情谊的朋友们怀着依依不舍的心情，为其作诗赋别。如王维有《送秘书晁监还日本国》诗，并有长序，叙中日两国的友好交往，热情赞颂阿倍仲麻吕的高尚德行以及他为中日交流所做出的贡献：

> 积水不可极，安知沧海东。
>
> 九州何处远，万里若乘空。
>
> 向国唯看日，归帆但信风。
>
> 鳌身映天黑，鱼眼射波红。
>
> 乡树扶桑外，主人孤岛中。
>
> 别离方异域，音信若为通。

阿倍仲麻吕也以十分激动的心情写了《衔命还国作》的著名诗篇，赠答友人，依依告别，同时也表达了他留恋中国、惜别故人和感激皇帝恩泽的真挚感情：

> 衔命将辞国，非才忝侍臣。
>
> 天中恋明主，海外忆慈亲。
>
> 伏奏违金阙，骖騑去玉津。
>
> 蓬莱乡路远，若木故园林。
>
> 西望怀恩日，东归感义辰。
>
> 平生一宝剑，留赠结交人。

阿倍仲麻吕的这首《衔命还国作》后来被收录在宋代编辑的优秀诗文集《文苑英华》里，也是《文苑英华》中唯一一首外国人的作品。

754年，阿倍仲麻吕怀着依依惜别的深情踏上归国之途。不料他与藤原清河大使等人乘的船在途中遇到强烈的风暴，漂流到安南（今越南）。登陆后又遭横祸，全船170多人，绝大部分被当地土人杀害，幸存者仅有阿倍仲麻吕、藤原清河等10余人，他们只好从陆路辗转返回长安。阿倍仲麻吕回到长安前，传闻他在海上遇难，李白听了十分悲痛，挥泪写下了著名诗篇《哭晁卿衡》：

> 日本晁卿辞帝都，征帆一片绕蓬壶。
> 明月不归沉碧海，白云愁色满苍梧。

李白把阿倍仲麻吕比作洁白如碧的明月，把他的"死"比作明月沉碧海。因为是明月沉碧海，所以天愁人哭，万里长空的白云，霎时间也变得灰暗阴沉，一片愁色笼罩着天地人间。全诗感情充沛，深刻表达了两人的诚挚友谊，成为中日友谊史上传诵千年的不朽名作。阿倍仲麻吕回到长安后看到李白为他写的诗，百感交集，当即写下了著名诗篇《望乡》：

> 卅年长安住，归不到蓬壶。
> 一片望乡情，尽付水天处。
> 魂兮归来了，感君痛苦吾。
> 我更为君哭，不得长安住。

阿倍仲麻吕回长安后，继续受到任用，晚年官至光禄大夫兼御史中丞，封北海郡开国公，食邑3000户，此后再未回国。他去世时，唐代宗追赠他为潞州大都督。

阿倍仲麻吕留唐达55年之久，出仕唐朝亦在40年以上。但他始终想念着自己的祖国，并与国内保持着联系。而日本国人对阿倍仲麻吕竟能于唐扬名文化界，出仕唐室，蒙其恩眷，自然深以为荣。因此日本朝廷在其死后追赠勋位，以资秩式。光仁天皇高度评价阿倍仲麻吕："身涉鲸波，业成麟角。词峰耸峻，学海扬漪。显位斯升，英声已播。"

三、入唐八家与弘法大师

日本入唐的佛教僧人在史籍留有姓名的共92人，到达长安者40余人。日本僧人入唐求法的时间，少则一二年、三五年，多至十几年、二十几年，甚至有的长达38年（如义德）。一般说来，前几期的留学生、学问僧滞留时间都比较长，后期留学生（僧）包括请益僧、还学僧的留唐时间大为缩短，一般极少超过5年，多数是留唐一两年便回去。

学问僧入唐后便寻访名寺名师，刻苦研习佛教经典。当时的长安是中国的佛教中心，吸引着远道而来的日本学问僧、请益僧。日本学问僧到达长安后，多在西明、慈恩、兴善、青龙、福寿、荐福、龙兴等寺和慧日道场学习。西明寺位于唐长安城延康坊西南隅，建筑宏伟，是长安城比较大的寺院之一。西明寺是唐代收藏佛教经典的宝刹之一，史称"西明寺藏"，是当时研读佛学最为理想之处。唐代高僧道宣、道世、圆测、慧琳，天竺高僧无畏、不空、般次若，罽宾僧般若，均于此寺居止，可谓名僧辈出，大德云集。玄奘法师于高宗显庆三年至四年（658—659），由大慈恩寺移居西明寺译经。西明寺是当时长安当之无愧的佛教文化中心，在中国佛教史和中外文化交流史上占有重要地位。

当时西明寺还兼有日本留学僧汉语培训中心的职能。凡是到长安的日本留学僧都首先被安置在西明寺。他们在西明寺学习中文、熟悉中国寺院的生活以后，再根据每个僧人的具体情况分别派往其他寺院学习。日本学问僧永忠、圆珍、圆载、真如、宗睿等都曾在西明寺居止。空海到长安时，就先住进了西明寺的"永忠和尚院"。

还有许多学问僧入唐后并不久居长安，而是长途跋涉，巡行各地，朝拜圣迹，寻师问道。洛阳、扬州、福州、越州、濮阳等地都有日本学问僧的踪迹，天台山、五台山更是他们巡礼朝拜的地方。

学问僧们在中国潜心钻研佛教义理，广泛搜集佛教经籍，为中国佛教文化的东传做出了重要贡献。

∧ 日本高野山弘法大师御庙

∧ 西安青龙寺弘法大师空海纪念碑

　　入唐学问僧中涌现出许多杰出的唐文化的传播者，其中自日本奈良朝至平安朝时期即9世纪上半叶的"入唐八家"占有重要的地位，他们是这一时期入唐学问僧的杰出代表。这"八家"是最澄、空海、常晓、圆行、圆仁、惠运、圆珍、宗睿。其中最澄和他的弟子圆仁、圆珍属于天台宗，空海和他的弟子常晓、圆行、惠运、宗睿属于密宗（真言宗）。他们不仅输入和弘扬天台、真言二宗，而且都从中国携回大量的经轨、佛像、法器，且各编有一部"请来目录"，为研究唐代佛教提供了很多重要的资料。他们将这一时期的佛教经籍、唐朝的佛教艺术和文化引进日本，对促进中日文化交流和推动日本佛教文化发展做出了多方面的贡献。

　　"入唐八家"中，以最澄和空海最为著名。

　　最澄是汉末渡日的汉人移民后裔，12岁出家，20岁在鉴真生前弘法的东大寺戒坛院受具足戒，学习鉴真带来的天台宗经籍。后来到比睿山结庵修行，

△ 日本学问僧最澄像

并建立了日枝山寺。延历二十三年（唐德宗贞元二十年，804），最澄携弟子义真随遣唐使船入唐。他来到临海时，天台十祖道邃大师正在龙兴寺开讲天台教义，最澄乃从之学。

此时，天台山佛陇寺的行满座主巡锡来到此地，见到最澄。行满见最澄"不惮劳苦，远涉沧波"而"求妙法于天台"，觉得他的道心和睿智非同一般，便将最澄带回佛陇寺，尽授其天台奥旨、牛头禅法及天台教籍82卷。最澄辞别之时，行满为其撰"印信"，并希望其"早达乡关，弘我教门，……向一国土，成就菩提"。

贞元二十一年（805）四月，最澄和义真离开台州到达越州首府（今浙江绍兴），从龙兴寺沙门顺晓受密教灌顶（密教传法仪式），和金刚界、胎藏界两部曼陀罗（指佛、菩萨和护法神的绘画等）、经法、图样和道具等。这样，最澄在唐接受了天台、密宗、禅及大乘戒法的四种传授，即所谓"圆、密、禅、戒"的"四种相承"。在天台山期间，最澄把所带黄金换成纸张笔墨，专门雇了几十个人帮他抄写佛经。等到他回国时，共抄写了128部345卷佛经。这一事迹，被后人称为"卖金货纸"，成为佛教史上的一段佳话。

唐贞元二十一年（805，日本延历二十四年）五月，最澄辞别天台山随遣唐使船回国。最澄回国时，携回经书章疏230部460卷，还有金字《妙法莲华经》《金刚经》，以及图像、法器等物，还携回王羲之等名家碑帖拓本17种。最澄回国后，先为南部八高僧讲授天台宗法门，又在高雄山寺设灌顶坛传密教，为日本有灌顶之始，并获准设天台宗"年分度者"（按年限定出家人数），正式创立天台宗。他大兴天台教义，不断扩充以比睿山一乘止观院为传法中心的天台宗教团，完备各种读经、修行、修法的宗法制度。

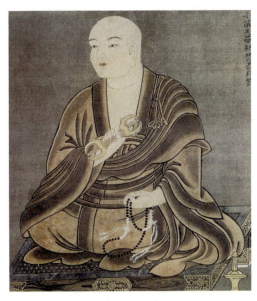

△ 空海画像

在入唐的学问僧中，空海的贡献最大、影响最大。空海15岁时，随舅父阿刀大足学《论语》《孝经》及史传等。空海18岁入平安京，进大学明经道，志在齐家治国。此时，他偶然遇到一位沙门，教他读善无畏翻译的《虚空藏菩萨能满诸愿最胜心陀罗尼求闻持法》，因而转信佛教，游历了近畿、四国等地的名山古刹，到四国的大泷岳、室户崎等地潜修佛法，20岁时于奈良东大寺受具足戒。

延历二十三年（804），空海与最澄等随遣唐使入唐。空海当时31岁，最澄38岁。在长安期间，空海初住西明寺，研经习字，博览内经外典，遍访各寺高僧，最后经人介绍到青龙寺拜会著名密宗高僧惠果。

惠果是密宗七代嗣法，不空高僧的传人。他曾为唐代宗、德宗、顺宗三帝授过灌顶仪式，三朝皆受封为国师，在密教宗派中享有崇高的声望。空海到青龙寺拜访惠果大师。惠果一见到空海便说："我等待着你的来访。今日相会，十分

△ 空海从长安请回的法器

欣慰。我已近暮年，命尽之日不远，然而尚无传真言密法的后继者，今欲向汝传真言。"空海遂成为惠果的十二个弟子之一。经惠果的指教，空海在日本时所不理解的密教经典都得以释然。惠果为空海传授《大日经》《金刚经》等密教典籍、密教仪规，为他授胎藏界、金刚界灌顶，接受密教的洗礼，并赠他以"第八祖遍照金刚"的法号，从而使空海获得了密教正宗嫡传的最高荣誉。空海得惠果大师亲授，把"唐密"真谛悉受于心，为东归后创立日本真言宗即"东密"奠定了基础。

空海在长安滞留1年8个月，在惠果门下学习了6个月。空海原打算在中国留学20年，但因惠果在圆寂前嘱空海说："今则受法已毕，宜早归乡土，以奉国家，流布天下，增福苍生。"又适遇遣唐使判官高阶远成等人的船到达，空海即上书请归。遂于唐元和元年（日本大同元年，806）四月成行。

空海在长安期间，除了在西明寺、青龙寺研习佛法外，还与当时的佛教界和其他文人学士有广泛的交接往来，与白居易、元稹等都可能见过面。

回国后不久，空海便开始传教活动，在奈良久米寺宣讲《大日经》和《大日经疏》，创立日本真言宗。809年，嵯峨天皇即位。空海同年入京，次年十月二十七日撰《奉为国家请修法表》，以求弘扬佛法。空海借上表之机，介绍唐朝的"佛国风范"，宣扬"佛为国王""护国护家，安己安他"，希望借此达到弘法立教之目的。于是，天皇准奏。空海在高雄山寺开坛讲法。从此，空海继承恩师惠果遗志，着手在日本创立"东密"。816年，高野山金刚峰寺开基，成为"东密"的总本山。空海此后的主要佛教活动大多集中在金刚峰寺与京都的东寺。"东密"不仅鼎盛于当时，而且影响深远。醍醐天皇时，曾追谥空海"弘法大师"之号。

空海不仅致力于弘扬佛教，还擅长诗文书画等，在传播中华文化方面做出很大贡献。由他编纂的《篆隶万像名义》，是日本第一部汉文辞典，对唐文化在日本的传播起了重要的作用。828年，空海为实践孔子的"有教无类"学说，创办了日本首家国民公学——综艺种智院。它有异于为贵族同宗子弟开办的私塾，也不同于官学，是一所综合性的不分阶层的国民教育机构。

四、鉴真：日本文化的恩人

随着中国佛教文化的东传，日本的佛教逐渐兴盛起来。但是，至8世纪时，日本虽有戒律传入，但因国内没有德高望重的授戒师僧，无法受具足戒，也无统一正规的受戒制度，即"三师七证"制度。各地受法的仪律、戒相和所依经义各自不相同。加上私度僧的大量出现，使僧纪愈发混乱。因而，整肃僧侣戒行，建立合法的僧伽制度，成为当务之急。天平五年（733），元兴寺隆尊托舍人亲王转奏天皇："于我国中虽有律，未闻传戒人。幸篷玄门，叹无戒足。"建议到大唐聘请高僧，也同中国一样，非经"三师七证"不能入道，不可取得僧籍。天皇立即准奏，将礼请传戒师的使命交付给荣睿、普照两位法师。

同年，荣睿、普照二人肩负着"随使入唐，请传戒师，还我圣朝，传授戒品"的使命，随遣唐使一道入唐。当时唐玄宗正住在东都洛阳，即令两位日本僧人禅居东都福先寺，并由福先寺住持僧人定宾大师给他们二人授戒。3年以后，荣睿、普照祈请洛阳大福先寺高僧道璇赴日本弘法传戒。请去道璇以后，荣睿、普照仍感不尽其意，继续在中国游学，访求戒律名僧。唐天宝元年（742），荣睿、普照在中国已经10年了，他们始终不忘请师传戒的使命，为此做了许多努力。他们托宰相李林甫之兄李林宗写信给扬州仓曹李凑，请他造船备粮，以备东渡，同时邀请了西京僧道航、澄观，东都僧德清，高丽僧如海，与日本同学僧玄朗、玄法同下扬州，礼请闻名江南的鉴真大师。

至荣睿、普照到扬州礼请时，鉴真早已是江淮一带远近知名的授戒大师。荣睿和普照抵扬州时，鉴真正在大明寺（法净寺）为众僧讲律。二人赶到大明寺拜见鉴真，具述请求东渡之意。当时鉴真回答，日本是"有缘之国"，便问弟子们有谁愿意应请到日本国去传法。大众默然良久，无人对答。弟子祥彦说日本和中国隔着大海，路途危险，前往者很少能够安全到达，而他们

"进修未备，道果未克"。鉴真说："为是法事也，何惜生命？诸人不去，我即去耳！"

鉴真在决定东渡日本时，说了四句话："山川异域，风月同天，寄诸佛子，共结来缘。"在鉴真的激励之下，他的弟子祥彦、道兴、道航、思托等21人也愿同心随行，自此开始了史无前例的历时12年的6次东渡壮举。这时鉴真已55岁。荣睿、普照自此作为鉴真的得力助手，积极佐助，筹划东渡。

但是，鉴真此行困难重重，先后5次渡海都没有成功。尤其是第5次失败后，由于长期的奔波劳顿和酷暑的折磨，鉴真双目失明。迎请鉴真东渡的荣睿和决心相随的弟子祥彦也先后在途中病逝。但这些打击并没有动摇鉴真东渡弘律之志。天宝十二载（753）十月，日本遣唐使藤原清河在阿倍仲麻吕的陪同下来到扬州，礼拜鉴真大师。广陵僧俗都不愿大师以年近古稀高龄再冒风涛之险，一再挽留。但鉴真决心已定。这次搭乘日本使船出发，事先做了周密布置，避免了道俗的拦阻。是时日僧普照也从余姚赶来同行。终于在这年十一月十五日，鉴真率弟子随遣唐使舶东渡。藤原清河和阿倍仲麻吕所乘第一舶遇海难漂至越南，后又返回长安。鉴真一行所乘的是副使大伴古麻吕的第二舶。天平胜宝六年（754），他们抵达九州南部的萨摩秋妻屋浦（今鹿儿岛川边郡坊津町秋目），正式踏上日本领土，终于实现了12年来东渡弘法心愿。

鉴真一行在踏上日本国土后，稍事停留，便启程去都城奈良，沿途受到各地高僧和官员的热情欢迎和款待。日本天平胜宝六年（754）二月，鉴真一行抵达奈良，被安置于东大寺。唐僧道璇、印度僧婆罗门菩提僧正及日本宰相、右大臣、大纳言等朝廷官员前来礼拜。几天后，天皇命授鉴真"传灯大法师位"。

鉴真对日本佛教的贡献，首先在于把律宗传到日本，使之成为日本奈良时代六大佛教宗派之一。

鉴真来日不久，即天平胜宝六年（754）四月初，便在东大寺卢舍那佛殿之前设立戒坛。天皇登坛受大乘菩萨戒，接着皇后、皇太子也登坛受戒。后

△ 鉴真第二次东渡准备出发，《东征传》绘卷

又有沙弥澄修等440余人受具足戒。在鉴真来日之前，日本僧人没能按戒法规定受具足戒；在鉴真筑坛授戒之后，一些僧人纷纷舍弃旧受之戒，重从鉴真受具足戒。此后在大佛殿西侧，天皇曾受过戒的戒坛的土被移过来，用于建立专做授戒之所的戒坛院。下野药师寺和筑前的观世音寺的戒坛，也是鉴真来日后不久提议建立的，它们与东大寺的戒坛院在当时并称为"天下的三戒坛"。

天平胜宝八年（756），鉴真被天皇任为大僧都，其弟子法进被任为律师。诏书称鉴真及弟子"或学业优富，或戒律清净，堪圣代之镇护，为玄徒之领袖"（《续日本纪》卷一九《宝字称德孝谦皇帝》）。鉴真还在东大寺建唐禅院传授律学、修习禅法。

天平宝字三年（759），孝谦天皇施给鉴真园地一区，并赐予足可供养的田地。鉴真即在此建立了著名的"唐招提寺"。"招提"是在佛身边修行的道场的意思，"唐招提寺"就是表明这座寺院是为从唐朝来的鉴真和尚在此修行

△ 日本孝谦天皇题"唐招提寺"匾额

而建立的道场。天皇题写寺名，并下诏："其大僧都鉴真和上，戒行转洁，白头不变。远涉沧波，归我圣朝。号曰大和上，恭敬供养。政事躁烦，不敢劳老，宜停僧纲之任。集诸寺僧尼，欲学戒律者，皆属令习。"（《续日本纪》卷二一《淳仁纪》）要求凡出家人须先到唐招提寺研习戒律后，方可选择自己的宗派。此后，鉴真便专心在唐招提寺传法。鉴真被称为日本律宗之初祖，唐招提寺相应地被尊为日本律宗祖庭。鉴真为日本佛教界建立了完备的传教制度，培养了一大批律学人才。除律宗外，在日本佛教界起很大作用的两大宗派天台宗和真言宗的开创，和鉴真一行也有很大关系。日本天台宗的开创者最澄和真言宗之祖空海在年轻时所仰以进学的，都是鉴真的遗泽，因此事后他们还不断感怀这遗德。

鉴真还对日本佛经的校订做出贡献。《续日本纪》说，当时日本寺院中所用的经典，因为都是从朝鲜半岛传入，只凭口耳相传，所以各本都不一样，错误也多。鉴真一行到达以后，日本政府就把校正经书中的错误一事委派给他们。当时鉴真虽已双目失明，但他凭着自己超强的记忆力，对这些经卷一一加以订正。

鉴真东渡时，随他同行的弟子们在传播中国佛教和文化艺术方面发挥了不同程度的作用。

鉴真一行不仅对日本佛教的发展做出了重大贡献，还把当时唐代先进的建筑、绘画、雕塑、医药等文化技术介绍到日本。据《唐大和上东征传》记载，鉴真抵日后，除了讲律授戒外，还"开悲田而救济贫病"，从事民间医疗活动。如今已失传的"鉴真上人秘方"，据说就是他处方的记录。其他如"奇

︿ 日本奈良唐招提寺

︿ 日本奈良唐招提寺内的鉴真墓

▲ 鉴真坐像，日本奈良唐招提寺御影堂藏

效丸""万病药""丰心丹"等良药处方，相传都是鉴真所创制的，从此日本"医道益辟"。藤原佐世的《日本国见在书目录》中著录的"鉴真上人秘方"，竟达一卷之多。至14世纪以前，日本医药界都祀鉴真为始祖。直到18世纪的德川时代，日本包装草药的药袋还印有鉴真的肖像。之前，中国医药知识及医药典籍相继传入日本，但日本人对于鉴别药物品种的真伪、规格、好坏尚缺乏经验。鉴真虽已双目失明，但在药物鉴别方面，鼻之嗅气，口之尝味，耳之闻声，手之扪捏，竟能鉴别无误。

此外，鉴真对日本的日常生活文化也有直接的贡献，比如饮食文化等。在之前，日本的饮食结构相当简单，直到鉴真东渡带来了大量的珍贵物品，才大大改变了日本人的饮食。其中豆腐是影响日本饮食文化的珍贵物品之一。起初豆腐只在鉴真一行的僧人队伍中食用，在鉴真的大力推广下，逐渐扩展到普通的百姓人家，因此鉴真被日本人尊为"豆腐鼻祖"。鉴真传入日本的上佳食品中还有砂糖。在鉴真第一次准备东渡的行李明细单中，有"蔗糖"和"石蜜"的记载。"蔗糖"是指黑砂糖，"石蜜"是指冰砂糖。鉴真还带到日本大量的中国食品，如干薄饼、干蒸饼、胡饼等糕点，还有制造这些糕点的工具和技术。日本人称这些点心为"唐果子"，并依样仿造。中国点心（唐果子）经常出现在皇宫和贵族们的餐桌上。

由于鉴真对日本文化的重大贡献，他被后世称为"日本文化的恩人"。日本学者安藤更生说，鉴真是站在奈良文化最高峰的人，也是替平安文化开道的人。

五、衣冠唐制度，礼乐汉君臣

《续日本纪》卷三四说："日本中古之制度，人皆以为多系日本自制，然一检唐史，则知多模仿唐制也。"

古代日本进行过几次政治改革，都是以中国为样本进行的，都是致力于学习和模仿中国的政治、经济和法律制度。圣德太子时期进行了一系列国政改革，制定《十七条宪法》，改革的实质在于全面吸收中国先进文化，模仿中国的制度文化创建中央集权国家，促进日本社会发展。圣德太子的新政，奠定了日本从氏族国家向"律令国家"即中央集权制国家过渡的基础。

唐朝政治文化和律令制度对日本的影响，集中体现于日本大化改新时期所进行的一系列重大改革中。大化改新是以中国化为最高理想的、使日本全盘唐化的运动。

大化改新是圣德太子政治社会改革的继续。圣德太子死后，苏我氏的独裁势力急遽膨胀，皇室的权威受到严重的威胁。645年，中大兄皇子（后来的天智天皇）和中臣镰足、仓山田麻吕3人，经过周密策划，发动宫廷政变，诛灭了苏我氏父子，成功消灭了代表旧势力的苏我氏一族。在诛灭苏我氏的第二天，孝德天皇即位，立中大兄皇子为太子，废除以往的大臣、大连制，设左大臣、右大臣、内臣等官职，并设国博士为最高顾问，由唐朝归来的僧旻和高向玄理担任此职。接着大会群臣，把新政的精神奉告天地神祇，重新确认了宣称天皇权威绝对性的《十七条宪法》所宣扬的理念。这一天开始模仿中国建立年号，名为大化元年（645），取"大变化"之意。大化二年（646），正月朔日贺正典礼结束时，孝德天皇颁布了"改新诏"，明确提出了推行政治改革的具体内容。

到天智天皇时，日本首次进行了制定律令的尝试，以从形式上来巩固革新政治，朝着争取大化改新成果的道路迈进。这个律令以天皇都城的所在地近江为名，称为《近江令》。据说中臣镰足集中了一批硕学之士，参考了唐朝的

《贞观律令》，于天智七年（668）编成《近江令》22卷，成为日本最早的法典。天智天皇之后的天武天皇更加致力于贯彻革新政治，以唐朝《武德令》《贞观令》《永徽令》三律为蓝本，颁布《飞鸟净御原律令》，采取改定冠位、废除部曲、整顿食封等一系列改革措施。到文武天皇大宝元年（701）颁发《大宝律令》，可以看作是改新在形式上的完成。

大化改新的主要内容是废除大豪族垄断政权的体制，向中国皇帝体制学习，建立古代中央集权国家。大化改新同明治维新并称为日本历史上的两次重要变革。大化改新之后，日本在经济方面废除了部民制，建立起封建土地国有制。在政治方面，废除了贵族的世袭特权，建立以皇权为中心的中央集权国家。在军事上，实行征兵制，在京师设立了五卫府，在地方设军团，所有军队一律归中央统一指挥。可以说，通过大化改新，日本社会发生了深刻的变化。

日本历代天皇都十分推崇唐朝完备的封建典章制度。圣德太子就曾制定了宫廷用冠和参朝服。《大宝律令》规定制衣用冠都要仿效中国，确定了着装的服制。根据这些规定，无论男女，在仪典时悉用礼服，出入宫廷着朝服，无位者进宫穿制服。807年，天皇再次下诏："朝会之礼，常服之制，一准唐仪。"818年，嵯峨天皇在诏书中再次强调："朝会之礼、常服之制、拜跪之等，不分男女，一准唐仪。"奈良时代的天皇礼服为冕冠和衮龙衣，合称"衮冕"。冕冠与中国的皇冠相同，上有长方形冕板，板端垂有十二旒五色珠玉。衮龙衣为红地，绣有龙图案。女帝则不用冕冠而用宝冠，童帝则用日形冠。男官朝服为文罗幞头、位袄、半臂、白袴、金装腰带、金装横刀、乌皮履、笏等。穿戴起来，和中国官员不差多少。武官和女子礼服也有定制。

中国唐代服饰首先在日本贵族中流行，被称为"唐风贵族服"。高松冢古坟壁画上的人物，女子皆似唐朝仕女，男子服装也完全是中国样式。日本古典小说《源氏物语》中描写主人公源氏公子，一次"身穿一件白地彩纹中国薄绸常礼服，里面衬一件淡紫色衬袍，拖着极长的后裾，夹在许多身穿大礼服的王

∧ 日本高松冢古坟西壁的女子群像壁画

∧ 鸟毛立女图，日本正仓院藏

公中间，显然是个风流潇洒的贵公子模样"。后来，日本人对"唐风贵族服"加以若干改造，如袖子变长，衣服的幅度变宽。为了给人以美感，穿时紧紧贴在身上，有意识地显示出人的线条美，对这种变化，日本人称其为"国风化"。从此这种服装便固定为"和服"。直到今天，和服还保留着唐人服装的流韵。此外，与和服配用的锦袜、木屐，也与中国的影响有关。

嵯峨天皇不仅将朝仪、官服和颁发给大臣的位章都改为中国式的，而且还将宫殿各门的名字也都改用中国式的雅名，挂上了匾额。清和天皇时仿照唐开元礼制，新修奠式制，颁行全国。吉备真备归国时带回《唐礼》130卷，将唐朝的礼仪广泛传授，对日本的朝廷礼仪制度产生很大影响。

加强天皇权威和中央集权的一个重要措施，是仿照中国的式样，建立一个以广阔的皇宫和政府机关建筑为中心的首都。在大化改新之前，日本的首都并不固定，国都是随着天皇所在地而一代一都地变动着。凡有天皇宫殿处，就是京城（"宫所"）。掌握政治实权的高官们，特别是以大和为中心的有力豪族们，常常在自己的根据地周围生活，在执行政务时便到皇宫来。这样的体制，与其说存在都城，不如说作为天皇住所的皇宫是国家政治中心。在与唐朝的交往中，日本朝廷深切感受到唐朝巨大的都城可以有效地显示国威。自大化改新后，日本开始接受中国固定统治中心的思想，仿唐长安样式着手建造自己最初的大都城。

日本天武天皇时期，按照中国古代城市规划理论和风格，制订了建筑新都的计划，并于白凤十一年（683）开始营建。天武天皇多次巡幸新城，确定新城中的宫室之地。然而直到其妻子继位为持统天皇后才得以建成。694年，持统天皇由飞鸟净御原宫迁都藤原京（奈良县橿原市）。藤原京是日本仿照唐都长安和洛阳，建造的第一个正规都城。从藤原京的建设到都城的格局，都是对初期遣隋使、遣唐使所带回的隋唐文化的具体理解和借鉴。

由于藤原京存在规模狭窄和城市功能上的某些不足，所以之后日本又分别建都于平城京和平安京。和铜元年（708），元明天皇开始着手在奈良盆地北部建造新都。和铜三年（710），迁都到平城京（奈良），开创了奈良时代。平城京也是仿照唐朝都城长安和北魏都城平城（今山西省大同市）及洛阳建造的。关于这次迁都的原因，许多日本学者认为，这与702年遣唐使栗田真人带回的有关唐长安城的最新资料有关，是受唐文化的强烈吸引而欲建新都。从元明天皇时起，此后七代天皇约70年中，平城京始终是日本的政治中心。整个京城建筑颇为壮观，完全可以和长安城媲美。因而日本历史学家称平城京为"富有国际性的小长安"。

794年，日本再次迁都平安京（京都）。以这一历史事件为标志，日本结束了奈良时代而进入了平安时代。平安京的突出特点是，仿中国盛唐时期的宫殿建筑风格，城内朱雀大道将平安京分为左京、右京两个部分，左京仿洛阳，右京仿长安。城北中央为皇室所在的宫城，宫城之外是做衙署之用的皇城，皇城之外是作为一般官吏、平民居住的都城。全城面积约20平方千米，街道纵横，对称相交，是一座棋盘式的城市。从桓武天皇迁都平安京开始，直到明治时期天皇迁至东京，平安京作为都城几乎延续了一千余年。

六、白居易诗文在日本

唐代是中国文学高度成熟与兴隆的时代，唐代文坛是古代世界文学艺术中独放异彩的东方艺苑。在这个时期的中日交往中，遣唐使和留学生、学问僧等从中国带回大量文学艺术作品，把唐文学移植到日本，并获得了蓬勃的发展。

唐代文学中，唐诗是最鲜艳的花朵。唐诗对日本文学的影响也最大。日本留学生、学问僧们受到著名诗人李白、杜甫、白居易等人的熏陶，回国时，每每携回大量的唐诗文集。如空海把《刘希夷集》《王昌龄集》《朱千乘诗》《贞元英杰六言诗》等大批诗文作品带到日本。9世纪后，杜甫、白居易等唐代大诗人的作品大量传入日本。

唐代对于日本文学影响最大的中国诗人是白居易，他对日本文学的意义甚至远远超越了中国唐诗传统定义上的伟大诗人"李杜"二人。

白居易的作品传入日本的时间最早见《日本文德天皇实录》上所记载，承和五年（838），由太宰少贰藤原岳守从唐商人带来的物品中挑出《元白诗笔》呈现给仁明天皇。承和十四年（847），圆仁归国时带回的书籍中，有白居易的诗文，据他后来编的《入唐求圣教目录》记载，其中有《白家诗集》6卷、白氏《任氏怨歌行》1帖、《杭越寄和诗集》1卷。金泽文库本《白氏文集》的校语记载说，与圆仁同年归国的学问僧惠萼带回他在苏州南禅寺手抄的部分《白氏文集》，将其传于菅家。据《日本国见在书目录》载，传入日本的有《白氏文集》70卷、《白氏长庆集》29卷。可见至9世纪末，白居易诗文已在日本广泛流传了。白居易曾亲自参与编定《白氏文集》，他在会昌五年（845）所撰的《文集自记》中这样写道："《集》有五本……其日本、暹罗诸国及两京人家传写者，不在此记。"可见白居易也知道自己的诗集已广泛流传于东亚各国。

日本学者后藤昭雄在《日本古代汉文学与中国文学》中指出：白居易的作品在承和年间不断地传入日本，成为日本文学史上了不起的一件大事。白居易诗一经传入，立即刮起了一阵"白氏旋风"。约894年成书的《大江千里集》摘取了115句汉诗将其译作和歌，其中有74句是白居易的诗句。在平安文士大江维时编辑的《千载佳句》中，共收汉诗1812首，白居易一人之作品即占了507首，其次为元稹的诗65首。该书在推广白诗方面影响深广。稍后藤原公任编纂的《和汉朗咏集》，共著录和汉诗人作品354首，中国诗人作品234首，其中以白居易诗的数量最多，共139首，约占中国诗作的60%，占全部诗作的24%。由此也可以看出白居易诗文在日本和歌创作中的地位和影响。

白氏诗文浅显易懂，反映了社会各阶层的生活，所以很快受到日本文人的普遍喜爱，成为平安王朝贵族、学者、诸多文人的必读教材。当时在日本凡谈及汉诗文者，言必称《文选》和《白氏长庆集》。在王朝贵族中，能够熟练地吟诵白居易诗句成为一种具有高雅文学修养的象征。据《江谈抄》卷四记载，嵯峨天皇时"白氏文集一本诗渡来，在御所尤被秘藏"。后来他要考验臣子有没有学问，就故意把白居易的诗念错，看这个臣子是否熟悉白居易的诗句。一次他在召臣下小野篁试其才时，赋汉诗曰："闭阁惟闻朝暮鼓，登楼遥望往来船。"小野篁奏曰："圣作甚佳，惟'遥'改'空'更妙也。"天皇感慨道："此乃白乐天句，'遥'本作'空'，仅试卿耳，卿之诗思已同乐天矣。"小野篁对白诗的熟记已达到背诵如流的程度，因此他也有"日本白乐天"之称。平安朝廷还专门开设《白氏文集》讲座，由大江维时给醍醐天皇、村上天皇侍读，此后数代天皇都参加了这个讲座，并多次举办御前诗会，围绕白诗取题唱和。《源氏物语》的作者紫式部作为一条彰子皇后的女官，也曾给皇后讲授《白氏文集》。

白居易的诗在平安时代成为诗人们效仿的典范，被广泛地学习、模仿和沿袭，成为日本文坛主要的受容对象。日本文坛崇尚汉诗文，每当文人相聚，大多吟诵汉诗，以展示自己的才华。而对大部分初学汉诗的人而言，需要一种范例或辞典，以供借鉴模仿。当时流传到日本的《白氏文集》就起到了这样一个作用。菅原道真特别尊崇白氏，自称"得白氏之体"。他在诗中说："游宴追寻白乐天。"他赋《咏乐天北窗三友诗》说："《白氏洛中集十卷》中，有北窗三友，诗一友，琴一友，酒一友，酒与琴吾不知，吾虽不知，能得意。"据统计，菅原道真在《菅家文草》中引用、化用的《白氏文集》作品达500多首诗、80多次，并有所创新和发展。后醍醐天皇在收到菅原道真的诗集后，大加赞赏，作诗说"更有菅家胜白样"，并在诗后自注："平生所爱《白氏文集》七十卷是也。"

在这一时期问世的《源氏物语》《枕草子》等文学作品中，处处可见对白诗的引用与活用。有学者统计，《源氏物语》中引用中国古典文学典籍185处，其中白诗达106处之多。《源氏物语》的第一卷《桐壶》中，多次引用白居易《长恨歌》中的诗句，以唐玄宗专宠杨贵妃的故事直讽桐壶帝宠爱桐壶更衣。

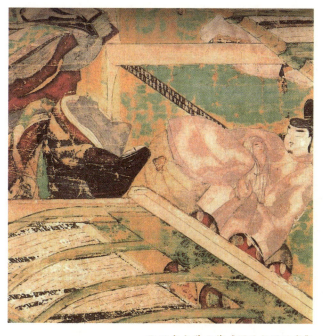

△ 日本文学名著《源氏物语绘卷》

作为日本文学史上最早出现的随笔作品，清少纳言的《枕草子》与白居易文学的关系更为密切。《枕草子》是清少纳言通过自己在宫中供职的生活经历而创作的随笔文学作品。有学者统计，《枕草子》中引用白诗共有20个章段29处，被引用的白诗有19首。清少纳言在引用白居易的作品时，没有停留在直接套用原文的水平上，而是将白诗的主题或思想作为构思的源泉，进而在其作品的内容和构想方面升华为自己的智慧与才能。

由此可知，白居易的诗歌在当时已流传广泛且具有较大影响力，并且从一种流行的文化元素发展为文学经典，成为后世日本人学习文学和进行文学创作的典范。白居易对日本文学的影响持续了近千年，直到江户时代，仍被当作"诗仙"供奉在京都一乘寺的"诗仙堂"里。

七、奈良平安时代的汉文学

日本汉文学是以中国文学为基础的派生物。在相当长的历史时期内，汉文学是日本的主流文学、官方文学、上层文学。从飞鸟、平安时代，一直到江户、明治时代，上自天皇、贵族，下至民间学者，都不断地写汉诗和汉文，创作了大量汉文学作品。

空海根据沈约的四声八病说和唐人的诗论，对唐诗的格律作了深入系统的研究，写出了诗论《文镜秘府论》6卷，把格律诗的写法介绍到日本。《文镜秘府论》这部著作在指导日本诗人把握唐诗的形式和技巧上，起到了巨大的作用，被后人视为日本汉诗创作指南。

日本汉诗有非常丰富的内容，和中华传统文化有直接的

▲ 空海的著作《文镜秘府论》

关联。许多诗人对中华传统文化十分熟悉，在他们的诗歌中运用了很多中国古代诗歌里的历史典故，会将日本人对自然、社会和人生的理解写入诗中。日本汉诗在其1300余年的发展史上，产生过数以千计的诗人和数十万首诗篇。据日本《汉诗文图书目录》统计，从奈良时期到明治时期编印的日本汉诗总集、别集共有769种、2339册，收入20余万首诗。这是一组很庞大的数字，还不包括在历史上已经佚失的和未曾刊行的汉诗总集和别集。

日本汉诗源于中国古诗，与中国古诗有着不解之缘。日本汉诗在发展中追随中国古诗，不断受到中国历代诗风的影响。以唐诗为主体的汉文学作品的大量输入，在日本文坛兴起学习唐诗的热潮。上至天皇，下至一般贵族，竞起效仿，作诗唱和，以欣赏和写作汉诗为时尚。日本平安文坛写作的主流是要会写中国的文字与诗文。朝廷重要的典章制度也是用中文来书写的，正式的聚会，吟诗弄文都要使用中国的诗文才能表现本事与才华。大江维时的《千载佳句》是应当时学习唐诗的需求而编辑的一种参考书。该书以两句一联的形式，共选唐诗七言佳句1813联，涉及作者153人，依季节、天象、地理、人事、官事、草木、禽兽、宴喜、别离等15部、258门分类编纂，句下注明作者及诗题，以便利日本文士们写作汉诗之时，依其所欲咏颂的内容而查找模仿参考的内容。

汉诗写作是当时日本贵族和文人的一种基本修养。奈良时代汉诗写作蔚然成风。无论是贵族宴饮，还是迎接外国使节，都要赋诗。这时的汉诗文创作受中国齐梁体及唐初诗风影响较深，大多为五言诗，内容多属于侍宴、应召、从驾之类的应景之作。比方说这首《咏月》，便是文武天皇在夜宴时所作：

> 月舟移雾渚，枫楫泛霞滨。
> 台上澄流耀，酒中沉去轮。
> 水下斜阴碎，树落秋光新。
> 独以星间镜，还浮云汉津。

此诗在早期的日本汉诗中，是最富诗情画意的一首。将月比作舟，将月下云霞比作舟楫，想象自然，诗中"酒中沉去轮"一句，优雅而有余韵。这首吉田连宜的《秋日于长王宅宴新罗客》则是为了欢送新罗大使所作：

> 西使言归日，南登饯送秋。
>
> 人随蜀星远，骖带断云浮。
>
> 一去殊乡国，万里绝风牛。
>
> 未尽新知趣，还作飞乖愁。

孝谦天皇天平胜宝三年（751），编成了第一部日本汉诗集《怀风藻》，共收录64位作者的117首诗，"远自淡海，云暨平都"，是80余年间的作品。诗集名为《怀风藻》，意即"缅怀先哲遗风"。诗集主要作者有文武天皇、大友皇子、川岛皇子、大津皇子、藤原不比等父子、丹墀广成、淡海三船、石上宅嗣等人，都是当时的皇族显贵以及官吏、儒生、僧侣等。集中著录的汉诗，题材以"应诏""侍宴"居多，格律以五言为主，也有几首七言诗。这些诗作在采用中国汉民族诗歌艺术形式的同时，具体创作中大量模拟中国六朝文学的诗句形态，充满中国文人的情趣。

《怀风藻》的编纂，反映了日本奈良时代汉文学的勃发，标志着日本古代文学中汉文学创作系统的形成。

日本汉诗的发展高峰在平安时期。这时的诸多汉诗作者中，最为出名的有名僧空海、嵯峨天皇、菅原道真、兼明亲王等人。而此时的诗开始以七言为主。

平安初期的嵯峨天皇是一位唐文化修养很高的天皇，他精通经史，擅长诗文。在同时代诗人中，他的汉诗诗作流传下来的最多。

嵯峨天皇极力倡导"文章经国"，先后命小野岑守、藤原冬嗣等人编集了《凌云集》《文华秀丽集》两部汉诗集。《凌云集》收入了从桓武天皇延历元年（782）至嵯峨天皇弘仁五年（814）的24位作者的91首诗，成书于嵯峨天皇

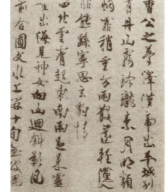

△ 空海的书法作品

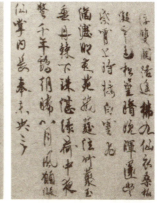

△ 嵯峨天皇的书法作品

弘仁五年（814），距《怀风藻》已有半个世纪。《文华秀丽集》分为3卷，收入了26位作者的143首诗，成书于嵯峨天皇弘仁九年（818），晚于《凌云集》4年。淳和天皇即位后，于天长四年（827）又命人编辑了汉诗文总集《经国集》20卷，收入了178位作者的汉诗文968篇，最早的作于文武天皇庆云四年（707），最晚的作于淳和天皇天长四年（827），时跨121年。

第八章　中华文化在波斯、阿拉伯的传播

一、中国向阿拉伯的技术转移

波斯和阿拉伯地处丝绸之路的要道，自古以来就与中国有比较多的联系。丰盈的中华物产、中华民族的伟大文化成就，源源不断地向西传去，远播到西亚的广阔大地，为阿拉伯人、波斯人接受和吸收，对当地的社会经济文化发展起到了积极的作用。

唐代是中国和阿拉伯世界之间经济贸易交流空前活跃、空前繁荣的时期。唐代来华的阿拉伯人和波斯人中数量最多的是商人，他们多因经营对华贸易而致富。随着贸易的繁荣，大量中国产品输入阿拉伯世界，桃、杏、肉桂、姜、"中国玫瑰"（ward sīnī）、"中国根"（土茯苓）等，都传到西亚地区。输入西亚最大宗的中国货物是丝绸和瓷器。丝绸是中国传统的外销产品，而从唐代中晚期开始，瓷器被列为外销的大宗货物，大量中国瓷器流入阿拉伯世界，有人将丝、瓷器和中国灯并列为中国"三大名产"。

另一项输往西亚的中国货是铁器。例如"哈尔·锡尼"（al-khārsīnī，即"中国铁""中国箭镞金"），阿拉伯人认为它是一种产于中国的罕见金属，他们极为重视这种金属。据称用这种金属做成的箭镞具有毒性，可致人死亡，制成鱼钩可使所有海中动物都不得挣脱，制成铜镜可以辟邪，做成大小钟铃则发音铿锵。阿拉伯炼丹术士哈伊延·本·扎比尔曾为论述这种金属而创作了《中国铁之书》。有些现代学者认为，这种金属是一种铜镍合金或者锌。另外，据法国学者玛扎海里记载："商旅们最早似乎也从中国向波斯出口非常豪华的

铸铁器。如用作镜子的铸铁圆盘（中国的镜子），必须不断地擦亮。拥有这样的一面铸铁镜子的人会被认为是一名熟练的理发师。他拥有一把中国剃刀以为顾客剃头，同时还拥有一把中国剪刀为顾客剪胡须，他自信这样就算武装齐备了，但最大的豪华物还是他的中国镜子。……在萨曼王朝时代，又传来了马镫，被波斯人先称为'中国鞋'，然后又称为'脚套'。"①

唐玄宗天宝十载（751），刚刚建国的阿拔斯王朝（黑衣大食）的呼罗珊总督阿卜·穆斯林出兵中亚。唐朝的安西四镇节度使高仙芝应中亚诸国之请而领兵去帮助他们抵御大食的侵略，双方会战于怛逻斯（今吉尔吉斯共和国奥利·阿塔北面）。

怛逻斯战役是当时世界上的两大帝国唐朝和阿拉伯阿拔斯王朝之间的一场大战，是一场在世界史上有重要影响的重大战役。中国和阿拉伯两方面的史籍都对怛逻斯战役有所记载，只是在参战人数上说法不同。

天宝十载（751）四月十日，高仙芝率军从安西出发，翻过帕米尔高原（葱岭），越过沙漠，一路长驱直入，经过3个月的长途跋涉，深入大食境内700余里，在同年七月十四日到达大食人控制下的怛逻斯城，并且开始围攻该城。阿拉伯人立即组织了10余万大军赶往怛逻斯城。双方在怛逻斯河两岸展开了一场大决战。惨烈的战斗持续了整整5天。但是，在这场两大帝国之间的大战中，一贯英勇善战的高仙芝因盟军背叛、腹背受敌以及指挥失误而打了败仗。唐军损失惨重，两万人的安西精锐部队几乎全军覆没，阵亡和被俘各近半，只有千余人得以生还。但唐军也重创了阿拉伯部队，杀敌7万余人。慑于唐军所表现出的惊人战斗力，阿拉伯人并没有乘胜追击。而中国由于几年后爆发安史之乱，国力大损，也只能放弃在中亚与阿拉伯的争夺。

在这次战役中，有大批唐兵被阿拉伯军所俘，其中有不少技术工匠。他们被带往阿拉伯地区，因而也就把中国的科学技术传播开来。可以说，正是怛

---

① 〔法〕阿里·玛扎海里著：《丝绸之路——中国－波斯文化交流史》，耿昇译，中华书局2014年版，第301页。

逻斯战役促成了中国与阿拉伯之间的第一次技术转移。

中国的造纸技术就是由这次战役中被俘的中国工匠传入阿拉伯，后来又通过阿拉伯而传入欧洲的。除了造纸技术，中国的丝织技术以及其他工艺技术也都在这一时期传入中亚地区。在怛逻斯战役被俘的唐朝士兵中，有一个名叫杜环的士兵，他辗转西亚各地，后至地中海地区，历10余年，最后搭乘一艘中国商船于762年返回中国。回国后，杜环著《经行记》一书，记述他在阿拉伯流寓期间的所见所闻，其中提到"绫绢机抒，金银匠、画匠。汉匠起作画者，京兆人樊淑、刘泚。织络者，河东人乐隈、吕礼"（杜佐《通典》卷一九三）。这些金银匠、画匠、织匠、络匠，都是当时流落西亚地区的中国工匠。

阿拉伯人对中国的技术和工艺有多方面的接触。约成书于930年或更晚一些，托名于炼丹术士哈伊延·本·扎比尔的《物品特性详编》，用了几章的篇幅收罗了中国加工或配制颜料、染料、墨、清漆等化学成品的成分和制造某些器物的方法。由这份材料可知，到9世纪时，许多中国器物不仅已为阿拉伯人所使用，而且制造的技艺也已西传。

二、炼丹术的西传

中国的炼丹术也主要是在唐代传入阿拉伯，并经阿拉伯而传入欧洲的。炼丹术是由中国人追求长生不老的生命理想而产生的。炼丹家把炼丹术分成内丹、外丹，内丹以修炼人的精、气、神，日久成神仙为目的，外丹以制作黄金、炼成仙药为目的。中国的炼丹术在唐宋时达到极盛，而此时与阿拉伯的往来又极为密切，所以中国的炼丹术也是在唐代开始传入阿拉伯世界的。

唐代来华的阿拉伯和波斯商人对中国炼丹术传入阿拉伯起到了很大的作用。当时在长安等地的阿拉伯商人和波斯商人，已十分注意经营和收集中国炼丹所用的原料、药物等。天宝年间，炼丹士对一些未备难见之药反有求于胡商。元和年间，擅长制作药金的炼丹家王四郎在长安西市开设店邸，专门供应胡商。"西域商胡专此伺买，且无定价。"（《太平广记》卷三五引《集异记》）当时，"从炼金术士的熔炉中炼出的金块可用高价出售。有一个故事叙述穿着道袍的波斯人，招募青年道士帮助他炼丹，好炼成长生不老药。有些中国化了的波斯人后裔可能在波斯与中国的科学交流中，起过重要作用。他们的姓名被流传了下来，其中有几家姓李的。

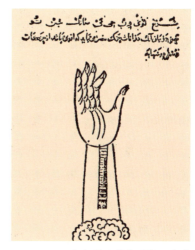

△阿拉伯医学中的中国脉学

诗人李珣的弟弟李玹是一位著名的道家炼丹术士和善于利用含砷制剂的草药学家"①。

扎比尔是阿拉伯炼丹术的创始人。扎比尔曾担任过哈里发继承人的老师，具有中国炼丹家的显著特色。从他开始，阿拉伯炼丹家纷纷追求长生药"耶黎克色"（al-iksīr），这和葛洪所说的丹精或神丹是一样东西，既可为真金，又可令人"长生不老"。他把"哲人石"叫作"赤硫黄"，因为阿拉伯不产丹砂，只出硫黄，所以中国炼丹家的还丹到了扎比尔那里就变成了赤硫黄。他关于水银的知识完全来自中国。据说自然界生成黄金要历时万年之久，而炼丹术则可以通过化合的技术，在较短的时间内完成自然界要花很长时间才能完成的工作。扎比尔关于六种金属和五金生成年代的学说，几乎与《淮南子·地形训》的说法完全一致。他还提到一种"中国金属"——白铜，后来的拉齐称之为"中国铜"。

拉齐是稍晚于扎比尔的阿拉伯炼丹家和医生，他的学说与扎比尔一脉相

---

① 〔英〕李约瑟著：《中国科学技术史》第1卷，袁翰青等译，科学出版社、上海古籍出版社1990年版，第193页。

承。他曾受学于巴格达译学馆，该馆翻译过中国的丹书。他提到锸石，指明它出自中国，又知道"中国铜"和使用硇砂（氯化铵）做药剂。拉齐所著《秘典》在1187年被一位意大利学者译成拉丁文，炼丹术由此传入欧洲。

炼丹术在阿拉伯有很大发展，但其技术工艺多与中国相似。在伊本·巴伊塔尔的《草药志》中，第437号的"氧化锌"可能就是炼丹术所传于阿拉伯的第一件重要药品。据说氧化锌在希腊语中称"pompholex"，应是中国炼丹术士生产的一种丹药。13世纪上半期的吉奥巴里在《泄露香精香料商人的机密》中谈到氧化锌的调制方法，其所述这一秘方调制法与中国道士炼丹时的复杂工艺颇为相似。

欧洲的炼丹术完全是从阿拉伯传入的。欧洲著名经院哲学家和炼丹家罗吉尔·培根、大阿尔伯特等人的炼丹知识大都取自阿拉伯炼丹家拉齐和医学家阿维森纳。罗吉尔·培根和大阿尔伯特关于炼丹术的许多见解，都与中国炼丹家的论述相同或相似。中国和欧洲的炼丹术方法一致，而且炼丹术和占星术关系密切，炼丹术用语的奥秘也无不同。在欧洲，炼丹术成为近代化学的先驱。"化学"（chemistry）这个词的原意就是阿拉伯文中的炼丹术（alchemy），出自阿拉伯文"al-kīmiya"。然而这个词原来出于中国古音的"金"（kīm），借自"金液"（chin-i），原意就是"炼金"。

三、波斯锦与大食锦

5世纪时西域塔里木盆地已普遍有蚕桑的生产和发达的丝织业。养蚕制丝技术很可能由此继续西传，直接传入中亚的费尔干纳和波斯。至少5世纪时，中国的养蚕缫丝技术就已经传入波斯，此时波斯已经拥有自己的丝织业了。波斯语中的"vāla"是一种丝织品，这个字出于汉语的"幡"，指精细的罗纱。波斯语中的"nax"是一种双面绒，也指锦缎，当是汉语中的"缎"。还有研究古于阗文的学者介绍，波斯语中蚕茧的"茧"字，很可能源自于阗文。波斯文里有"pile"一词，意作"茧"，维吾尔语中有"pile"或"pille"，意作

"茧"，这些作"茧"字解的词，都可能和于阗语中的"birā"有关，可能源于于阗语。[①]这说明波斯开始有家蚕饲养，很可能是通过于阗传播的。

织造锦缎与地毯是伊朗的一项传统工艺，很早就有制造。波斯锦起初使用的原料是亚麻与羊毛，后来中国的丝绸传入西方，他们用中国丝配以独特的工艺，就能织出五彩缤纷的波斯锦缎。"波斯锦"是一种织金丝绸，从出土实物看，还有纯丝或毛、麻混纺等，以织造精美、色彩绚丽而著称。萨珊波斯王朝的艺术发展最精彩的就是丝织品，色彩和图样十分丰富。

波斯是继中国之后的世界第二大丝绸工业国。在中国南北朝时期的史书中，波斯就以其锦缎而闻名。玄奘《大唐西域记》里说波斯"工织大锦"，其卷十一在提到"波剌斯国"的时候，说其人民"其形伟大……衣皮褐，服锦氍"。这种织造工艺应该很早就为西域地区的伊朗语系民族所掌握了。

波斯锦主要有两个特点：一是织造技术上采用斜纹组织和纬线起花，这与中国主要以平纹组织和经线起花的织造法不同；二是其花纹图案独具风格，以联珠动物纹最为典型，在图案花纹上用联珠圆圈分隔成不同的花纹单元，其形式是联珠对兽对鸟纹，常见的有对鸭、对狮、对羊、对雁等图案。

波斯锦大致在6世纪传入中国内地。《梁书·诸夷列传》载："普通元年（520），又遣使献黄师（狮）子、白貂裘、波斯锦等物。"这是来自波斯的这一织品输入中国的最早记载。到唐代，仍有波斯锦继续传入中国。波斯锦的输入一直持续到8世纪中叶，突厥首领骨吐禄和罽宾国使者也都分别在开元十五年（727）和天宝四载（745）向唐朝廷贡献波斯锦。

中国的丝绸织造技术还传到了阿拉伯地区。唐代怛逻斯战役后，有一些中国织匠、络匠被俘往阿拉伯地区，他们把中国的丝织技术带到西亚，使当地的织造锦缎等高级丝织品的手工业迅速发展起来。叙利亚等地的穆斯林很快取代拜占庭而执掌丝织业的牛耳，并操纵了对欧洲的丝绸贸易。西亚的报达、古

---

① 殷晴著：《丝绸之路与西域经济——十二世纪前新疆开发史稿》，中华书局2007年版，第174页。

△ 新疆吐鲁番出土的方格兽纹锦

△ 新疆吐鲁番出土的花树对鹿纹锦

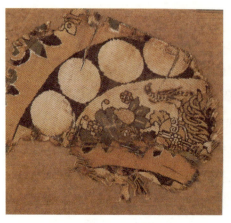

△ 联珠花鸟纹波斯锦，唐代，甘肃省博物馆藏

△ 波斯风格对格利芬纹织锦，西安大唐西市博物馆藏

尔只、毛夕里、忽鲁谟斯等，也都发展成为重要的丝绸产区或集散地。自哈里发以下，阿拉伯的各级统治者都办起了宫廷作坊或官府作坊，生产"兑拉兹"等供王室和上层人物专用的丝织物。

"兑拉兹"原意为刺绣，这里指上面以古体文字（库非克体）绣出或织出哈里发名字或苏丹名字，供缝制统治者御用袍服或赏赐有功大臣的荣誉袍服的织物。今波斯湾东岸的许多城市，都有这样工艺高超的作坊，织造花团锦簇、色泽鲜丽的锦缎、壁毯等。这些作坊的产品大量输往欧洲。实际上，穆斯林的丝织作坊控制了9至14世纪欧洲的丝绸市场。在欧洲，有名的丝绸品种大多来自阿拉伯。例如"大马士克"（金线刺绣的绸缎）来自大马士革；"阿塔比"（条纹绢）因巴格达城的阿塔卜区而得名，后来西班牙的阿拉伯人仿制这种丝织品，畅销于法国、意大利和欧洲其他国家，也叫"塔比"；库法制造金丝或半金丝的头巾，名叫"库菲叶"，今天的阿拉伯人仍然喜欢戴这种头巾。后来，丝织技术经阿拉伯人的中介传入西班牙，并在那里的丝织业中得到快速发展。

大食"蕃锦"包括重锦、百花锦、碧黄锦、兜罗锦等，在唐代中期以后，颇为中原所瞩目，唐宋相关文献曾一再有大食人将其进献中原的记载。《新唐书》卷二一七《黠戛斯传》记载说，一件重锦有20橐驼之载重，必须分裁20块运输。大食产的百花锦多做帷幕，"其锦以真金线夹五色丝织成"。

四、造纸术的西传

在怛逻斯战役被阿拉伯人所俘的唐军兵士中，有一些是造纸工匠，这些工匠把造纸法传入撒马尔罕，在那里建立了一座造纸工场，成为阿拉伯帝国造纸业的开山始祖。造纸技术就是在这时由被俘的中国工匠传入阿拉伯世界并进而西传欧洲的。研究者一般都把751年作为中国造纸术西传的正式年份。

撒马尔罕有丰富的大麻和亚麻植物，加上充足的水源，为造纸业提供了自然资源。撒马尔罕的造纸业因为有技术熟练的中国工匠操作，所造纸张十分精良，成为远近闻名的商品。直到11世纪初，"撒马尔罕纸"仍在阿拉伯世界保持很高的地位。

在撒马尔罕的造纸业发展起来后不久，阿拉伯世界又涌现出几处造纸业基地。794年，在呼罗珊总督巴尔马基特的赞助下，巴格达建立了新的造纸厂。当时的巴格达是伊斯兰教的宗教和文化中心，是当时世界上最富庶繁荣的城市之一。巴格达纸厂的建立由于与呼罗珊总督的关系密切，所以其主要技术力量都是由撒马尔罕纸厂提供的，据说其中就有中国工匠。纸厂投产后，哈里发哈仑·拉希德的宰相贾法尔便明令政府公文正式采用该纸张，以代替耗资巨大的羊皮纸。

由于纸的需求急剧上升，9世纪时西亚地区又陆续出现了两个新的造纸厂。一个是在阿拉伯半岛东南的蒂哈玛建立的纸厂，不久又在大马士革设立了一座规模宏大的纸厂。几百年间，大马士革是向欧洲供应纸张的主要产地，所以欧洲一般称纸为"大马士革纸"。叙利亚的另一个城镇班毕城也以制纸著称，所以欧洲人也曾把纸称为"班毕纸"。

在当时，非洲北部也在阿拉伯帝国的统治之下，所以纸和造纸术在中亚和西亚地区传播的同时，自然也很快传播到了埃及。在贾法尔正式明令政府公文采用新式纸张时，纸便进入了埃及。900年前后，在今埃及的开罗地区已经建立了造纸厂。埃及自古以来一向以生产莎草纸闻名于世，并长期向地中海地区输出这种莎草纸。但是，当中国发明的纸和造纸术传到这里以后，莎草纸便遇到了强有力的竞争对手，从此开始了它最终被淘汰的进程。在9世纪末，莎草纸被用于文书写作已经到了它的最后阶段。10世纪中叶以后，莎草纸文书便已告绝迹，纸最终代替莎草纸而成为最重要、最常用的书写材料。甚至，纸在埃及还作为日常生活用品使用。

造纸业的发展，纸的推广和普遍应用，推动了阿拉伯科学和文化事业的进一步昌盛和繁荣。830年，阿拔斯王朝首都巴格达建立了"智慧宫"，由科学院、图书馆和译学馆联合组成，系统地和大规模地开展翻译事业。撒马尔罕和巴格达造纸厂生产的轻便的纸，为翻译事业的发展提供了最方便的条件。译学馆网罗了各科学者和翻译家，包括伊斯兰教、景教、犹太教的学者，翻译希腊文、叙利亚文、波斯文、梵文的各种专门著作，广泛地吸收世界各国科学文化遗产。而古希腊的许多科学著作得以保存下来，几乎全赖阿拉伯文的译本。10世纪时纸在波斯湾和两河流域已经如此普遍，以至在短时期内便可抄录多卷本的科学巨著。纸张能够用于书写，使各种抄本得以广为流传，在巴格达、大马士革和开罗都有专门销售抄本的书商。法蒂玛王朝也在开罗创建了"科学馆"，从事科学研究和翻译事业。依靠新式纸张的传抄，开罗皇家图书馆的藏书达到了20万册，使得在公元前1世纪和389年两次被罗马人焚毁殆尽的亚历山大里亚图书馆昔日的盛业重现光辉。

之后，造纸术又由阿拉伯人传到西班牙，进而传入欧洲各国。

△ 图中展现了在巴格达图书馆讨论的学者们

五、波斯三彩与青花瓷

唐代是中国瓷器发展成熟并开始外销的时期。唐代及以后历代来到中国的波斯人一定见过瓷器这种精美绝伦的器皿。例如9世纪到过中国的波斯商人苏莱曼在《中国印度见闻录》中，就把薄似玻璃的陶瓷作为中国的一大特产介绍给读者。他说：

> 他们（中国人）有精美的陶器，其中陶碗晶莹得如同玻璃杯一样：尽管是陶碗，但隔着碗可以看得见碗里的水。[①]

法国汉学家伯希和认为，苏莱曼这一简短的叙述是"西方关于瓷器的头一次描述"。另外，波斯作家塔利比在一部关于珍宝的著作中也介绍了中国瓷器。他说：

> 有名的中国瓷器是些透明的器皿，能制煮食物的罐、煎食物的锅，也能做盛食物的碗。以杏色的为上，胎薄、色净、音脆，奶白色的次之。[②]

塔利比所说的杏色瓷器，大概是指唐代著名的外销瓷长沙铜官窑的产品。

伊斯兰学者贝鲁尼讲述了一个与中国瓷器有关的故事。他说自己在赖伊时遇到了一位商人朋友，并在商人的家里看到了碗、碟、瓶、盘、壶、饮具、浇罐、盆、灰碗、香炉、灯、灯架和其他一些器物。每种器物不止一件，所有这些都是中国制造的瓷器。他于是感慨地说："我很惊奇他对如此众多的奢侈品的渴望。"

---

① 《中国印度见闻录》，穆根来等译，中华书局1983年版，第15页。
② 引自沈福伟著：《中西文化交流史》，上海人民出版社2006年版，第187页。

△ 伊斯兰工笔画所绘中国瓷器运输过程，土耳其托普卡帕宫博物馆藏

在古代中国与波斯的贸易关系中，瓷器是主要货品之一。沿着海陆两路通达顺畅的商道，中国瓷器源源不断地运到伊朗。伊朗境内丝绸之路沿线的古城遗址都发现了中国古瓷，波斯湾沿岸旧港口的古代遗址中也发现了许多中国古瓷。

中国瓷器源源不断地流向波斯，波斯人也很喜爱和珍视这些来自中国的珍品。至今伊朗人仍把瓷器称为"秦尼"（Chīnī，意为中国的或中国生产的）。中国瓷器的传入，也推动陶瓷业在波斯的兴起和发展。中国瓷器输入波斯不久，波斯就开始模仿中国瓷器的样式和花纹。波斯人吸取了中国陶瓷的特点，结合波斯的具体情况加以发展，烧制出为波斯人所喜爱的有自己民族风格特色的陶瓷器。

从8世纪开始，受中国唐三彩技术的影响，波斯烧出了带有伊斯兰色彩的铅釉陶，被称为"波斯三彩"。波斯三彩有捺纹彩釉陶和彩釉陶两种装饰手法。捻纹彩釉陶是在器壁上以细小的点线构成复杂纹样,然后再做彩釉敷饰。彩釉陶是先刷一层白色陶衣,再施以绿、黄、紫褐三色釉,釉彩透明,在烧制中互相交融,自然天成。在9—10世纪,伊朗高原东部的呼罗珊一带是伊斯兰陶器工艺的另一个中心。波斯三彩和两河流域的产品在装饰风格上基本一致。10—11世纪,伊朗的阿莫尔生产刻纹彩釉陶,在白色胎上刻以各种细纹装饰,有花瓣纹、缠枝纹和几何纹,线条流畅圆柔,再涂以绿、褐等釉彩,呈现瑰丽而潇洒的风格。这时阿克孔多的陶器,则形成了一种以褐色、绿色和黄色为主的三彩装饰的风格。

但当时波斯仿制的陶器,无论是在技术上还是在工艺上都与中国瓷器有很大差距。当时的波斯人对中国瓷器的生产原料和制作工艺还不甚了解,只是听说了一些传闻,并没有完全掌握瓷器的生产技术和工艺。但是,不可否认的是,中国瓷器的大量传入对于发展波斯的制陶业起到了很大的促进作用。

中国瓷器也很早就传到了阿拉伯地区。11世纪著名的波斯历史学家贝哈基在1059年写成的一部著作中提到早期中国瓷器运往巴格达的情景:在哈里发哈仑·拉希德在位时,"呼罗珊总督阿里·伊本·伊萨向哈里发哈仑·拉希德进献过20件精美的中国御用瓷器,以及数达两千件的中国民用陶瓷。这在哈里发宫廷中是从未见到过的"[①]。呼罗珊地区位于伊朗东北部。这条史料证实,在8—9世纪之交,已有相当数量的中国瓷器经呼罗珊流入巴格达。

9世纪以后的阿拉伯文献中已有关于输入中国瓷器的记载。阿拉伯古典地理学家伊本·胡尔达兹比赫在《道里邦国志》中历数中国沿海著名港口,在出口货物中提到过瓷器等。

阿拉伯学者扎希兹在《商务的观察之书》中提到一份换货的协议,其中一款提到了从中国贩运来的"多彩瓷器"。瓷器成了中国出口货物中不可缺少的物品。10世纪上半期,忽鲁谟斯拥有多艘海舶的舶主沙赫里雅尔在《印度珍

---

① 引自沈福伟著:《中西文化交流史》,上海人民出版社2006年版,第186页。

闻录》中记载了一件轶事：一位资金很少的犹太商人约在883年或884年前往东方，912年至913年回到阿曼城（此当指苏哈尔城），带回了100万迪纳尔的金钱、丝绸和大量瓷器，已成巨富。他献给阿曼统治者"一只颈口闪闪发出金光的黑瓷瓶"。这是一件精制的青瓷瓶，产地应属越窑。在占有红海东岸哈里、亚丁、席赫尔、阿伯阳、米尔巴特等地的伊本·齐亚德977年的财政收入报告中，除上百万货币外，还有大批麝香、樟脑、龙涎香和中国瓷器。中国瓷器在波斯湾、阿拉伯半岛已经成为畅销货。1001年巴格达哈里发一次赠给当地一位官员的礼物中，就有300件中国瓷器。

中国瓷器在阿拉伯是极受珍视的贵重物品，阿拉伯人多以珍藏中国瓷器为荣。10世纪阿拉伯学者塔努基提到，哈里发西瓦格在位时，用30件中国瓷坛盛装麝猫香，香气历久不绝。其中最大的一只广口瓷坛特别重，须由数人使用扁担、筐架抬运。文献记载，巴格达的哈里发哈伦·拉希德和法蒂玛王朝哈里发奥尔－穆斯坦希尔都收藏有大量中国瓷器。

伊拉克的考古发掘显示，早在820年以前，就有大量中国陶瓷运抵波斯湾。在今伊拉克境内，从南到北的各处古代遗址都出土了唐宋古瓷。在叙利亚的哈马遗址，也有一些中国古瓷被发现。在阿拉伯半岛各地也都发现有中国古瓷。

阿拉伯国家的陶瓷工艺，在世界陶瓷艺术史上占有重要的地位。阿拉伯人很早就掌握了陶瓷上彩上釉的技术，后来又将波斯人烧制五色琉璃的技巧加以改进，在世界上开拓了彩瓷加工法，取代了传统的镶嵌细工，此后他们还发明了青花瓷，这些工艺对中国的制瓷技术产生了很大影响，促进了明代瓷器工艺的大发展。特别是青花瓷的出现和发展，对中国瓷器的影响巨大。

青花是我国传统的颜色釉，它是用氧化钴做着色剂，在坯体上描绘各种花纹，然后施透明釉，经高温（1300℃左右）在还原气焰中一次烧成的。我国早在唐代就已经开始了青花瓷器的制作，但还属于原始阶段。到了元代，青花瓷器的制作有了突飞猛进的发展，无论是在造型、画面装饰，还是工艺制作方面，都日渐成熟。明代开始引进伊斯兰苏麻离青、回青、霁红料等色料，特别

▲ 波斯三彩大盘，13世纪

▲ 景德镇产青花阿拉伯文碗

▲ 波斯蓝彩束颈瓶，14—15世纪

▲ 阿拉伯绿釉单耳瓶，
14—15世纪

▲ 明青花瓷阿拉伯文七孔花
插，台北故宫博物院藏

是苏麻离青的使用，使得这一时期的青花色泽浓重明艳。苏麻离青是来自伊拉克萨马拉的钴蓝料。明代永乐年间，郑和七次下西洋从伊斯兰地区带回一批苏麻离青，此后就有了这种颜料的大量进口。

另一方面，中国的外销瓷大量输往阿拉伯地区，得到了那里王公贵族以及一般平民百姓的喜欢，他们对中国瓷器的偏爱和需要，又形成了外销瓷器的大市场。而这一地区大批的陶瓷订货，使得具有典型伊斯兰文化色彩的阿拉伯、波斯陶瓷式样、纹饰及风格，被引入中国瓷器的制造工艺中，进而使青花瓷器的造型也发生了很大变化。

六、苏莱曼的中国见闻

　　唐代中国与阿拉伯的关系密切，人员往来频繁。一些来过中国的使节、商人、教徒和旅行家，在回国之后，必定把他们在中国的所见所闻，把他们所认识和了解的中国文化，带回故里。其中有些人可能把这些见闻记录下来，广为传播。另一方面，8世纪以后，阿拉伯的地理学迅速发展起来。由于当时的阿拉伯是一个世界性的大帝国，因此阿拉伯人的地理眼界比以往大为扩展。当时阿拉伯人的地理学著作所述的内容往往涉及他们所知的整个世界，其中也包括对中国地理和文化的介绍。这些旅行家的见闻录和地理学家的著作中对中国的记述，代表了当时阿拉伯人关于中国的知识。而阿拉伯人的中国知识，他们对中国文化的了解，无论是在广度上还是在深度上，都远远超过了欧洲人。实际上正如许多中国文化的成果如造纸术、炼丹术、中医学等是通过阿拉伯而进一步传到欧洲的一样，欧洲人关于中国的知识在许多方面也都来自阿拉伯人。

　　阿拉伯人对中国的记述，最有意义的一部著作是《中国印度见闻录》（以下简称《见闻录》）。这部著作成书于851年，其作者已不知。《见闻录》分为两部分：（1）叙述阿拉伯商人从波斯湾经印度洋和马六甲海峡到中国沿途航线上所见的港湾、岛屿、居民、风物、货币、交易方式等自然和社会情况；（2）广泛叙述印度诸邦、中国皇帝以及两国的城市、官制、司法、税收、物产、交易、交通、军队、婚姻、宗教信仰等社会和自然概况。据有的研究

▲ 往来于东西方之间的波斯商人

者认为，书中所述的内容不只是主人公苏莱曼一个人的陈述，实际上他可能只是那位佚名作者所询问的陈述人之一。书中还包括了其他东来中国的阿拉伯商人的回忆，不过只提到苏莱曼一个人的名字。

这部《见闻录》是目前所知最早的阿拉伯人的中国游记，是那个时代国外关于中国知识非常重要的文献之一，是先于《马可·波罗游记》约4个半世纪问世的关于东方的一部最重要的著作。全书内容丰富，资料翔实，反映了唐代东西海上交通日益发达，中国和阿拉伯之间的商业往来已经开始；阿拉伯穆斯林来华人数日趋增多，他们与华人和睦相处，对中阿之间的经济文化交流起到了促进作用；中国官方对伊斯兰教持宽容态度，不仅不干涉外籍穆斯林的宗教信仰和生活习惯，而且在他们比较集中的地区如广州，还授予了他们自行管理自己内部事务的权力，从而使伊斯兰教在广州及其他地区得以广泛传播。

《见闻录》首先叙述了赴中国的海上航线。书中叙及，从波斯湾经印度和马六甲海峡到中国的航线上，有哪些地方可以泊港，需要航行多少天，在何地补充淡水，而且涉及浅滩和礁岩、强风和龙卷风、吃人种族居住的岛屿等，还记载了各地的土特产以及当地的货币和交易方式。因此有人认为，对于当时的阿拉伯商人，此书"堪称是一部通俗的南海贸易指南"。

不过，此书最有兴味的，还是对中国风俗文化的记载。书中的陈述者苏莱曼似乎在中国逗留不少时日，对中国人的服饰、饮食、婚嫁、宗教等许多方面的情况都有所介绍。他说中国人无论贵贱，都穿丝绸，王公穿上等丝绸，以下的人各按自己的财力而衣着不同。女人的头发露在外边，几个梳子同时插在头上；有时一个女人头上佩戴多达二十只象牙或别种材料做的梳子。中国人的粮食是大米，有时，也把菜肴放入米饭一起吃。王公们则吃上等好面包及各种动物的肉，甚至猪肉和其他肉类。他们喝自己用发酵稻米制成的饮料。在中国，人们用米造醋、酿酒和制糖以及其他类似的东西。缔结姻缘时要先送聘礼，一个男人可以娶几个妻子。书中还讲到中国人的宗教信仰，说中国人崇拜偶像，他们在偶像前做祷告，对偶像毕恭毕敬。中国人有宗教书籍。中国人以铜钱为货币，在商业交易上和债务上，中国人都讲公道。

书中说到的中国物产，有黄金、白银、珍珠、锦缎、丝绸、瓷器等。

苏莱曼对中国的政治文化也颇感兴趣。他说，据说中国有200个府城，每个府城有其王侯和官宦，并有其他城市隶属于它。中国政府在每一个城市都设立学校，对穷人及其子女进行教育，政府供给一切。不论贫富，不论老少，所有中国人都学习认字、写字。中国的政治公平，有条不紊。官吏等级，序列详明。公事商业往来，皆用笔书写后而行之。递呈官府，文辞格式，尤须讲究。

△ 细密画，描绘阿拉伯海船，选自哈利里《麦卡玛特集》，法国国家图书馆藏

苏莱曼还记述了中国的饮茶风俗，将茶称为泡开水喝的一种干草。在各个城市里，这种干草叶售价都很高，中国人称这种草叶为"茶"。此种干草叶比苜蓿的叶子还多，也略比它香，稍有苦味，用开水冲喝，可治百病。据说这是外国文献中第一次记载饮茶风俗。他还介绍了中国的医药学，说中国也有医学，主要是"灸"。有一石碑，高10肘，上面刻有各种疾病和药物，某种病用某种药物医治。如果某个人很穷，他还可以从国库中得到药费。

苏莱曼对中国的记述充满溢美之情。他说：

> 中国更美丽，更令人神往。……在中国人那里则到处是城墙围绕的城市。
>
> 中国人比印度人更为健康。在中国，疾病较少，中国人看上去较为健壮，很少看到一个盲人或独目失明的人，也很少看到一个残疾人……
>
> 在印度，很多地区是荒无人烟的，而在中国，所有土地均被耕种，全国各地人口密集。①

---

① 《中国印度见闻录》，穆根来等译，中华书局1983年版，第24—25页。

第
三
编

第九章　高丽与李朝的慕华之风

一、高丽的崇儒之风

在朝鲜半岛的历史上，新罗之后是高丽王朝。高丽王朝自918年创立，至1392年被李氏朝鲜取而代之，共延续了4个半世纪。这一时期相当于中国的五代至明代初期。

高丽从立国之始，便继承新罗时代的传统，一直把学习、引进和移植中华文化作为国家基本的文化政策。通过密切的官方往来、贸易交流、派遣留学生和留学僧，以及欢迎和安置中国移民，从多种渠道广泛吸收中华文化。高丽王朝的创建者太祖王建曾作《训要十首》，以为永世之龟鉴，其中第四首说：

> 惟我东方，旧慕唐风，
> 文物礼乐，悉遵其制。

高丽社会上下仰慕、崇尚华夏文明，俨然为一代社会风气。不仅如此，高丽朝廷还结合本国的具体情况，在政治制度、经济制度、文教制度以及社会意识形态领域，吸收和移植中国制度和文化传统。如《高丽史》说："高丽一代之制，大抵皆仿乎唐。"在高丽朝400多年的历史中，中华文化向朝鲜半岛的传播，呈现出一种全方位的态势。中华民族在这一时期创造的优秀文明成果，几乎无保留地输出到朝鲜半岛，给高丽文化的发展注入丰富的营养和发展的动力，对高丽文化的繁荣和发展起到了相当大的影响和推动作用。

高丽朝廷视儒学为"齐家治国"之学，予以大力倡导和推广。高丽时代以儒教治国的理念有着相当广泛的影响。

在高丽历代君主中，成宗是最重儒崇学的一位。他认为，自古以来，君王治国都要用"五常"之义去教育臣民，以"六经"所载为制度规范。他还说："凡理国家，必先务本，务本莫过于孝。"于是，他要求"取则六经，依规三礼，庶使一邦之俗，咸归五孝之门"。同时下令于全国"求访孝子顺孙，义夫节妇"。名臣崔承老亦上书强调"行儒教者，理国之源"，主张"其礼乐诗书之教，君臣父子之道，宜法中华，以革卑陋"。

高丽朝廷模仿唐宋制度，设立御前经筵，定期讲述儒家经典。每次经筵讲解儒经的一两个篇目，讲完后还要进行讨论。所以，一次经筵就相当于朝廷的一次高级儒

▲ 朝鲜《华城圣庙殿拜图》(局部)

学研讨会。

高丽实行以儒学为主要内容的教育制度，高丽的国子监是仿唐制设立的国家最高教育机构。睿宗时代，振兴官学，扩充国学，设置"七斋"，分别是《周易》《尚书》《毛诗》《周礼》《戴礼》《春秋》和武学。其中一至六斋统称"儒学斋"，实际上是六项儒学专题讲座。睿宗又令国学立"养贤库"，"选名儒为学官博士，讲论经史"。国子监内设有文庙和明伦堂，作为祭祀孔子和讲学的场所。除国子监外，京城内还设有东西学堂和五部学堂。东西学堂和五部学堂是接收那些不能入国子监之人的庶民教育机构。高丽在地方上设置乡校，向地方群众传播儒学。

国子监、学堂和乡校，构成了高丽的国家教育体系。上至国王贵族，下至闾巷儿童，所受正式教育都以儒家经典为主。高丽王朝的官学，从办学宗旨、教育内容、课程设置、教材选定到师资的选拔和晋升，都体现了崇尚儒学的特征。历代高丽国王把儒学教育放在首位，并多次下诏强调儒学教育的重要性。

高丽朝廷根据后周使臣双冀的建议，于958年始行科举制度。高丽始设科举试时，大抵采用唐制，科举科目、策试内容、命题教材等，多"拟诸中华"。仁宗十七年（1139），高丽按照北宋范仲淹对科举考试的主张，对科举法作了详细规定，不久又仿北宋之制，行弥封誊录之法。科举制的实行，将儒学与仕途相结合，使儒学具有特殊的地位，从而吸引众多学子埋头攻读。

高丽采取多种措施推广儒学，提高孔子和儒学的地位。992年建国子监时，在其中特建文庙以祀孔。1091年在国子监里挂起七十二贤人的画像，之后，还将孔子像由新罗时期的画像改为塑像，并仿中国尊孔子为"文宣王"，加谥"玄圣""至圣""大成"。高丽文宗亲临国子监祀孔，称孔子为"百王之师"。1267年又将颜回、曾子、子思、孟子的画像改为塑像，供奉于文庙。同时，民间也开始了祀孔活动。

历代国王多有亲临国子监听讲儒学的。如睿宗十四年（1119）八月初一，睿宗"命翰林学士朴升中讲《书·洪范》";十一月辛亥，又命朴升中讲《中庸》。仁宗也曾亲临国子监，令学者讲论经义。仁宗十二年（1134）三月，命以《孝经》《论语》等儒家经籍分赐给闾巷儿童，以广教化。忠烈王致力于振兴儒学，任崔雍等7人为经史教授，让世子到国子监听讲儒学；重修大成殿，忠烈王还亲临大成殿行拜礼。

由于朝廷的大力提倡和儒学教育的发达，儒学思想在高丽广泛传播，并产生了深刻的社会影响，同时促进了学术文化的发展，高丽涌现出不少有名的儒学者。

二、朱子学与郑梦周

高丽时代儒学发展的一个重要动向，是引进了中国的宋学即理学。高丽引进的理学主要是朱子的学说，所以称为"朱子学"。高丽时代是朱子学在朝鲜半岛的初传时期。到16世纪李朝时，朝鲜朱子学基本上发展成熟，形成了独具特色的朝鲜朱子学派。

最初将朱子学传入高丽的是13世纪末的高丽儒学者安珦。其时，正是元灭南宋统一南北之时，程朱之学在北方也开始得到儒者们的重视和发展。1289年，安珦随忠烈王赴元，在元大都第一次见到《朱子全书》，认为是"孔门正脉"，欣喜异常，于是全部抄录下来。他回国后致力于传播朱子学，亲自到太学讲授，"以兴学养贤为己任"。忠烈王二十三年（1297），安珦"筑精舍于居第后，奉安孔子、朱子真像"，贡献出自家房屋，建造当时的国立大学"泮宫"。忠烈王二十九年（1303），安珦派国学学正金文鼎到中国，画孔子及七十子像，购祭器、乐器、六经、诸子史等。

安珦的弟子白颐正曾随忠宣王留居元大都10多年。当时，程朱之学在燕京流行起来，白颐正专心钻研朱子学，回国时携回多种朱子著作，并到太学讲授朱子学，收李齐贤、朴忠佐等为门生，使高丽开始更多地接触到宋代理学。安珦的另一门人权溥在得到白氏带回的朱熹《四书章句集注》后，镂板刻

△ 圃隐（郑梦周）先生像

印，使其广为传播，对程朱性理学的东传起了重要的推动作用。再一位相传为安珦门人的禹倬博通经史，尤其是《易》学方面的专家，对朱子学有较深的理解和研究。当程氏《易传》刚刚传入时，学者们都理解不了，禹倬专心研究后，很快就弄明白了，并向学生们讲授。

高丽时期致力于传播朱子学说的还有李齐贤以及他的弟子、再传弟子等。

高丽末年大力提倡朱子学的还有郑梦周。他长期在成均馆讲学，言传身教，具有很大的影响。后来朝鲜的朱子学家在追溯朱子学源流时，往往尊郑梦周为宗祖。

郑梦周的学问广博精深。他对于朱子《四书章句集注》有独到的心得和深刻的理解，对于"五经"也能各得其精要，而其中于《易》理和《诗》道钻研尤深。

据高丽学者郑道传回忆，他自己年轻时是学诗文辞章的，后来一位朋友告诉他，郑梦周认为辞章之学只是"末艺"，应当学身心之学，而身心之学就在《大学》《中庸》二书中。同时，他的朋友还告诉他，现在郑梦周正与朋友们带着这两本书在研究。于是，郑道传立即找这两本书来读，以后又专门去拜见，得到郑梦周的赐教。相别时，郑梦周送他《孟子》一部。郑道传还对郑梦周在"四书"方面的心得及其讲论的要旨，作了一个简明的介绍。他说郑梦周从《大学》《中庸》中把握了儒学为身心之学和程朱性理学传承此身心之学的宗旨，从《论语》《孟子》中获得了修养身心的方法。

郑梦周还是一位造诣极高的诗人，他的诗受到时人的极高评价。被选入中国文人编的诗集中的高丽朝文士的诗作，亦以他的诗作为最多。

郑梦周不仅在性理学上为时人所推崇，而且在经世才能与事功方面也为人们所称道，被称为"天人之学，王佐之才"。郑梦周的忠义节烈，也是他被尊为东方理学宗祖的重要原因之一。在高丽末动乱之时，郑梦周并非不知高丽朝大势已去，人心已向李氏。当时，也有不少人劝他要识时务顺大势，归向李氏。然而他主意已定，绝无二心。郑梦周平日讲求程朱性理学，把君臣父子的伦理关系放在第一位，以践履忠孝为人道之根本，所以在尽节的关键时刻能够从容不迫。

三、忠宣王的万卷堂

高丽忠宣王王璋是元世祖忽必烈的外孙，为世子时，他曾长期住在元大都。1308年继承王位后，对国内政事只是通过传旨处理。高丽臣民及元朝廷一再力促其回国。继位5年后征得元仁宗允许，让位给世子（忠肃王），自己继续居住在大都，以"上王"身份设"万卷堂"，广泛收集古今书籍，与元朝儒学家一起深入研究儒学、历史、文学、书法等。

万卷堂集当时两国名儒于一堂，使他们得以在一起探讨考究学问。参与当时集会的元朝文人多是精通朱子性理学的新锐文人和文翰系统的高级幕僚，著名性理学者姚燧、赵孟頫、虞集、阎复、洪革、元明善、张养浩等，都是其中的核心人物。他们在诗书画方面都有着深厚的造诣。高丽朝的名儒则先后有白颐正、崔诚之等，高丽大儒李齐贤也被召到大都，一同讲论诗书。这些高丽文人把当时从元得到的新知识和文艺风气带回了高丽，其中包括朱子性理学、赵孟頫的"松雪体"。

忠宣王好贤嫉恶，以儒家的王道仁政为理念，常与儒士讲论前古兴亡、君臣得失，尤喜宋朝故事。忠宣王还根据姚燧的说法，建议元帝设立科举，得到元仁宗的赞许。而在元仁宗皇庆二年（1313）终，忠宣王正式接受宰相李孟的建议，下诏颁布科举法，规定考试程式中，"经问"用朱熹《四书章句集注》等。同年，又决定"以宋儒周敦颐、程颢、颢弟颐、张载、邵雍、司马光、朱熹、张栻、吕祖谦及故中书左丞许衡从祀孔子庙庭"。这两件事，不仅在中国性理学发展史上具有重要的意义，而且对推动性理学输入高丽与迅速传播具有重要的影响。

忠宣王的万卷堂里，性理学的气氛是相当浓厚的，以至于感染到了一些武将也对性理学产生浓厚的兴趣。

李齐贤随忠宣王到元大都多年，是万卷堂学术活动的主要人物之一。李齐贤历侍六王（忠烈王、忠宣王、忠肃王、忠惠王、忠穆王、恭愍王），连续4次被任命为正丞，具有很大的政治影响力。他于1315年以忠宣王侍从的身份入元，这年他26岁。他于1341年回国，在元生活了20多年。其间，他常住万卷堂，与中国文士结下了深厚的友谊，通过与他们的学艺切磋，自己的学问也精进良多。姚燧等人都对他称赞不已。

李齐贤在元生活期间与元名士交往的诗、书、画作品至今仍大量留存。由于李齐贤等人的提倡，高丽末期和李朝初期，很多文人都喜爱临摹赵孟頫的字体，并出现了一些赵体书法家。

忠宣王对赵孟頫特别宠遇，从他那里学到了不少书画技巧。忠宣王还是王世子的时候就从元带回了4000卷书画作品。到忠肃王时期又有1800余册书籍流入了高丽。当时带到高丽的赵孟頫手迹以及其他书画典籍，数量可能相当可观。中国明朝正统年间出使李朝的倪谦对彼国保存赵孟頫手迹之多也大为惊叹。

四、八学士、乐工与医生

中国移民是向朝鲜半岛传播中华文化的重要力量。在高丽时代，仍然有大批中国移民迁移到朝鲜半岛，并把中国先进的生产技术和优秀文化传播到那里，对当地的社会进步和文化发展起到很大的推动作用。

中国五代时期，就有一些中国人移居高丽，其中不乏杰出人士，如吴越国的酉彦规、朴岩，后周的双冀等。后周显德三年（高丽光宗七年，956），后周武胜军节使巡官双冀随后周册封使薛文遇赴高丽，因病而留居高丽。高丽光宗对双冀十分器重，"爱其才"，表请后周准予其留在高丽，为翰林学士，不到一年又授以文柄，令其主持贡举。958年，光宗接受双冀的建议，始开科举。双冀对于高丽移植中国的教育制度、推广儒家学术文化起了很大作用。

至北宋时，流寓朝鲜半岛的中国移民数量也很大。北宋时期到高丽定居的有许多文人、武士、医生、术士、画工等。

在北宋赴高丽的移民中，刘荃等八人最为著名，被称为"八学士"。刘荃是北宋彭城（今江苏徐州）人，出身于官宦世家，其祖父刘迪官至吏部尚书，其父亲刘采为金紫光禄大夫。刘荃学问精粹，自九经、百家至天文、地志、卜筮、医药都有研究，世称"经世之通才"。他少年出仕，骤升清要之职，曾在朝廷决策中起到一定的作用。宋神宗时，王安石变法，刘荃遭到排挤被贬，萌生浮海遁世的想法。元丰五年（1082），刘荃与翰林学士林八及等共八位志同道合的宦游人士集体东渡高丽，这一年是高丽文宗三十六年，刘荃32岁。这八人除了刘荃和林八及外，还有薛仁俭、许董、宋圭、崔沆、权之奇和孔德狩。

刘荃一行到高丽后，受到高丽朝廷和文人的一致推重和欢迎。他们在高丽交游广泛。八学士在寓居生活中善待同僚邻居，乐于礼俗往来，时常游览名胜，积极寻道访学，在上自朝廷盛典下至乡野结社等各种社会活动中都有其身影，结交了王室贵族、乡村士绅、僧侣隐士等各阶层人物。他们到高丽之初，大力倡导儒学，兴办教育，高丽士子"横经请业者动以数千"，其结庐之地被冠以"八学山"之名。高丽朝廷屡次请刘荃等出仕，但刘荃累征不就，专心隐居修德，直到肃宗在位（1096—1105）时，才"应征辟补"，致力于"补导圣治"。据说他辅政效果显著，使得"圣贤之风复见于殷师之后……尽洗三韩旧染，更续千载之绝绪"。八学士中的其他几位，林八及、权之奇为翰林，薛仁俭、许董为学士，宋圭为御史大夫，崔沆为吏部侍郎，孔德狩为太中大夫中郎将。刘荃去世后，高丽朝廷因其功绩，将其厚葬于北明川面德谷山下继良洞，以后其子孙多获封要职和爵位。刘姓家族显赫一时。

　　高丽朝廷还主动向北宋要求引进各种专门人才。1074年，高丽向北宋请求"医药、画塑之工以教国人"，宋神宗遂令福建转运使罗拯"募愿行者"，有医士、画工数人赴高丽。宋画塑工至高丽后，对高丽雕塑造像艺术的发展起到很大作用。高丽浮石寺的木雕释迦如来和寂照寺的铁铸释迦如来，都明显带有宋雕塑的风格。

　　宋神宗熙宁年间（1068—1077），高丽遣使向宋"请乐工"。宋派乐工前往，"数年乃还"。其后，高丽朝多次"请乐工"，演成惯例。据《高丽史》记载，高丽文宗二十六年（宋神宗熙宁五年，1072）二月，宋朝派到高丽的乐师教坊女弟子真卿等人在开成教《踏莎行》歌舞；同年十一月，女弟子楚英传《抛球乐》《九张机》。熙宁八年（1075）三月，高丽又通过泉州商人傅旋来求借乐艺等人。宋神宗批示教坊按试子弟10人赴高丽传艺。元祐（1086—1094）、政和（1111—1118）、宣和（1119—1125）年间，高丽又请求《大晟雅乐》和《燕乐》，宋朝廷允其所请，派乐工前往传授。

　　在医药学方面，高丽引进中医中药学的一个重要措施，是从中国延请医学人才，为高丽王族治病和传授医术。宋朝对于高丽振兴医学，曾给予种种协助。据史书记载，宋朝曾8次共116人赴高丽从医或教医，其中绝大多数是朝廷遣派的医官。如宋神宗元丰元年（高丽文宗三十二年，1078），高丽文宗因患风痹，上表宋廷请派医官。宋使即携诏书慰问并赐贵重物品，次年宋廷派翰林医官邢恺、朱道能、沈绅、邵化及等共88人组成的庞大医疗团前往高丽，携带药品100种，另有龙脑80两、朱砂30两、麝香50脐、牛黄50两、杏仁煮法酒10瓶等贵重名药以为其治疗。重和元年（高丽睿宗十三年，1118），高丽世子又来求请，宋再派曹谊为使，率医官杨宗立等6人赴高丽，同时携去了一批药材。他们历两年归国。高丽"自后通医者众"，并在普济寺之东设立药局，正式建立了医药、医官制度。继宋之后，元朝也曾数次派医生到高丽。

　　可以想见，北宋时有这样多的文人和医、画、乐等专门人才移居高丽，并且大多被委以官职，有的甚至进入朝廷担任重要职务，他们对于向高丽传播和推广先进的宋文化，一定起到了相当大的作用。

∧ 朝鲜宫廷乐器编钟

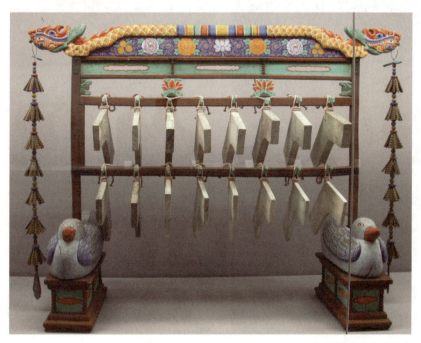

∧ 朝鲜宫廷乐器编磬

五、高僧义天云游宋朝

高丽朝廷大力推崇佛教，继续向中国派遣留学僧，加强与中国佛教文化的交流，引进中国佛教文化发展的新成果。如光宗一朝，就向宋派留学僧36名。和在新罗时代的情况一样，高丽佛教的发展、宗派的演进兴衰，都与宋元佛教发展有着密切的联系。宋元佛教的传入，直接影响了高丽佛教界的变迁和发展趋向。

留学僧是高丽时代一支入华学习中国文化的队伍。朝鲜佛教僧侣入华求法请益活动的高潮是在新罗时代，高丽早期的入宋僧是这一连续性活动的尾

∧ 高丽《杨柳观音图》

∧ 高丽《五百罗汉图》(局部)

∧ 高丽春宫里铁造释迦如来像

声。这些人大部分游学于中国南方的福州、金陵、四明、明州、杭州等地，分别习禅宗、天台宗、华严宗等。入华的高丽僧人，多数学成归国，其中不少人是高僧大德，继承或开辟了高丽佛教的宗派，在传播佛教文化方面做出了很大贡献。

在高丽入宋僧中，最著名的是义天。义天是高丽文宗的第四子，俗名王煦。义天11岁时，入灵通寺出家。据史书称，义天"性聪慧嗜学，始业华严，便通五教，旁涉儒术，莫不精识"。文宗二十三年（1069），义天15岁时被封为"祐世僧统"。

义天早有入宋留学求法之志。文宗末年，义天向父王奏请入宋求法。但不久文宗去世，此事遂寝。宣宗元年（1083），义天再次表请越海求法，当时中国北部有辽朝，高丽与辽有宗藩关系，高丽众臣恐得罪辽朝，认为义天贵为

△ 高丽敬天寺十层石塔（14世纪）

王子，不宜越海，致使义天几次奏请均未获准。而义天求法之心益坚。宣宗二年（1084），义天趁宣宗外出巡察，选择四月八日佛诞节这个吉日，连夜携侍者寿介等人微服至贞州（今韩国金浦），搭乘宋朝商船越海而西。宣宗知道后，甚为惊诧，一方面差遣元景、慧宣、道邻随后渡海入宋陪侍，同时遣礼宾丞郑仅等询问渡海是否安全。其中元景以前曾为入宋僧，对宋的情况比较熟悉，僧俗朋友也比较多。

当年五月二日，义天在宋密州板桥镇登陆，立即向密州及高密县两级地方政府致状，并上表宋廷，具述入朝之意。在等待朝旨期间，知密州朝奉郎范锷给予热情接待，先后安排其于板桥镇圣寿院、密州资福寺斋宿。宋廷知义天来求法，非常重视，特为其制定迎接礼仪，并派官员一路陪伴义天进京，主客员外郎苏注廷奉诏前来引导入京。义天秋七月抵京师启圣寺，中书舍人范百禄为馆伴。数日后，宋哲宗在垂拱殿接见义天，礼遇备至。

在宋哲宗的批准下，义天在中国云游四方，遍参名德。义天在京师先后参谒了相国寺圆照宗本禅师和兴国寺智吉禅师。宋廷推荐华严宗法师有诚为义天传授华严学。有诚是当时京城高才硕学，义天向有诚执弟子礼，从其习法。

义天回国后，仍与有诚书信往返，互赠佛经章疏，通报佛书著述信息。

义天在京师从有诚学华严之后，南下杭州，途中在金山寺参谒了名宿佛印了元禅师，赠予焚炉、袈裟、经帙。了元禅师特写诗六首答谢。在苏州，义天参访了圆通寺华严僧善聪法师，自此，二人交谊延续了很长时间，多有书信往来、偈颂相赠。

义天到达杭州后，参见慧因寺晋水净源法师。义天早就仰慕净源法师，在入宋前曾"托舶贾致书以修礼"。净源也知义天"非常人，即复书相招"。到慧因寺后，义天听净源讲解《华严经》。

义天在华仅14个月，足迹却及于山东、江苏、安徽、河南、浙江5省，参遍中国当时各宗名德50余人。同时又广求经书章疏，回国时带回经书1000余卷。

宋元祐元年（高丽宣宗三年，1086）五月十九日，义天自定海随本国朝贺回使船还国，至廿九日还至本国礼成江。义天求法还国后，奉国王命任兴王寺住持，一面宣经说法，一面禅思晏如。同时与在宋时结识的高僧大德保持密切联系，互有书信往来。高丽宣宗十一年（1094），顺宗生前愿寺弘圆寺落成，义天迁住于此。宣宗去世后，王位继承出现隐争，义天退居伽倻山海印寺，以免陷入权力争夺的矛盾中。后在肃宗的坚请之下，离山寺还京，复居兴王寺。肃宗二年（1097），仁睿太后生前愿寺国清寺建成，义天被任命为住持，并在此初讲天台教义，从而开创了

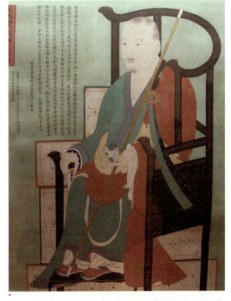

∧ 大觉国师义天画像

朝鲜国佛教之天台宗，义天则为朝鲜天台宗初祖。在义天的努力下，天台宗在高丽传播甚盛，成为当时影响最大的教派，据说门下弟子千人，有名者160余人。

义天一面弘传佛法，一面从事佛典刊印事业。宣宗七年（1090），义天在宣宗的支持下，在兴王寺设教藏都监，从中国、日本等国购进佛典，并从国内收集元晓、义湘、大贤、圆测、谛观等人的著作，逐一进行注释、校对、补遗和整理，刊正舛谬，交由设在兴王寺的教藏院刊刻流通。刊行教藏1010部4740卷。他在刊行教藏之前，就编写了自己收集佛典的总目录，名为《新编诸宗教藏总录》，内题称"海东有本现行录"。义天编写内外佛典目录，并按次序予以刊印的藏经，即《高丽续藏经》，世称"义天《续藏经》"。

六、八万《大藏经》

从中国求赐、购买经籍图书，是朝鲜历代学习中华文化的主要形式之一。或者换句话说，中国古代典籍在朝鲜的流布，是中华文化传播到朝鲜半岛的一个重要内容，也是一个重要渠道和形式。中国印刷术发明后，有大量的印本书，甚至还有雕版，被作为礼品或商品流入朝鲜。在两国的贸易关系中，中国书籍在很长的时间内是朝鲜需求的大宗商品。

与此同时，中国发明的印刷术也传到朝鲜。朝鲜人仿照中国技术，利用本国产的优质纸墨，开始雕版印书。在借鉴中国活字印刷术的基础上，朝鲜还有所发展和创新，大规模地制造和使用铜活字，同时首先使用铅活字，在世界印刷史上具有特殊的地位和影响。

朝鲜半岛的刻书事业大约起源于10世纪末。到11世纪初，朝鲜的雕版印刷已经有了较大的发展。高丽王朝建立以后，在中央设置了承担缮写、出版各种书籍任务的秘书省，雕版印刷了大量的儒学经典、历史和医学等各种书籍。

朝鲜印刷史上最重大的事件是11世纪刊刻工程浩大的《大藏经》。高丽

△ 韩国伽倻山海印寺

朝把引进和刊印佛经作为一项重要事业。北宋初的30年内，高丽从中国请去
三部印本《大藏经》。显宗时派遣礼宾卿崔元信特备中布2000端，作为纸墨
价资，求佛经一藏。宋真宗特许无价赠送。后来辽朝分别送给文宗、睿宗、义
天和尚以及慧昭和尚买回的辽本《大藏经》三部。可见高丽王朝对引进《大藏
经》的重视。

　　高丽显宗元年（1010）时，契丹大举进攻高丽，夺走义州、宣川，包围了
平壤。显宗南行避难，无力打退强敌。于是，显宗与群臣发无上大愿，誓刻
成《大藏经》版，以借佛力的神通退敌。国王的目的是通过祈愿佛法，打退敌
人，克服国难。自显宗二年（1011），历德宗、靖宗以至文宗，用时71年始告
完成。全藏6000卷，主要依据《宋开宝藏》及《契丹藏》（《辽藏》）。这就
是高丽旧藏经或称初雕藏经。刻成以后，版藏岭南八公山符仁寺，被称为高丽
"大宝"。

　　然而，100多年后，这件高丽"大宝"毁于战火。高宗王睥与群臣又效

△ 韩国伽倻山海印寺藏经殿内景

法显宗，立愿重刻《大藏经》。从高宗二十四年（1237）发愿，在避难的首都江华岛设立大藏都监，于晋州设分司，开始雕造，到高宗三十八年（1251）刻成，历15年而功毕。全藏共6791卷，刻版81258块，因此号称"八万《大藏经》"。八万《大藏经》每块经版宽69.5厘米，长23.9厘米，每版22行，每行约14个字。30余人校对各种不同的经版，精密地进行校正，据称无一错漏。在平整而有光泽的版面上雕刻的成千上万的字，均以欧阳询体刻成，八万多块经版如出一人之手，其高超的木版雕版印刷技术水平，具有很高的艺术价值和文献价值。

八万《大藏经》的全部经版在高丽王朝时代曾收藏于江华岛传灯寺内，到李氏王朝太祖七年（1398），为安全起见，被保存在所谓"三灾不到"之福地海印寺中。海印寺位于庆尚南道伽倻山南侧山麓，是韩国古老的佛教圣地之一。储藏经版的藏经殿建成于1488年，建成后从未遭受战乱和火灾，是世界上唯一一座保管《大藏经》的建筑。藏经殿不仅以其建筑优美著称，尤其令人称奇的是，该建筑没有特殊的通风设备，却保持良好的通风状况，并有调节温度、湿度的功能。这部高丽《大藏经》版，至今仍完好地保存在海印寺里，因此海印寺又有"海东敦煌"之称。1995年，海印寺的《大藏经》版和藏经殿被列入《世界遗产名录》。

八万《大藏经》是现存《大藏经》中历史最久、内容最丰富、举世公认的标准《大藏经》和佛教全书。高丽刻印八万《大藏经》，是世界佛教文化史上的一件盛事，也是世界印刷史上的一件盛事。

高丽末年，民间纷纷印刷藏经，使其流传。有名的如李允升同妻子尹氏

舍财印成一藏，安置于乡邑古阜郡万日寺。其后有李穑、廉兴邦等各募印全部。李朝建立之初，太祖李成桂"与群臣，愿成大藏，以安于塔"，这是李朝第一次印刷。世祖李瑈曾于1458年重修海印寺经版阁，又命各道出纸，印成《大藏经》50部，分镇全国名山福地。高丽版《大藏经》印本也曾流传到国外，日本就曾先后从朝鲜求去20部，琉球国也曾求得一部。

七、燕行使五百年

朝鲜李朝建于1392年，亡于1910年，是朝鲜半岛上的最后一个封建王朝。

李氏朝鲜延续500多年，时间上几乎与中国的明朝和清朝相当。在这500多年中，李朝与中国明清两朝保持着密切的关系，频繁往来，继续吸收和移植中华文化，在学术文化、文学艺术、农医科技以及政治经济制度等方面广泛接受中国明清文化。美国学者赖肖尔等人认为，李朝全心全意地仿效中国文化制度，"使得它汉化的程度较朝鲜历史上任何一个朝代都要大得多"①。

李成桂发动宫廷政变，推翻高丽王朝的一个理由，就是高丽王朝与明朝关系恶化，是"以小逆大"。李朝建立之后，与明朝建立了藩属关系，"事大至诚"，以"藩邦"自居，谨修"臣节"，使两国关系始终处于友好状态。

李成桂开国之初，就显示出对明朝亲附的态度，不久即以"权知国事"的名义，派使臣韩尚质以"和宁"（李成桂出生地）、"朝鲜"请国号于明朝。朱元璋以为"东夷之号，惟朝鲜之称美，且其来远，可以本其名而祖之"，乃赐其国号为朝鲜，是为朝鲜王朝。请求中国皇帝赐予国号，在朝鲜半岛历史上也仅此一次。

明代的中朝朝贡制度不仅内容完善，而且影响深远，体现在政治、经济、文化等方面。明朝与李朝的官方使节往来十分频繁。在明代前期，李朝每三年派遣一次纳贡使节，后来增加到每年三次。明朝也常常遣使赴朝。此外，双方还经常有一些临时性的使节往来。在一些特别的年头，两国的使节往来更是频繁。朝鲜使者"岁辄四五至焉"，明朝政府每次都"待以加礼"，"他国不敢望也"。

至清代时，这种频繁往来的通使活动仍如前朝，清朝和李朝都用多种名义互派使节团。每年元旦、冬至和中国皇帝生日，朝鲜都定期派遣使者到北京祝贺。对中国皇帝登基、上尊号、册封皇后、建储、平叛等大事，朝鲜也派使问候或祝贺。朝鲜使节将出使清朝视为燕京（北京）之行，所以他们又被称为"燕行使"。朝鲜使团在清朝的待遇比明朝还高，如明朝规定使团在京驻留期限只有40天，而清朝无时间限制。清朝对朝鲜国内的国王继位、立储、封后、吊祭、赐谥等重大事务也同样关心，常派使者前去致贺、慰问。频繁的使者往来，密切了两国关系。据统计，在1637—1850年的200多年间，李朝以各种名义向清朝派遣了615次使节团，平均每年2.84次；同一时期，

---

① 〔美〕费正清、赖肖尔、克雷格著：《东亚文明：传统与变革》，黎鸣等译，天津人民出版社1992年版，第308页。

清朝向李朝共派遣使节团160次，平均每年0.74次。① 与中国的频繁使节往来，对李朝的文化和社会发展产生很大的影响。正如赖肖尔等人所说："通过这些使节，中国影响的浪潮不断波及李朝，从而进一步加强了业已确立的汉式政治和文化模式。"②

这些频繁往来的使节团，不仅担负着外交使命，密切了两国的政治关系，而且加强了两国的文化交流。双方派遣的使臣，多是博学多才的文人儒臣，他们与彼国文人学士广为交游，切磋学问，结下了深厚的友谊，在中朝文化交流中起到了重要的桥梁作用。

朝鲜的燕行使可与日本的遣唐使相比，但比日本遣唐使的规模要大得多，出使的次数也要多得多，而且持续的时间长达500多年。

清代燕行使团所行路线多为陆路，沿线所经过的主要城市依次是平壤、义州、鸭绿江、凤凰城、连山关、辽东、沈阳、辽宁、沙河、山海关、通州、北京，途中需50—60天。这样，整个旅程（包括在北京的日子）约需5个月。他们在北京的驻留时间一般为60天左右。朝鲜使团人员以私人身份与中国官员、学者甚至西方传教士进行接触，游览书肆以及名胜古迹。

作为中国的首要藩邦，朝鲜十分注意了解中国的政局动态。出使的使节通常都负有了解中国政治、社会、文化等方面的任务。到清代，入华的朝鲜使团规模更大，逗留的时间更长，接触的面也更广泛了，因而他们的记录更全面。来华使臣们回国后往往要由国王召见，汇报有关中国的情况。尤其是书状官，必须将途中的见闻记录禀报国王；使团中的其他人员也私撰有关出使中国的记闻。它们多是用汉文写成，也有个别是用谚文（即朝鲜文）写作的。这些著述有些要报告朝廷，有些则著录成书，刊行于世。这些燕行之作，统称为"燕行录"。所以，"燕行录"按照内容可分为两类：一类为朝鲜使节出使中国

---

① 朴真奭著：《中朝经济文化交流史研究》，辽宁人民出版社1984年版，第97页。

② 〔美〕费正清、赖肖尔、克雷格著：《东亚文明：传统与变革》，黎鸣等译，天津人民出版社1992年版，第303页。

△《航海朝天图》，反映明末燕行使出行的情景

时由书状官写给朝鲜官方的作为公文使用的眷录，相当于当时的情报。它的内容有固定格式，写得较为简略。另一类为其他参与燕行的私人私撰的游历记录，这部分以"刊本""写本"的形式出现，其内容则较为多彩。

"燕行录"也被称为"宾王录""朝天录"，其中元代时高丽使节留下的记录称为"宾王录"，明朝时多称"朝天录"，清代时的记录多称为"燕行录"。

因此，"燕行录"是一系列关于燕京之行的书的总称，而不是专指某一个朝鲜使团人员来华时的著述。书中文字的长短、卷数的多寡不同，具有体裁多样、作者层次广、年代跨度大的特点。其体裁有日记、诗歌、杂录、记事等，其作者包括朝鲜派往中国的正使、副使、书状官以及使节团中一般的随员。随员中的著名学者朴趾源、李德懋、洪大容、柳得恭等，是朝鲜历史上北学派的著名代表人物。

"燕行录"数目繁多，内容丰富，影响深远，估计总数应有1000多种。目

前在韩国和日本发现的具有独立性的"燕行录"有400多种。

"燕行录"在内容与时间上都覆盖极广。朝鲜使臣自凤凰城边门入境，从中国东北到北京，一路所见，往往都有记载。如金景善的《燕辕直指》从出疆开始，按所经过之处，分别立题标目，介绍各个重要的场所，对北京地区的介绍尤其详尽。其中既有大量的如《琉璃厂记》《回子馆记》《畅春园记》这样的专题杂记，又有不少《北京风水》《城郭市肆》《人物谣俗》这样的综述。除记载路途、使行人员、贡品和沿路所见的风景外，"燕行录"对于中国当时的政治、经济、文化、社会风俗也都有详略各异的记述。尤其中国的时政、著名人物、藩属外交、边境贸易、商人市集、士人科举以及婚丧风俗，都是被记述较多的内容。从这些内容的侧重点也可以看出，当时的朝鲜学者对中国社会文化各个方面都非常感兴趣。日本学者夫马进指出："燕行使是世界外交史上曾经存在过的一种十分特殊的现象。在大约500年之间，他们基本上是沿着同一条

⌃ 清·阿克敦《奉使图》，中国使臣渡鸭绿江

道路往返于汉城（今首尔）和北京之间。如果考虑到高丽时代以前的情况，其历史还会更长。""如果将燕行使视为世界历史上的特殊现象，燕行录则当然也在世界的旅行记中占有独特的位置。即在大约500年甚至更长的时间内，在汉城和北京之间使用同样的路线往返的旅行者写下了数以百计的相似的旅行记。在世界历史上曾否有过前往外国的使节如此频繁地使用同一条路线，写下了为数众多的内容雷同的旅行记呢？在500多年的时间里，留下了极多的内容雷同的外国旅行记，并形成了一个独特的门类，这在世界历史上是十分特异的现象。"①

八、洪大容、朴趾源的京师之行

16世纪末17世纪初，朝鲜学术界出现了一种新的思潮，即"实学"。

实学是自明朝中叶到清朝中叶的300余年间，在中国学术界出现的一个独立的学派，并逐渐成为社会的主导思潮。实学继承了儒家的经世传统，反对理

---

① 〔日〕夫马进著：《朝鲜燕行使和朝鲜通信使——使节视野中的中国·日本》，伍跃译，上海古籍出版社2010年版，第191、192页。

学末流的"空谈心性",主张"由虚返实""崇实黜虚",在一切社会领域和文化领域提倡实学、实习、实用的"崇实"精神,开一代新的学风。明清实学不仅给中国社会的精神文化以深刻影响,而且影响了朝鲜、日本的学术思想,启发和刺激了朝鲜、日本实学的产生。

18世纪后半期以后,朝鲜实学的发展进入兴盛时期,涌现出许多杰出的学者和学派,其中北学派是实学兴盛期的代表。北学派以利用厚生、北学中国的实学思想为中心,其基本主张是,为了提高文化和增强国力,必须大力学习"北学",即当时中国的清代文化和经中国传入的西方文化。北学派的主要代表人物有洪大容、朴趾源、朴齐家、李德懋、柳得恭等人。他们大都来过中国,考察过中国的社会、经济、政治、科学和文化,对中国的繁荣有深入的认识。他们与中国学者广泛交流,切磋学问,结下了深厚的友谊,深受中国的影响。北学派实学活跃的时期,正值中国的康乾盛世。通过两国的使节交往,中国的经济、政治、科学、文化明显地影响着朝鲜。北学派实学社会改革、利用厚生的思想在这些条件下日益成熟。他们主张学习当时中国的先进文化,力主"北学中国",进而改革朝鲜的政治、经济、文化。同时,北学派实学家的著作吸收了顾炎武、黄宗羲等人的不少社会改革思想。他们既为发展朝鲜实学也为中国文化特别是实学思潮和科技文化传播于朝鲜,做出了很大的贡献。

洪大容是朝鲜实学中北学派的主要代表人物之一。北学派的兴起就是起源于洪大容的京师之行。

1765年(乾隆三十年,李朝英祖大王四十一年)冬,35岁的洪大容以洪杞(使节团的书状官,洪大容的叔叔)的"子弟军官"身份随李朝使节团来到北京,翌年四月回国。洪大容对于这次中国之行是有充分准备的。他一直对中国充满强烈的憧憬,在此次京师行之前,他曾以"使行子弟从者""大人子弟""公子",即"燕行使"正使、副使、书状官之子等身份,怀着"为游观入燕"的目的往来了数次,因此对中国的文物风俗并不陌生。而这次中国之行的目的,正如他在《干净同会友录》开头所说:"所大愿,则欲得一佳秀才会心人,与之剧谈。"亦即与中国知识分子直接交往,进行思想学术方面的交流。

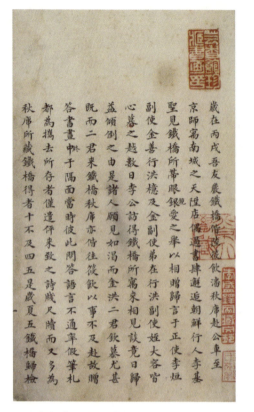

△ 洪大容《医山问答》

所以，在京师行之前，他花费多年时间，阅读了关于汉语会话方面的多种书籍。一到中国，他便努力使用汉语。他在沈阳与拉助教（拉永寿）交流时，便是以直接交谈的方式进行的。

洪大容在沿路及京师各处一直探访"中国的奇士"。他参加紫禁城举行的正朝仪式时，看到有两人注视着朝鲜的衣冠，并听到他们谈论相关话题，于是他主动与两人寒暄，寻找相识的端绪。当得知两人是翰林院庶吉士吴湘和彭冠时，他立刻派人去庶吉士馆打探两人详情，并特意借购买《缙绅案》（《缙绅全书》）之际，彻底调查了两人的情况。最终，洪大容找到了彭冠的家，过访并与之笔谈。

洪大容在北京期间，多次到琉璃厂购买各种书籍，著名的"洪严之交"便是起自琉璃厂市集上的偶遇。据记载，二月初一日，正使裨将李基成为买眼镜前往琉璃厂，遇到两位"仪状极端丽"的文人，便主动上前搭话，此二人自称是浙江举人，居于城南干净胡同。李基成回到使馆后，便把他的经历告诉了洪大容。到初三日，洪大容便与李基成一起去干净胡同拜访在市集上遇到的这两位文人，结识了三位从杭州进京赶考的读书人严诚、陆飞、潘庭筠。他们之间虽然语言不通，但都会用汉字，所以每次见面都尽情笔谈，交流学问。他们越聊越投机，所涉及的内容从王阳明的学术问题、明末清初隐士的情况，到婚俗、场戏等，并且开始互通书信，结成了亲密的朋友。洪大容在写给严诚与潘庭筠的信中，说自己一直在阅读中国的书籍，是抱着敬仰中国的圣人之心来中国的。

　　洪大容随朝鲜使团离开中国后，这段友情也没有结束，他们通过以后到北京朝贡的朝鲜使团继续保持着书信的交流，持续近20年。乾隆四十八年（1783），洪大容病逝，他的好友朴趾源收集和整理了他生前与严诚、陆飞、潘庭筠等人之间交换的"书画、尺牍、诸诗文，共十卷"，专门编成了《日下题襟集》，以纪念他们深厚的感情。这段"洪严之交"称得上是中朝两国文化交流中的佳话。

　　洪大容的中国之行，在朝鲜与清朝的学术文化交流史上具有划时代的意义。由于清朝前期战事较多，两国几乎断绝了知识分子间的交流。清入关后一直到17世纪前期，除了极其稀少的特例外，朝鲜知识分子与中国知识分子无任何密切的交流。朝鲜人认为文化上落后的满族人统治中国后，汉族在满族人的强迫下丢弃了明朝的衣冠，留了发辫，没有进行大规模的反抗便屈辱地接受了统治。于是，朝鲜的知识分子便自称其国为"小中华"，而不屑与清朝知识分子交流。这几乎是李朝朝野一致的看法，因此百余年间两国知识分子的交流几乎停滞。所以，在洪大容来中国之前，他前往中国与中国文人交流的动机，也受到了责难。

　　正是洪大容的京师之行成为两国文人重开交流的契机。洪大容回国后，将与严诚、陆飞、潘庭筠的邂逅过程，与他们的笔谈及相互往来的书简整理成3册，命名为《干净同会友录》。"干净

∧ 朴趾源像

同"即干净胡同,是他们在北京聚会的地点。全书整理修纂结束后不久,朴趾源应洪大容之托,为《干净同会友录》写了《会友录序》,说洪大容与中国知识分子是"披肝沥胆",结成了"天涯知己"。朴齐家则说:"仆常时非不甚慕中原也。及见此书,乃复忽忽如狂,饭而忘匙,盥而忘洗。"

由于当时朝鲜社会的文化氛围,这部会友录只能是秘密流传,却很快地闻名于世,对朴趾源、李德懋、朴齐家等同时代及比之稍晚的年轻的朝鲜知识分子产生了很大的影响。李德懋、朴齐家两人因深受洪大容的影响,在洪大容京师行十三年后的1778年(乾隆四十三年,李朝正祖大王二年)前往京师。两年后,朴趾源也于1780年(乾隆四十五年,李朝正祖大王四年)启程去京师。在此基础上形成了"北学派",极大地推动了朝鲜学术文化的进步。以洪大容京师之行为契机,"北学派"之外的很多朝鲜知识分子也先后走访中国,并将各种中国书籍带入朝鲜,引入了正在清朝流行的新学术思想。

朴趾源是北学派的另一位杰出的实学思想家。1780年,李朝为祝贺清朝乾隆皇帝的七十寿辰而派遣使节团。朴趾源作为使节团正使朴明源(朴趾源的堂兄)的随从人员参加使节团。他随使节团由鸭绿江取道东北,经盛京、山海关到北京。适逢乾隆皇帝驻热河行宫,使节团又转赴热河,往返4个月,行程近万里。朴趾源回国后,整理编写了作为自己中国见闻记的《热河日记》。《热河日记》共26卷,记述了作者一行人从渡江起直到中国之行结束为止的全部见闻,包括政治、经济、天文、地理、哲学、历史、科学、技术、宗教、医学、名胜古迹以及人情世故等各个方面,描绘了当时清朝社会的全貌,也大量记录了他与清朝士大夫讨论经史诗文、琴棋书画、天文历法等问题的谈话内容。《热河日记》完成于1784年,在朝鲜广为流传,家喻户晓,产生了深远的影响。在"燕行录"中,朴趾源的《热河日记》是一部很有代表性的作品。

朴趾源在这部书中提出,为了自己国家的繁荣昌盛,必须向中国学习,大力引进和吸收中国的先进技术和文化。当时,李朝中有少数人以清朝为满族"蛮夷"所治,反对学习中国。朴趾源针对此说指出:

为天下者苟利于民而厚于国，虽其法之或出于夷狄，固将取而则之，而况三代以降，圣帝明王、汉唐宋明固有之故常哉。……故今之人，诚欲攘夷也，莫如尽学中华之遗法，先变我俗之椎鲁，自耕、蚕、陶、冶以至通工、惠商莫不学焉。人十己百，先利吾民……

朴趾源在中国期间，仔细考察了中国的农业、畜牧业、商业、建筑业、修路、筑城、造船、造车、烧煤等各方面的情况，并介绍于朝鲜国内，提出改革方案。

由于北学派实学家们的大力提倡和积极引进，中国明清时代的很多科学知识和生产技术传入李氏朝鲜，在天文学、历学、算学、医学以及农耕技术等生产技术领域产生了一定的影响，对于推动朝鲜科学技术的发展和社会进步起到一定的积极作用。

∧ 朴趾源书简

九、王室藏书楼奎章阁

作为吸收和移植中国文化的一项重要措施，朝鲜历代都通过多种渠道从中国输入汉文典籍。李氏朝鲜也继承了这一传统，并以更大的规模输入中国书籍。

输入汉文典籍的一个主要渠道是中国朝廷的赐赠，由往来使节携至朝鲜。中国朝廷向海外各国使节赠予中国书籍，是一项非常重要的外交活动和文化传播活动。如李朝世宗八年（1425），明朝皇帝通过李朝进献使赐赠朝鲜《四书》《五经》，以及《性理大全》1部120册、《通鉴纲目》1部14册。李朝百官举行贺礼，国王世宗亦为此欢宴百官。世宗在《谢赐书籍表》中，表示要用中国的经史来"修己化民"，"昼诵夜思，心益坚于忠孝"。端宗二年（1453），使臣黄致身自明回国，携明朝皇帝赐赠的《宋史》1部。端宗庆告于王室宗庙。1712年，康熙皇帝赐给朝鲜使团《全唐诗》120卷、《渊鉴类函》140卷、《佩文韵府》95卷、《古文渊鉴》24卷；1723年，雍正皇帝赐给朝鲜使团《周易折中》《朱子全书》；1729年，雍正皇帝又赐《康熙字典》《性理大全》《诗经传说》《音韵阐微》等书给朝鲜使团。

▲ 李氏朝鲜时期印刷的中国典籍

除中国朝廷赐赠外，来华的李朝使节还从中国购书带回国内。朝鲜使节们每次到北京，皆"日出市中，各写书目，逢人便问，不惜重值购回"。他们购买的书籍数量更为巨大，种类也更为广泛，通常为朝鲜王朝需要的天文、地理、历史、政典等方面的书籍。李朝国王还曾给前去朝贡的贡使及从人开列购书清单，称"访书录"。"访书录"是当时的待购书目，就是要求到北京的使臣官员按照这个目录购买。奎章阁内有一官职名检书官，职责是协助阁臣校订图书等。检书官有时作为朝鲜使团的随员，乘出使中国之便，在北京采购图书。著名北学家朴齐家、柳得恭、李德懋等都担任过检书官。

除了以王室之命购书，也有许多文人个人购买中国书籍。许筠多次以使节身份访问北京，接触了不少中国文人，也在汉城接待过中国使节中的著名文人。他的父亲许晔和兄长许篈都曾出使过中国，家里有不少中国的经籍和文学作品。许筠利用自己到北京的机会，大量购买中国书籍，达数千册。

李朝除在中国采购或向中国朝廷求赠图书外，有时也自行刊印中国典籍。李朝的印刷技术已很发达，它所刊印的书籍，更有利于汉文典籍的流布传播。如1421年世宗命印《资治通鉴纲目》，并命令集贤殿正其谬误。1428年，世宗认为文章正宗《楚辞》是学者不可以不知道的，所以下令铸字印刷。1438年，世宗命集贤殿撰集《韩柳文注释》。李朝成宗二十四年（1493），朝鲜曾刊印《酉阳杂俎》《唐宋诗

△ 李氏朝鲜时期被作为奎章阁使用的昌德宫宙合楼图

话》《太平通载》《刘向说苑》《新序》等。正祖朝时建立奎章阁后，所印汉文典籍更多。从现存的十余种朝鲜时期的"册版目录"来看，当时公私所刊印册版中绝大多数是从中国传入的书籍。

正祖继位之后，认为不可没有列朝御制及御物的安放场所，遂在昌德宫禁苑以北，略仿宋代龙图阁设立了奎章阁。书阁建成后，广搜图书，或搜于朝鲜名家藏书之所，或购求于中国的书肆。三五年下来，阁中的藏书已达3万余卷，主要是汉文典籍，按经、史、子、集四类进行分类整理。奎章阁藏书最多时达18万部，是当时朝鲜李朝的王室图书馆。

十、明清小说在朝鲜的流传

明清小说传到朝鲜，主要是通过贸易的渠道。来华的朝鲜使团对于中国小说等文学作品在朝鲜的传播也起到了很大的作用。朝鲜来华使团的成员除了大量购置中国文学作品携带回朝鲜外，还对当时流行的文学作品多有评论和介绍。《三国演义》《水浒传》似乎是使臣们最熟悉的小说，在各种"燕行录"中经常被提及。而到中国来，更令他们对小说所描写的故事有身临其境的感觉。

明清文学作品传入李氏朝鲜的品种和数量都很大。朝鲜时代初期，《剪灯新话》大量流传于朝鲜各地，其影响力非常大，至今在韩国许多图书馆还藏有多种版本的《剪灯新话》。

《剪灯新话》在朝鲜的流传可能很早。《朝鲜王朝实录·光海君日记》中有记载说，光海君下令赴明的使臣购买《剪灯新话》《剪灯余话》《效颦集》《娇红记》《西厢记》等作品。《剪灯新话》在明朝似乎并不太受重视，但是传入周边国家后竟大受欢迎。朝鲜的李氏王朝、日本的江户时代、安南的黎朝都多次刊印这部小说，并出现了许多注释本，甚至是改编本，创下了东亚汉文小说传播史上的盛况。

《太平广记》在高丽高宗年代已经输入朝鲜，后来在朝鲜李氏王朝时期频频被学者提及。一些文人虽然在观念上轻视小说，但是实际上这些野史小说大

△ 韩国风俗画《士人挥毫》

受欢迎。由朝鲜文人将原著简缩而成的《太平广记详节》，刊印后大受欢迎，此后又有好几部《太平广记》的删节本、改编本在朝鲜刊印出版，对于朝鲜汉文小说的发展起到了明显的促进作用。

到了朝鲜英祖（1725—1776）、正祖（1777—1800）的时代，从中国流入的通俗小说的数量、种类更多了，而且给当时文人产生的影响也是非常深远的，因此朝廷数次论议禁止输入及阅览通俗文学。虽然朝鲜朝廷数次要禁止中国小说的流传和阅读，但是难以抗拒其洪水般的流行趋势。19世纪以后，更多的中国小说流入朝鲜，甚至在士大夫或者朝廷大臣中也出现积极的小说读者。

据有关学者的估计，在整个朝鲜时代，传入的中国小说不下数百种。其中最受欢迎的10部作品是：《世说新语》《太平广记》《剪灯新话》《三国演义》

《东周列国志》《西、东汉演义》《水浒传》《西游记》《今古奇观》《红楼梦》。[1]
由于朝鲜文士的珍爱,《文苑楂橘》《型世言》《九云记》等在中国久已失传的
小说,得以在朝鲜半岛保存下来,成为海内外孤本。

李朝不仅从明朝引进了许多小说,还大量翻印,使之广为流传。如《剪
灯新话》《贯华堂第一才子书三国演义》《剪灯新语句解》《世说新语补》以及
其他坊刻本小说,都有出现。

在明清小说大量流传的同时,朝鲜还利用创制的训民正音,翻译了不少
小说。训民正音创制以后,虽然大部分文人仍然长期采用汉文,但在庶民层和
女性层渐渐开始出现新的文学现象,平民层文学和女性层文学逐渐形成。特别
是中国古典小说中通俗演义类小说的传入,更加扩大了平民和女性读者层。他
们的读书热情更是促进了"汉文谚解"的出现。谚解就是以朝鲜文解释、表达
汉文作品内容,也就是一种翻译。

最早的中国古典小说翻译作品是朝鲜中宗三十八年(1543)翻译的刘向的
《列女传》。其后数十年又有翻译作品出刊,就是《太平广记谚解》。它大致
可推定为明宗年间(1546—1567)前后翻译的。

△ 朝鲜19世纪手抄本《三国志》

17世纪以后,中国通俗小
说大量传入朝鲜,读者层也随
之扩大,特别是中国古典小说
的翻译甚为兴盛,促进了大规
模翻译作品的问世。壬辰战争
前后,流传最为广泛的《三国
志演义》就有全译本,也有摘
译部分章节的单行本,如《赤
壁大战》《华容道》等。据韩国
学者研究,传入朝鲜的中国古

---

[1] 〔韩〕闵宽东著:《中国古典小说在韩国之传播》,学林出版社1998年版,第367页。

△ 朝鲜《三国志图》，19世纪

典小说中，被翻译的作品大约有59种，其中大部分是在17—19世纪翻译的。

朝鲜还出现了一些对中国小说的改写作品，称为"翻案小说"。所谓翻案小说，是以中国古代小说的体裁、结构、内容、思想与背景为模仿对象的特殊文学作品，它的描写技巧兼容并包，它的内容采取翻译加创作的方式，又有些部分与模仿、借用相似。由于初学时期小说创造的技巧不足，无法发挥个人的创意，因此当时朝鲜文人就以已有的中国小说版本为对照，经过模仿、拟作并融合当时的社会现状与自我意识，将中国古典小说的故事情节加以改变、扩编、浓缩或删减变更，然后以新的面貌、新的名称推出。这是一种兼具创作、翻译、模仿、借用等写作方法的文学作品。翻案小说的代表作品有《关云长实记》《赵子龙实记》《张飞、马超实记》等，都是《三国演义》中的部分内容改编的。另外，它们以中国原作品的故事为基础，添加一些具有朝鲜味道的情节，部分改变原作品的结局，一部分近于翻译，颇能迎合当时读者的口味。例如《西汉演义》《西游记》《今古奇观》《双美缘》《锦香亭记》等书，一个作品里面翻译部分与翻案部分并存。

翻案小说出现后，作者的写作技巧渐渐提高，才出现了自行创作的作品。此类小说中，有一种特异的类型，那就是再创作的作品。它不是翻译，也不是翻案（改编），可以说是再创作，但此题材是从中国古代小说中借来的。例如《黄夫人传》《梦见诸葛亮》《诸葛亮传》《五虎大将军记》等，都是跟《三国演义》有关的小说。其中，《梦见诸葛亮》是有点创作性的作品，其内容是作者在梦中见到诸葛亮并与其讨论政事的故事。

大量中国明清文学作品的传入，给李朝的文坛带来很大的影响和刺激。它不仅给朝鲜文人以很大的启迪，还使朝鲜出现了小说这一新的文学形式，也催生了不少名作与卓越的小说家。

金时习用汉文创作的《金鳌新话》是李朝最早出现的一部短篇小说集，共有5篇短篇小说。金时习是李朝著名的文学家，被誉为15世纪朝鲜小说的开拓者。

《三国演义》对朝鲜文学的影响尤大。至少在16世纪中期以前，《三国演义》已传入朝鲜，并在社会上有所流传，为许多文人所熟读。《三国演义》对于朝鲜文学的影响，首先是对军事小说的影响。军事小说是朝鲜古典小说的一种形式，它们以军旅生活为主线，非军旅的生活情节和事件也都围绕军旅生活展开，起衬托作用，主人公都是具有超人能力的英雄。军事小说在形式、描写方法和战法等方面多与《三国演义》有相似之处。在人物描写和战斗描写上，朝鲜古典军事小说多袭用《三国演义》的套式语句。

第十章　禅宗东渡与文化传播

一、日本入宋僧

平安时代后期，是日本古代政治史上的一个重要转折时期。大化改新建立起来的律令制度多被破坏，外戚藤原氏势力不断膨胀，并建立起操纵朝政的摄关体制，天皇的权力被大大削弱。12世纪末建立的镰仓幕府是日本历史上第一个武士政权，日本开始形成武士社会。武士社会中，以天皇为首的贵族政权仅仅是一个象征，国家的真正统治者是幕府将军。这种政权结构一直持续到江户时代。

平安时代后期兴起了"国风"文化，开始了对大规模输入的盛唐文化进行消化、吸收和清理的时期。此时日本人已不再对外来文化抱有以往那种积极摄取的热情，在9世纪末和10世纪初，日本已完全断绝了与外部世界的官方交往。政府采取消极的半锁国的对外政策，一直到室町时代的15世纪初，大约500年间没有与中国政府的正式官方交往，与中国的文化交流只局限在民间水平上，成为日本文化史上一个相对孤立的时期。1401年，日本政府派使臣赴明，恢复了与中国的官方关系，并开始了两国间的勘合贸易，使日本文化又进入了对外来文化热情吸收的时期。

在这一时期，两国僧侣的往来在文化交流中发挥了重要作用。从北宋到南宋，再到元代，中日两国僧侣的往来极其频繁，历代都有日本僧人来华，尤其是在南宋时期，见于记载的入宋日僧达百余人。入日宋元僧人也有数十人。往来僧人在两国官方之间也都有许多活动，或接受朝廷委托，在两国没有正式官方关系的情况下充当沟通的信使，甚至作为朝廷派遣的正式使臣，这对日本文化的各个方面都产生了很大影响。佛教尤其是禅宗文化的交流，成为中华文化向日本传播的主渠道。

在北宋时期的日本来华僧人中，以奝然、寂昭、成寻三人为主，其他人大都是随从这三人入宋的。他们一般是在得到日本朝廷允许后，携带佛经、佛像及中国散佚的典籍、日本人撰述的佛学著作，带领弟子乘商船入宋。这一时期日僧来中国的目的，同唐朝时为了求法而留学不同，大多是为了消弭罪业、祈祷来生得以超度而前来朝拜圣迹的。所以，他们到宋后，首要目标是参拜佛教圣地天台山、五台山。在经过各佛寺时，一般都要参与讲经、法会及各种佛事活动，与各寺院僧侣进行教义讨论等。在他们入宋时，有日本僧人委托他们携来佛教上的疑问，希望能够得到解答。

北宋时期日本第一位入宋僧是奝然。永观元年（983）八月，奝然率弟子成算、嘉因等人，搭乘宋商回国的船赴宋。抵宋后，于龙兴寺（台州开元寺）求学天台宗，上天台山国清寺巡礼，途经苏杭，入扬州，后获准入京。十二月，奝然到达汴京，进谒宋太宗。奝然向太宗详细介绍了日本的天皇制度、历代入华求法的名僧，详述了日本的地理、物产、风俗等。据记载，宋朝编修国史、实录时，有关日本的资料就是来源于奝然的介绍。

太宗对奝然"存抚甚厚，赐紫衣，馆于太平兴国寺"，并敕"法济大师"号，准巡礼京中大小寺院。奝然复求诣巡礼五台山，获赐准，所行各处受到宋朝无微不至的优待。奝然留宋4年，于宽和二年（986）回国。回国前，他请佛工模刻了西华门外圣禅院的印度优填王所刻旃檀释迦像，并将十六罗汉画像和太宗所赐新印本《大藏经》5000卷带回日本。现今安奉于京都嵯峨清凉寺的"三国传来"①旃檀瑞像就是上述模刻像。这尊释迦像是犍陀罗风格的佛像，非常有名。1953年，从这座佛像胎内发现了许多宋代经文等物，震动了学术界。

奝然护送佛像和《大藏经》回国，日本朝廷非常重视，举办了隆重的佛法僧三宝入京仪式。由"大唐"传来的佛法宝物引起日本朝野上下、贵族和民众

---

① "三国传来"是从印度经由中国传入日本的意思。

的极大热情，参拜者络绎不绝，天皇、皇后和皇太后也来参拜。

北宋时期另一位著名的日本入宋僧是成寻。成寻是京都岩仓大云寺高僧，并一直兼任关白藤原赖通的护持僧，长期活跃在日本上层社会的核心。延久四年（1072），成寻率弟子一行8人踏上了入宋巡礼圣迹的旅途。这年他已62岁。他们搭乘返航的宋商船到达中国后，就去参拜了天台山和五台山，不久被敕准入京，受到宋神宗的接见。神宗赐紫服、锦帛，敕准住兴国寺传法院，又赐成寻"善慧大师"号。第二年，成寻为了再次去天台山、五台山求法修行，让弟子赖缘等5人先回日本，带回成寻所撰的《参天台山五台山记》和求得的经论、《大藏经》等。宋神宗得知后，托成寻的弟子们把御笔文书《回赐日本国书》及赠给日本朝廷的金泥版《法华经》、锦24匹带回日本。

此后成寻一直留在中国修行，终身未归日本，宋神宗元丰四年（1081）在开宝寺圆寂。成寻在中华文化东传上的贡献，主要是他撰写了《参天台山五台山记》。他自延久四年（1072）三月启程入宋，至次年六月遣徒赖缘等返回日本为止，共历时16个月，日记每日从无间断，成书8卷、468篇，详细记载了自日本至杭州、天台山、开封、五台山，再自五台山返至开封、杭州、明州的沿途见闻，涉及宋代的宗教、政治、经济、交通、艺术和社会生活等各个方面。所记都是成寻当时亲眼所见及亲身经历之事。《参天台山五台山记》书稿带回日本后，被广泛传阅，对于日本僧俗各界了解中国的佛教以及社会文化发挥了重要作用。

南宋时期日本入宋僧人数比

△ 奝然在宋时请佛像师雕的释迦像

北宋时大为增多，著名的有荣西、道元、俊芿、圆尔辨圆、心地觉心、无关普门、无象静照、南浦绍明等，而且他们之中有的竟来回达两三次。他们多是向往禅风、为移植禅宗及南宋的新型文化而来到中国的。禅宗传入日本，是宋代中日文化交流最突出的成果和最重要的内容。

荣西于日本仁安三年（1168）四月搭乘商船入宋，本为巡礼圣迹而来。他参拜天台山和阿育王山，求得天台宗新章疏30部60余卷。他当年九月回国，将求得的章疏进献天台座主，自己仍研究天台宗和密教教义，建立了被人们称为"叶上流"的密教学说。他到访明州禅寺广慧寺时开始对禅宗有所认识，后来在最澄、圆仁、圆珍、安然等人的著作中看到有关禅宗的记述，决心再度入宋探究禅宗的奥秘。文治三年（1187），荣西再度入宋，到天台山万年寺从临济宗黄龙派八世法孙虚庵怀敞学习禅法。怀敞在两年后至天童寺担任住持，荣西也随同前往，在他身边随侍。荣西随怀敞数年，继承了临济宗的传法，还学习了《四分律》《菩萨戒》。南宋绍熙二年（1191）荣西从怀敞受菩萨戒，接受袈裟以为法信，又得受临济宗十三代传承图。

建久二年（1191），荣西回国，先在博多建报恩、圣福二寺弘传临济宗黄龙派的禅法，并按照宋地的做法举行菩萨戒的布萨仪式（半月一次的说戒忏悔仪式），逐渐出名。荣西是最初向日本传入临济宗的人，被后世尊奉为"禅门（实指临济宗）之大祖"。

荣西在宋时，还深入接触了中国的茶文化，带茶种回日本栽种，并著有《吃茶养生记》，为日本发展茶叶种植和推广饮茶习俗做出了重大贡献，被称为日本

△ 镰仓大佛，1252年由南宋工匠建造

的"茶祖"。

　　圆尔辨圆是荣西的再传弟子，入宋晚于荣西半个世纪。圆尔辨圆于嘉祯元年（1235）入宋，首先到明州景德律院听善月律师讲戒律，又到天童山参曹源道生的弟子痴绝道冲，继而到杭州天竺从天台耆宿柏庭善月学天台教法。告别善月后，圆尔辨圆又赴南屏山净慈寺参访笑翁妙堪、灵隐寺石田法薰，往来于此二寺之间。

▲ 荣西禅师坐像

　　无准师范是南宋著名高僧，圆尔辨圆到径山后，一见无准师范即获器重，随侍左右。南宋淳祐二年（1242）圆尔辨圆辞别无准师范，重返故乡。临行前，无准师范将密庵咸杰祖师的法衣、宗派图和自赞顶相以及《大明录》等，作为传法的信物，付与圆尔辨圆。无准师范除了对他殷勤嘱咐外，还为他写好了回国后初住寺院的匾额，其额曰"敕赐万年崇福禅寺"。同门诸友也都作颂相送。圆尔辨圆回国后，与无准师范常有书信往来。圆尔辨圆在圆寂前还立下遗言，东福寺永不准纪念他的诞辰，只许纪念他的中国老师无准师范禅师的诞辰，可见师徒情谊之深厚。寺中始终恪守圆尔辨圆之命，至今历近800年而不违。

　　当时朝廷的摄政九条道家、良实父子尊崇佛教，他们闻圆尔辨圆之名，将其召入宫中，终日问道，并从圆尔辨圆受禅门大戒并密宗灌顶。九条道家又

为圆尔辨圆在京都模仿宋朝的径
山寺，建立规模等同于东大、兴
福二寺的东福寺，迎请圆尔辨圆
及其弟子一同入寺弘扬禅法，为
禅宗进入京都创造了有利的条件。
圆尔辨圆以东福寺为中心进一步
弘扬临济禅法，东福寺因此而
成为日本临济宗的大本营。九条
道家还模仿唐代宗赐径山开山祖
师法钦禅师"国师"之号，亲书
"圣一和尚"四字赠给圆尔辨圆。

△ 日本入宋僧圆尔辨圆像（局部），日本京都
万寿寺藏

圆尔辨圆还曾三度前往镰仓弘通佛法，使得当时日本的实际执权者北
条氏也笃信禅宗。北条时赖把圆尔辨圆请到府中请问禅宗奥义，并依之受禅
门菩萨戒。圆尔辨圆任镰仓寿福寺的住持以及京都建仁寺的住持。宽元三年
（1245），圆尔辨圆为后嵯峨天皇进讲了《宗镜录》，正嘉元年（1257）又为其
授戒。另外，他还曾为后深草天皇、龟山天皇授菩萨戒。

圆尔辨圆当时的名声如日中天，上至朝野当权者、公卿贵族，下至广大
僧俗市民，莫不拥护和信赖，纷纷皈依其门下。圆尔辨圆不仅是禅林的杰出领
袖，还受到当时整个佛教界的景仰崇拜。他曾被迎请兼任天王寺的要职，文永
八年（1271）还被敕任为东大寺大劝进，又任尊胜寺、法成寺干事等职。当时
日本各个宗派的僧俗也都慕名前来问法。

圆尔辨圆是日本禅宗发展史上的关键人物，所谓"日本禅门之繁昌，由
此而始"。他以东福寺为中心，并远及九州的崇福寺、承天寺、万寿寺和镰仓
的寿福寺等，扩大了禅宗在京都及九州等地的影响。他首先将临济宗杨岐派传
入日本并加以倡导，成为日本临济宗杨岐派的始祖，继荣西之后，促进了临济
宗在日本的确立和兴盛，迎来了禅宗的第一个兴隆期。

圆尔辨圆还将中国的禅林制度传播到了日本，这不仅为禅宗在日本的发

展奠定了牢固的基础，也促使日本禅宗向宋地禅林寺院的方向快速发展，并日趋完善与规范。

除传禅外，圆尔辨圆还被称为"日本宋学传入的第一人"，在日本积极传播宋学。他将宋朝的茶及茶礼、诗文、书法、绘画、寺院建筑、碾茶以及面粉、面条的制作方法等传入日本。他对宋文化在日本的传播与发展起到了很大的作用，为后世日本五山文学的创立奠定了基础。

二、五山文化与宋学讲筵

日本全面移植了中国的禅林制度，模仿中国设置"五山十刹"。从13世纪50年代起到16世纪70年代止，"五山十刹"不仅是禅宗佛教传播和活动的中心，而且由于许多禅僧兼修宋学，从而使"五山十刹"成为日本学术活动的中心以及文学、艺术中心。这一时期大体上相当于室町时代的前期和中期。禅宗的兴盛以及其在日本文化史上的重要地位，催生了日本文化史上的一个新的时代，即"五山文化"时代。

"五山文化"泛指这一时期内以"五山十刹"僧侣为主体的一切汉文化活动，包括宋学的研修讲习、汉文学的创作、汉籍的校注和刻印等。"五山文化"的实质内容就是汉文化。

五山僧侣们以研习宋学为一种美德和必需的修养，对中国儒学采取兼容并蓄的态度。在他们看来，宋学、朱子学和禅学有着内在的相通之处。

五山僧侣们对于禅林具有极大的影响力。他们都具有禅林学术以内外典兼通唯尚的理念，所以在当时五山寺庙中，僧人们"专探经史百氏之书，旁及杂说，吹黎继暑，莫不达明"。研读中国文献典籍特别是宋学典籍，蔚然成风，往往成为修行者的一种美德。由此，在五山僧侣中涌现出一批兼通宋学的著名学者，形成了日本儒学史上的一种特殊形态——五山儒学。

五山儒学的代表人物之一是虎关师练。据说他勤奋好学，博览群书，谙熟佛教经论、儒家经典、诸子百家之书，对中华文化有相当的钻研。后从入日元僧一山一宁受学，深受其影响。虎关师练擅写汉诗汉文，主张儒教一致、儒佛一致，尤为推崇宋学。

中岩圆月与虎关师练同为"五山文化"开创者，也是一位儒佛兼通的大家。中岩圆月曾入元求法，云游长江南北，直接接触和学习汉文化。回国后著《中正子》十篇，内篇四叙佛教，外篇六说儒道。中岩圆月深受伊洛之学的影响，标榜"诚明"二字以同化儒释，被认为是当时朱子学的泰斗。

到"五山文化"的极盛时代，宋学的风气亦伴随着禅而弥漫于丛林之间。14世纪中期，在禅林中出现了宋学讲筵，主要按照中国传来的新注讲授《四书》。宋学讲筵的出现，标志着日本宋学进入了研究时期。

日本历史上第一个开设宋学讲筵的是玄惠法印。玄惠法印是虎关师练的胞弟。玄惠以文学素养著称，谙熟司马光《资治通鉴》，尊信程朱之学，因而奉召为后醍醐天皇侍读，在京都宫廷据朱注讲授经书。日本京畿地区系统地讲授宋学，起源于此。后醍醐天皇说他自己研究道学七八年，"与诸人谈，未称旨"，而与玄惠的门生日野资朝相谈，"颇得道之大体者也"，有"始逢知己"之感，因而"终夜必读之，至晓钟不怠倦"。后醍醐天皇认为宋学释儒学，质实不华，特别欣赏宋学的"明大义，砥气节"之说。因此，在朝廷的支持下，由玄惠法印述讲"四书新注"，日野资朝等述讲程朱之学，北皇亲房主讲神儒佛三者之融合。于是，宋学讲筵盛于宫中，影响及于朝野。玄惠的讲筵，退汉唐注疏，倡程朱之说，开日本宋学研究一代之风。

玄惠之后，在整个14世纪，开设宋学讲筵者不乏其人。

五山禅僧在传播和研究宋学特别是程朱理学方面做出了重要贡献。东福寺的岐阳方秀创造了"汉籍和训"之法，就

▲15世纪日刻本《四经白文》

是在汉文原著上，按照每一汉字的训诂意义标注上日本假名，从而使不懂汉文或汉文程度不高的人，也能理解原著的内容。岐阳方秀对朱熹新注《四书》加以"和训"，使不懂汉文的人也可以大体读懂。"汉籍和训"的出现是日本汉文化史和中华文化东传日本史上的一件大事，对日本汉文化的普及有着重大意义和影响。岐阳方秀的"和点"成为以后五山儒学的基准，并由此使许多汉文较差的日本学者也能通读原著，为在比较广泛的范围内传播宋学创造了条件。《四书》"和训""和点"的出现，使日本的宋学讲筵达到一个兴隆的时期。"和训"法由岐阳方秀的弟子、入明僧桂庵玄树加以修正，开创"桂庵标点"，为日本学术界所通行。

宋学的早期传播与禅僧们有着密切的关系。到了后来，宋学的影响逐渐超出禅林的范围，传播到世俗社会。特别是室町时代后期，京都为战乱所困扰，五山禅僧们纷纷下山他去，于是在地方上出现了新的宋学教学与研究中心，形成了新的研究宋学的学派。

在当时禅宗勃兴、宋学东传的文化条件下，为了适应五山学僧钻研禅学与汉文化的需要，在五山中盛行起复刻中国文献典籍的事业，出现了竞相刻刊中国书籍的兴盛局面。所谓"五山版"，就是指从13世纪中后期镰仓时代起，至16世纪室町时代后期，以镰仓五山和京都五山为中心的刻版印本。五山版的出现，是日本印刷史上的一项重要成就。

当时，中国禅僧正念（号大休）离宁波天童山到日本关东，先后在三处地方当住持。后来他亲手删繁自己的著作《佛源禅师语录》，于弘安七年（1284）"命工开刊，以待归寂，方可印行"。这部书是镰仓五山之一的净智寺刻本，是目前见到的最早的五山版。

五山不仅刻刊大量佛经以及禅僧语录、僧史、僧传等"内典"，也刻刊了许多"外典"汉籍。①日本刊刻的第一部儒书，是宝治元年（1247）陌巷子据

---

① "内典"和"外典"是佛教文化概念。"内典"指一切有关佛学本门的经论章疏，"外典"指"内典"之外的一切文献典籍。

婺州本翻刻的《论语集注》10卷，今称之为"宝治本论语"或"陋巷子本论语"。1322年（日本后醍醐天皇元亨二年，元英宗至治二年），佛门僧侣素庆刻印了伪书《古文尚书孔氏传》13卷，现称为"元亨本古文尚书"。素庆认为和尚刊刻儒书，并非越俎代庖，只是见义勇为。在"元亨本古文尚书"刻刊之后，日本正中年间（1324—1325，元泰定元年至二年）还有3部由佛门僧侣刻印的中国书籍。

当时五山版刻刊的中国文献典籍，大多数是以中国的宋元刊本为底本摹写的，也有少数是以明初刊本为底本的。所以五山版的汉籍，基本保存了中国宋元刊本的面貌。当时刊出的外典汉籍，最多的是各代的诗文集和诗文评论，其次是宋元时代流行的一些中国历史文化入门书。

三、流行时尚"唐物趣味"

自从唐代日本持续大规模地派遣遣唐使之后，中国的物品就大量输入日本，并且深入日本人的日常生活中，丰富了他们的生活，使他们的日常生活更趋于精致化和艺术化，也在人们心中培养出对于中国物品的浓厚兴趣与热情，这成为上层社会追求的流行时尚。日本人把这种对于中国物品的追求和模仿称为"唐物趣味"。

在停派遣唐使之后，中日之间的民间贸易仍然持续不断，并且获得了很大的发展，贸易规模不断扩大。而且新罗和渤海的商人也参加进来，构成了以中国商品为中心的东亚地区国际贸易网络。在日本的平安时代，特别是进入幕府时代以后，日本上层社会皇室贵族对于中国商品的追求热情持续不衰，而且有增无减，这种需求几乎达到了不可或缺的程度。

日本上层社会皇室和贵族阶层这种对于中国商品的需求，实际上超越了物质层面，上升到精神文化的高度。皇室公卿、贵族武士都以拥有"唐物"作为衡量身份与财富的标志，天皇在宫中举办中国商品展示会，贵族武士在茶会上炫耀自己的"唐物"。拥有"唐物"成为流行的生活时尚，成为一种精神

△ 日本博多遗迹出土的龙泉青瓷，南宋中期

的寄托。这种对于"唐物趣味"的追求持续不衰，一直到江户时代，"唐物趣味"成为社会上普遍追求的时尚尺度，由此引发了与17、18世纪欧洲"中国风"相似的生活品味和审美情趣。

弥漫于日本上层社会的"唐物趣味"，是和当时日本社会的奢侈之风紧密联系的。所谓奢侈之风，实际上就是对于"唐物"的追求和享用。每当中国商船到来，日本公卿大臣们便争相购买中国货物。"唐物"支撑着日本最高权力者华丽多彩的内宫生活。

当时的日本，已经能生产丝绸制品，并且生产的规模和水平已经很高，完全可以满足日本上层社会的需要。贵族们却不愿意穿国产的丝织品，竞相以高价购买进口货，一般官吏也不穿日本出产的丝织品，甚至连婢女也都穿着进口的衣服。紫式部的日记中，记载当时大纳言在正月初一至初三的宴会上的衣着：每天一套唐式衣裤，浓淡相配，颜色样式不重复，连内侍也穿唐式衣服。在这个时期的小说、评话、传奇中，如《荣华物语》《源氏物语》等书里的人物，其衣着样式、质地，全是唐式的或从唐进口的。奈良、京都地区的冬季并不太冷，可是为了仿唐式服装，贵族们也穿上黑貂裘。貂裘一时流行甚广，以至于天皇不得不下令，除参议以上官员外，其他人禁止穿用。

到了幕府时代，武士统治上层的奢侈之风远远超过了公卿贵族。在京都，上层武士外出时，身穿绫罗，冠镂金银，风流偶俶。公卿少年自惭形秽，往往偷效武士装，以免为他人耻笑。藤原明衡《新猿乐记》说，当时日本人"所衣皆布，有极细者，得中国绫绢则珍之"。

武士夸富，竞相攀比，浪费惊人，而他们所追捧和炫耀的奇货珍品无不来自对宋、对元贸易。12世纪，日本武士势力平氏集团崛起于政坛。日本武士平清盛通过中日贸易，稳定了国库开支，获得财富。

到了江户时代，这种追逐"唐物"的时尚有增无减。追逐"唐物"的流行时尚，不仅表现在日常生活领域，也不仅仅是追求物质层面的日常消费品，更多的是对中国艺术品的收藏和欣赏。禅宗文化的流行，"唐物"的广泛传播与

▲ 日本福冈鸿胪馆检验货物的情景

追捧，形成了这个时代特有的文化情趣。有学者认为，幕府时代可以说是禅宗意境与"唐物趣味"相互融合升华的文化期。

在幕府时代，随着禅僧的大量往来，以及中日贸易的发展，有不少中国书法绘画作品和其他艺术品传入日本。在禅寺和上流社会盛行的唐式茶会的茶亭的墙壁和福榈扇上，都悬挂着宋元名画供人欣赏。这些传入日本的宋元名画，给日本禅林和绘画艺术以很大的刺激和影响。

∧《日本志》插图《德川将军贡物献上之图》，1670年

室町幕府第一代将军足利尊氏家，爱好收藏和鉴赏宋元画，有许多画师、工艺师、庭园师、能乐师、狂言师等，侍奉在身边，并且通过建立画院开展文艺沙龙的活动。室町幕府的第三代将军足利义满喜爱中国书画，搜括了宋徽宗、马远、牧溪等人的名画，典藏于幕府书库中，致使幕府书库成为当时日本学习观摩中国水墨画的朝圣之地。1396年，38岁的足利义满让位于儿子义持，次年在京都的北边兴建了金阁寺。以该寺为中心，形成了"北山文化"。足利义满时常在金阁寺召集文人雅士鉴赏宋元书画。

△ 日本京都金阁寺

第八代将军义政建银阁寺，形成了文艺鼎盛的"东山文化"。寺中所藏的美术文物被称为"东山御物"。"东山文化"是继"北山文化"之后室町文化的又一个繁荣期，是日本中世文化的代表。

室町时代还出现了鉴赏"唐物"的专家，称为"同朋众"。第八代将军足利义政幕府设立同朋众，甚至成为一种制度。他们多以"阿弥"为号，并打扮成出家人模样，社会地位虽不高，但极为得宠，尤以被称为"三阿弥"的能阿弥、艺阿弥和相阿弥祖孙三代特别著名。三阿弥担任将军府中"唐物奉行"的任务，执掌艺术文物的典藏管理、展示、鉴定、评价、裱褙修复等工作。

1476年，能阿弥、相阿弥写了一部《君台观左右帐记》，即将军府的唐物收藏清单。他们所选的宋元画分道释画、花鸟画、山水画三大类。能阿弥把宋元时期的177位中国画家分为上、中、下三大类，并标明每位画家最擅长的题材。能阿弥等人能举出177位中国画家，并且能记录下各位画家擅工画题，还能鉴别出良否，说明将军府上的中国绘画收藏数量相当大，将军及文化侍从们对中国画的认识领会程度已经达到了相当高的水平。

四、雪舟的中国之行

在日本绘画史上，水墨画家雪舟被誉为"画圣"。他小时候入井山宝福寺当小沙弥，成年之后到了京都名刹相国寺，学禅于春林周藤，习书画于著名画僧周文，临摹南宋李唐、夏珪、玉涧、牧溪、马远、梁楷等禅画大师的作品。相国寺是幕府册定的"五山十刹"之一。他在这里有机会大量接触从中国传来的绘画和书法，并深深仰慕着南宋画家扬无咎的品格和画风。

日本宽正三年（1462），已经颇有名气的等杨，一次偶然的机会见到了"嘉禾天宁楚石"为济知客书写的"雪舟"墨迹。等杨似有所悟，请教于相国寺鹿苑院住持僧录司龙岗真圭。龙岗真圭为等杨作了《雪舟二字说》。他认为中国禅僧楚石梵琦德高望重，为日本求法僧济知客书写的"雪舟"二字含义深厚。早有唐人柳宗元"千山鸟飞绝，万径人踪灭。孤舟蓑笠翁，独钓寒江雪"的无穷禅意，又有晋王羲之为王子猷书"溪雪乘舟"的

△ 雪舟自画像

幽绝诗境，皆是讲雪景、舟船之意，但意境远不止于此。等杨在龙岗真圭的开导下被"雪净舟动、心得手应"的禅学哲理所感悟，以"雪舟"作为禅学和画意的终生探求，更加坚定了向中国寻源问流的决心。

等杨从40多岁起始以"雪舟"为号。为了达到寻访真谛、到中国寻源探流的目的，雪舟在西海岸山口港边的寺庵中足足等待了4年，终于在明成化三年（1467）九月，随第二批遣明使团大舶在宁波三江口来远亭登陆，同行的有了庵桂悟和梅夫良心等人。后来梅夫良心在所著的《天开图画楼记》中，曾记载雪舟来中国的情形。宁波官府对于雪舟及其他随行特殊关照，他们委派徐琏为陪贡和翻译。

在宁波等候入京批件的2个月期间，雪舟朝拜了禅门历代祖师的祖庭天童禅寺、阿育王寺、雪窦寺等。天童禅寺是日本曹洞宗的发祥地。每逢日本禅僧来中国观光，天童禅寺便成为他们必朝之地。天童禅寺第七十二代住持、无传嗣禅师被雪舟的禅学和画艺感动，赠予雪舟"禅班第一座"的称号。雪舟在宁波期间结识了一大批明州文士和画家，其中有著名的画家金湜和丰坊。他画下了宁波府附近的山水风光，如《育王山图》《镇海口图》《四季山水图》《宁波

△雪舟《育王山图》

△雪舟《天桥立图》

府图》等。接到北京的敕命后，他从浙东运河入京，又画下了绍兴府、杭州西湖、太湖、苏州、镇海等，后来又画成了10余米长卷《唐山胜景图》。

在北京，雪舟受邀为礼部尚书姚夔画了大幅壁画，极受器重。据《天开图画楼记》说，雪舟在北京期间"大明国北京礼部院中堂的壁上，尚书姚公（名夔）曾请雪舟作壁画"，并提到姚夔对雪舟说的一段话："现在外国重译入贡的，到三十余国，未见能如你画的。本部掌管科举考试，选拔名士，都登此堂。当及时告诉诸人，这壁画是日本上人杨雪舟的妙墨。外国尚有此绝手，你们就应更加勉励。"①姚夔并命铁冠道人詹僖书赞在画上。雪舟在下榻的会同馆又结识了宁波籍画师詹仲和。他在北京能自由出入皇家画院，跟李在、长有声学"设色之旨和破墨之法"。李在属于明代浙派画家。这一派以画山水为主，吸取了马远、夏圭等宋元水墨画名家笔法，在当时风行一时。如果把今天收藏在东京国立博物馆的雪舟《四季山水图》与李在所画《山水图》对照，就可以发现确有不少相似之处。雪舟在中国期间，正值明宪宗时期（1464—1487），当时宫廷的艺术与文化活动相当兴盛。雪舟所接触的成化画院正是明代宫廷画院巅峰时期的代表。雪舟从明代宫廷画风中学到了许多绘画元素，对他后期的创作有很大影响。

铁冠道人詹僖与雪舟也有来往。在北京期间，有众多文人请雪舟画出"日本最美的景色"。雪舟沉思良久，画下自三保松原（今日本静冈县）仰望的富士山，并向大家说明三保松原所流传的天女羽衣传说。天女因迷恋于三保松原的景色，脱下羽衣挂在松树上，不料被某渔夫发现。为了取回羽衣，天女只得婆娑起舞，最后载歌载舞地升天。在场的詹僖听毕传说，当场在画上题了一首诗：

巨幛棱层镇海涯，扶桑堪作上天梯。
严寒大月常留昼，势似菁莲直遏氐。

---

① 引自常任侠著：《常任侠艺术考古论文选集》，文物出版社1984年版，第217—218页。引文中的"杨雪舟"即指雪舟等杨。

名刹云连清建古，虚堂尘远老禅西。

乘风吾欲东游去，特到松原窃羽衣。

雪舟在北京住了几个月后回到宁波，因季风已过，只能翌年二月西南风起时，才离开滋养他禅学和画艺更成熟的这块土地。一路陪同近2年的徐琏书诗赠道：

家住蓬莱弱水湾，丰姿潇洒出尘寰。

久闻词赋超方外，胜有丹青落世间。

鹫岭千层飞锡去，鲸波万里踏杯还。

悬知别后想思处，月在中天云在山。

雪舟在中国期间，中国的壮美河山，激发了他的无限兴致，成为他绘画上取之不竭的题材泉源，他的画艺因而有更高的发展。随着对中国写生的积累，他的感受也越来越强烈。扬子江之浩荡奔腾，大运河之百舸争流，天童山之变幻瑰丽，对于生活于岛国的雪舟来说，是不可想象的宏大气魄，这一切都无言地向雪舟揭示出中国山水画的奥秘。他逐渐悟出："中国无画师，但并不是说它无画。中国壮丽的山河，各种各样奇异的草木鸟兽，与日本不同的社会风物，就是中国的画。"他曾自豪地说："我熟练地运笔遣墨，不是别人教给的，全部都是自己从自然风物中学会的。这就是中国无画师而有画的原因。"游历中国各地，他找到了中国画的源泉——自然风物，这使他获得了中国画的真髓，从而开创了新风。为此，雪舟深有感触地说："中国的自然风物就是我最好的老师。"

当雪舟来到中国的时候，中国绘画已经基本上突破了南宋末期形成的某些固定的形式和风格，开始了一个新的变化——在水墨苍劲、减笔泼墨的传统基础之上，经由元四家的发展而朝着水墨写意山水的方向迈进。这个客观的事实，摆在对于马远、夏圭、牧溪、玉涧诸家艺术深浅有得的雪舟面前，就不能不成为一个新的课题。1495年（明弘治八年，日本明应四年）雪舟76岁时，他为弟子宗渊画了一幅《烟雨山水图》，下款写着"四明天童第一座老境七十六翁雪舟书"。在这幅画中，雪舟用寥寥数笔淡墨，再加上几道浓墨的线条，即熟练地描绘出自然界的这一个小片段，既不失其崇高壮丽，也不失其稳重凝练。这种由宋代画家玉涧精心创造出来的破墨画法，在此已完全被雪舟的活泼有力的笔法所掌握。画幅上端还有他写的一篇长达218字的题记，其中有这样几句话：

> 余曾入大宋国，北涉大江，经齐鲁郊，至于洛求画帅。虽然，挥染清拔之者，稀也。于兹，长有声并李在二人得时名，相随传设色之旨，兼破墨之法。尊挚而归本邦也。熟悉吾祖如拙、周文两翁制作楷模，皆一乘前辈，非敢予增损也。历览支绥之间，而弥仰两翁心识之高妙者乎？

从这段极其重要的题语中可以看出，由于当时"挥染清拔"的画家很少，所以雪舟对中国之行似乎还感到一定程度的遗憾。

通过访明，雪舟的画风发生了巨变。雪舟访明，不仅在雪舟本人的绘画生涯中而且在日本绘画史上，是值得回忆的大事件。他访问中国两年间取得的杰出成就，使其在日本画坛和禅界赢得巨大声望。中国绘画的泼墨山水画、扇面仿古画等多种形式，都是雪舟访明后带回日本的。雪舟还运用中国画"师法自然"的理论来指导日本的绘画实践，帮助当时日本的绘画界摆脱宗教束缚，克服布局千篇一律的旧俗，力创新风，使清纯自然的山水画成为日本室町时代画坛的主流。雪舟返国以后，以将近40年顽强的艺术创作，奠定了日本山水画的宏固基础，并从而促成了日本山水画的勃兴。

雪舟是一位多才多艺、性格独特的画家，他不但擅长山水，而且也擅画人物和花鸟，且皆有名作传世。他的人物画，如《益田兼尧像》《惠可断臂》等，人物形神兼备，栩栩如生，克服了长期以来日本肖像人物画比例失当、形象呆滞的缺点。

《山水图长卷》完成于1486年（明成化二十二年，日本文明十八年），是雪舟返国近20年后67岁时所作，是他山水画中最有代表性的作品。它的规模之大、气象之雄、内容之富、感人之深，是世界风景名画中足与南宋夏圭《长江万里图》并美的杰作，是日本镰仓时代以来绘画遗产中的瑰宝，是日本画家对世界造型艺术所做出的重要贡献之一。

　　雪舟的作品结构气魄雄大，笔墨雄劲豪放，气势磅礴，遂开宗派。他是日本水墨画之集大成者，云谷派的创始人，后继的雪村、秋月、宗渊等，都以雪舟为师，形成日本画坛上水墨画的鼎盛时代。日本文化史评价雪舟为"日本水墨画始祖"，尊其为"千古之一人""古今之画圣"。

五、规模庞大的遣明使团

　　1392年，幕府将军足利义满促成了南北朝的统一。应永八年（1401），筑紫商人肥富从明朝回国，以两国交往有利劝说足利义满。而义满完成了南北朝

▲ 日本《遣明船图》

统一的大业后要着手实行新的措施，正苦于财源枯竭，所以欣然采纳了这一建议。遂派这位肥富和近侍僧人祖阿为正、副使臣，持国书贡礼赴明，拜见明惠帝，并送还被倭寇掠留的明人数名。翌年，惠帝遣僧道彝天伦、一庵一如为使访日兼送日使。道彝天伦和一庵一如在京都逗留约半年。在这期间，他们和五山僧侣有所往来。次年（1403）回国时，义满又派遣明使，以坚中圭密为正使，辅以梵云、明空二僧，一行300余人赴南京。根据日本使臣的要求，两国签订了《永乐贸易条约》，允许"日本十年一贡，人止二百，船止二艘"，从此开始了两国之间的"勘合贸易"。为了方便日本来贡，明成祖还赏赐给日本两艘船只，专为入贡用。

勘合贸易是一种"朝贡贸易"，负责押送勘合贸易船的日本官方代表，明人通常称之为"日本朝贡使"，而近代以来有些史学家因勘合贸易而将他们称为"勘合贸易使"，也有人称他们为"遣明使"。"遣明使"的范围似乎更广泛一些，包括实行勘合贸易之前来华的日本使节。自1401年始派至1551年废止前后150年间，日本总共派出遣明使19次，与从前日本朝廷任命的遣唐使次数恰好相等。遣明使可以说是遣唐使的延续和发展，都是日本派往中国的和平友好使者，都为巩固和发展中日交往、扩大和加强两国经济文化交流做出了卓越的贡献。不过，遣唐使虽也兼有来华贸易的任务，但更重要的是外交和学习任务，而遣明使后来渐以贸易为主要任务。由于造船和航海技术水平的差异，遣唐使遇难者很多，遣明使则往来自如，没有发生海难事件。此外，就使团规模和往来频次而言，遣明使也远远胜过遣唐使。

遣明使团由正使、副使、纲司、居座、土官、从僧、通事、总船头等组成。正、副使由幕府将军任命，几乎均为当时名僧。通事多为日籍汉人。另有"客人众"（被招徕参加朝贡贸易的客商）、"从商"（客人众招请的商人）等民间人员，每船三五十人，加上船员，每船官方民间人员约为百人。一号大船可乘180至200人。使团全员（包括客商）多在300人以上。景泰四年（1453）入明的第十一次遣明使团全员多达1200人。

遣明使到中国后便受到热情款待。明朝在宁波设市舶提举司，负责日本朝贡等事宜。遣明使船至宁波后，地方官员率彩船鸣鼓角相迎。提举司逐级上报明政府，等候批准进京人员及时间。礼部批准进京的回复到达后，立即按规定安排人员进京。到北京后，日使在奉天殿朝见皇帝，上表进贡，皇帝劳问并赐宴，礼仪略如唐朝之待日本遣唐使。日使离京后，沿途亦可进行贸易活动。

日本遣明使团的成员中不乏学识渊博的人物。

应仁二年（1468）伴随遣明使天与清启以土官身份入明的桂庵玄树，是临济宗的僧侣，别号岛阴，早年于京都五山研习内外典，长于宋学。入明后，曾入燕京谒明宪宗，为帝赋诗，深受嘉赏。他泛游于苏杭之间，师事硕德，潜心于诗书经释及朱子之学，每成一诗，便传诵艺林之中，享有盛唐之风的赞誉。1473年回国后，为了躲避应仁之乱，乃滞留于石见、筑后、肥前等地，克行释奠（祭祀孔子的仪式）、讲授儒学。1478年，被岛津忠昌延聘至萨摩的桂树庵讲学，间接开创了以后萨南学派的学统。各地前来听玄树讲学的学人很多。他把方秀的"和训"方法加以改进，授予门人，后人称为"桂庵和尚家法和点"。他刊刻《四书新注》（为日本最早的四书注本），成为江户时代朱子学勃兴的基础。

了庵桂悟是永正八年（1511）奉幕府将军足利义证之命而入华的遣明使。了庵桂悟属临济宗，常住于东福寺、南禅寺，除精内典外，尚通《周易》及《庄子》，故公卿、学者皈依者众多。他出使中国时，已是83岁高龄。他充分发挥外交才能，不仅使两国贸易顺利完成，而且深得明武宗的赏识，敕住宁波育王山广利寺。

了庵桂悟在明6年，与明朝士大夫及文人墨客多有交往。1513年（明正德八年）的春天，王阳明途经育王山广利寺，与了庵相见并深入交谈。《汉学纪源》就此事件称王阳明"就见，悟焉，感其学行"。在交谈中，了庵发现王阳明的心学思想与当时日本盛传的朱子理学大为不同，"心即理""致良知""知行合一"这些命题及其阐述几乎与朱子理学分庭抗礼。这使了庵大为吃惊。不久，了庵即将东归时，儒林名士赠言惜别。王阳明乃作《送日本正使了庵和尚归国序》。

在中日文化交流史上，日本学者会见中国儒学宗派祖师，这是仅有的一次，无疑是一段重要的插曲。了庵由于年事已高，回国后不久就去世了，所以未见得他在传播阳明学上有什么作为。但是，日本学者极重视了庵与王阳明的这次会见，认为"日本阳明学之传，从了庵桂悟开始"。许多学者都指出，这次会见可以看作阳明学传入日本之端绪。

了庵桂悟入明所率领的是一个庞大的使团，有近700人。他们在苏州停留期间，也与当地的文人有频繁的交流与互动。不少中国文人为日本使臣作诗赠别，题写序跋。当时著名画家唐寅正住在苏州所建的桃花庵别业，潜心专研书画艺术。现在留存下来的有唐寅为日本使团成员彦九郎所写的赠别诗一首，这首诗写道：

> 萍踪两度到中华，归国凭将涉历夸。
>
> 剑佩丁年朝帝扆，星晨午夜拂仙槎。
>
> 骊歌送别三年客，鲸海遄征万里家。
>
> 此行倘有重来便，须折琅玕一朵花。

此外，唐寅的好友祝允明曾作有《和日本僧省佐咏其国中源氏园中白樱花》和《答日本使》。钱谦益《列朝诗集》引沈润卿《吏隐录》说，日本使者来华朝贡，经过苏州，其中有一位名叫左省（系"省佐"之误）的僧人，曾特意拜访祝允明而未遇，与沈氏兄弟相逢。这位日本僧人不会说汉语，但懂汉文，能作笔谈。笔谈中说到他10年前就到过祝允明家。

日本最后一位入明正使策彦周良是京都嵯峨天龙寺塔头妙智院第三世和尚。周良华学深厚，文思滂沛，有威仪文学，能诗善书，诗文高妙，堪称"五山文学"后期之代表。明嘉靖状元、翰林院侍读学士姚来唯称："读其文，有班马之余风也；诵其诗，有二唐之遗响也。""班马"指汉代班固、司马迁，"二唐"即唐代韩愈、柳宗元，意思是说周良诗文传承了汉唐著名文学家的风格。

策彦周良以遣明使资格两次入明：第一次于嘉靖十八年（1539）三月初，周良为副使，从正使博多新篁院湖心硕鼎入明。事实上，正使之实务俱委之周良。迨初渡功成，返还京都，周良名声大扬。天龙寺、圆觉寺请以首席任，他都拒绝，后因盛情难却，终挂衔名誉住持、法会主宰。基于周良初渡成功的声望及其通贸外交经验，再渡入明朝贡的使命，遂又落肩于周良。第二次于嘉靖二十六年（1547）二月初，周良为正使，偕副使钧云入明。在京师，周良颇受明廷厚恩款待，嘉靖帝对其"宠招二三日之外"，不仅临朝亲赐御诗，而且"又于上林苑赐御宴"吟诗唱和。周良对此感恩戴德，连连献诗。

嘉靖帝对周良的贤才十分赞赏，也先后赐御诗3首。

周良凭借这两次访问明朝的经历，写下了《初渡集》和《再渡集》，记载了他在中国的见闻。周良回国时，宁波文人画家柯雨窗作书画《衣锦荣归图》，福建提刑按察司副使黄允中撰写了《赠怡斋禅师衣锦荣归序》，文人魏一卿、赵德馨、何用中、汪汝器、王凤鸣、高汉臣、朱世美、金大卿、杨济民、柯雨窗等分别赋诗送行。柯雨窗另外又写了《赠怡斋禅师衣锦荣归赋》，以示惜别之情。

担任外交使命的入明僧一般都到明朝的京城朝拜明朝壮丽的宫阙。据《碧山日录》记载，当时的遣明使，以朝拜辉煌的宫阙为荣耀，以泛游中国壮丽的山水为快事。从宁波往返北京，

△ 策彦周良像

沿途经过余姚、绍兴、萧山、杭州、嘉兴、苏州、无锡、镇江、扬州、淮安、彭城、济宁、济南等地。他们随处停留，畅游"金山、焦山、灵隐、天竺、甘露、育王、寒山等诸寺"，领略"扬子江白鹭洲之风致"。每当遣明使一行回国时，都带回很多典籍，对日本的诗文学和儒学不断给予清新的刺激。

六、"唐船持渡书"

汉籍流传日本，是中华文化向日本传播的主要载体之一。遣唐使以及遣唐留学生和学问僧每次回日本，都要带回大量汉籍与佛经。以后入宋、入元和入明的日本僧人也不断从中国搜购大量书籍、经卷回国。至江户时代，汉籍流传日本的数量和品种都远远超过以往各代，形成汉籍东传的一次高潮。

江户时代汉籍东传的一个不同于以往各代的显著特点，主要是通过商业渠道，以商品的形式在中日两国商人中进行贸易买卖。江户时代赴日的中国商船，经常携带大批中国书籍到日本出售，成为对日贸易的一大宗货物。日本把这些书称为"唐船持渡书"。

江户时代赴日商船带往日本的汉籍数量相当大，往往一艘船就有上百种甚至几百部之多。日本承应元年（1652），据长崎书物目利的报告，该年内由清商船运至长崎的中国书籍达219箱。据日本学者大庭脩统计，正德元年（1711）五十一号运送书籍的商船，经长崎输入的中国书籍，见载于宫内厅书陵部《舶载书目》第九册上，有86种，合计1100余册，装在40只书箱中，是数量比较大的一次。

贞享三年（1686）正月，中国福建船主郭斗悬的商船遭遇风暴漂流到对马番，据《清客新话》记载，船上载有45套"廿一史"。如果把45套"廿一史"换算成册数的话，数量就很惊人了。一部明嘉靖刻本"廿一史"卷数就达2879卷，45套达129555卷。如果不是日本市场有巨量需求的话，运送这么多的书籍实在是不可想象。宝历三年（1753），一艘南京船因遭风暴，漂至日本丈八岛。途中为减轻船的重量，将800包货物抛入大海，仅留下珍贵书籍21箱。这些珍

∧ 日本江户时代《唐馆书房之图》

∧ 日本江户时代《唐船之图》

贵书籍包括《明史稿》《明史》《大明一统志》《大明会典》《皇明大政纪》《资治通鉴》《历代名臣奏议》《正续太平广记》《文献通考》《性理大全》《医宗金鉴》及各种小说、笔记、诗文、地方志等，合计441种12082册。

中国商船于长崎港入境，需向日本官方申报货物品名。其中载运的文献典籍，开示清单，独立成册，称为"赍来书目"，实际上是中国商人的"报关书目单"。日本幕府在长崎奉行之下，设有书物改役一职，由精通汉籍的官员担任，专门负责进口中国书籍的事务。他们留下了大量的进口汉籍账目，即"书籍元账"，上面详细登记了年份、中国商船的编号、船主姓名以及进口汉籍的书名、部数、套数、价格等，有时还注明此书被何人买走，对某些汉籍还作了内容提要。向井富是长崎第三代书物改役，从祖先向井元升起，其家累代负责汉籍进口工作。文化元年（1804），向井富"据家藏旧记而辑录"《商舶载来书目》，记录了自元禄六年（1693）起至享和三年（1803）共111年间中国商船载典籍由长崎进口的书单细目。根据向井富的这份资料，在自1693年至1803年的

111年间，共有43艘中国商船在日本长崎港与日商进行汉籍贸易，共运输中国文献典籍4781种。这个数字远远超过了平安时代和五山时代中国文献典籍的进口量。①

赴日贸易商船带往日本的中国书籍不但数量大，而且内容丰富，经史子集应有尽有，还有不少佛经、碑帖、地方志等。例如嘉永二年（1849），中国三号商船带去的书籍，有《四书集编》《五经类编》《太平御览》《宋元通鉴》《明史稿》《东华录》《红楼梦》《廿四家文

▲ 江户时代日本出版的汉籍

钞》《说文解字》《康熙字典》《曹娥碑》《考古类编》《朱子全书》《日知录》《圣武记》《历代帝王考》《本草备要》《小儿推拿》《千字文》《三字经》《百家姓》等，近300种书。②其中许多都是很有价值的典籍、历史著作和文学作品。

16世纪末，丰臣秀吉的养子丰臣秀次随丰臣军出征时，将足利学校连同藏书一起运往京都。又将原藏于金泽文库的包括宋元版的全部藏书，称名寺的宋版经卷、镰仓古寺院的大量墨宝，也一并带回京都。丰臣的家将们也协助秀次搜集，将万历朝鲜战争中从朝鲜半岛掠夺的朝鲜古籍和宋版书提供给秀次。秀次因此成为16世纪末日本最大的藏书家。德川家康打败丰臣氏夺取了幕府的领导权后，秀次的藏书尽归德川。

---

① 严绍璗著：《汉籍在日本的流布研究》，江苏古籍出版社1992年版，第59—60页。

② 〔日〕大庭脩著：《江户时代唐船持渡书研究》，载王晓秋著《近代中日文化交流史》，中华书局1992年版，第20页。

⋀ 日本江户时代《唐船入津之图》

德川家康在江户的富士见亭特地设立一座文库，1633年设置书物奉行一职管理图书。1639年将图书迁移到江户城内的红叶山新建的文库，此后始有"红叶山御文库"之称，其雅号也称作"枫山文库""枫山秘府"等。这一文库一方面着力于搜集五山时代掌握在僧侣手中的一部分汉籍，特别是其中的善本；另一方面主要是通过书商的渠道，直接从中国购买。江户时代经商船运往日本的中国文献典籍，有一部分即藏于该文库，现称"枫山官库藏本"。

在长崎，载有书籍的中国商船到岸后并不能马上进行交易。1630年，日本政府颁布了禁书令，目的是禁止西方有关基督教和科学的中文译著进入日本。所以，中国船只靠岸后，幕府的官员先对进口的书籍进行检查。经过检查程序之后，这些中国书籍就被一些人优先取得，首先入藏幕府的红叶山文库。幕府设有专门采购的人员负责挑选书籍。幕府还提出具体的订书单，交给中国的商人去采购。

在幕府挑选完商船运来的图书后，优先挑选书籍的还有在尾张、纪伊和常陆三省统称为"御三家"的德川家族的领主们、幕府的重要人物、宫廷的达官显贵等。

在他们挑选之后，其余书籍的批发价由负责商务的长崎会决定，由堺市、长崎、京都、大阪和江户5个城市的批发商人竞拍买得。大部分书籍都流入后面3个城市的书店之中，这些书店中有一小部分称为"唐本屋"，专门从事从中国大陆进口书籍的买卖。

七、长崎"唐三寺"

在江户时代，长崎成为中国商船唯一的停泊之地，这里逐渐形成了一个华人聚居区即"唐人坊"。经来日的中国商人和其他华人共同商议，先后在长崎修建了兴福寺（南京寺）、福济寺（漳州寺）、崇福寺（福州寺），即所谓"唐三寺"。

兴福寺建于元和九年（1623），由南京籍船主等创建，又称"南京寺"，请渡日明僧真圆住持。真圆本是江西浮梁巨商，因当时国内局势危急，流寓长崎，以其全部资财建立寺院。兴福寺自开山以来，直到1734年为止，连续十代住持都是从中国延聘高僧。后因为中日交通阻断，中国僧侣无法渡日，遂改日僧为监寺，而住持一职空缺。其他两大寺的情况也是如此。

福济寺建于宽永五年（1628），由福建漳州籍船主集资创建。这一年，福建泉州僧人觉海与弟子来日，在长崎市筑后町结庵供奉天后妈祖。1649年，受泉州出身的侨民的邀请，泉州紫云山开元寺僧人蕴谦戒琬来日，担任福济寺住持，正式修建了寺院的各种建筑。福济寺由当时的福建侨民特别是泉州和漳州出身的侨民修建。由于信徒也主要是闽南侨民，所以又被称为"泉州寺"或"漳州寺"。福济寺属于黄檗宗。

崇福寺建于宽永六年（1629），由旅居长崎的福建侨民从福州聘请福州籍的僧人超然来日，于1635年建成崇福寺，并由超然担任住持至其圆寂。因为信徒多为福

▲ 长崎港贸易船出航仪式

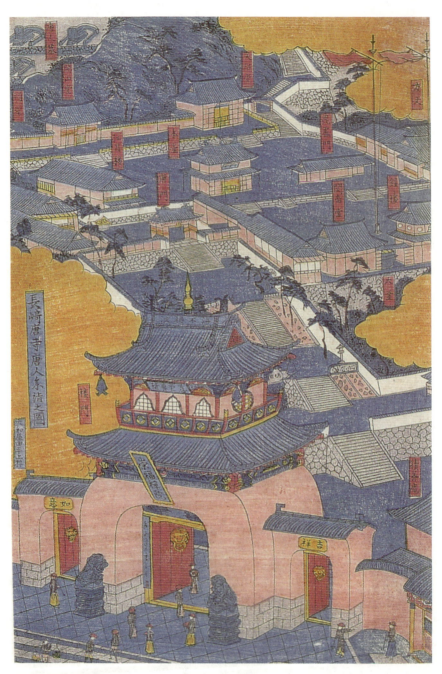

△ 日本长崎崇福寺版画

州侨民，所以又被称为"福州寺"。崇福寺由超然开基，到第五代住持都是由福建出身的僧人担任，其中第四代住持是日本黄檗宗开基祖、来自福建福清的隐元隆琦。

此外，1678年，广州来的商人也在长崎创建圣福寺，俗称"广州寺"。圣福寺由铁心和

△ 日本长崎崇福寺龙宫门

尚开基。铁心，在长崎出生，父亲是福建人，母亲为日本人。后来铁心师从福济寺的木庵，归依黄檗宗。

△ 日本长崎崇福寺大雄宝殿

长崎的"唐三寺"和广州寺，长期从中国延聘高僧担任住持，由此也可见明末清初渡日僧人的数量之多。有统计显示，自顺治至康熙末年的70多年间，东渡高僧见于史籍的，达60余人，未见传记者则不知凡几。

"唐三寺"的建筑都由中国僧侣监工设计，采用纯粹的中国建筑样式。崇福寺的山门甚至是在漳州雕镂后运到长崎组装的。原来日本寺院中经堂的建筑样式与中国的大雄宝殿不同。"唐三寺"的大雄宝殿建成后，渐渐影响了日本寺庙的建筑风格。

八、隐元隆琦与"东黄檗"

在"唐三寺"邀请的高僧中，以隐元隆琦最为著名，他对日本文化影响也最大。隐元在华时，即为一代名僧。他29岁时在黄檗寺出家为僧。明代黄檗寺为东南名刹。当时隐元的盛名已风传日本。明亡后，明遗民东渡不绝，他们的宣扬使隐元在日本的名声大增。长崎兴福寺住持逸然性融禅师久慕隐元的大名，得到德川幕府的许可，遣僧聘隐元东渡弘法。清顺治八年（1651），隐元的弟子也嫩性圭应邀渡日，在途中遭遇风浪，不幸遇难。隐元闻此噩耗深为悼惜。此后，逸然和在家信众（檀越）连续托商船主甚至派专使给隐元送信和礼物，请他东渡传法，然而隐元开始以年老等为由一再复信婉绝。最后隐元被对方的至诚感动，慨然曰："此乃子债父还也。"复信表示同意东渡传法。

顺治十一年（1654）五月，隐元让寺院法席于弟子慧门如沛，以63岁高龄，率弟子数人启程。隐元初抵日本长崎，受到当地佛教界的热情接待。逸然率僧俗信众把隐元一行请进兴福寺。

隐元首先开法于兴福寺，越年移崇福寺，从此往来于兴福与崇福两寺间，讲经说法，领众修禅。像隐元禅师这样德高望重而又禅定功深的高僧来到日本，佛徒们都感到欣喜无量，称他是"古佛西来"。在他的带领下，长崎"唐三寺"大兴坐禅修行之风。日本曹洞宗、临济宗以及其他宗派的僧侣也有许多人相继到他门下受教。

万治元年（1658）九月，应幕府的邀请，隐元在日僧龙溪宗潜陪同下到江户传法，住入天泽寺。万治二年（1659）六月，德川家纲下令允准隐元在京都择地建寺传法。隐元选择在京都南边的太和山建寺，在幕府的直接过问和支持下，于宽文元年（1661）八月将寺初步建成。隐元为不忘本，以福清黄檗寺之名命名，寺额为"黄檗山万福禅寺"。从此有"西黄檗"（"古黄檗"）和"东黄檗"（"新黄檗"）之称。

隐元及其弟子建设的京都黄檗寺，以法堂为中心，左右建有方丈室、开山寿塔、禅堂、钟楼、浴室等建筑，是一座庄严恢宏的寺院。隐元认为日本寺院造像"不甚如法"，特请福建的名匠范道生负责造像，命担任监院的弟子大眉性善督造，雕造了观音、韦陀、伽蓝祖师、达摩祖师、监斋、弥勒、十八罗汉等像，寺院造像精美，并且保持明代造像的风格。

宽文四年（1664）九月，隐元在东渡10年、住持新黄檗寺3年后，辞众退居于寺内的松隐堂，命弟子木庵性瑫担任住持。隐元的语录和著作甚多。由其门人记录编纂成书的共40余种，150多卷，有各种刊本和手抄本，300多年来在中日两国流传不替。

隐元在法系上属于中国临济宗杨岐派。隐元在日本先后住持长崎兴福寺和

▲《隐元骑狮像》

崇福寺、摄津普门禅寺、宇治黄檗寺，向日本信众旗帜鲜明地宣告自己传承的临济宗法系。

隐元在承传中国临济宗精华时，以自己的聪明才智，不断吸收、消化和创新，逐渐形成了自己的思想体系。他所创建的黄檗宗以中国黄檗山万福寺为祖寺，它的堂、塔配置，仪式、法规等，都仿照中国明代风格。参禅念佛都用汉语，诵经也用汉音，饮食生活都保持中国式样，"有日本内地小中国之观"[1]。黄檗宗的宗旨简明扼要，宗规严格，符合禅门规范，比之日本临济、曹洞二宗的寺院更富有中国禅学风味。黄檗宗与临济宗、曹洞宗并称日本禅宗佛教三大宗派，而日本繁衍至今的13个佛教宗派以黄檗宗的传入而告齐备。

黄檗宗在日本的传播和发展，给日本佛教界以新的刺激。江户时代初期，日本禅宗已日呈颓败衰微之势。经历"应仁之乱"后，"五山十刹"受到破坏，临济宗的势力衰退，禅风败落。不过，此间寓居长崎的明朝侨民修建"唐三寺"，接待中国临济宗和黄檗派僧侣东渡，为日本禅宗带来了无限生机。隐元创黄檗宗，受到幕府及朝廷的支持，曹洞宗和临济宗的禅僧们也归附门下，一时宗风颇为兴盛，为已见衰微的禅宗开辟了新局面，使日本的禅宗文化获得了再度兴盛的生机。

由于以隐元为首的黄檗宗僧人不仅精通禅理，自创一宗，而且在建筑、雕塑、绘画、书法、篆刻等各方面都颇有造诣，并将明代的艺术风格传到日本，故有"黄檗文化"之称。他们对当时日本禅学、医学、书法、绘画、音乐、诗词、习俗影响甚大。隐元在万福寺内开设门诊，传播中草药医术。日本的痘科医术，就是由黄檗弟子传授而建立的。隐元把"煎茶道"技术带到日本，他被奉为茶道中兴祖师。日本煎茶道总部就设在宇治万福寺内。隐元带去的中国蔬菜的种子，被称为"隐元菜""隐元豆"。新黄檗寺中僧众所食用的唐式点心有"隐元豆腐""黄檗馒头"等中国风味食品，加上传去的中国式净素持斋、主客围桌共食等会餐形式，对日本人的生活也有一定影响。

---

[1]　梁容若著:《中日文化交流史论》，商务印书馆1985年版，第11页。

日本学者一致公认，自唐鉴真和尚建招提寺之后，隐元禅师创建的日本黄檗山万福寺也是人才荟萃、人才辈出之处。隐元东渡时，随行的工匠、鞋匠等被称为"黄檗众"，成为中国书法、绘画、雕刻、建筑等文化的移植人，对于日本文化起了提振的作用。

九、朱舜水与水户学派

明清易代之际，有不少中国学者文人为躲避战乱而东渡日本，他们都为传播中华文化发挥了很大作用。其中，影响最大的是朱舜水。

朱舜水早年就学于名儒，精通诗书，为江苏松江府学秀才。他具有很强的经世济民的愿望，并被周围的人们寄予了很高的期望，但因看到明末世道日非，国政日敝，慨然绝仕进之念。清兵入关后，他积极参加抗清复明的斗争，从39岁到55岁期间，他在"海外经营"中，通过海外贸易而从事筹集资金的活动，奔波于闽浙沿海及日本、安南、暹罗诸国，历尽艰辛。顺治七年（1650），朱舜水在去日本途中被清兵发现，清兵白刃合围，逼迫他髡发投降，他谈笑自若，视死如归。清顺治十六年（1659），朱舜水随郑成功军队北伐，兵败后，壮志未酬的朱舜水已经"饮泣十七载，鸡骨支离；十年呕血，形容毁瘠，面目枯黄"。他誓死不食清禄，不做顺民，毅然决然断绝归路，流寓日本做异域孤臣。此时他已是60岁的老人了。

∧ 朱舜水像

　　朱舜水抵长崎后，筑后柳川藩儒臣安东守约（省庵）钦其道德学问，拜其为师，并请长留日本。此后，一直到1682年朱舜水去世，他们的师生之谊持续了长达24年，始终如一。师生二人情深意笃，志同道合。省庵仕官之暇，穷微探赜，学术顿进，著有《三忠传》《耻斋漫录》等，成为江户时代著名儒家学者，被称为"关西之巨儒"。

　　此时的朱舜水终知复明无望，归国路绝，便流寓不归。朱舜水在日本念念不忘故国，以"单身寄孤岛，抱节比田横"自勉。身居异域，他依旧身着明服，常常面朝西方，遥望流泪。

　　朱舜水在长崎滞留6年。1664年，水户藩第二代藩主德川光国因慕朱舜水才德文行，特派儒臣小宅生顺到长崎拜访，第二年正式礼聘朱舜水到水户讲学。水户藩是日本江户时代的雄藩之一，位于常陆国（今日本茨城县中部及北部），藩厅是水户城。藩主是水户德川家，与尾张藩及纪州藩并列为德川"御三家"。德川光国是一位醉心于汉学、立志报国的贵族和儒学者，18岁时读《史记》中的《伯夷传》，立志成为像伯夷一样的人。德川光国待朱舜水以宾师之礼，经常向他请教或商讨国家施政方针、礼乐典章制度以及文化学术等方面的问题。朱舜水也知无不言，言传身教。德川光国接受朱舜水的建议，以儒家礼仪制定藩规；重实学，实行奖农政策；兴教育，广招贤士；修寺院，搞宗教改革。因其政绩显著，水户藩经济繁荣，社会安定，民风淳厚，在各藩中享有盛名。

　　朱舜水去世后，安东守约等人把朱舜水的遗著和在日本讲学期间的书札

⌃ 朱舜水亲自设计的"圆月桥"

问答编成28卷，由德川光国父子刻印成《朱舜水先生文集》。

朱舜水侨居日本20余年，致力于传播中华文化，对于促进中日两国文化交流、推动日本文化的发展，做出了很大贡献。有一位日本历史学家评价说："朱舜水来日后给日本文化带来的巨大影响，远远超过奈良时代双目失明的鉴真和尚。"[①]梁启超也曾指出，"朱舜水与日本近代文化极有关系，当时即已造就人才不少"，他称朱舜水为"日本文化之开辟人，唯一之国学输出者"。

朱舜水是一位才学超群、博古通今的学者，除了日讲程、朱之学外，诸凡天文、数理、历史、传记、文物、鸟兽花草等问题，他都能解答。朱舜水也是一位擅长科技和工艺的技师。他积极地把中国的有关工程设计、建筑术、农业园艺、医学种痘等方面的科学技术知识介绍给日本。

朱舜水对日本文化最重要的贡献，在于传播儒学思想。江户时代日本儒学思想的发展，与朱舜水积极培养儒学人才、大力传播儒学思想有一定的关系。

朱舜水针对当时日本"遍地皆佛""未闻有孔子之教"的情况，提出必须大力推行"儒教圣道"，强调"儒教得行，其居则安富尊荣，子弟则孝悌忠信，通国之君臣士庶，并受其福；不行则邪道浸淫，将来无所底止"。[②]他认为当时关键是要有人"以孔子之道教之"。他内心"慨然以斯文为己任"，决意在水户藩推行儒道。他收徒教学，大力传授"圣人之学"，广泛传播儒家思想文化。他广交朋友，"硕儒学生常造其门者，相与讨论讲习，善诱以道"，朋友学生"说《礼》《乐》，敦《诗》《书》"。朱舜水对自己的学生和前来求教的人，始终是满腔热忱，诚心相传，有问必答，诲人不倦。流传至今的朱舜水与日本各界人士的大量问答笔录，从经史文学、典章制度、修身处世、山川风

---

① 〔日〕道端良秀著：《日中佛教友好二千年史》，徐明、何燕生译，商务印书馆1992年版，第104页。

② 《朱舜水集》上册，中华书局1981年版，第98页。

▲ 朱舜水亲自设计的小石川后乐园大门

物、农田耕种，到国家之法、学问之方、简牍之式、器具之制，事无巨细，他无不尽力给予耐心的讲解和精辟的论述。他在水户讲学，声望远播，连一些白发老人也扶杖前来听讲，有的则是父子同入门下。日本学者都尊称他为"朱夫子"或"舜水先生"。

朱舜水广为传播儒家的礼仪文化，将儒家的礼仪制度极为详细地传播于水户藩，使"三代礼仪悉备于斯时"。他撰写了《太庙典礼仪》《诸侯五庙说》《释奠仪注》《墓祭议》等利益之文，教授《五庙之礼》等礼仪典式。同时，他教授制作了一些礼制祭器及明式衣冠。日本的孔子圣庙和朱舜水有很大关系，所有祭典的礼制，在日本叫"释莱"，也是朱舜水带去的明代礼制。现在日本东京最大的孔庙——汤岛圣堂也是根据朱舜水的《学宫图说》建造的，圣堂供奉的孔子像是朱舜水从舟山带去的三尊孔子像中的一尊。这尊孔子像曾传到大正天皇手中，后又从皇宫回到圣堂，成为日本国宝。另外两尊孔子像，一尊珍藏在柳川，一尊珍藏在安东守约第11代裔孙安东守仁家中。

朱舜水对江户时代儒学的朱子学派、古学派等都有一定影响。朱舜水的学生安东守约就是朱子学派的著名学者。古学派的代表人物山鹿素行、伊藤仁斋、荻生徂徕等人，都直接或间接受到朱舜水思想的影响。

朱舜水对日本学术思想的最大影响，是对水户学派的影响。甚至可以说，正是在朱舜水的直接培育下，才有了日本的水户学派。

"水户学"是以水户藩主德川光国为首，以编纂《大日本史》为中心而发展起来的学派与学说体系，以提倡巩固封建社会制度的"大义名分"著称。朱舜水在水户讲学，倡言读史有裨于治道。德川光国在他的影响下，发扬舜水重史、尊史、尚史的思想，开设史局，主持《大日本史》的编纂工作，并聘请朱舜水为顾问。当时，德川幕府也支持修史活动。1672年，史局移到江户，开设"彰考馆"，编史事业更加顺利。当时主持修史的人，从德川光国开始，安积觉、栗山潜峰、三宅观澜等负责主持修史的主要人物，都是朱舜水的门人。后来今井弘

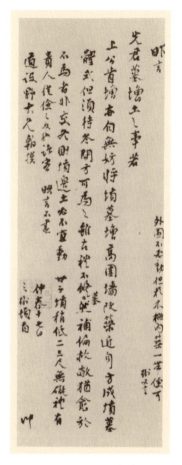

△ 朱舜水墨迹

济、五十川刚伯、服部其衷、下川三省等人先后成了朱舜水的近身弟子。

在德川光国在世期间，《大日本史》没有完成，待其全部完成已经到了明治三十年（1897），于明治三十九年（1906）出版，前后竟然耗费200多年。当维新前后明治政府发布"废藩置县"政策时，编史都没有停止，最后变成水户德川家的个人事业。

水户学派"大义名分"思想成为明治维新尊王攘夷运动的意识形态支柱。所以，有的日本学者指出："打破德川江户幕府三百年的封建统治，建立惊天动地的维新大业，使日本与世界各国为伍，成为现代国家的一员，正

是由于朱舜水思想所使然。"[①]朱舜水也因此被认为是日本明治维新运动的先导者。

十、明清小说在日本的流传

江户时代是日本文学繁荣发展的时期。江户文学的繁荣在很大程度上也得益于中日文化交流，得益于中国文学的流传和影响。日本江户文坛，曾经以巨大的热情和力量来学习中国明清时代的文艺，特别是话本和长篇小说。

中国文学对江户时代日本文学的影响，主要的一个渠道是明清小说和其他文学作品的大量流传。在江户时代的中日贸易中，汉籍是输入日本的主要商品之一，其中有大量的文学作品，特别是话本和长篇小说，如"三言""二拍"，以及《今古奇观》《水浒传》《三国演义》《女仙外史》《金瓶梅》《红楼梦》和各种话本等。

据保存下来的长崎港《舶载书目》载录的汉籍情况，江户初期进口的汉籍绝大部分是儒家经典和诗文集，通俗小说数量很少，这和当时清朝对于通俗小说的多次禁毁令有关，也与江户幕府初年对于输入图书实行较为严厉的审查制度有关。但是到了享保年间（大致相当于中国清朝雍正年间），中日双方对于通俗小说的禁令实际上都大为松动，于是一批又一批的中国通俗小说在中国刊印，又通过商船源源不断地输入日本。仅宝历四年（乾隆十九年，1754）就记载有30多部通俗小说进入日本。

整个江户时代一共有多少中国小说输入了日本，至今还没有办法进行精确的统计，但是研究界一致公认输入的通俗小说数量是很大的。当时中国商人曾说过，中国的通俗小说"十之八九"都已经输入日本。在京都、大阪、江户等大城市的书肆中可以找到各种各样的中国通俗小说。据日本学者大庭脩统

---

① 〔日〕道端良秀著：《日中佛教友好二千年史》，徐明、何燕生译，商务印书馆1992年版，第104页。

计，仅江户中期从长崎港上岸的中国通俗小说数量就在200种以上。

中国小说刚开始进入日本时，只有极少数具有较高汉文修养的贵族学者和僧侣有能力购买和阅读，他们往往是直接阅读中国小说的原典。江户中期之后，幕府的禁书令有所松动，贵族和文人阶层中出现学习中国话的热潮，于是通俗小说便逐渐成为汉语口语的教材。在这样的学习热潮中，中国通俗小说的输入量大增，但仍然不能满足图书市场上求书者的需要。于是日本书商们便开始策划中国通俗小说的和刻本，也就是在日本重新刻印这些中国小说。既然重新刻印，就要按照传统汉诗文阅读的训读法，在中国小说的原文旁边加上一些符号，这样可以让中文水平不高的读者能基本上看懂小说的内容。经过训读法处理的汉文小说，虽然从语法的顺序上看是日语，但是仍保留着原

△ 日本江户时代后期松平定信《花鸟图》

文的汉语形态，还是让普通日本民众感到阅读困难。于是到了江户后期，书商们聘请汉学家对中国小说在训读的基础上再加以节译，于是出现了中国小说的翻译本，这样就基本扫除了语言障碍，让汉文小说变得通俗易懂。一般的日本民众即使不懂汉语，也可以凭借训读译文欣赏中国小说的精彩内容。像《水浒传》《西游记》《三国演义》《醉菩提全传》《隋炀帝外史》《女仙列

传》《醒世恒言》《西湖佳话》《平妖传》《今古奇观》等著名通俗小说，都用这样的方式在日本多次刊印，也使得中国通俗小说在日本社会逐步深入人心。明治初年，江户时代翻刻过的中国小说，仍在继续出版。不少书屋都在销售中国书籍。

在唐代，玄奘西域取经的故事已经传入日本。吴承恩《西游记》问世后，很快传到日本。《西游记》成为江户时代学习中国话的通事们的教学参考书。日本还是最早翻译《西游记》的国家之一。早在1756年，就有了《西游记》的抄译本《西游记劝化抄》。1758年，由西天维则（口木山人）翻译的《通俗西游记》初编本问世。此后经历了4代人70多年的努力，直到1831年，《西游记》的大部分日译工作才基本完成。全本的《西游记》译本，是1837年完成的《画本西游记》，又称《绘本西游记》，这是后来流传最广的权威译本，也是最受欢迎的读物之一。

据日本学者研究，《红楼梦》一书是在1793年从浙江的乍浦传入日本的。据日本长崎对华贸易从事村上家的私人文书"发货账本"记载，1793年11月23日，南京王开泰的"寅贰号"船由浙江乍浦出发，12月9日抵达长崎港。这艘船上载有中国各类图书67种，出纳账目录上第61种是"《红楼梦》，九部十八套"。这时，距《红楼梦》程甲本刊行刚刚两年，程乙本刊行刚刚一年多。该目录中只有"红楼梦"字样，版本尚不明确。但从船的出航地和发行的部数可推测，该书是苏州版的《绣像红楼梦全传》。1803年，又有"亥七号"船载《绣像红楼梦》（袖珍）2部各4套到日本的记载。日本红学学者伊藤漱平认为该书是东观阁在江南（南京）重新翻刻的本衙藏本。

《红楼梦》传入日本后，引起日本文人学者的极大兴趣。1836年，日本作家龙泽马琴记载了他借阅《红楼梦》的情形。他在给友人的信中说：

> 近期，我忽然要读《红楼梦》，便到四方书店购买。不巧，均已售空。无奈，只好借您珍藏的《红楼梦》暂读，实为抱歉。二函都寄来更好，一函一函地借阅亦可。眼下正值暑假，很想借机一读。望在六月中

旬，您方便的时候寄来为好。①

他在另一封致友人的信中又说：

> 恩借《红楼梦》一事，不胜感激之至。我力争年内奉还。筱斋翁江的书信中亦有此项记载：这不是一本须臾不得离开的书，很早就搁置在那里。不久，择一适当时机，敬请收执。我十分钦佩您的热心诚恳。怎奈老眼昏花，小字唐本读起来十分吃力。
>
> 前几天晾书时，偶翻《二度梅》，虽说读来十分吃力，却爱不释手。《红楼梦》亦如此，都是些我爱读的书。待来年春暖花开时，抽暇一一细读。以前曾用一年的时间读过，今已遗忘大半，不再读实在遗憾。只要您不催还，我是一定要从容读下去的。谢谢，再叙。②

18世纪中期，中国明清白话小说作品在日本市井庶民中广泛流传。为了使读者能够较方便地读懂中国文学作品，大阪书林曾为"初读舶来小说者"编辑了一部中国俗语辞书——《小说字汇》。这部工具书征引了流传于市巷常见的以白话小说为主的各类文学作品159种，由此可见当时传入日本的明清小说品种之多，流传之广泛。

中国通俗小说在日本社会广泛流传之后，日本的文人也开始撰写汉文小说，这就促进日本汉文小说创作走向了兴盛。

改编中国小说是江户时代文人学者富有艺术想象力的再创造，他们往往是在日本社会历史文化的背景下撰写汉文小说，借用了中国小说中的情节和矛盾冲突，根据日本的情况加以改编，贴近日本民众审美习惯，也适合了日本读者的阅读口味，从而写出了大量普通百姓喜闻乐见的日本汉文小说。这样一步

---

① 引自胡文彬著：《〈红楼梦〉在国外》，中华书局1993年版，第6页。
② 引自胡文彬著：《〈红楼梦〉在国外》，中华书局1993年版，第7页。

步地推进，使得中国通俗小说逐渐被日本民众所接受，也使得汉文小说的创作逐渐向日本化的方向发展。

在传入日本的许多中国小说中，对江户文学产生重大影响的主要有三部书：《剪灯新话》、《古今小说》（确切地说是"三言""二拍"）和《水浒传》。

《剪灯新话》传入日本的时间，大约在 15 世纪中期。庆长年间（1596—1614），《剪灯新话》的日本活字排印本问世。元和年间（1615—1623），又有活字本问世。

《剪灯新话》在日本的流传，对江户时代的日本文学产生了很大影响。这种影响首先表现在为"假名草子"的创作提供了素材和借鉴。假名草子是江户时代初期流行的一种小说故事类作品，因以假名与汉文混杂写作为特点，故称"假名草子"。假名草子的代表作品是浅井了意的《御伽婢子》，收录 67 篇传奇故事，有 17 篇取材于《剪灯新话》，2 篇取材于《剪灯余话》。这些作品在原作故事背景、人物、情节的基础上，按照日本民族的美学欣赏观念，重新构思，再行创作。

"三言""二拍"也是对江户时代日本文学产生重大影响的作品。据考，《初刻拍案惊奇》《醒世恒言》《警世通言》和收有 29 篇"三言"、11 篇"二拍"作品的明人话本集《今古奇观》，至迟在 18 世纪二三十年代分别由商船输入日本，此后 100 年间从未间断过，深为日本读者喜爱。

"三言""二拍"对日本"读本"文学的出现有直接的影响。"读本"是江户时代以中国白话小说为范本而写作的一种通俗文学形式。前期读本代表作家是都贺庭钟，他的主要作品有《古今奇谈·英草纸》《古今奇谈·繁野话》《古今奇谈·莠句册》等，大都改写自中国传奇故事，其中多以"三言""二拍"为蓝本，或忠实地沿用了原故事情节，或适当攫取原文的部分内容，使之日本化。都贺庭钟的读本具有特殊的风格：在俗语中注入雅词，即俗为雅，形成高雅的文体；铺陈历史背景，设计波澜曲折的情节；结构前后照应力求紧密；人物具有鲜明的性格；故事中注入思想性。这些特点，除即俗入雅外，都源于中国明代短篇白话小说的艺术特色，由此形成日本读本的创作原则。

日本曾经出现过反映战争题材的被称为"军记物语"的文学形式。在江户时代,中国历史演义小说特别是《三国演义》传入日本后,引起了许多日本文人的兴趣,遂编译成"中国军谈",来满足那些不能读懂汉文史籍又希望了解中国历史的人们的愿望。于是,在数十年内,出现了一大批以中国史籍和历代演义为题材改编而成的"中国军谈"文学。

《水浒传》是在江户初期的两国贸易中经长崎港输入日本的。根据《舶载书目》的记载,当时中国一艘运载书籍的商船,最多载有一两部《水浒传》。因此江户初期运抵日本的《水浒传》几乎被日本幕府的将军和大名所网罗,收入他们的私家藏书库,普通民众很难接触到这部名著。

江户中期以后,中国运载书籍的船只数量有所增加,同时江户初期收藏于红叶山文库的御用中国书籍陆续翻刻成官版,《水浒传》开始逐步流传到日本文人和学者手中,随着当时研究"唐音·唐话学"的热潮迅速在儒学界传播开来,很多知名学者如荻生徂徕、伊藤仁斋、伊藤东涯、林义端、陶山南涛、冈白驹、皆川淇园、清田儋叟等都是《水浒传》的读者。荻生徂徕于宝永二年(1705)首先提出:"应将《水浒传》作为学习华语的教材之一。"清田儋叟也说:"俗文之书虽多,但如能读通《水浒传》,其余则势如破竹。"

第一位从事《水浒传》日译的是冈岛冠山。冈岛冠山原来在长崎当汉语翻译,后来在大阪、京都、东京等大城市开设私塾,以传授汉语口语的"讲说为业"。冈岛冠山还从事中国白话文学的译介工作,一生翻译的中国白话小说及著述日本人学习汉语用的教科书、辞书达20种。他以和文训译了《忠义水浒传》4卷10回和《通俗忠义水浒传》70回,此二书均在宝历七

▲ 日本彩绘山茶纹大酒壶,江户时代初期

年（1757）刊行，大受市民欢迎。正是冈岛冠山第一次把《水浒传》翻译成日文，使他在江户文学史上享有盛名，也为江户时代出现的"水浒热"起到了开创性的作用。

继《通俗忠义水浒传》之后，日本出现了一批翻译和编写中国文学的作品，如《通俗西游记》《通俗醉菩提》《通俗平妖传》《通俗隋炀帝外史》《通俗女仙外史》等。另外，还有一些详解《水浒传》中俗语、俚语等白话词汇的工具书编辑出版，为《水浒传》的传播推广提供了有利条件。

到19世纪初的文化三年（1806），一部影响较大的《水浒传》译著问世，这就是著名作家龙泽马琴的《新编水浒画传》。此书可以说是将《水浒传》的翻译、和训及插绘融于一体的集大成之作。它吸收了冠山原译本与和训本的长处，又尽可能将书中俗语译成日本的俚语、俗语，并运用假名标注和训，把翻译与和训合二为一。这部《新编水浒画传》由著名画家葛饰北斋执笔绘画，突出了"画"与"传"的并驾齐驱，既反映了明朝后期发展起来的中国"绣像"小说的特点，又继承了日本中世纪以来"绘物语"的文学传统。这部《新编水浒画传》通俗易懂，一经出版，便受到各界读者的热烈欢迎。

据初步统计，自江户时代至中日甲午战争以前的300年间，日译汉籍约有120种，其中中国文学作品占到90%，《水浒传》《三国演义》《西游记》《红楼梦》，还有"三言""二拍"等古典名著几乎全部被翻译成日文。其中，《水浒传》的日文译本达10多种，居所有中国文学日译本之冠，可见《水浒传》在日本受欢迎的程度。

第十一章 岭南华风，形同内地

一、蜀王子建瓯雒国的传说

越南也是东亚文化圈的重要成员。中国与越南是山水相连的邻邦。在地理位置上，越南北部地区东临北部湾，与广东隔海相望，陆上又同云南、广西相毗连。便利的海陆交通使这里和中原地区有着悠久的历史文化联系。从上古时代直至先秦，中原地区的文化已直接或间接地传到今越南地区，推动了那里的文化发展。

据越南开国的传说，有神农氏之裔名禄续，即洞庭君主泾阳王。其子貉龙君娶瓯姬为妻，生有百卵，百卵化成百男，其中强有力的长者被尊立为主，号称雄王，国号文郎。分全国为15部，分派弟弟们治理，父位子继，世代相传，都称作雄王。这个传说中的貉龙是雒越族人，瓯姬是瓯越族人，这两族是春秋时代越族的分支，其中雒越是越南民族的直接祖先。这个传说所讲的故事的时间相当于东山文化时期，当时越南北部红河流域的居民以文郎部落为中心，组成雒越部落联盟，雄王就是这个部落联盟的首领。传说雄王共有18世，公元前3世纪中叶为蜀王子带领的移民集团所征服。

蜀国是一个有着悠久历史的国家。我们从三星堆遗址和金沙遗址中可以看到，早在殷商时期，早期的古蜀国已经有了比较完善的方国体系，古蜀国地区是"中央"商代文明之外一个很发达的国度。西周时，古蜀国的杜宇王朝是西周诸侯国之一，逐步成为西南地区的强国。后来，开明王朝取代杜宇王朝。开明王朝的国力比杜宇时期大大增强。从开明二世开始，蜀北征南伐，东攻西讨，争城夺野，剧烈扩张。到战国时代，蜀已成为一个幅员辽阔的强大国家。

蜀国开明王朝自丛帝鳖灵开始传十二代至末王。公元前316年，秦灭巴蜀国，蜀国王败走而亡。秦惠文王封其子通国为蜀侯，直至公元前285年，秦昭襄王才废除蜀国。蜀亡后，侥幸不死的王孙贵族流散，沿青衣江、雅砻江南下，至宜宾、泸州等地，再拐入贵州、云南。其时云贵为楚国势力范围，蜀裔可稍得时间喘息。

然而不久秦灭楚，此地不宜长居，开明王子泮于周赧王五十八年（前257）率众3万余人从滇池走至开化府，再沿泸江上游进入越南北部宣光地区，战胜文郎部落，自称安阳王，建国名"瓯雒"，都城为古螺城，在今越南河内东英县。传说安阳王"筑城于越裳，广千丈，盘旋如螺形，故号螺城，又名思龙城"。其国疆域主要包括今越南北部一带，后一度扩张到广西、云南部分地区。

蜀开明氏子孙南迁是中原民族进入中印半岛之先驱。蜀王子率3万人南下越南之地，是一次大规模的移民行动。当时蜀国的经济社会发展水平和文明开化程度远远高于越南之地。这样一个庞大的移民集团南下，对于当地的文明开发和社会发展都具有重大的影响。我们看到，在中国周边国家，都曾出现过中原人士大规模移民的行动。蜀王子移民越南，就发生在徐福东渡的同时期，只不过一个是向东，一个是向南。他们的文化水平大体上是相当的。这几次大的移民行动都是有组织、有计划，经过精心准备的，其移民集团中包括各方面的专业人员（百工）和管理阶层（官吏），这样的移民对于文化的传播具有更大的自觉性、全面性和有效性。蜀王子建国时间虽然短暂，但对于越南地区文明开发的作用是不可低估的。秦统一岭南之后的几次有组织的移民，都对中华文化在那里的传播发挥了重要的作用。

二、东山文化：中原文化南传的遗存

1924—1928年，河内远东博古学院在涵龙附近马江流域的清化省东山村进行了一次考古发掘。发掘的地点是在马江流域右岸，相隔200米宽的两座石灰岩和片岩山麓下的一块耕地上。该文化居民居住竹木结构的干栏式建筑，屋顶苫草，屋脊呈马鞍形翘起。墓葬种类较多，有土坑墓、船棺葬，也有火葬或仅将头颅葬于铜缸之中的葬俗。人们发掘了许多较浅的土坑墓葬，采集到489件铜器，少许石器和陶器。1935年，瑞典考古学家在东山及附近遗址进行发掘，仅在东山一处就采集铜器200余件。一般认为，该文化的年代为公元前3世纪—公元1世纪。人们从这些器物中发现了一种很有特色的铜器文化。考古学家们将这种文化命名为"东山文化"。

东山出土的铜器可以分为四大类：（1）兵器；（2）生产生活用具，有犁、斧、锄、锹、瓮形缸、圈足盖盅等；（3）装饰品及艺术品；（4）铜鼓。兵器包括剑、匕首、刀、矛、靴形钺、箭镞、斧钺等。其中，短剑、戈、矛的形制较多样。其中一件双刃剑，尖端已残，全刃长达60厘米，宽4.5厘米，柄较小，附圆环而易把持，剑末饰以边缘花样，刃部由两面斜削而成。人们认为这种剑与《周礼》中所说的中国古剑属同一类型。东山出土的匕首，大的长达25厘米。这些匕首都是双刃，刃部由两面削成，与上述剑相似。在出土的用具中，有一件扁壶，其形与中国的扁壶很相似。另有一件大壶，两侧附耳，属于中国汉朝的艺术品。装饰品中主要是铜耳环和铜手镯。此外，还有铜带钩两件和铜泡数枚，有两枚附在一件手镯上。带钩和铜泡均做工精巧，其样式与中国古铜器中的带钩和铜泡极为相似。

东山出土的器物中，最特殊的是铜鼓。这种铜鼓虽不及中国铜鼓大，但其形制与中国铜鼓极为相似。铜鼓的基本形制是面小底大，胴部突出，胴、腰、足三段分明，纹饰有翔鹭、羽人、竞渡、鹿、牛等。在铜鼓分类中，这种鼓虽然属于早期形式，但晚于中国大波那墓葬、万家坝墓葬以及昌宁、弥渡等地所出的铜鼓。东山铜鼓使用失蜡法铸造，其高度最高可达1米，重量最重可达100千克。东山铜鼓被作为宗教仪式用品和音乐器具，在当地文化中，拥有这些铜鼓意味着拥有掌控万物运转的力量。东山铜鼓分布十分广泛，它们在今中国南部、越南以及印度尼西亚东部都有发现。

根据考古发现，越南东山出土的青铜器都具有中国秦汉时代的样式和风

△ 越南河内出土的精美铜鼓鼓面花纹局部

格，说明越南东山文化正是受中国古代文化的影响而成长发育起来的。此外，东山文化还发现了一批陶器、铁器和中国汉代货币。其出土的陶器均为粗陶，陶色有红、褐、灰3种，纹饰多绳纹和席纹，器形有釜、罐、盆、圈足瓶、盂形器等。铁器不多，有斧、锄等。石器除常见一种玦形石环外，尚有少量磨制石斧和石珠。在一些墓葬中，出土有草叶纹铜镜、蒜头扁壶、圆壶、铜剑、五铢钱、王莽钱等汉式器物。

作为越南历史上最重要的古代文化之一，东山文化对越南文明的发展产生了深远影响。

三、华风南渐与文明开化

公元前2世纪以后，秦、汉直至隋、唐，一直在今越南的北部和中部地区置郡设县，使其在中国各朝中央政府的直接管辖之下，延续了千余年，越南史上称之为"内属"或"北属"时期。随着中原军事、政治力量的南下，汉文化也广泛南传，促进了当地的开发与文明进步。中华文化广泛南传，对越南民族文化的发展起到了相当重要的影响。越南人在接受和移植中华文化的过程中，进行了持久的文化融合和创造，使其民族文化大放异彩，成为东亚文化圈中的重要组成部分。而在东亚文化圈诸国中，越南是浸染中华文化最深的国家。中国历史学家冯承钧在《占婆史》译序中说："昔之四裔，浸染中国文化最深者，莫逾越南。"①

在越南北部及中南半岛东北部地区，人们发现了大量的汉代城址和墓葬。河内东北郊外的古螺城遗址，是一处由三重城垣以及护城壕构成的大型城郭遗址，其结构、布局以及营建技术等具有鲜明的汉代郡县治城的特点，城内发现有汉式板瓦、筒瓦、云纹瓦当、花砖以及半两钱等，表明该城址与汉代交趾郡治有着密切的内在联系。越南北部清化境内发现多处墓葬，其形态和结构与汉代内地的砖室墓大同小异，出土大量陶器、釉陶器、房屋模型、钱币、铁兵器、生产工具等汉式器物，其年代在2—3世纪。据推测，它们多是汉朝内地迁移至九真郡一带定居的汉人的墓葬。此外，中南半岛东北部还发现大量当地制作的汉式器物，包括各种陶器、陶模型明器、建筑材料等。如古螺城遗址出土的青灰色圆瓦当，有边轮、双线界格，四区饰内向卷云纹，与汉朝内地同类瓦当的纹样和风格基本相同，显然是汉人工匠在当地制作的。

秦汉王朝开始经略交趾以前，与中原相比，当地的生产技术和经济生活水平还相当落后，基本上还处于"刀耕火种"的原始农业和渔猎经济阶段。随着中原王朝在越南地区直接统治的建立，陆续有中原的官吏、文人、兵士等南下，把中原先进的农耕技术传播于当地居民，促进了当地的经济开发，使社会生产力水平迅速提高，成为经济繁荣发达的地区之一。

不仅农耕技术，而且中原的许多手工业生产技术都传入越南地区。秦代及以后，许多铁器在岭南开始使用。据不完全统计，属于南越国时期的铁器已经出土有700余件，出土的铁器有农具、手工业工具、炊具、武器和杂具等。中原的养蚕制丝技术很早就南传交趾，出现了所谓"八蚕之绵"。中原的造纸技术、制瓷技术等也都传入越南地区。

自秦汉至唐，中原王朝对越南地区进行直接管辖，推行"车同轨""书

---

① 〔法〕Georges Maspero 著：《占婆史》，冯承钧译，商务印书馆1933年版，第1页。

︿ 越南会安福建会馆

︿ 越南会安潮州会馆

同文""行同伦"的政策，对当地风俗文化的变化和文明开化起了很大的作用。汉文化成为越南地区早期文化的主流，或占统治地位的文化，并且奠定了越南独立建国后文化发展的基础。

秦汉以降，陆续有中原人士迁徙交趾，带动了那里民俗文化的变化。《后汉书·南蛮传》上说："凡交趾所统，虽置郡县，而言语各异，重译乃通。人如禽兽，长幼无别。项髻徒跣，以布贯头而著之。后颇徙中国罪人，使杂居其间，乃稍知言语，渐见礼化。"历代派往交趾的官吏很注意用中国儒家伦理和汉民族风俗改造当地居民的生活风俗。如锡光、任延二守，便曾建立学校，以礼义教育人民，制定婚娶礼法及衣服式样，移风易俗。中原王朝派往越南地区的官吏推行这种改变风俗文化的政策，促进了当地社会的进步和文明开化。

中国历代官吏和移民与当地居民杂居相处，广泛传播汉字、汉语、汉学，使当地居民"稍知言语，渐见礼化"。据语言学家们的调查，越南语汇中所保存的中国词或发源于汉语的词，占总数的一半。其名词、形容词、动词与术语，汉语词汇几乎占70%。汉字被越南人称为"儒字"和"咱们的字"，是越南使用的第一种文字，在社会上占主导地位，得到广泛应用。至唐朝时，越南人中已经有不少能熟练地掌握汉语和汉文。汉字汉文的广泛应用，为中原文化的广泛传播创造了有利条件，也推动了越南汉文学的产生和发展。

唐代有不少中原文人流寓安南，也给那里带去了唐朝诗风。如唐上元二

△ 广州南越王墓出土的铁剑

年（675），唐朝著名诗人王勃前往交趾省亲，他的父亲王福畤当时任交趾令。著名诗人杜审言是杜甫的祖父，唐神龙元年（705），他被流放峰州（今越南山西、兴化一带），曾写题为《旅寓安南》的诗，描写交趾地区的特点：

> 交趾殊风候，寒迟暖复催。
> 仲冬山果熟，正月野花开。
> 积雨生昏雾，轻霜下震雷。
> 故乡逾万里，客思倍从来。

唐神龙二年（706），著名诗人沈佺期流放骥州（今越南河静一带），曾写下《初达骥州》《骥州南亭夜望》《度安海入龙编》《题椰子树》等诗篇。另外，代表性诗作还有韩偓的《安南寓止诗》、张籍的《山中赠日南僧诗》。北上中原的安南人士也浸染唐风，与中原学士文人酬酢唱和，留下不少脍炙人口的诗篇。

孔子的儒家学说很早就传入越南地区。锡光、任延分别在交趾和九真"建立学校，导之礼义"。东汉末年的交趾太守士燮精通儒学，尤其专长《左氏春秋》和今古文《尚书》。他治理交趾40年，致力于传播儒家思想。其时正值中原扰攘之际，许多中原名士南下避难，其中包括一些著名的儒家学者，他们都是饱学之士，都曾协助士燮传播儒学文化。在漫长的历史过程中，越南人学习和接受儒家的思想学说，并使之成为越南传统文化思想的渊源之一，成为越南民族传统文化的组成部分，对越南历史的发展进程产生了巨大的影响。

四、越南的崇儒之风

从唐末经五代至北宋初年，中原政局动荡不安，对周边地区鞭长莫及，越南地方势力乘机崛起，自立国家。

越南独立后，与中原的关系仍然十分密切，其间或有边衅和战争，亦有册封与朝贡。双方的贸易活动频繁而持久，文化交流广泛而深入，中国的学术思想、文学艺术和科学技术，源源不断地传播于越南。另外，宋、元、明、清各代交替之际，先后有大量中国人南下避乱。他们为保存宗邦故国的文化，往往挟典章文物而俱至，从而成为中华文化向越南传播的一个重要渠道。另一方面，越南历代王朝也积极主动地学习和吸收中华文化，移植和推广中国的政治制度、法律制度和文教制度。

越南历朝都推行崇儒政策，孔子儒家思想逐渐发展成为占统治地位的官方思想。历代王朝的君主和知识分子不但尊重中华文化，醉心儒学，而且努力效仿。

11世纪初建立的李氏王朝，改变了越南之前儒、道、佛并立的局面，大大提高了儒学的地位。1072年，李朝在都城升龙（今越南河内）建文庙，"塑孔子、周公及四配像，画七十二贤像，四时享祀"，开始了儒学在越南的儒教化，并采取了一系列推广儒学的举措。1076年，李朝仁宗在都城设立国子监，为皇太子及文职官员传习儒学之地。1086年，仁宗又在朝廷设立翰林院。1087年，再造秘书阁。

︿越南青花加彩狮戏纹大盘（15世纪晚期）

︿越南青花花鸟葫芦瓶（15世纪晚期）

△ 越南顺化皇城的正门门楼

　　李朝之后的陈朝也加强了尊孔活动。1253年，陈朝建立国学院，除了奉祀孔子、周公、孟子以及七十二贤外，还以历代越南著名儒者如朱安、张之超、杜子平等从祀文庙。

　　后黎朝时代是儒学在越南达到全盛的时期。祀孔活动的规模越来越大，孔子被尊崇到了极高的地位。后黎朝开国之君便以太牢之礼祭祀孔子，以后历代皇帝无不年年祭孔。孔庙几经修葺、扩建，规模愈加扩大，殿堂愈加壮观。到18世纪中期，文庙改用王者之服衮冕服，开始以王者尊孔子。1794年，又重修文庙。除了在都城建孔庙外，地方也普遍建有文庙。儒学在后黎朝300多年中，空前兴盛，被推崇到独尊的地位，使得儒家思想广为普及，在社会伦理风化、典章制度、生活方式等方方面面都产生了深远的影响。朝廷以儒学作为建国治民的指导，孔子思想成为建立社会政治经济制度的理论依据，儒家的学说被看作规范社会生活各个领域的金科玉律。实际上儒学已在后黎朝被推崇为国教。

❯ 越南顺化皇城内的东殿
陈设，具有明显的中国
风格

后黎朝还特别注重儒学在道德实践方面的作用，积极推广以儒家伦理观念和道德规范为主要内容的社会教化活动，使儒家思想渗透到民间。后黎朝圣宗参照隋唐律例，编《洪德法典》，颁布《二十四训条》，将儒家教化具体化为法律法规。1663年，后黎朝玄宗进一步申明教化四十七条，颁布天下，"各处承宪府县州等衙门，各抄一本，挂于视事堂。仍转递所属各社民，各书于匾，留挂亭中。许官员、监生、生徒、社长以乡饮日会集男女长幼，讲解晓示，使之耳濡目染，知所劝惩"（吴士连：《大越史记全书》）。

阮朝尊孔活动更是有增无减。建立之初，阮朝朝廷便命各地立文庙，后又在京师重修文庙。阮朝也很重视儒学的社会教化作用。

儒家推崇的忠孝节义、贤良方正、和睦礼让等伦理纲常都在阮朝朝廷的"政要"中体现出来。

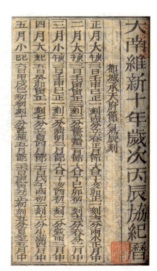

∧ 越南历书刻本：《大南维
新十年岁次丙辰协纪历》
（1916）

越南历朝还大量输入和翻刻儒家经典。中越之间的贸易往来频繁，从中国运往越南的货物，书籍占很大部分。每当中国商人运书到越南，越南人就不惜重金争相购买。越南人常到中原采购儒家经典，或以朝贡方式用土产换取中国典籍，或者直接向中国朝廷请赐。历代出使中国的使臣也把搜购中国书籍作为一项重要任务。

实际上，宋元以来，越南有关中国教化方面的基本书籍，大体具备。中国印刷术传到越南以后，越南人从15世纪开始翻刻儒家经典，四书五经等曾大量印行，广为流传。后黎朝太宗绍平二年（1435）"新刊四书大全版成"，为官方正式出版儒书之始。后黎朝圣宗光顺八年（1467），"颁五经官板于国子监"，并诏求遗书，藏诸秘阁，先代之书往往间出。后黎朝纯宗龙德三年（1734）春正月，颁《五经大全》于各处学官。又令阮儆、范谦益等人分刻四书、诸史、诗林、字汇诸本刊行。1835年，阮朝明命帝将《四书》《五经》《小学集注》三种儒学入门书印刷，颁给国子监50部。1837年，"颁官书于学臣，五经，四子备考，通鉴，并新策法程，凡四十部"。不久，又颁印《通鉴辑览》给各省学堂。1846年，阮朝绍治帝命各地镌刻《四书大全》《五经大全》，大量印行，流布民间。

越南历代王朝不仅开展尊孔活动，提倡崇儒之风，而且全面移植中国教育制度和科举制度，广泛开展儒学教育。

1075年，李朝首次以科举取士，选拔文学之士入朝做官。这是越南历史上最早的一次科试，共选中10人。科试的内容都是儒家经典。儒学通过科举制度与仕途相结合，获得了更高的地位。

∧ 越南河内文庙国子监中的孔子像

1076年，李朝立国子监，延请文学之士任教，建立起以儒家学说为核心内容的正规教育，从而在社会上形成了一个按照儒家思想培养出来的儒士阶层。越南的科举制度一直持续到20世纪，直到1919年，才最终停罢科举。1919年大概是科举制度在世界范围内最终被废除的时间，比中国清朝废科举还晚了10多年。

五、越南的汉文学

越南很早就开始使用汉字。在长达千余年的北属时代中，汉字一直作为其官方书写语言，得到广泛的推广和运用。越南独立建国后，历代王朝仍然把汉字作为官方书写语言来使用。汉字在越南社会和文化上的作用，比越南独立前显得更为重要。越南历代王朝都推行儒学教育和科举制度，使得每一个读书人都学习和使用汉文，而且文化教养和社会地位越高，就越要熟练地掌握和运用汉字。

⋀ 越南青花龙纹瓶（14世纪晚期）

⋀ 越南青花牡丹纹大瓶（15世纪末到16世纪初）

△ 越南阮朝基圣陵，建筑以青花瓷片装饰

在越南建国以后，历朝都派出多批使臣出使中国，求封、进贡、谢祭、告哀等。越南各朝代推行科举制，在科举制度下培养的一大批秀才、举人、进士，成为越南汉文学创作与传播的中坚力量，而派往中国的使臣往往由其中的佼佼者担任，是越南最优秀的学者或诗人。这些使臣在中国期间，同中国文士进行赠答唱和、请序题词、鉴赏评点等文学活动。这些文学活动推动了越南古代文学的发展，创造了北使诗文这一特殊的文学品种。

北使诗文指的是越南使臣出使中国时所作的各体诗文。据有关专家考察，传世的北使诗文在80种以上。大部分北使诗文集都是中越诗人共同创作的成果。越人北使，路途遥远，每到一站都有中国官员接待。中越文人互相交往，诗歌唱和，成为两国文人开展文化活动最主要的方式。越南使臣们将其编辑成各种诗文集，有的集子直接以"唱酬""酬应"等体现交际、唱和主题的词语为书名的一部分，如《中州酬应集》《大珠使部唱酬》。这些作品也获得了中国文人的关注。

越南汉文学也有很大发展。1009年李公蕴建立独立王朝后，于次年下诏迁都升龙。这个迁都诏书用华美成熟的汉文写成，是越南保存至今的、最早的历史文献，也可以说是越南汉文学的滥觞。

李朝初期的诗文，存清逸朴拙之风，中期后转求工整绚丽，散文则朴实无华，古风犹在。当时佛教禅宗盛行，万行、满觉、宝鉴诸位禅师和惠生僧统以及其他诗僧，借诗言禅，以禅入诗，创作了许多禅诗。这些禅诗的形式多为七言绝句或五言绝句，为汉文学的发展做出很大贡献。

陈朝设科举制，对汉文学的兴盛起了推动作用。陈朝国君和宗室朝臣有不少人跻身文坛。文学作品的形式和体裁也更为多样化，诗词文赋都有，还出现了最早的小说《越甸幽灵集》。

后黎朝时，越南汉文学达到全盛时期。后黎朝开国元勋阮廌的《平吴大诰》，气势磅礴，堪称一代雄文。阮廌追求脱离唐律诗体严格的韵律规定，创造出了有别于中国的民族诗体，在唐律体的七言诗中插入一句或多句六言和首尾吟。阮廌诗歌的特点被后世越南诗人陆续采用。阮廌的汉诗感情深沉饱满，语言清新流畅。

后黎朝圣宗大兴孔孟之学，自己也爱好文学，曾邀集东阁大学士申仁忠等28人，号称"二十八宿"，组成名为"骚坛"的文学团体，圣宗自称"天南洞主骚坛正元帅"。圣宗的汉文作品有《琼苑九歌》《明良锦绣诗集》《珠玑胜赏诗集》等，均是名篇佳作、妙手文章，在格律和技巧方面历来为人称道。

圣宗时代除"骚坛"气象峥嵘外，散文方面亦出现"洪德文体"。其特点是尚雅赡，信手拈来，随意用字，四六参用，开创一代新文风，驰誉文坛。

后黎朝末年，黎贵惇、阮秉谦、范庭琥、武芳题、红霞女、阮辉嗣、邓陈琨、阮嘉韶等人，都是汉文学的代表人物。阮秉谦著有《白云诗集》，其中诗作达千余首。邓陈琨创作的七言乐府诗《征妇吟曲》，长477句，描述了一位征妇遭受战争之苦，饱尝与亲人离别之痛，最终红颜消逝、

∧ 越南瓷器青花龙形注（约15世纪末—16世纪），惠安沉船出土，大英博物馆藏

孤独终老的故事。诗中饱含征妇对残酷战争的血泪控诉，对出征丈夫的无尽担忧和对自身命运的哀叹和惋惜，被视为"越南第一流奇书"。《征妇吟曲》同阮嘉韶的《宫怨吟曲》、阮攸的《金云翘传》、阮辉似的《花笺传》一道被列为越南古典文学"四大名著"。

阮朝一代，汉文学尤为兴盛，朝廷也大加推崇。阮初明命、绍治、嗣德三帝诗文造诣俱深，御制御题诗甚多，尤其是明命帝擅长汉文诗，以好学博览见称。阮初有郑怀德组"平阳诗社"，后改称"嘉定山会"，诗友中以郑怀德、吴仁静、黎定光最负盛名。阮朝还涌现出阮文超、高伯适、松善王、绥静王等汉文学大家，阮朝嗣德帝称赞："文如超适无前汉，诗到松绥失盛唐。"可见当时这四人的文名之盛。

第十二章　中华文化与文艺复兴

一、蒙古汗国与元朝时代的战争与和平

13世纪上半叶，蒙古族在中国北方崛起。在近半个世纪中，他们以蒙古大漠为中心，经过三次西征，以及对中国内陆地区包括金、西夏以及南宋的征服，把欧亚大陆的大部地区都纳入版图中，形成了从东到西的庞大的帝国，全盛时期幅员在2840万到3108万平方千米。蒙古的都城哈剌和林与元朝上都成为当时世界的政治中心和文化中心，中西交通出现了前所未有的盛世，东西方文化的接触、碰撞、交流与融合出现了前所未有的盛况。

蒙古族在欧亚大陆上建立起的大帝国，从东亚的海边一直延伸到欧洲的内陆，跨越了东亚的中国、中亚和西亚的穆斯林以及欧洲基督教的几大文化世界。经过多次征战，蒙古族将周围诸文明社会整合进一个全新的世

△ 波斯人拉施特手稿的插图，表现成吉思汗追杀敌人的场景

界秩序之中，在这片广袤的大陆上实现了前所未有的"和平"景象。14世纪的意大利人裴哥罗梯根据当时往来商人介绍的材料，著有《通商指南》一书，对当时颇为兴盛的中国与意大利的贸易作了详细介绍，其中特别提到通往中国的商路是很安全的。波斯史学家志费尼描述说：成吉思汗"带来了完全的和平、安全与宁静；他实现了极度的繁荣与安宁；道路安全，骚乱减少"。所以，后来的西方学者把14世纪称为"蒙古强权下的和平世纪"。英国历史学家汤因比说："忽必烈的帝国从中国延伸到黑海，在他的统治下，这片广袤的疆域处于前所未有的太平时代。"

和平实现了，民族的疆域被打破了，文化的藩篱被拆除了，贸易的道路通畅了。因此，就进入了一个中西方文化大交流的时代，进入一个中国走向世界、世界认识中国的时代。

为了保护商旅和便利地传递信件，成吉思汗在西征时就开辟了官道，窝阔台开始建立"站赤"即驿站制度，忽必烈则把站赤制度推行到元廷势力所及的一切地方。元朝的驿站十分发达，无论是设置、管理还是功能、建制，都达到了前所未有的发展水平。据记载，元朝腹地和各行省的驿站共1400处。在每一段驿程上置1000户，以守卫那些驿站。为了转运贡物，加强对属国的控制，元朝还将驿站设置在各属国境内。

站赤的发达，标志着元朝国内交通的发达，也标志着元朝对外交往的频繁与广泛。依靠发达的站赤制度，元朝的天下，"梯航毕达，海宇会同"，超过以前任何一代。以大都为中心，在四通八达的驿道上，各国使节来往不绝，贩运商队相望于途，呈现空前活跃的局面。丝绸之路交通的恢复和发展，大大促进了东西方的经济贸易和文化交流。驿站不仅是商人、僧侣、使节等各色人往返的歇息之地，而且是输送东西方文化的传递站，是文化的辐射地和集散地。

在欧亚大陆的另一端，这一时期的欧洲人也在积极进行着从西方向东方的开拓。从11世纪开始，在近200年的时间里，拜占庭和阿拉伯人在东西方贸易中筑起的屏障渐渐被打破，中世纪对西方文化在时间和空间上的禁锢也被打破，西方人得以发现东方世界，中国文化与外部世界的交流进一步延伸到地中海以西和以北地区，形成了东西方文化交流的新态势，欧洲人"发现了遥远的中国文化和印度文化，接触到了新的事物"[①]。

二、成吉思汗大交换

"鞑靼地区呈现了一片和平盛景，这对于旅行家和商人们颇为有利。"[②]畅通的道路带来了空前的人员往来的便利和贸易的发达。中国的谷米、茶叶、瓷器、金银、铜钱、金属器皿、日常生活用品和文化用品、药物等都是当时的大宗出口商品，源源不断地流入世界各地。这不仅丰富了各国的经济贸易，也促进了中国与各国的文化交流。

交通的畅达、人员的流动，都为元朝时中西文化的大交流创造了条件。这是一个中西文化大交流的时代，是物质和技术大交换的时代。美国学者梅天穆在《世界历史上的蒙古征服》中，从全球史的角度讨论了这一时期的东西方大交流，认为13世纪蒙古族统治的世界，是一个"全球化的世界"。蒙古四大汗国主动或被动地推动着东西方制度和文化方面的交流与互动，梅天穆将这种空前的交流与互动称为"成吉思汗大交换"。

1229年窝阔台继大汗位后，选定位于今蒙古乌兰巴托附近的哈剌和林，将其作为都城，该城成为热闹非凡的国际都市。忽必烈入主中原后，在原来辽朝南京和金朝中都的所在地（即今北京地区）建元朝大都。哈剌和林与大都先后成为国际交流的政治中心和文化中心。元朝大都是当时世界上规模最宏伟的大都市，这里聚集了来自亚欧各地的贵胄、官吏、卫士、传教士、天文学家、阴阳家、建筑师、医生、工程技术人员以及乐师、美工、舞蹈家等。历史学家白寿彝论述元代哈剌和林与大都的重大影响时指出：

① 许倬云著：《许倬云说历史：中西文明的对照》，浙江人民出版社2013年版，第135页。
② 〔法〕安田朴著：《中国文化西传欧洲史》，耿昇译，商务印书馆2000年版，第99页。

　　和林和大都不止先后为大元帝国发号施令的所在，也是欧亚两洲交通的中心。……在这两个地方，不惟东西各国使者项背相望，络绎于途，并且有很多很多的异国商人都在这两个地方汇集，有不可计数的世界各国底旅行家到这里观光。我们已经知道唐时的长安在当时中外交通上的位置，元底和林和上都较之前者，有过之，无不及。[①]

　　除和林、大都外，当时还有一座国际化的大都市，即上都。上都位于今内蒙古锡林郭勒盟正蓝旗境内，是元朝仅次于大都的第二个政治、军事、经济和文化中心。每年四月至七月元朝皇帝率群臣到这里避暑并处理政务，元朝的很多重大事件都发生在这里。由于它的政治地位，贵族、官僚、商人云集于此，许多来华的外国人也聚于此，上都成为当时"蒙古草原上最繁荣的城市"。

　　元帝国的建立，打破了原有民族、地域之间的界限，增进了各民族在经济、文化方面的交流，出现了有异于唐宋时期的盛况。商业领域打通了地域、民族方面的限制，出现了全国范围内经济、文化交流的大发展，西域人入仕元政府，学习汉文化，皆以中国为家，即"西域之仕于中朝，学于南夏，乐江湖而忘乡国者众矣"。

　　自汉代以后，特别是南北朝时期，开始陆续有西域商人以及其他人士进入中国，到唐代达到高潮，形成外国侨民的群体。宋代则有"蕃客"和"蕃坊"。这些侨民或移民为中外文化的交流、为海外文化在中国的传播做出了贡献。到了元代，外国移民群体进入中国内地，形成了前所未有的一次移民大高潮。在和林城中，不但有畏兀儿人、回回人、波斯人，而且有匈牙利人、弗来曼人、俄罗斯人，甚至还有英国人和法国人。波兰人、奥地利人也有的奔赴东方，威尼斯人、热那亚人也前来进行贸易。

　　人员往来是文化交流的主要渠道。人员往来使不同民族、不同文化的人有了面对面交流的机会，有了互相认识、互相了解的机会。交通的畅达、人员

[①] 白寿彝著：《中国交通史》，商务印书馆1937年版，第203页。

▲ 波斯人拉施特《史集》插图，蒙古汗廷

的流动，都为这一时期中西文化的大交流创造了条件。

空前的人员大流动造成了空前的文化大交流。在这100多年的时间里，欧亚大陆上出现了前所未有的流动浪潮，有各类人员的流动、物质商品的流动、技术发明的流动、思想观念的流动、文化的流动。各种文化的相遇、交流和冲撞，一种文化要素从一种文明进入另一种文明，不仅仅是原封不动的移植，还会出现许多新的变异，或者激发新的文化因素出现。

在这种空前的文化大交流中，中华文化在欧亚大陆上获得了空前的传播。一方面，与中原汉民族长期相处的蒙古族，历来受到汉文化的影响和熏染，接收了许多汉族的农耕文化因素，并且已经融入他们的日常生活中。特别是在成吉思汗崛起之后，蒙古族开始进入中原地区，进而建立了统一全中国的元朝，作为统治者的蒙古族上层社会也开始自觉地接受汉文化，实现了自己的汉化过程。比如忽必烈，"他建造了一座汉式的都城，给自己取了汉名，创立了一个传统式的中原王朝，建立了一个汉式的政府"[1]。另一方面，作为当时蒙古大帝国"大本营"的元朝，也就是中国文化的本土地区，经过唐宋时代的高度文化繁荣，进入一个文化高度发展、高度繁荣的时期，在文教科技、社会民俗、物质生产等方面都处于世界领先地位。与整个欧亚大陆的其他地区比较起来，中国无论在物质文明成果，在科学技术方面，还是在精神文化方面，都远远领先于中亚、西亚地区，也远比同时期的欧洲要先进许多。所以，在这个空前的文化大流动、文化大交流中，更多的是中华文化的优秀成果向西方的流动，向西方的传播。

正是在这样的人员交流、文化交流的高潮中，西方第一次真正地认识了中国。如果说，在古罗马那个时代，通过丝绸，欧洲人对于中国只是有一些模糊的印象，那么，此时的欧洲人则看到了一个真实的中国，一个神秘和充满魅力的中国，中国第一次真正地为欧洲所了解。

---

① 〔美〕杰克·威泽弗德著：《成吉思汗与今日世界之形成》，温海清、姚建根译，重庆出版社2009年版，第241页。

三、被改变的欧洲世界观

在这个混欧亚于一体的帝国时代里，由于地理空间的开拓，全面开放态势的出现，形成了一个全球文化的新趋势，这对于欧洲社会文化的变革有着深远的影响。欧洲人从这个全球文化体系中学到了很多东西，尤其是思想观念上发生了深刻的变化，而这正是引发文艺复兴运动的思想基础。恩格斯指出："大量的发明以及东方发明的输入，它们不仅使希腊文学的输入和传播、海上探险以及资产阶级宗教改革真正成为可能，并且使它们的活动范围大大扩展，进展大为迅速。"[①]

因此，在这一时期，中国的形象进入欧洲作家们的视野，虽然他们对于这个遥远的"契丹"的了解和认识还是很肤浅的、模糊的。英国作家乔叟的《坎特伯雷故事集》中就多次出现过"契丹"和蒙古大汗的形象。在乔叟的故事中，成吉思汗还出现在宴会上，其场面与鄂多立克、曼德维尔等人的描述十分相似。意大利作家薄伽丘的《十日谈》中也有关于"契丹"的故事。

这一时期传入欧洲的中国文明成果，最重要的就是印刷术、火药、火器以及指南针和航海罗盘，而另一项重要发明——造纸术在唐代的时候已经西传。这四大发明，经过这一时期的西传，进入欧洲本土，对于欧洲的文化变革和社会变迁，对于影响世界历史进程的文艺复兴运动，起到了至关重要的作用。

除了四大发明外，还有许多中华文化因素传播到欧洲。这些发明和发现对于改变欧洲人的生活都有一定的影响，甚至使他们日常生活最世俗的方面也发生了改变。蒙古人给欧洲人带来了华丽的货物和奢侈的珍品。意大利作家但丁、薄伽丘和英国作家乔叟用"鞑靼绸""鞑靼布""鞑靼缎"等词汇，来描述世界上最精美的衣料。欧洲人转而改穿蒙古织物，穿短裤和短上衣，而不是束

---

① 《马克思恩格斯全集》第20卷，人民出版社1971年版，第530页。

腰外衣和长袍，用草原式的琴弓去演奏他们的乐器，而不是用手指去弹拨，并使用新风格进行绘画。

许多西方学者注意到这一时期从中国传入欧洲的马蹄铁、马具（胸带和套包子）和商船，说这是东方世界给予天主教欧洲的三份厚礼，开启了商业革命的道路。在当时的东西贸易中，陆路交通主要是依靠马匹和马车运送货物。跨山越岭，道路崎岖，如不钉上马蹄铁，马匹无法长途跋涉。欧洲原来驾驭牲畜的套具只有"牛轭"一种，使用"牛轭"的马匹只能拖动200多千克重的货物，相当于拖动一辆仅坐两三个人的小车。有了从中国传来的胸带和套包子这些高效马具，马就可以用上胸和双肩的力量，马的拉力一下提高了4倍，从而解决了马匹陆路长途运输和马拉犁这些难题。在造船技术方面，中国的一些传统技术也逐渐被欧洲人所采用。在1350年以前，地中海船只只有单桅船，后来受到中国多桅船的启发，到1500年以后开始出现了三桅或四桅船。

正是在这个中西交通畅通发达的时代里，中国文化的许多重要方面进入欧洲，在那里产生了不同程度的影响，甚至一些至关重要的影响，直接参与了欧洲文化发展变迁的历史过程，或者对于这样的发展起到了激励、刺激或启发作用。文艺复兴时期的许多重要事项，比如宗教改革运动、大航海和新航路的发现、哥伦布发现美洲大陆等，都间接地与这一时期中国文化的传播和影响有关。

所以，我们相信，在西方文艺复兴的背后，屹立着东方。

四、造纸术在欧洲的再传播

元朝时，也就是在13、14世纪的时候，造纸术、印刷术、火药和指南针这四大发明，几乎同时传入欧洲，对欧洲的技术、文化、航海、战争都产生了重要影响，激发了具有重大历史意义的文艺复兴运动，改变了欧洲文明的历史进程。

造纸术在此之前1000多年就已经发明了。中国的造纸术是通过阿拉伯人传入欧洲的。大约在9世纪，阿拉伯人造的纸就传到了欧洲。但是，造纸技术

^ 画中展示的是约1391年德国纽伦堡开办的造纸厂

在欧洲的推广起初并不顺利。由于当时的欧洲科学文化还比较落后，识字的人太少，纸张的使用在很长一个时期里是很有限的。14世纪初，纸在欧洲还是比较稀少的，除了西班牙，只有意大利有两三家纸厂，并且产量也不高。14世纪是纸和造纸术在欧洲传播取得显著进展的一个世纪。到14世纪末，意大利、法国、西班牙和德国南部都有了纸的生产，除少数贵族外，纸大致已经代替羊皮纸成为通行的书写材料。从15世纪起，造纸术以德国为中心，向东、西传播。英国从14世纪起才用纸做书写记事材料，到1511年才建起第一家纸厂。但是，在纸已传入欧洲几百年后，欧洲人对中国人造纸和使用纸的情况似乎毫无所知。只是从13世纪初，欧洲旅行者来到东方才看到了中国的纸币，虽然使他们感兴趣的主要是钱而不是纸。事实上，纸币是中国纸西传（包括传播到波斯、阿拉伯地区）的另外一种形式。

直到17、18世纪，欧洲对中国的纸及中国的早期发明才知道得多一些。在18世纪的时候，欧洲为了提高造纸技术，还必须求援于中国。1764年，法国经济学家杜尔阁向在法国学习的两位中国青年高类思、杨德望提出要求，希望他们回国后能向他介绍中国科技文化的一些详细情况。在杜尔阁所列的问题清单中，就包括弄清中国造纸的工艺流程。从杜尔阁提出的问题中可以看出，在18世纪中叶，法国造纸技术家仍然没有掌握中国早在几百年前就已经掌握的技术奥秘。而这些问题都是当时法国和其他欧洲国家造纸业迫切需要解决的。1766年，高类思和杨德望回国后，购买了杜尔阁希望得到的中国抄纸帘、各种造纸原料及纸样，连同技术说明材料，通过商船寄往法国。

　　1843年，巴尔扎克发表了长篇小说《幻灭》，其中讲到一位热衷于研究造纸术的青年。这位青年名叫大卫·赛夏，他的奋斗目标是试图用破布以外的其他原料造纸，并将施胶剂配入纸浆以代替成纸后逐张施胶的老方法。大卫在读过一本中国书籍后，深受启发，他以中国纸为仿制对象，在中国技术思想的影响下，以草类、芦苇为原料造纸，又试用浆内施胶，终于获得了成功。据考证，这位法国青年读过的中国书，应该是宋应星的《天工开物》。巴尔扎克写道："自从有了大卫·赛夏的发明，法国的造纸业好比一个巨大的身体得到了养料。因为采用破布以外的原料，法国造的纸比欧洲无论哪一国都便宜。"[1]

　　乾隆年间，法国在华传教士蒋友仁请中国画家画了一套

▲ 欧洲最早的制纸图

---

① 〔法〕巴尔扎克著：《幻灭（下）》，傅雷译，文汇出版社2018年版，第367页。

造竹纸工艺过程的工笔设色组画《造竹纸系列图》，共24幅。画稿完成后，蒋友仁将它们寄回法国，后来不断地被欧洲人临摹，广为传播。这套组画向欧洲人形象地展示了中国造竹纸的全部技术过程、所用原材料、工具和操作步骤，尤其是抄纸用竹帘的形制和用法、湿纸人工强制干燥技术、植物黏液的使用等，这都是当时欧洲纸工不知道的新鲜事物。他们看到这些图和说明后，对改善本地过时的造纸工艺和改变单一生产麻纸的现

△ 传教士蒋友仁寄回法国的造纸工艺图《碾碎竹子》，法国国家图书馆藏

状，无疑会获得借鉴和现成的技术经验，也会刺激他们用图中所示的方法进行模仿性实验。①

纸的广泛传播和普遍使用，对于欧洲科学文化的发展起到了相当大的作用。特别是对近代欧洲科学的繁荣和文化的进步，对于知识的传播和理性主义的兴起，乃至对于欧洲走出中世纪的蒙昧主义迷雾，开辟近代文明的新的历史纪元，纸的广泛传播和普遍使用都发挥了直接或间接的影响。

值得注意的是，在欧洲，造纸术和印刷术几乎是同时传播过去的。实际上，造纸术和印刷术是两个相互关联的发明。没有纸，印刷术几乎没有可能

---

① 潘吉星著：《中国古代四大发明——源流、外传及世界影响》，中国科学技术大学出版社2002年版，第397页。

谈起。因为说到印刷，就是指在纸上的印刷。在纸上印刷，就出现了现代意义上的"书籍"。在此之前，书籍的概念是手抄本。手抄本的繁重劳动和高昂价格使其推广十分困难。但是，在中国，纸发明以后，仍然在纸上手抄了好几百年，然后才出现了印刷术，继而出现了印本书。有人说，造纸术传播到欧洲延后了几百年，是由于中国人技术保密。其实不是这样的。最主要的原因是地理的阻隔，还有一个需要的迫切程度的问题。就当时欧洲文化的发展水平而言，欧洲人还没有改变书写材料的迫切要求。而到13世纪以后，这种需求出现了，于是造纸术和印刷术就先后跟着进来了。而在此基础上，大量印本书的出现，大大促进了欧洲人读写生活的变化，促进了宗教改革和新思想、新科学的传播，因而出现了文艺复兴时代。

五、印刷术点燃了"自由火炬"

印刷术的发明和发展，使人类科学文化知识的传播获得了一种崭新的形式，即印刷读物的形式。印刷术的发明，大大提高了书籍的复制速度，有力地推动了科学文化知识的广泛传播和普及，对人类生活各个领域的进步和发展都产生了重大影响。

印刷术被誉为"文明之母"，印刷术的发明被看作"人类文明史上的一个里程碑"。

中国印刷技术的发展，包括两个不同又互相联系的阶段：一个是雕版印刷技术阶段，另一个是活字印刷技术阶段。这是两项具有重大意义的发明。

纸币是欧洲人所接触的最早的印刷品。中国是世界上最早使用纸币的国家。欧洲人通过纸币，不仅了解到作为新型书写材料的植物纤维纸，而且得知了雕版印刷术这一中国人的伟大发明。纸币的神奇，不仅仅在于它体现了造纸术与印刷术的完美结合，而且在于它体现了符号与物质之间隐秘的对应关系。元代来华的许多西方人士都对纸币产生了很大兴趣，并向西方作过介绍。

除纸币外，纸牌也是欧洲所知道的最早的雕版印刷品之一。纸牌在宋以后普遍流行，南宋时杭州已有专门出售纸牌的铺子。可能是在元代中西交通大开之际，纸牌传到了欧洲。它可能是通过阿拉伯人，也可能是通过当时来华的欧洲人直接从中国带过去的，有人就认为是马可·波罗第一个把纸牌由中国传入了威尼斯。纸牌传入欧洲后，逐步被改造成为扑克牌，此后又经过数百年的演变，逐渐变成了今天国际公认的扑克牌样式。欧洲流行纸牌不久后，就出现了印刷纸牌的行业。15世纪初，印刷纸牌已经成为一项重要的工业产业，威尼斯则是当时欧洲印刷纸牌的中心之一。

纸牌是欧洲最早的雕版印刷品。那么，印制纸牌的出现也就意味着欧洲雕版印刷业的出现。据此可以说，在14世纪末15世纪初，欧洲的雕版印刷业已经发展起来了。实际的情况也是这样。几乎在纸牌大量流行的同时，也出现了其他雕版印刷品。现存最早的欧洲雕版印刷品是印制于1423年的圣克利斯道夫像。那个时候留存到现在的图像印刷品有几百幅，但绝大多数都没有注明年代，所以这幅圣克利斯道夫像并不一定是最早的，只是因为它在注明年代的少数作品中是最早的。很可能在此之前雕版印刷已经流行了一段时间。这些雕版作品最初在德国南部和威尼斯等地印刷。在15世纪中叶的时候，威尼斯就已经成为欧洲印刷业的中心。自1481—1500年间新设立的印刷所，如雨后春笋般兴起，达100多处，出版书籍最多，质量也很不错。

但是，由于欧洲各国使用的都是拼音文字，并不适合雕版印刷，所以欧洲的雕版印刷事业并没有像在中国和东亚其他国家那样获得充分的发展，形成印刷史上一个有独立意义的阶段。相反，欧洲人一般只把活字印

△ 1423年圣克利斯道夫像，为现存最古老的欧洲木版画

刷的发明算作印刷术的开始，而把雕版印刷只作为准备期间的一个重要步骤而已。在他们看来，活字印刷的发明才是印刷术的发明。

　　欧洲早期的活字印刷大约出现于15世纪上半期。有一位生于威尼斯西北费尔特雷镇名叫帕姆菲洛·卡斯塔尔迪的意大利雕刻家，据说他在看过马可·波罗带回的中国书籍（一说是几块印刷汉文书籍的木板）后，从事过活字印刷。他于1426年在威尼斯印过一些折页，据说还保存在费尔特雷镇的档案中。有人认为卡斯塔尔迪所见到的书籍（或木板），不是马可·波罗带回的，而是在马可·波罗回国半个世纪以后由从中国回意大利的许多无名旅行者之一从中国带回来的。

△ 上图下文的欧洲雕版印刷书籍《旧约·列王纪》，这种版式和中国印的宗教画和插图画书籍很相似

　　在欧洲印刷史上有重大意义的成果是德国人谷登堡的活字印刷技术。谷登堡早年从事过雕版印刷工作。他的活字印刷是1450年发明的。他以铅、锑、锡合金制成欧洲拼音文字的活字，并制造了活字印刷机。他铸出大号金属活字，印刷了"三十六行圣经"。1454年，印刷了教皇尼古拉五世颁发的赎罪券。1455年，印刷了小号字拉丁文"四十二行圣经"，即著名的"谷登堡圣经"。这是谷登堡技术生涯的最大成就。

　　谷登堡发明活字印刷

术与中国的印刷术之间有一定的因缘，中国活字印刷技术对谷登堡的发明有直接的影响。西班牙奥斯丁会修士门多萨在一本关于中国的著作中指出，谷登堡曾受到过从阿拉伯来的商人带来的中国书籍的影响，并以此作为他发明的最初基础。另有一则传说，说谷登堡的妻子出身于威尼斯的孔塔里尼家族，因此谷登堡也和卡斯塔尔迪一样，见到过某些旅行者带回威尼斯的中国印刷雕版，这使他受到启发，才发明了活字印刷。

在谷登堡活字印刷术及其印刷机在欧洲问世后不久，15世纪中期直至15世纪末，意大利、法国、荷兰、匈牙利、西班牙、英国、丹麦、瑞典等国都先后出现了德国的印刷者按照谷登堡技术创建的印刷所，全欧洲共有250家之多。有的印刷所在谷登堡印刷技术的基础上做了创新和改进。这种新的印刷技术受到了广泛的欢迎，出版书籍很快成为每一个大城市的光荣和有利可图的生意。

到16世纪时，活字印刷术得到进一步的发展和广泛的应用。16世纪初，一个名叫阿尔都斯·马努提乌斯的学者在威尼斯经营了一个阿尔丁印刷所，那里印刷的希腊和拉丁古典文学名著的精美版本到现在还被认为是印刷艺术上的杰作。

印刷术在欧洲出现后不久，便受到社会各界的普遍欢迎和高度重视。由于最初的印刷品都是宗教宣传品，所以宗教界对印刷术的推广和应用十分欢迎。特别是在不识字的群众中布教，那些表现圣徒

▲ 欧洲早期的活字印刷工场

和《圣经》故事的雕版画起了很大的作用。1476年，共生会修士们在罗斯托克城发表宣言，称活字印刷术是"一切学识共同之母""教会之辅佐人"。他们自称是"天主的司铎"，说教时"不用口说之语言，而用手写之语言"。

欧洲印刷事业的发轫与宗教改革有着密切的联系。印刷技术的发展和推广应用，使新教运动的观点能够以小册子、传单和宣言的形式广泛流传。在宗教改革中发挥了巨大作用的纲领性文件、马丁·路德的《九十五条论纲》，由于印刷厂赶印，两周内就传遍德国，四周内传遍全欧洲。

印刷术在欧洲的迅速发展和广泛应用，也反映了时代对这种新发明的需要。欧洲正处在文艺复兴那个理性主义精神觉醒的新时期。这个时期也显然是传播知识、发展贸易和强调用白话而不是用古文进行新文学创作的时期。在那种复杂的情况下，在传播公开的、可接受的、地方的经验和知识方面，印刷术是一种主要的工具。

△ 卢浮宫皇家印刷工场

印刷术的发明从根本上改变了图书的流通方式和人们的阅读方式,使阅读不再是少数人的特权,而变成了一种可以大众共享的文化形态。对于文明的发展史来说,这是一个具有重大意义的变化。印刷术释放了书写文字的力量,成为现代文明发展的动力,加快了人类获取知识的步伐。印刷术的应用,使学术、教育从基督教修道院中解放出来,使学术中心由修道院转移到了各地的大学。恩格斯曾经指出:"印刷术的发明以及商业发展的迫切需要,不仅改变了只有僧侣才能读书写字的状况,而且也改变了只有僧侣才能受较高级的教育的状况。"[①]学术文化不再被修道院所垄断,从而出现了教育的大发展和知识的世俗化,由此欧洲出现了中世纪后期文化、科技、艺术发展的高潮,迎来了文艺复兴的新时代。而到了18世纪启蒙运动时代,文艺复兴时期人文主义著作印本再次引起人们的广泛兴趣,以至法国大革命中人们将谷登堡誉为第一位在欧洲传播"启蒙之光"的匠人,而将印刷术当作各民族的"自由火炬"。

六、火药和火器技术的传播和应用

中国古代发明的火药,是一种由硝石、硫黄和含炭物质按一定比例配制而成的混合物,它能在没有外界助燃剂参与的情况下迅速燃烧,产生大量气体和化学能。火药实际应用的最初和主要的目的是在军事方面。在五代末北宋初(10世纪60年代),中国已有了真正的军用火药,引起了兵器史上的重大变革,从而开创了兵器发展史上一个新的时代。

从1234年蒙古灭金后,开封府等地库存的火药、火器及守军中的火箭手、工匠等,尽为蒙古军所有,并被立即编入蒙古军之中。1258年伊儿汗国建立以后,那里的不少阿拉伯人懂得了火药和火器技术,有的还被派到中国内地在军队中服役。

火药火器在战争中显示出巨大威力,促使阿拉伯人将其大量使用于军事

---

① 《马克思恩格斯全集》第7卷,人民出版社1959年版,第391页。

△ 元代使用火药武器场景图

装备。大概在研制火药之后不久，阿拉伯人便将其应用于作战。阿拉伯人曾使用含硝的"烟火剂"，用带长尾羽翼的箭，射向敌阵，其威力远大于不含硝的"希腊火"，只见飞行的箭如火龙经空，似闪电疾飞，火光照耀，变黑夜为白昼。

火药和火器及其有关的技术和知识，最初是通过阿拉伯人传到欧洲的。13世纪下半叶，欧洲人将一种有关火攻战术的书——《制敌燃烧火攻书》译成拉丁文。这本书的原著是13世纪中叶的一位匿名阿拉伯人所作。这本书收集了历来用于火攻的35个方法，是流传到欧洲的一本最早讲火攻法的书。据说在1804年，拿破仑曾下令将这本书付印，发给法国的部队将领。

火药和火器的知识与技术经阿拉伯人传入欧洲后，迅速得到推广和应用。大约在14世纪上半期，欧洲就已经开始制造并在实战中应用火器了。意大利是欧洲最早制造和使用火器的国家。1326年，意大利人便掌握了火器的技术秘密，佛罗伦萨下令制造铁炮和炮弹，欧洲开始造出第一批金属管形火器。1379—1380年热那亚人与威尼斯人为争夺海上贸易而发生战争，他们在基奥

△ 17世纪欧洲使用火器的战争中挖掘地壕工事图

贾岛上的要塞附近发生了一场激烈的争夺战，在这次战役中发射了火箭。这是西方制造火箭的可靠的早期记载。与火器相关的烟火制造技术，也是首先出现于意大利。佛罗伦萨人和锡纳亚人都善于制造烟火。意大利许多地方都定期举行大型烟火表演。

英国也是比较早使用和制造火炮的欧洲国家。1342年，英国的德比伯爵和索尔兹伯里伯爵参加了阿耳黑西拉斯战役，从摩洛哥人那里学会了使用大炮。1345年，英法的克莱西之战中，英国使用铁炮24尊、火药60磅，炮手雷尔门·拉西埃曾接到土劳斯国王送来的2尊铁炮、8磅火药、200枚铅弹。1345年，英国制造的100件莱巴杜火器，已初具三眼铳或四眼铳的雏形。两年之后，1347年，英国又仿造"马达法"，制造出一种提拉尔火炮。

大约在14世纪上半期，中国发明的火药和火器技术已经在欧洲广泛传播，并很快得到推广，应用于军队装备和各种战事。当时，欧洲正处于历史大变革的前夜。火药和火器的传入，对于这场历史大变革起到了重要的推动

△ 欧洲野战炮，采自大约1450年的日耳曼烟火书

作用，从而对世界历史进程起到了重要的推动作用。

18世纪法国启蒙思想家孔多塞指出，火药和火器的发明，改变了作战方式，使战争这种"艺术"发生了一场革命。恩格斯也说："在14世纪初，火药从阿拉伯人那里传入西欧，……它使整个作战方法发生了变革。……火器一开始就是城市和以城市为依靠的新兴君主政体反对封建贵族的武器。以前一直攻不破的贵族城堡的石墙抵不住市民的大炮；市民的枪弹射穿了骑士的盔甲。贵族的统治跟身披铠甲的贵族骑兵队同归于尽了。"[1]恩格斯还指出："但是火药和火器的采用决不是一种暴力行为，而是一种工业的，也就是经济的进步。不管工业是以生产什么东西为目的，还是以破坏什么东西为目的，工业总还是工业。火器的采用不仅对作战方法本身，而且对政治上的统治和奴役关系起了变革的作用。"[2]

恩格斯在这里指出的火药和火器的意义，就不仅仅是军事装备上的改进

---

[1] 《马克思恩格斯选集》第3卷，人民出版社2012年版，第547页。
[2] 《马克思恩格斯选集》第3卷，人民出版社2012年版，第547页。

和作战方式的改变，而是深入到社会文化的层次，着重指出了它们对于经济进步的意义，即推动了社会生产力的发展，引发了社会变革。军事的变化、经济的发展以及社会政治关系的变革，都是在这一时代的欧洲具有重大历史意义的事变。从中国传去的火药和火器对摧毁欧洲封建制度起到了重要作用，从而给欧洲历史和文明的发展进程以极大的推动。

七、指南针、罗盘与大航海

中国古代四大发明之一的指南针是一种测向仪器，是依据磁铁的指极性原理制作的辨别方向的工具。关于指南针发明的确切时间，至今尚无从确认。但在大约11世纪初的文献中，已经有了关于指南针的早期文字记载。在这时，指南针在中国已经是常用的定向仪器，有多种装置方法，并且人们已借助指南针发现了地球的磁偏角。

指南针发明的最重要的意义在于它在航海事业上的应用。在指南针未发明以前，中国古代航海主要是凭地文定位技术和天文定向技术来导航。具有相当高水平的地文和天文航海术，使海船得以在晴空下越洋远航。但是，在漫长的航行中，不可能总是晴空万里，视野清晰。因此，随着航海事业的发展，亟待有一种全天候的恒向导航仪器。指南针的应用，使人们获得了全天候航行的能力，人类第一次得到了在茫茫大海上航行的自由。从此，许多新航线陆续被开辟出来，缩短了航程，加速了航运，促进了各国之间的文化交流与贸易往来。

指南针一经发明，很快就被应用于航海事业。北宋时期，中国在世界上最早使用指南针

△ 宋水浮法指南针

导航。使用以指南针原理制作的罗盘导航，大大提高了航路的正确性，使船只在固定的航线上安全航行，为船只在启航港和目的港之间定期往返提供了保证。不仅如此，航海罗盘的使用催生了针路和航海地图的出现，使海上航行进一步完善。罗盘为人们提供了可靠的导航仪器，大大促进了远洋航海事业的发展。宋元时代，中国商船远洋航行空前活跃，与指南针的发明和罗盘的应用有很大关系。

宋元时代，中国的商船不但往来于中国沿海商埠与朝鲜、日本以及南洋诸岛之间，而且远航到印度洋和波斯湾沿岸诸国。中国发明的指南针也随着中国航海家的足迹而传播出去，成为各国航海家使用的导航仪器。

大约在12世纪后期和13世纪初，指南针就传到了阿拉伯人手中。因为当时中国商船是波斯湾和南海之间海上贸易最活跃的参与者，与阿拉伯航海家多有接触。有一些中国船还雇用波斯的船员和船长，因此中国船的一些先进装备很容易被阿拉伯船所采用。宋代开始使用的平衡舵，大约在10世纪已被应用于在红海上航行的阿拉伯船。航海罗盘这样先进的航海导航技术发明，也很快被阿拉伯航海家所掌握。

指南针传播到欧洲也可能是很早的。大约在12世纪末，欧洲的文献中就有了相关的记载。13世纪时，欧洲的航海者中似乎已经广泛地知道指南针。意大利商船首先采用了罗盘，并很快推广到印度洋、地中海航运界，引起了巨大的变革和发展。欧洲在使用中国罗盘以后，对其加以改进，采用支轴装置罗经，用一个支轴的尖端顶在磁针中部，使磁针水平旋转，这样的磁针

△ 欧洲罗盘

在航海上使用较水针方便，被称为"旱针"。

指南针传入欧洲，在欧洲的大航海时代起到了重要作用。地理知识的进步，指南针以及星盘的传入，使得航海家们有勇气出海去冒险。指南针的发明和使用，促使地图精确起来，并且使地图的绘制有了普遍性。这促成了达·伽马发现印度新航路、哥伦布发现美洲大陆和麦哲伦的环球航行。在麦哲伦进行环球航海时所使用的船只上，备有必需的航海仪器和大量储备物资，包括罗盘、罗盘针、沙漏计时器、星盘、比重秤和星座一览表等。

英国科学史家贝尔纳说，罗盘的使用，"破天荒第一次开放了大洋，供人探险、战争和贸易，引起了巨大而迅速的经济的和政治的效果"[①]。

八、四大发明对文艺复兴的激励

在西方文化由中世纪走向近代，人们迎接近代文明曙光的伟大时刻，从远方中国传来的奇妙无比的四大发明，对于西方文化，起到了激励、开发和推动这一伟大历史转变的重要作用。或者说，四大发明是从外部刺激西方文化，从而使其内部发生蜕变和更新的重要文化要素。四大发明对西方乃至整个世界的历史进程都起到了革命性的作用，推动和促进了整个人类文明的结构性改变。

四大发明通过各自的渠道和路线陆续传播到欧洲。它们的传播和接受，本来是各自独立进行的，互相之间并没有必然的联系，但是，它们传播到欧洲的时间大致是相同的，是中西文化大流动、大交流的时代，也即欧洲发生文艺复兴运动的前夜。正是在这样一个文化接触的会合点上，四大发明发挥的作用和影响远远超出了其本身的技术性范围，成为刺激文艺复兴运动并为其推波助澜的外来力量。

这是一种不可低估、不可替代，更是不可否定的来自东方的文化力量。

---

① 〔英〕贝尔纳著：《历史上的科学》，伍况甫、彭家礼译，科学出版社1959年版，第193页。

　　文艺复兴是一次人类从来没有经历过的伟大的、进步的变革，这种变革不是在个别领域、个别层面上，而是一种全方位的、涉及文化的各个层面、渗透到社会生活各个领域的变革。正是经过这次历史性的变革，西方的历史以及整个世界的历史走出了中世纪，进入了以理性和科学为旗帜的近代文明发展阶段。

　　文艺复兴时期的思想文化领域表现出一个明显的特点：先进的思想家们在从事新的文化研究和创作时，广泛地利用古代希腊、罗马的思想资料。中世纪时，古代的这些文化成果遭到了严重的摧残。12、13世纪以后，古代典籍陆续从阿拉伯国家重新传入欧洲。先进的思想家们对非基督教的古代世俗文化产生了兴趣，怀着极大的热情搜集、整理古代文化书籍，发掘古代文化遗产，研究古代语言、历史、文艺、科学和哲学，仿照古典作品进行创作。古典文化研究蔚成风气。这也就是"文艺复兴"一词的最初含义。

　　而在古典文化复兴的过程中，造纸术和印刷术的传入，成为一股强有力的推动力量，刺激并推动了欧洲自由讨论风气的形成和文化知识的广泛普及。印刷术绝非一项单纯的技术成就，它标志着西方文明从此掌握了一种威力无比的工具，可以将其代表人物零散的思想加以集中，使研究者个人的思考能够迅速地传递给其他研究者，以便充分发挥这些思想的效力，达到前所未有的严密性，从而具有极其强大的影响力和传播力。书籍带来的文化知识的广泛传播，使欧洲人的精神进入了一个新的境界，学术中心由修道院转到各地的大学，而大学中聚集了各种新的思想，进行着科学的研究与探索，孕育了崭新的近代文明。英国历史学家韦尔斯说，对人类社会各种事物的自由探讨和坦白陈述的精神，即思想自由和良心自由的精神，在这一时期逐渐形成，并发扬光大。这种精神在书籍印成以前虽已开始萌生，"但把它们从朦胧状态中解放出来的却是印刷术"①。

---

　　① 〔英〕韦尔斯著：《世界史纲：生物和人类的简明史》，吴文藻等译，人民出版社1982年版，第816页。

造纸术和印刷术加速了欧洲近代文明的到来，而火药和火器的传入，则为打破旧有的统治秩序提供了强有力的物质力量，改变了欧洲的政治格局，宣告了欧洲中世纪的结束。至于指南针，它的直接影响在于开辟了欧洲大航海的时代，而"美洲的发现、绕过非洲的航行，给新兴的资产阶级开辟了新天地。东印度和中国的市场、美洲的殖民化、对殖民化地的贸易、交换手段和一般商品的增加，使商业、航海业和工业空前高涨，因而使正在崩溃的封建社会内部的革命因素迅速发展"①。

在西方文化发展史上具有划时代意义的文艺复兴运动，从一开始就受到四大发明以及与此相关的其他中国文化因素的刺激和推动，并以此为物质文化前提。四大发明的传入，激励和开发了西方文化系统内部的活跃因素，从而使西方文化的历史大变革成为可能。

中国的四大发明不仅为文艺复兴提供了物质基础，而且成为促进资本主义产生和现代人类精神解放、科学文化昌明的最强大力量。正如马克思说的："火药、指南针、印刷术——这是预告资产阶级社会到来的三大发明。火药把骑士阶层炸得粉碎，指南针打开了世界市场并建立了殖民地，而印刷术则变成新教的工具，总的来说变成科学复兴的手段，变成对精神发展创造必要前提的最强大的杠杆。"②

因此，四大发明的伟大历史意义和文化意义受到人们普遍的承认和高度评价。早在17世纪初，英国哲学家弗兰西斯·培根就充分肯定了印刷术、火药、指南针等发明的重大意义，虽然他和当时的人们一样，还不知道这些伟大的技术成果来源于中国。他认为，"这三种发明已经在世界范围内把事物的全部面貌和情况都改变了：第一种是在学术方面，第二种是在战事方面，第三种是在航行方面；并由此又引起难以数计的变化来"③。培根还指出，在发现新大

---

① 《马克思恩格斯文集》第2卷，人民出版社2009年版，第32页。
② 《马克思恩格斯全集》第37卷，人民出版社2019年版，第50页。
③ 〔英〕培根著：《新工具》，许宝骙译，商务印书馆1984年版，第103页。

陆，发明印刷术、火药、罗盘以后，继续在旧知识和旧发现基础上前进是可耻的；世界已经发生变化，生活的许多领域中已完成了巨大的变革：印刷术已变成科学，火药已变成军事艺术，人借助于罗盘可以横渡海洋。虽然这些发明是偶然的，它们却在人类发展史上起了重大的作用。如果说偶然的发明在人类发展中起了如此巨大的作用，那么不难推测：如果在发明的基础上建立起科学，社会的进步将会多么巨大。要为系统的发现指明道路，必须建立新科学。新发现形成新知识，而新知识是人类用来驾驭自然的工具。

第十三章　马可·波罗发现的新世界

一、诞生在监狱里的名著

在13世纪那个中西交流的高潮时期，意大利的热那亚发生了一个对于世界文化的历史有着重要影响的故事。

1298年，热那亚的监狱里关押着一批威尼斯囚徒。热那亚是意大利重要的港口城市，也是中世纪重要的贸易城市，其势力仅次于威尼斯，后来因发现

△ 亚得里亚海港口威尼斯

新大陆而名震世界的哥伦布就是热那亚人。当时，为了争夺东方贸易的霸权，热那亚与威尼斯进行了四次战争。这些囚徒就是在战争中被俘的。

狱中单调的生活，闲极无聊。其中一位囚徒就给大家讲故事。他说自己多年在东方游历，见到了许多奇闻逸事、奇风异俗，那里极为富有，遍地黄金。大家听得十分入迷。听众中有一位作家，觉得这些东方的奇异故事很有意思，如不写成书传之后世，将是十分可惜的。于是，他就将这些故事笔录成书。

这位作家是比萨人鲁思蒂谦诺。在入热那亚监狱之前，鲁思蒂谦诺已是一个颇有名气的文人了。他广学博识，富有教养，所以人们都尊称他"鲁思蒂谦诺老师"。他在狱中笔录的这本书，深刻地影响了世界文明的历史。仅凭这本书，他的名字就被写进了世界史。

△ 1477年纽伦堡印本《马可·波罗游记》扉页的马可·波罗肖像画

鲁思蒂谦诺笔录的这本书就是日后闻名于世的《马可·波罗游记》。而故事的讲述者——威尼斯人马可·波罗，日后被称为中世纪"四大旅行家"之一。在热那亚的监狱里，鲁思蒂谦诺得以结识马可·波罗，也是一时的奇遇。可以说，如果没有鲁思蒂谦诺，没有这位执着的作家强迫马可·波罗静下心来坐在那里滔滔不绝地讲述自己的经历，就不会有马可·波罗的故事变为文字并广为流传，他的经历最终也只能是那些行走在丝绸之路上的商人们闲来无事的谈资，他本人也会和与他同时代的无数商人、旅行家一样，消失在历史的烟云之中。

文学史专家认为，鲁思蒂谦诺在笔录时，态度严谨、忠实，文字流畅自然，不尚浮华夸张，体现了历史的真实和口述的特点。但是，他也并非仅仅扮演了一个纤毫不失地机械笔录的角色。事实上，鲁思蒂谦诺笔录的《马可·波罗游记》中，也包含着他对马可·波罗口述的接受、理解和再创造，包含着一位文学家的艺术匠心和风格。

《马可·波罗游记》最终成为一本风靡欧洲、家喻户晓的书。

二、马可·波罗的奇妙旅行

马可·波罗是威尼斯人。威尼斯是一个古老的商业城市，商人们早在9—10世纪间，就在地中海上进行商业活动。到了13世纪，地中海成为欧洲的两大商业区之一，而意大利的威尼斯、热那亚、比萨等城市，又是地中海商业区的中心。这些城市联系着西欧和东方的市场，成为东西贸易的枢纽。其中，威尼斯的地位尤为重要，它是东方货物运往中欧和北欧的一个吞吐港。马可·波罗的父亲尼哥罗和叔叔玛菲都是有名的威尼斯商人，经常奔走于地中海东部地区，进行商业活动。

1260年，尼哥罗和玛菲携带货物从威尼斯出发到达君士坦丁堡，几经周折，约于1265年，到达元朝上都，朝觐忽必烈，受到热情接待。忽必烈派他们充任访问罗马教皇的专使，想请教皇选派精通教义和艺术的100名博学的教士来华，并从耶稣圣墓的长明灯上带些圣油回来。于是他们返回欧洲，此间经过许多曲折，因为当时正赶上教皇去世而新教皇尚未选出，他们等待了很久，直到将忽必烈的信件送达新教皇，然后于1269年回到故乡。教皇没有满足他们的要求，并没有向中国派遣大汗所需要的那些教士。许多研究者认为，教皇的这个决定错失了中西文化全面接触的一次很好的机会。

尼哥罗和玛菲在威尼斯住了两年，于1271年再次启程前往中国。此次，年仅17岁的马可·波罗随父亲和叔叔同行，踏上了东方之途，开始了他一生中长达24年的漫游东方的历史行程。

1271年11月，马可·波罗一行由威尼斯启程。他们乘船渡过地中海，到达小亚细亚半岛，经巴格达而到当时商业繁荣的霍尔木兹。马可·波罗在这段行程中感受到了旅行的快乐，他说沿途有不少美丽的城镇和村落，鸣禽野兽很多。在这里旅行，还可以携鹰打猎，所得快乐很难用言语形容。然而，艰难的旅程还在后面。他们穿越荒无人烟的伊朗高原，继而东行，翻越险峻的帕米尔高原，沿着古老的丝绸之路，经喀什、莎车、和阗，再经敦煌、酒泉、张掖、宁夏等地，经过3年半的跋涉，于1275年夏天抵达了元朝上都。

马可·波罗一行抵达上都后，受到忽必烈的接见。马可·波罗年轻聪明，善于学习，很快熟悉了东方的风俗和语言，很受忽必烈器重和信任，被留以客卿身份在朝中供职。这并不奇怪，因为在忽必烈的朝廷里，有很多来自阿拉伯

▲ 元世祖忽必烈在上都夏宫接见马可·波罗一家

乃至欧洲的西方人担任各种职务，他们被称为"色目人"。"色目"的意思就是形形色色、"各色名目"。忽必烈的宫殿是一个国际化的朝廷，忽必烈的大都是一个国际化的大都市。

大约在1277年至1280年，马可·波罗离开京城到云南游历。他从大都出发，经今河

∧ 马可·波罗一行从威尼斯启程前往东方

北到山西，过黄河进入关中，越秦岭至成都，西行至建昌，并到过西藏地区，最后渡金沙江，到达云南昆明和大理地区。此后，马可·波罗又游历了江南一带。他的游记中没有明确的行程记载，但记载了淮安、宝应、高邮、泰州、扬州、南京、苏州、杭州、福州、泉州等南方城市。马可·波罗可能不止一次游

∧ 马可·波罗一行长途跋涉

览江南地区。据他自己说，他还曾担任了几年杭州城的领导职务。这个说法没有中国文献佐证，但现在杭州的西湖边上伫立着一尊马可·波罗的塑像。

此外，马可·波罗在中国旅居期间，还奉使去过东南亚的一些国家。他的行记里提到的有印度尼西亚、菲律宾、越南和缅甸等国。1292年，马可·波罗趁奉命护送蒙古公主阔阔真嫁到伊儿汗国之便，得以和父亲、叔父离开中国。他们一行先护送阔阔真公主到达伊儿汗国，然后继续西行，于1295年回到故乡威尼斯。

马可·波罗在中国生活了17年，遍游大江南北与长城内外，对中国情况的了解远远超过了当时的欧洲人。他回国后向乡人介绍东方见闻，引起人们的极大兴趣。而作为商人，他与其父亲、叔叔在中国各地经商多年而成为巨富，回国时带回大批珍宝，人称"百万马可"。他成为威尼斯的名流，参与城市的公共事务。他热爱自己的家乡，为家乡而战。他就是在一次与热那亚人的战争中被俘而被关到监狱的。

三、马可·波罗描述了迷人的中华文明

马可·波罗的故事因为《马可·波罗游记》这本书而广为人知。

由马可·波罗口述、鲁思蒂谦诺笔录的《马可·波罗游记》，共4卷、229章。第一卷叙述了马可·波罗与家人东来时的沿途见闻。第二卷记载了中国元朝初年的政事，大汗忽必烈的宫廷生活、都城、宫殿、节庆、游猎等；讲述了马可·波罗奉使经今太原、西安、成都等地

△ 马可·波罗手持驿票进入皇宫

赴云南各地的见闻，以及自大都南行至淮安、扬州、镇江、苏州、杭州、福州、泉州等地的见闻，描述了各地的繁华景象。第三卷介绍了日本、越南、印度尼西亚、斯里兰卡、印度、印度洋沿岸诸岛以及非洲东部等地区的情况。第四卷讲了成吉思汗以后蒙古各汗国之间的战争和俄罗斯的概况。

马可·波罗用了很大篇幅来描述元朝大都的宏伟和繁荣。他称大都为"汗八里"。"汗八里"是突厥语，意为"帝王之城"。他描写汗八里面积广袤，街道布局严整。大都的皇城，周围有高达10步的城垣环绕，皇城四角建有角楼。宫殿建筑"工巧之极，技术之佳，见之足以娱人心目"。君王临朝听政的大殿，壮丽雄伟，光泽灿烂。在宫城与皇城两墙之间有"一极美草原"，种植各种果树；还有许多动物，如鹿、獐、山羊、松鼠等；另外还有一个大湖，景色非常优美。

马可·波罗在游记中还介绍了今西安、太原、成都、大理、苏州、杭州等数十个城市在当时的情况，包括山川地形、生物矿产、气候寒暑、工商贸易、珠宝香料、宗教信仰、风俗习惯等，都有详略不等的介绍。他尤其对经济发达、人文荟萃的长江中下游地区有深刻印象。他称杭州为"天城"，是"世界最富丽名贵之城"，"所供给之快乐，世界诸城无有及之者，人处其中，自信为置身天堂"。他特别提到了西湖的美丽景色，说城中有一大湖，湖上有许多画舫划艇，大小都有，专为游览娱乐而设。每条船里都备有漂亮的桌椅和其他必需的器皿，驾船之人手持篙子，插入湖底，用力撑船，想往何处，随心所欲。船顶以下及其四壁，悬挂各色画图；两旁有窗户，可以向外眺望，所有湖边的离宫别墅，院庙寺宇，园林山色，尽在目中。他很感叹地说：地上的赏心乐事，没有比泛舟西湖更为快乐的了。

除了对大都和这些大都市的描写外，《马可·波罗游记》中还记述了中国的许多情况，涉及政治、军事、法律、奇闻轶事、风土人情等许多方面。元朝的制度方面，涉及元朝的行省制度、驿站制度、漕运等方面的情况。由于他到处旅行，所以对驿站制度特别在意。他说，全国有驿站1万多个，有驿马20多万匹，有陈设豪华的驿站系统宫舍1万多座。

马可·波罗本人是个商人，所以他以浓厚的兴趣记录了各个地区的物产、贸易、集市、交通、货币、税收等与商业有关的事物。有人统计，《马可·波罗游记》中关于商务的记录，约占中国部分内容的1/6以上，以至欧洲人曾把它看成东方的"商务指南"。马可·波罗记述大都贸易发达，商业繁荣，说大都是"商业繁盛之城"，凡世界上最为稀奇珍贵的东西，都能在这座城市找到，特别是印度的商品，如宝石、珍珠、药材和香料。中国北方各地区和其他地区，凡有贵重值钱的东西都运到大都来。外国高价珍稀商品及各种商品输入大都城之多，是世界上其他城市所不能比的。这里"百物输入之众，有如川流之不息，仅丝一项，每日入城者计有千车"。

他不仅记录了扬州、杭州、福州、泉州等商业名城的商务和物产，而且还细心观察了途经中等城市的工商业状况。其中关于地方特产、商店市场、贸易方式、物价税率、货币折算及金银比价等的记事，甚至比当时中国一些文人的记述更为详细和具体。他说到了成都的蜀锦，云南大理的黄金交换价格，扬州居民"恃工商而活"，开封的绢绸生产，镇江居民"恃工商而活，产丝多，以织数种金锦丝绢"，以及苏州、杭州的工商业，福州、泉州的海外贸易等。

▲ 杭州西湖边的马可·波罗像

马可·波罗对元朝流行的纸币作了比较详细的介绍。他首先介绍了印造纸币的机构和货币的质地，说"在此汗八里城中，有大汗之造币局，观其制设，得谓大汗专有方士之点金术"，"此币用树皮作之，树即蚕食其叶作丝之桑树"。用这些树皮造纸，然后裁作长方形，大小不等。这些纸币，幅有大小，面值不等，币面上盖有"君主印信"。这些纸币在全国流通，凡州郡国土及君主所辖之地莫不通行。大汗国中商人所至之处，用此纸币以给费用，以购商物，以取其售物之售价，竟与纯金无别。

在《马可·波罗游记》中，对中国有两种称呼：一个是"契丹"，一个是"蛮子"。这是沿用了蒙古人的叫法。同时代的柏朗嘉宾、鲁布鲁克、鄂多立克等人，都是采用这样的称呼。元朝统一中国后，把中国北部称为"契丹"，把中国南部称为"蛮子"。但是，关于契丹的种种传闻传入欧洲后，人们误解"契丹"和"中国"（"蛮子"）是两个国家，认为在China（中国）之外，遥远的东方还有一个美丽的国家——契丹，甚至在地理位置上认为"中国"在"契丹"以南以东的位置。

《马可·波罗游记》中极尽能事地描写了契丹的繁荣昌盛，使契丹这个名字在欧洲不仅耳熟能详，而且成为欧洲人向往和追求的梦想。这样混淆的地理概念一直持续了几个世纪，直至16世纪时，欧洲人对东亚大陆的认识还十分混乱：从海路来华者，称中国为"秦"或China；从陆路来华者，称中国为

△ 忽必烈授予尼哥罗和玛菲一块金牌，以供其回到故乡并返回汗廷

"契丹"。17世纪初，由于利玛窦等人的努力，才最后得以澄清，欧洲人始确认"契丹"与"中国"实际上是一个国家的不同名称。

四、《马可·波罗游记》的流传和影响

《马可·波罗游记》以其丰富的内容、富有感染力的文笔，给欧洲的知识界开辟了一个新天地，极大地丰富了欧洲人对中国和东方的认识，被称为"世界第一奇书"。马可·波罗被誉为"中世纪的希罗多德"，不仅是中世纪最伟大的旅行家，而且是有史以来世界上的"最伟大的旅行家之一"。

《马可·波罗游记》完成后不久的14世纪初，就已经有手抄本流传。在《马可·波罗游记》诞生后的头20年，其语言形式有法意混合语的、托斯卡纳语的、威尼斯语的、德语的、拉丁语的，以及一种经过改造的法语形式的版本。《马可·波罗游记》的译本创造了中世纪史无前例的记录。由于传抄和翻

△《马可·波罗游记》法文第一版，
1556年

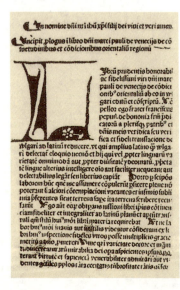

△《马可·波罗游记》最古老的版本

译的广泛，在14世纪，《马可·波罗游记》成为法国人和意大利人的史诗中有关东方内容的源泉之一。1477年，《马可·波罗游记》的第一个印本——德文译本在德国纽伦堡印行，以后陆续翻译成多种文字出版。最早的英译本是1579年在伦敦出版的。

不过，当时的欧洲人并没有充分认识到《马可·波罗游记》的重要价值。因为当时的欧洲人对中国、对东方的了解还是相当有限、相当模糊的。特别是14世纪以后，奥斯曼帝国兴起，中西交通再次受阻，欧洲人要了解东方更困难了。而马可·波罗所说的一切，对于他们来说太陌生、太新奇、太不可思议了。他们还没有接受如此大量文化信息的观念上和文化上的准备，所以当时有人将《马可·波罗游记》看作《天方夜谭》一类的书籍，马可·波罗也被同时代人称为"讲故事的能手"。在相当长的时间里，《马可·波罗游记》只被看作一种文学作品，人们并不相信其真实性。它和那个时代的其他地理学著作一样，基本上被当作一本关于世界奇观和奇风异俗的书，而在欧洲中世纪，地理学的基本构成元素就是奇闻逸事。

在当时的一些人看来，《马可·波罗游记》并非真实的记录，而是马可·波罗模仿许多旅行家，将自己所见的事物故意夸张粉饰而成，他们认为马可·波罗并未到过东方，书中所述是来自他人的传闻。马可·波罗的一些亲友也持这种怀疑态度。据说在马可·波罗的家乡，和他同时代的但丁就对马可·波罗和他的书怀有成见，在自己的著作里从未提到过马可·波罗和他的书。

当时许多人对《马可·波罗游记》所传递的有关中国的信息将信将疑，但《马可·波罗游记》终因其"奇异"不胫而走。由此，马可·波罗向欧洲展现了一个新奇的中国，一个富裕强大、文明昌盛的奇异世界，一种优越的、迷人的、发达的民族的文化。由于马可·波罗的介绍，欧洲人对中国的模糊印象逐渐清晰起来，对中华文化有了进一步的接触和了解。

在马可·波罗那个时代，也有一些欧洲人士前往中国并写下他们的游历记录，但由于马可·波罗在中国生活的时间很长，并且广泛游历各个地方，既出入宫廷又深入社会，因而马可·波罗对中国的了解比他们更深入、更充分，他的记述也比他们更具体、更详细、更富有感染力。因此，可以说，马可·波罗代表了那个时代欧洲人关于中国的知识水平。

马可·波罗及其游记的历史价值，在于他以亲身的经历和见闻，比较系统地向欧洲介绍了中国和中华文化，增加了他们对中国的了解。早在古罗马时代，罗马帝国和中国就有一些直接或间接的往来。古罗马文献中也有一些关于中国的记载，但是这些记载大都得自传闻，有许多不准确或失实的地方。当时欧洲人对中国和中华文化的了解，犹如雾里看花，若明若暗，只是对遥远的东方帝国有一些模糊的印象。中世纪时，欧洲的历史和文化是落后的、发展缓慢的。在这一时期，虽然有许多中华文化的物质成果和先进技术经阿拉伯人西传至欧洲，虽然中国与欧洲也有一些外交上的往来，如与东罗马帝国即拜占庭的交往，但实际上欧洲人的中国知识、欧洲人对中华文化的了解和认识，并没有显著的进步与增长，也并没有特别值得注意和重视的文献记载。当盛唐文化在东方如日中天、展现它的世界性辉煌的时候，欧洲人却对此知之甚少。处于"黑暗时代"的欧洲人，还不具备充分认识和理解中华文化的条件。

马可·波罗是第一个亲自游历中国并且其经历被笔录成书的欧洲人。他大大开阔了当时欧洲人的地理视野，在他们面前展示了一片宽阔而富饶的土地，引起了他们对东方的浓厚兴趣。而对于那个时代的欧洲人来说，马可·波罗的故事确实使他们大开眼界。就像200年之后的哥伦布一样，马可·波罗为欧洲人发现了一个新世界。

可以说，马可·波罗的中国之行，揭开了欧洲人心中对于亚洲文化想象的序幕。

直到15、16世纪，欧洲人对于东方的历史和地理知识逐渐丰富，《马可·波罗游记》的价值才被注意和重视起来。怀疑化为相信，伴随而来的是惊奇和羡慕。所以，有人说，马可·波罗用了20年时间认识中国，欧洲人认识马可·波罗却用了200年。

200年后，世界历史进入大航海时代，而《马可·波罗游记》展现的中华文明，成为刺激欧洲人发动大航海运动的强大心理动力。

五、马可·波罗同时代人讲述的中国故事

尽管当时的欧洲人对马可·波罗讲的中国故事将信将疑，但这些故事毕竟是奇异的、迷人的，充满异域风情的，这种情调本身就具有很大的吸引力。在那个时代，奇异的神秘故事具有的感召力是不可抗拒的。所以，信其有也好，将信将疑也好，马可·波罗的故事还是不胫而走，持续流传。

在这样的气氛中，不仅是马可·波罗，还有一些同时代的人也热衷于讲述来自东方的奇闻逸事，这成为那个时代文学叙事的一个方向。

自从5世纪西罗马帝国灭亡以后，基督教会逐渐成为欧洲社会的支配力量，罗马教廷成为全欧洲的宗教中心和政治统治中心。教皇向东方派出了使节团，试图缔结和约，并且考察是否有可能使蒙古人改宗天主教。之后，又派出传教士，到东方传教，建立教会。

在马可·波罗到达中国之前，先有教皇派遣修士柏朗嘉宾出访蒙古，后来又有一位叫鲁布鲁克的法国方济各会会士受法国国王路易四世派遣，于1253年出使蒙古汗廷和林。鲁布鲁克在和林住了八个月才自蒙古返回欧洲。他抵达塞浦路斯时，当地的主教不允许他赶到法国去见路易四世，而是叫他把旅行经历写下来，另派人转交国王。鲁布鲁克只得这样做。于是，他以长信的形式记下了自己的行程，成就了流布后世的《鲁布鲁克东行纪》（以下简称《东行纪》）。后来，鲁布鲁克还是回到了法国。几年后，英国著名哲学家和科学家罗吉尔·培根在法国遇到他，向他详细询问了旅途的经历和发现，并且几乎将每个地理细节都在自己的名著《大著作》中披露出来。关于火药的知识，也是鲁布鲁克在这次会见中向罗吉尔·培根介绍并第一次进入欧洲的文献中的。

虽然鲁布鲁克没有进入中国内地，但他的《东行纪》中有不少关于中国的记载。他和当时其他西方旅行家一样，以"契丹"指中国内地，以"契丹人"指汉族人。他在《东行纪》中用了很大篇幅论述"契丹人"。他提出，古代人所说的"赛里斯"（丝人）其实与"契丹"是同一个国家和民族。这种判断具

有重要的历史地理价值，使欧洲人开始把他们所知的"契丹"与历史文献上说的"赛里斯"联系和统一起来认识。

鲁布鲁克对中华文化还有进一步的观察和了解，他提到了中医的诊断（按脉）和治疗（草药）方式，提到了中国人的工艺水平，以及中国人子承父业的传统。在另外一段论述中，鲁布鲁克还介绍了中国的纸币，这是西方文献中最早提到中国纸币。他提到中国的文字和书写方式："他们（即契丹人）使用毛刷写字，像画师用毛刷绘画。他们把几个字母写成一个字形，构成一个完整的词。"[①]这大概是那个时代西方旅行家们的记录中仅有的。

另一位传教士更为著名，叫鄂多立克。他以一位旅行家的身份而著称于世。他和马可·波罗、伊本·拔图塔、尼古拉·康蒂一起，被誉为中世纪"四大旅行家"。

鄂多立克是意大利人，他于1318年开始了长达十几年的东游旅行，大约在1322年到达中国的广州。他由广州东行，至福建的泉州、福州，北上经三省交界的仙霞岭，至杭州和南京。再从扬州沿大运河北上，最后约在1325年到达元朝大都，受到元泰定帝接见，并在大都留居3年，于1328年启程回国。他返程时取道天德军（河套），经陕西、甘肃到达拉萨，然后经中亚、波斯，返回意大利。

鄂多立克回国后，将旅途见闻口述出来，由索拉纳的僧侣威廉笔录，形成流布于世的《鄂多立克东游录》。此书一经问世，就受到人们的重视，以后陆续有拉丁文、意大利文、法文、德文等各种语言抄本，达76种之多。

鄂多立克在中国游历极广，对所到地方都有记载。他对中国各大城市的印象极为深刻，认为中国城市的雄伟壮丽，绝非欧洲诸城可比。他说广州是一个比威尼斯大三倍的城市。该城有数量庞大的船舶，整个意大利都没有这一城

---

① 〔意〕柏朗嘉宾原著，〔法〕贝凯、韩百诗译注；〔法〕鲁布鲁克原著，〔美〕柔克义译注：《柏朗嘉宾蒙古行纪　鲁布鲁克东行纪》，耿昇、何高济译，商务印书馆、中国旅游出版社2018年版，第270页。

△《北京城外的旅行家和鄂多立克》

的船只多。他说刺桐（今福建泉州）是世界上最好的地方之一。他记载金陵府
（今江苏南京）的人口稠密，有大量使人叹为奇观的船只。城市坐落在交通方
便之处，有各种好东西。他特别描绘了杭州城，说它是世界上最大的城市，是
"天堂之城"。鄂多立克和其他到中国的旅行者一样，对中国的物产丰富和生
活富裕印象深刻。他写杭州时说自己感到很奇怪，那么多的人怎么能住在一个
地方，那里始终有大量的面食、猪肉、米和酒。

　　鄂多立克在大都居留的时间很长，对元朝的规章礼仪、宫廷建筑有不
少翔实的记载。他描述大汗的宫殿雄伟壮丽，大宫墙内，堆起一座小山，其
上筑有另一座宫殿。此山遍植树木，故此名为绿山。山旁凿有一池，上跨一
"极美之桥"。这里说的小山即今北海公园内的琼华岛，其上的宫殿即广寒

殿；其旁之池即元代太液池，就是今天的北海；"极美之桥"应为山前的白玉石桥。

鄂多立克东行游历十几年，足迹遍及亚洲多国，特别是在中国，从南到北，远达西南、西北诸省，所记甚为详细。他的游记被称为"关于中国的最佳记述"。

另一位同样被称为中世纪"四大旅行家"之一的伊本·拔图塔，是生于非洲摩洛哥的阿拉伯人。1325年，伊本·拔图塔离开家乡，取道陆路前往埃及的亚历山大城，从此开始了他的游历生涯。他用了26年的时间，行程12万余千米，游历了半个世界，足迹遍及亚、非、欧三洲。1349年，伊本·拔图塔经过多年的旅途生活，回到故乡，来到摩洛哥非斯。他因拥有关于世界的渊博知识而受到非斯苏丹阿布·伊南的赏识，被召入宫任职，并被委派出国完成外交使命。他再次回国后，阿布·伊南命他回忆在世界各地旅行的情形，由文学秘书穆罕默德·伊本·玉萨笔录成书。经过一年多的勤奋工作，这部举世闻名的《伊本·拔图塔游记》于1355年12月最后完成。

伊本·拔图塔的游记原名为《异域奇闻揽胜》。在这部著名的游记中，伊本·拔图塔详细介绍了他游历世界各地的见闻，描绘了阿拉伯、突厥、印度和中国的生动图景。它最初被收藏在马林王朝皇家档案馆，直到1840年被译成葡萄牙文出版，此后注家蜂起，竞相翻译，至今已有数十个译本。

伊本·拔图塔的游记用很大篇幅记载了他在中国游历的见闻。他的中国之行颇为复杂和富有传奇色彩。1339年，他从中亚地区进入印度，到达德里，被德里苏丹留住宫廷8年，充任德里伊斯兰教马立克教派的总法官。当时德里苏丹统治着全北印度地区。1341年，元顺帝遣使德里，要求重建喀拉格里山麓萨姆哈里的佛寺，供中国佛教徒顶礼。苏丹授命拔图塔率领使团前往中国答谢。拔图塔愉快地接受了苏丹的使命，踏上了中国之旅。

拔图塔的中国之行很不顺利。1342年7月，拔图塔率领的使团离开德里到达坎贝后，由坎代哈尔登舟，计有3艘使船，南航科泽科特，等候季风，准备乘中国海舶前往广州。不幸发生海事，使团失散，拔图塔流落马尔

⚑ 阿拉伯旅行家伊本·拔图塔（前排右立者）

代夫群岛、锡兰、孟加拉等地，历尽风霜，饱尝艰辛，最后于1345年春由爪哇搭乘驶往中国的海船，在刺桐登陆，踏上中国的土地。拔图塔从刺桐走水路到杭州，然后沿运河北上大都。据他自述，由于战事发生，他没有见到元朝大汗，便被护送回印度，从刺桐登上去印度的中国船。

伊本·拔图塔在中国各地游历，前后有11个月左右，对中华文化有了较为具体的了解。他在游记中充分运用自己广博的知识和细致的观察，以判断中国文明的历史价值。他详细介绍了中国丰盈的物产以及造船、陶瓷、丝、棉织等行业的情况，还特别介绍了当时中国社会的文化习俗、典章制度、宗教信仰等方面的情况。他说中国幅员甚广，土产甚丰，有水果、五谷、金银等，世界各国莫与伦比。

拔图塔在中国游历了许多地方，到过中国许多大都市，对中国都市的繁荣景象和恢宏气势有很深的印象。他对行在（今浙江杭州）的繁华和宏大极为赞叹。他说行在城宏大，须三日才能穿越全城，游览该城需投宿就餐。行在分

六城，大小相包，城区优美。他对在中国的游历到处都感到新奇，时时为中国的繁荣富庶、文明昌盛所感染。他在游记中流露出对中华文化的钦慕和敬意。

六、伪书《曼德维尔游记》

在马可·波罗的时代，还有几部关于中国的文献，如《海屯行记》《光明之城》，以及实际上是伪书的《曼德维尔游记》等。这些文献，以及马可·波罗和诸位传教士、旅行家们留下的报告，代表了那个时代西方人对中国与中华文化的认识和了解，代表了西方人关于中国的知识所达到的水平。

据说有一位叫胡子约翰的英国人，托名曼德维尔爵士，自称于1322年从鄂多立克东游，先启程去了圣地，然后又到过印度、波斯和中国，最后于1356年结束旅程返回家中，著有《曼德维尔游记》，卷帙甚多。他宣称教皇在看过他的游记报告后，认为他所记录的一切都是属实的。

以前欧洲人以为，中世纪确有英国人约翰·曼德维尔爵士游历至中国，因此该书被誉为"首次或几乎是首次尝试把世俗主题引入英语散文领域"，其作者在18世纪甚至被誉为"英国散文之父"。直到20世纪初，人们始考定其为伪书。《曼德维尔游记》的内容是当时流行的各种东方游记和文献的汇集整理，然后再经过作者的想象与加工，实际上反映了那个时代人们对于东方和中国的知识水平。据有关学者研究，《曼德维尔游记》中所讲的故事的来源，主要有《马可·波罗游记》、文森特的《世界镜鉴》、柏朗嘉宾的《蒙古行纪》、《鄂多立克东游录》，还有《海屯行记》以及流传甚广而实为他人伪造的长老约翰的书简等。"约翰·曼德维尔爵士大受欢迎的'旅行'记述，像马可·波罗的游记一样，是一份中世纪的文本；它把道听途说与真实描写、俾格米人与远洋船队混在一起，它大大强化了东方统治者神话般财富与奢华的说法。"①

---

① 〔英〕吴芳思著：《中国的魅力——趋之若鹜的西方作家与收藏家》，方永德等译，东方出版中心2009年版，第14页。

虽然《曼德维尔游记》已经被考定为伪书，但是它在 14 世纪以后相当长的时间里流传甚广，对于欧洲人了解和想象中国起到了很大的作用。"曼德维尔虚构出来的《游记》在中世纪晚期和文艺复兴时期的英国成为一部广受欢迎的作品，15 世纪的时候，曼德维尔作品的印刷量是波罗游记的五倍以上。"①该书现存的版本、手稿有 300 余种之多，涉及法语、英语、拉丁语、德语、荷兰语、丹麦语等众多语种。英国学者吴芳思指出：

> 在 14、15 世纪，约翰·曼德维尔爵士的旅行纪事看来比马可·波罗更受欢迎，因为大约有 300 件文稿（书写时间延续到大约 1500 年）用欧洲的主要语言保存至今，包括捷克语、丹麦语、荷兰语和爱尔兰语；相比之下，马可·波罗只有 70 件文稿在数量较少的欧洲语言中传世，不过其中也包括爱尔兰语。曼德维尔的记述，后在《珀切斯游记》(Purchas His Pilgrims, 1625) 中再现，正是他的故事，而非马可·波罗的，启发了莎士比亚、弥尔顿和柯勒律治有关中国的灵感，马可·波罗的魅力要到 19 世纪下半叶才发放，那时曼德维尔被当成骗子而遭遗忘……②
>
> 无论来源如何，无论作者究竟为何人，约翰·曼德维尔爵士的《游记》是极为重要的：它创造出一幅中国的浪漫图画，16、17 世纪的英国作家都从中汲取了养分。③

美国历史学家唐纳德·拉赫说到曼德维尔的游记：

---

① 〔美〕劳伦斯·贝尔格林著：《马可·波罗传》，周侠译，海南出版社 2010 年版，第 282 页。
② 〔英〕吴芳思著：《中国的魅力——趋之若鹜的西方作家与收藏家》，方永德等译，东方出版中心 2009 年版，第 11 页。
③ 〔英〕吴芳思著：《中国的魅力——趋之若鹜的西方作家与收藏家》，方永德等译，东方出版中心 2009 年版，第 15 页。

曼德维尔把他听来、看来的故事编织成一幅华丽的织锦来吸引读者，给读者带来阅读的愉悦。《曼德维尔游记》也被视为一部乌托邦作品，因为他把大汗描述成一位英明的君主，他礼贤下士，以自己的仁慈治理着财富遍地的国家，宫廷里面更是金碧辉煌，华丽无比。①

在文艺复兴期间，曼德维尔的《游记》一书对西欧人想象东方的能力的主宰程度超越了其他任何一部作品，它设定了一种半虚半实的风格化东方想象。……曼德维尔尽可能充分地利用了旅行者和传教士的描述，并且致力于最新的知识与更为传统的材料的整合。……他的作品显著地促进了信息量丰富且流行的亚洲观的形成。……我们今天虽然知道了曼德维尔根本没有到达他自称去过的地方这一事实，但这丝毫没有影响到他的著作的重要性，那就是该书整合了关于东方的知识，帮助文艺复兴时期穆斯林以外地区的人们形成了他们的"世界"观。②

虽然《曼德维尔游记》是一部不折不扣的伪书，但它在当年比《马可·波罗游记》流行更广，更受欢迎。它不仅投合了当时欧洲人关于中国的集体想象，而且广为流传，进一步影响了这种想象。

《马可·波罗游记》，鄂多立克、伊本·拔图塔等人的游记，以及伪书《曼德维尔游记》等文献，使欧洲人建立起一个比较完整的中国地理观念。在古罗马时代，人们只是对产丝的"赛里斯国"有一个大致的方向认识，即在遥远的东方，而现在的欧洲人则已经对中国的疆域有了比较清楚的概念。那个时代的文献都说到中国地域辽阔，疆土广大，全国分成十几个省。这些文献对中国的地理环境也有所描述，如提到北方的沙漠、南方的平原，提到长江、珠江乃至大运河，还提到朝鲜、日本、印度等中国的邻邦，提到中国东邻大海。总

---

① 〔美〕唐纳德·F.拉赫著：《欧洲形成中的亚洲第二卷·奇迹的世纪》第2册，刘绯等译，人民出版社2013年版，第141页。

② 〔美〕唐纳德·F.拉赫著：《欧洲形成中的亚洲第一卷·发现的世纪》第1册，周云龙等译，人民出版社2013年版，第100—101页。

之，这个时候的欧洲人通过那些旅行家的描绘，已经对中国的地理位置和行政区划有了大体准确和清楚的概念。

马可·波罗等旅行家对中国的城市怀有极大的兴趣，几乎所有重要的游记、报告和书信，都不厌其烦地描述中国的城市，包括大都、杭州、刺桐等大都市，也包括忽必烈之前的蒙古汗国都城哈剌和林，甚至一些中小城市。他们往往都以赞美和惊叹的口气详细地描述这些城市规模宏大，宫殿建筑辉煌壮丽，城市繁华，交通便利，人口众多，物资丰盈。大都和杭州更是他们大加渲染、赞颂的对象。这些旅行家们往往对这些大都市的文化氛围乐此不疲，深为其陶醉。这种现象，不仅仅反映了他们个人的兴趣与感受，而且与当时欧洲城市文化的兴起有很大关系。城市的兴起并日益成为社会生活的中心，成为政治、经济和文化的中心，是10世纪以后一种世界性政治、经济和文化现象，是欧洲资本主义前夜的一种历史现象。正因为有这样的背景，所以那些从欧洲来的旅行家们，对在中国看到的规模宏大、欣欣向荣的大都市会特别地关注；他们对这些都市的描绘，也会引起欧洲读者们的热烈反应。

他们都注意到并且着力描写中国的疆域广大、人口众多、物质繁荣和社会富庶。对于正处于中世纪的欧洲人来说，他们面对这样的中国，会发出由衷的赞叹和惊讶。同时，他们深入日常生活领域，对中国的社会经济文化生活有了更广泛的涉及。他们不仅介绍了中国的典章制度、礼仪规范，也介绍了中国丰富的各种物产，而且用很多篇幅描绘了他们所了解的风俗习惯和日常生活。中国人的婚丧礼俗、饮食起居、家庭伦理、社会刑罚等，都在他们的报告中有所涉及。

无论是马可·波罗的游记，还是鄂多立克、伊本·拔图塔等人的叙述，都给欧洲人展现了一个新的世界、一个完全新奇的奇异之邦，因此刺激了西方世界对东方这一神秘、虚幻之地的兴趣。这在随后欧洲对东方的想象和知识建构中起到了相当重要的作用。

而这将是一个新时代的到来。

第十四章 郑和下西洋与文化传播

一、海上丝路的文化盛事

早在新石器时代，就曾有大批大陆居民陆续南迁，渡海到东南亚地区，把大陆的新石器文化传播到那里。大陆稻作文化和粟作文化的南传，极大地促进了东南亚地区的文明开发。到了秦汉时代，随着海上交通的发展，大陆与东南亚地区的文化交流有了进一步的发展。三国时的东吴和南朝历代，都积极经营海上丝绸之路，促进了与东南亚的贸易和文化交流。

中华文化在东南亚的传播，在唐代有很大的发展。这首先得益于航海技术的提高和海上交通的进一步拓展。在唐代，东南亚地区各国不仅与唐朝往来密切，贸易和文化交流频繁，而且成为中国与印度开展文化交流的中转站，成为海上丝绸之路的中转站。宋元两代，中国与东南亚和南亚广大地区各个国家的官方交往和民间交流都比以前有所发展，海上丝路进一步开辟和延伸，商船往来不断，贸易活跃繁荣。而至明初，中国与东南亚、南亚地区的交往和文化交流，中华文化在东南亚、南亚地区的传播，出现了一次前所未有的高潮。而这个文化传播高潮的出现，肇始于号称"明初盛事"的郑和下西洋。

郑和下西洋不是简单、孤立的事件，而是永乐时期文治武功和对外交流的一个有机组成部分。明朝时，中国是当时亚洲乃至世界的强国，为了彰显大国地位和稳定周边局势，明成祖在继承洪武时期外交政策的基础上，遣使四出，"宣德化而柔远人"，以和平方式竭力构建明朝视野中的世界新秩序。

永乐七年（1409）三月，明成祖命郑和带给"海外诸番王及头目"的敕书中说：

> 朕奉天命，君主天下，一体上帝之心施恩布德。凡覆载之内，日月所照、霜露所濡之处，其人民老少，皆欲使之遂其生业，不致失所。今特遣郑和赍敕，普谕朕意：尔等祇顺天道，恪守朕言，循理安分，勿得违越，不可欺寡，不可凌弱，庶几共享太平之福。若有撝诚来朝，咸锡皆赏。故兹敕谕，悉使闻知。（《郑和家谱·敕谕海外诸番条》）

这份文件大体上说明了作为这次大航海行动决策者的永乐皇帝的基本想法，就是鼓励海外诸番纳入天朝礼制体系。在这个体系中，中国皇帝是"天下共主"，在这个大一统的国际格局中，以和平的手段，谋求实现中华帝国与海外诸国"共享太平之福"的对外总方针。郑和下西洋，正是明王朝整体外交政策的重要一环。

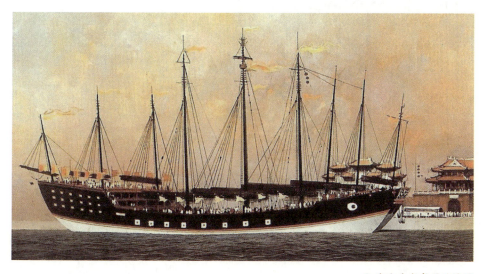

∧ 郑和宝船复原效果图

郑和下西洋是明朝初期大力发展中国与海外诸国之间友好关系的重要举措。明初洪武至永乐年间，海内升平日久，国运昌隆，使明朝皇帝更加倾心于追溯历代盛世中帝王的治绩，向往在海外树立威望，享有盛名。因此，明朝廷对海外诸国采取了以和平外交手段广为联络、建立以中国为主导的国际间和平相处局势的方针。这种方针也就是所谓的与海外诸国"共享太平之福"，就是要建立起一种国际和平环境，既在各国之间消除欺寡凌弱的现象，又使中国免受外患的威胁，并发展中国与亚非各国在政治、经济、文化诸方面的友好关系。永乐皇帝派遣郑和数次下西洋，就是为了贯彻、实现这一外交方针。

郑和祖辈为云南昆阳州（今昆明晋宁）宝山乡和代村人。明军在云南作战时，有掳当地儿童服役之风，郑和就是被掳去的儿童中的一个，当时他约11岁。郑和后来被分发到燕王朱棣藩邸中服役。曲折艰辛的经历造就了他非凡的才能。在朱棣身边的宦者中，郑和卓然超群，深得朱棣赏识和信任，永乐二年（1404）被赐姓并升为内官监太监，官至四品，地位仅次于司礼监，宣德六年（1431）钦封为三保太监。

由于郑和才智过人，深得成祖朱棣的器重和信任，所以成祖初继位，就把奉使海外的重任交付于郑和。

郑和下西洋的船队是一支规模庞大的船队。郑和的船队每次远航，随行者总数都在二万七八千人。据史料记载，第一次下西洋的人数

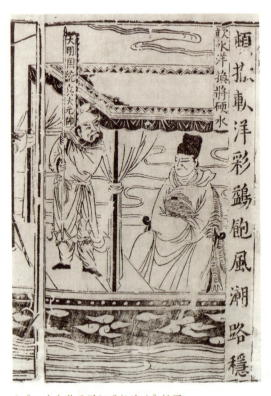

△《三宝太监西洋记通俗演义》插图

为27800余人，第三次为27000余人，第四次为28568人，第七次为27550人。其他几次人数阙录不详，但估计也在27000人左右。郑和的船队完全是按照海上航行和军事组织进行编排的。船队的船只有的用于载货，有的用于运粮，有的用于作战，有的用于居住，分工细致，种类较多，是一支以宝船为中心、各舰密切配合的庞大的混合舰队。

郑和船队的每次远航，一般由63艘大、中号宝船组成船队主体，加上其他类型的船只，共"乘巨舶百余艘"。据记载，第一次下西洋时乘船208艘，"维绡挂席，际天而行"，蔚为壮观，是7次下西洋中动用船只最多的一次。

郑和下西洋，先后7次，历时近30年之久，其间又可分为前后两个时期。前期从永乐三年（1405）郑和第一次奉命出使，至第三次下西洋于永乐九年（1411）归国为止。这一时期，郑和使团的活动范围不出东南亚和南亚，主要往来于东南亚各国之间，主要是为了解决中国在东南亚和南亚所面临的一系列问题，树立起中国在东南亚和南亚各国中的威信，"重振已坠之国威"，进行广泛的外交活动。后期包括郑和下西洋的第四次到第七次航行，从永乐十一年（1413）到宣德八年（1433）。后期航海的主要任务，是向南亚以西继续航行，到达波斯湾，通过开辟新的航路，让从来不通中国的海外远国，"宾服"中国。在后期航海中，郑和船队经过南洋群岛，横渡印度洋，取道波斯湾，穿越红海，沿东非之滨南下，最远到达赤道以南的非洲东部沿岸诸国及马达加斯加岛一带，分航甚至远达西非沿岸。

在第七次下西洋的回航途中，郑和逝世于古里（位于今印度西南部）。郑和逝世之后，下西洋的事业失去了最重要的领导者，庞大的船队失去了主帅，所

△南京牛首山郑和之墓

以，下西洋的伟大壮举也就结束了。

上述7次下西洋，所航行的路线略有不同。在航线沿途，船队设立了四大交通中心站和航海贸易基地。这四大交通中心站分别是占城、苏门答剌、锡兰山别罗里和古里。占城和苏门答剌属于中南半岛、马来半岛范围，是郑和船队发展南海及南洋海上交通、与东南亚各国进行航海贸易的要冲之地。锡兰山别罗里和古里属印度半岛及其附近范围，为郑和船队发展印度洋和阿拉伯海上交通，与南亚、西亚和东非各国进行航海贸易的要冲之地。郑和船队以上述四大交通中心站为海运的枢纽，在广大的海域内建立起纵横交错的海上交通网络，使船队的航行尽可能达到所能到达的地方。梁启超依据《瀛涯胜览》和《星槎胜览》等相关文献考释，认为郑和船队到过40多个国家。

二、赐冠服，颁正朔

郑和下西洋是中外关系史上的一件大事，更是中国与东南亚、南亚地区经济文化交流史上的一件具有划时代意义的大事。郑和的船队与所到国家建立了友好的关系，向各国展示了中华物产的丰盈，加强了中国与这些国家的交流往来，扩大了中华文化在海外的传播，而且进一步开拓了海上交通，促进了海外各地社会经济文化的发展。郑和下西洋，既是"海上丝路"上的一篇宏伟篇章，又是"海上丝路"的进一步延伸与开拓，使中国与南海诸国和更远国家的贸易和文化交流，以及中华文化在海外的传播，达到了更高的水平。

郑和下西洋的主要任务，是与东南亚、南亚乃至更远地方的国家开展广泛的外交活动，加强与这些国家的官方联系，建立以中国为主导的国际和平环境。郑和在历次奉使出航中，都认真贯彻明王朝的和平外交方针，致力于发展与各国的友好关系，使明朝的国际威望大大提高，与海外诸国的官方关系更为密切，取得了重大的外交成就。

由于郑和下西洋的影响，明朝在永乐、宣德年间与东南亚、南亚等地区的交通往来出现空前繁荣的盛况。许多国家纷纷向中国派遣使节，以通友好。

即使是那些位于"绝域"的远方国家，"如祖法儿以下诸夷，多有自古未通者"，出于对中国的敬慕，也沿着郑和所开辟的航路，不远万里，纷纷来宾。有的国家是国王携妻带子与陪臣一同入朝。郑和每次返航时，都有海外诸国使者随船来华——第一次下西洋返国时，有苏门答剌、满剌加、古里等国的使者随行；第五次下西洋返国时，带回了17个国家和地区的使者；第六次下西洋返航时，出现了暹罗、苏门答剌等18国1200余名使臣同时来华的盛事。

郑和下西洋，不仅在发展与海外诸国的官方联系方面取得了巨大成就，而且在向海外诸国传播中华文化、促进当地社会的文明开化和文化进步方面做了大量工作。从下西洋船队的派遣者明成祖，到船队的统帅郑和，乃至郑和的一般随行官员，都对向海外传播中华文化有着自觉的认识，并高度重视这项工作。明成祖曾说："朕丕承鸿基，勉绍先志，罔敢或怠。抚辑内外，悉俾生遂，夙夜兢惕，惟恐弗逮。恒遣使敷宣教化于海外诸番国，导从礼义，变其夷习。"郑和在亚非各国访问时，本着"王者无外，中天下而立，定四海之民，一视同仁"的精神，努力宣扬文教，以中国先进的文化和精神文明的成果，来影响海外各国的精神生活，提高其文化程度，使其接受中国的礼仪，改变其落后的习俗。

在中国古代政治制度中，历法和冠服是最具民族色彩的事项，一向为国家施政方面最重要的措施。所谓"颁正朔，易服色"，是封建国家对内对外的两件大事。

对船队所至国家给赐冠服，是郑和下西洋的使命之一。给赐冠服具有让海外国家接受中国礼仪、移风易俗的意义。郑和到访各国时，奉命"颁诏"，赐明朝冠服于渤泥、暹罗、爪哇、占城、满剌加、锡兰山、古里等国，同时主持"施恩封泽"仪式，对各国国王赐以皮弁玉圭、麟袍、龙衣、犀带，而对一般使节赐以"朝服"和"公服"。郑和代表明朝廷赐给满剌加冠带袍服后，满剌加头目拜里迷苏剌的身份发生了变化，由一个部落的酋长正式成为一个国家的国王。冠服之制如中国，就改变了当地原先那种"不习衣冠疏礼义"的落后状态。后来，拜里迷苏剌入明朝贡，明成祖又几次赐给他及王妃冠服仪仗等。

其他各国也是如此，"愿比内郡依华风"，"仰慕中国衣冠礼仪，乞冠带还国"
（《明成祖实录》卷五〇）。

明初对四邻国家屡次颁给历法。《明实录》中载有许多这方面的实例。据
申时行等重修的《明会典》记载，在正统朝以前，琉球、占城等国，俱因朝
贡，每国给予王历一本、民历十本。郑和出使海外诸国，"所至颁中华正朔，
宣敷文教，俾天子生灵，旁达于无外"。所谓"颁中华正朔"，就是为海外诸
国颁发本朝的历法，要求海外诸国承认明王朝为"正朔所在"，奉行明王朝为
海外诸国颁发他们的历法。郑和第五次下西洋时，将《大统历》赐予占城国王
占巴的赖。宣德元年（1426），明廷又派人前往占城颁赐《大统历》。从此，
占城普遍采用明朝的《大统历》。明代
颁布的《大统历》源于元代郭守敬创制
的《授时历》，是当时比较先进的历
法。郑和向出使国家颁发历法的重大意
义，不仅在于使他们有一本比较精确的
历法，以便于日常生活和生产，更在于
使诸国能接受中国的礼俗，推动社会文
化发展。

明代的历法分为"王历"和"民
历"两种，每种都有历注，记载一些
应行的事宜。两种历法的历注所载的
六十二事，包括上至国家大事、下至百
姓日常生活的各项事宜，其内容极为丰
富，集中了中国人民千百年对季节、气
候的规律性认识，是中国农业文明的集
中体现。郑和在所到之处，通过"颁正
朔"活动，将中国的政教礼俗和先进文
化介绍给海外诸国学习，作为海外诸国

△ 郑和第五次下西洋前夕在泉州东郊
灵山行香所立《郑和行香碑》拓片

"变其夷习"的依据，以此对其实行引导，改善其落后的生存状态，发展其社会文明。

郑和为海外诸国颁发历法，对促进当地天文历法的进步也有重要意义。

郑和下西洋时，还向海外诸国赠予中国图书。据《明成祖实录》记载，永乐二年（1404）九月，明成祖"命礼部装印《列女传》万本，给赐诸番"。当时凡郑和使团舟车所至的国家和地区，都得到了明朝廷赠给的《列女传》。明成祖亲自为这部《列女传》作序，表示赠书的目的是向海外诸国宣扬"经纶之道"，以"修太平之业"。如此广泛地向海外诸国赠送书籍，是郑和下西洋时期中华文化向海外传播的一件大事。

总之，郑和及其率领的庞大船队，在七次下西洋、遍访诸国的航程中，发展了与这些国家的政治、经济关系，对宣传和传播中国的先进文明、推动当地的文明开化和文化繁荣做出了重大贡献。中华文明的礼仪典制、儒家思想、天文历法、度量衡制、农业技术、制造技术、建筑雕刻技术、医术、航海造船技术等对古代西洋各国特别是东南亚国家产生了重要影响。随着丝绸、瓷器、建筑艺术的传入，各国的服食器用水平得到了提高；中国的钱币流入西洋各国，促进了当地货币的流通和使用；铁器等先进生产工具的引进，加快了南洋岛国的开发；明朝典章礼仪制度的传入，则深深影响了各国的文明进程。由于郑和及其船队的努力，中国与东南亚、南亚等地区的文化联系更加密切。中华文化在东南亚和南亚地区的传播，也由于郑和等人的努力而达到一个新的水平。

▲ 郑和第七次下西洋时在福建铸造的大铜钟

三、郑和下西洋与海外贸易

发展对外贸易，与海外诸国互通有无，也是郑和下西洋的目的之一。郑和船队在海外活动的近30年中，始终进行着广泛的贸易活动。因此，其每次出航，都携带大量货物，或作为礼品赠送所到国家国王和头目，或与当地进行物产交换，开展官方贸易，将深受国外欢迎的中国彩币、瓷器、名贵药物、铜器等传播于诸国，对各国形成了很大的吸引力。郑和下西洋时期，明代的海外贸易进入非常繁荣、非常活跃的时期，不仅马六甲海峡以东的邻近各国，甚至整个印度洋地区的国家，都纷纷通过官方途径和中国发展直接的贸易关系。

郑和船队访问亚非各国，在与各国建立友好关系后，即与该国进行广泛的贸易活动。郑和既是明王朝的国家使节，也是政府的通商代表。与所到各国进行通商贸易，是郑和船队的主要任务之一。郑和第二次下西洋时，曾到达泰国海湾，将丝绸、瓷器、铁器等礼品赠予阿瑜陀耶王朝的王公大臣，另将大批货物在当地进行贸易。马欢在《瀛涯胜览》中记载，在祖法儿国，"中国宝船

▲ 郑和船队停泊南洋岛国时的情景

到彼，开读赏赐毕"，在国家之间的外事活动结束后，其王"差头目遍谕国人，皆将乳香、血竭、芦荟、没药、安息香、苏合油、木别子之类，来换易纻丝、瓷器等物"。在每个所到国家都是这样。

所以，郑和船队每次出航，都携带大批货物。据有关史料记载，"宣德三年（1428）八月庚寅，命南京守备太监郑和、王景弘等，以内府见贮大绢十万匹、棉布二十三万匹，令户部遣官运赴北京"。调运的

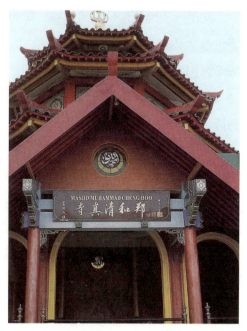

△ 印度尼西亚东爪哇首府泗水的郑和清真寺

这几十万匹丝绸，都是朝廷为赏赐外国使节所用。郑和船队运往各国的货物，包括：红丝、刺绣、湖丝、雨伞、绸缎、瓷器、麝香、烧珠、青瓷盘碗、书籍、樟脑、橘、金、银、铁鼎、米、谷、豆等。船队所携带的货物，不但数量可观，而且更以产品的独特性见长于世，锦绮、纱罗、绫绢、纻丝以及青花、釉里红瓷器，都是独具特色的产品。各种青瓷盘碗、烧珠、麝香、大黄、肉桂、铁鼎、铜器等也是大宗出口货物，其中尤以丝绸、瓷器数量最多。

船队所到各国，对中国的货物都非常喜爱和欢迎，都希望能够普遍地得到供应。如马欢记载，在占城国，"买卖交易，使用七成淡金或银。中国青瓷盘碗等品，纻丝、绫绢、烧珠等物，甚爱之，则将淡金换易"。爪哇国买卖交易行使中国历代铜钱，"最喜中国青花瓷器，并麝香、花绢、纻丝、烧珠之类"。锡兰国"甚喜中国麝香、纻丝、色绢、青瓷盘碗、铜钱、樟脑，则将宝石、珍珠换易"。在其他各国也是一样。所以，郑和船队在东南亚各国所进行的贸易活动，呈现一派繁忙的景象。

　　除了给当地统治阶层的赏赐，郑和船队所携带的货物，都是按照市场的价格进行交易。郑和首次下西洋到达古里，船队带来了瓷器和丝绸。古里国国王派掌管国家事务的大头目带领二头目、算手、中介人和明朝官员面对面议价，进行平等交易，击掌定价，书写两份合约，双方各收一份，此后无论货物价格升降，双方都信守合同无悔。

　　郑和船队有时还直接与当地居民进行交易。如暹罗国有一市镇名上水，"此处有番人五六百家，诸色番货皆有卖者"。《瀛涯胜览》还记载："中国宝船到暹罗，亦用小船去做买卖。"郑和船队抵达一国后，并不仅限于在其国都或大码头、大市镇进行交易，还派遣船只到各国内地的市集上去做买卖。《郑和航海图》所标地名极多，于偏僻处注明"有人家"字样。由此可见贸易活动范围之广。为激发参与这项出海时间长、危险性大的航海人员的积极性，皇帝允许下洋"官军"携带"麝香等物"贩之海外，船队返航时也允许兵弁海员携带"番货"回国。

∧ 马来西亚槟城寺庙的郑和下西洋宝船壁画

郑和每次下西洋，都携带大量中国铜钱，或作为礼品馈赠，或为贸易之用。在爪哇，"国人多富，买卖俱用中国铜钱"；在旧港，"市中交易亦使中国铜钱"；在泗水，"买卖交易行使中国历代铜钱"，"国人最喜中国青花瓷器，并麝香、花绢、绽丝、烧珠之类，则用铜钱买易"。使用中国铜钱，对促进印尼各岛农业、手工业和商业的发展意义重大。中国的金融制度在东南亚通行了几个世纪，直到20世纪前半期，印尼巴厘岛等地还在使用中国清代的铜钱。

四、郑和下西洋的遗迹与影响

郑和下西洋对于发展中国与海外诸国的友好关系和促进彼此的文化交流贡献巨大，在海外特别是在东南亚地区产生了相当大的影响。郑和船队在所到之处，除了完成外交使命和进行贸易，还为当地人民做了许多有益的事情，比如开山筑路发展交通，给人们治疗疾病，传授先进的生产技术和经验，教给文明的生活知识等。时至今日，东南亚地区的一些国家还保留着纪念郑和的各种遗迹，流传着许多关于郑和下西洋的故事，并且进行着各种纪念郑和的活动。

现在东南亚各国有多处郑和庙（寺），如印尼三宝垄的三保庙、印尼泗水的三保庙（拉都庙）、印尼泗水的郑和清真寺、马来西亚马六甲的宝山亭（三保庙）、马来西亚吉隆坡的三宝庙、泰国阿瑜陀耶（大城）府的三保公庙、柬埔寨磅湛市东古城的三保公庙等。除了这些郑和庙（寺），还有许多有关郑和的遗迹。比如郑和在海外的遗迹，爪哇有三宝垄、三宝洞、三宝井、三宝墩，满剌加有三宝山、三宝城、三宝祠、三宝井，暹罗有三宝港、三宝宫，北婆罗洲有中国河、中国寡妇峰等。东南亚地区的华人对郑和尤为崇敬。

流传于东南亚地区的有关郑和的故事，以及散落在各地的寺庙、遗迹和其他纪念物，是郑和下西洋发挥重大文化影响的历史见证，具有重要的历史价值和文化价值。历史学家冯承钧指出："郑和之遗事可作两面观，一面是历史的郑和，一面是故事民话的郑和。后一郑和也很重要，曾为种种

∧ 泰国大城府三宝公庙

民话的干题，至今南洋一带尚盛传之，见之载籍的固然要搜辑，传之委巷的也要记录。"①

五、中华文化在东南亚的传播

郑和下西洋是中国与东南亚文化交流的高潮，是中华文化在东南亚传播的高潮。

中国与东南亚地区很早就有交通往来，泰国、缅甸、斯里兰卡、印度尼西亚、菲律宾等国，都在很早的时候与中国有官方的和民间的往来和贸易关

---

① 〔法〕伯希和著：《郑和下西洋考 交广印度两道考》，冯承钧译，上海古籍出版社2014年版，《序》第7页。

系，历代都有许多中国移民移居到那些地方。这都为中华文化在东南亚地区的传播创造了有利条件。

大约在秦汉时代，中国与缅甸就有了民间的贸易往来。汉永平十二年（69），汉王朝在中缅边境设置永昌郡，"中印缅道"更为通畅，不久就有"永昌徼外"即今缅甸境内的一些部落或国家遣使来中国通好。三国时期，蜀汉诸葛亮于蜀建兴三年（225）南征，抵达中缅边境，劝当地人民"筑城堡，务农桑"，向他们传授先进的生产经验、技术和知识，再由当地居民传到缅甸，从而对缅甸的农耕技术和经济发展产生了重要影响。缅甸民间至今还广泛流传着许多关于诸葛亮的传说。中缅边境各民族对诸葛亮都很尊敬，建有诸葛祠、武侯庙、孔明城等。宋元及以后，中国与缅甸的交往日益频繁，双边贸易更加扩大，文化交流也有进一步的发展。在农业生产方面，中国的许多蔬菜果木品种被引进缅甸。蔬菜类有芹菜、韭菜、油菜、荞头、蚕豆等，果木类有荔枝、红枣、枇杷、梅、桃子、柿子等。缅甸人在这些蔬菜水果的名称前面都加上缅语"德由"（意为中国），或直接借用汉语音译。中国的历法、天文、农业节气、干支纪年、五行、七曜日、十二生肖等都曾在缅甸流行，对缅甸农业生产的发展产生了一定的影响。在手工业生产方面，历代中国移民中都有许多手工业工匠，他们把中国的手工业生产技术传到了缅甸。

中国与印度尼西亚之间的文化联系有着悠久的历史。许多人类学研究者认为，古印度尼西亚人大致沿着两条路线从亚洲大陆南部南下：一是从中国云南，经缅甸、印度支那、暹罗、马来半岛到印度尼西亚群岛；一是从中国东南部，经菲律宾群岛等，到加里曼丹、爪哇等印度尼西亚各岛屿。在分批南迁的过程中，他们带来了亚洲大陆南部的新石器文化和青铜文化。还有学者认为，在婆罗洲的达雅克和佛罗勒斯的雅达人的艺术形式和手工艺中，至今仍可寻周朝影响的痕迹。考古学家们在印度尼西亚的一些地方还发现了中国汉朝的文化遗迹。到3世纪上半叶的时候，中国可能与印尼有了贸易关系。南朝时，中国和印尼之间的交往有了较大的发展，印尼群岛上的一些王国陆续遣使入华，与中国发展贸易关系。频繁的通使往来，航海贸易的发展，不仅增进了双方的互相了解，也使中华文化沿着海上交通的航道，远播到印尼群岛。

由于中国和印尼有着悠久的交往历史，历代都有中国移民流寓印尼诸岛，所以中国先进的生产技术、科学知识和风俗文化都持续传播于印尼，对印尼的社会经济和文化发展起到了积极的影响。中国移民中有许多人从事各种手工业生产，他们把这些工艺、技术传播给当地居民。中国的造纸术、航海罗盘、火药和火器制造技术以及其他许多手工业生产技术，也都曾先后传入印度尼西亚，并为印尼人接受和广泛应用。

中国与泰国的文化联系最远可以追溯到青铜时代。后来，随着海上交通的发展，中泰两国通过海路频繁接触，加强了经济贸易关系和文化交流。据暹罗史记载，在我国梁末至隋代时，有中国公主下嫁暹罗，并率艺术家500人前往，以后还有中国派遣军士及军械匠前往暹罗的事情。中泰两国的正式官方交往关系始于13世纪末。随着两国来往日益频繁，中华文化在泰国也获得了广泛传播。元朝人周致中的《异域志》中提到暹罗国人"其名姓皆以中国儒名称呼"。谢清高的《海录》中也说，暹罗人"颇知尊中国文字，闻客人有能作诗文者，国王多罗致之，而供其饮食"。明洪武四年（1371），阿瑜陀耶王朝派出人员到中国的国子监学习汉语和文化典籍，是泰国向中国派遣留学生之始。阿瑜陀耶王朝时期，明朝廷还曾派出学者去暹罗承担宫廷的翻译工作。

中国的物产和先进的科学技术持续传播于泰国，对泰国社会经济文化的发展起到了重要作用。历代中国移民把农耕技术和制造铁木农具、铜铁器皿、制茶、制糖、印刷、造纸、制瓷、豆类食品加工工艺等生产技术带到泰国，推动了泰国农业和手工业的发展。泰国是古代海上丝绸之路的要道，丝绸是中国经海路最早向泰国输向的货物。除丝绸外，中国从元代开始还增加了青布和印花布对泰国的出口。中国朝廷还把中国丝绸和丝织品作为礼品赠予泰国王朝。如《明史》记载，明洪武四年（1371），"赐暹罗国王参烈昭毗牙织金、纱、罗、文绮和使者衣一袭"。《明实录》记载，洪武十六年（1383），"遣使赐占城、暹罗、真腊国王织金、文绮各三十二匹"。明朝使臣19次赴暹罗，携带的礼物大多是丝织品。中国的丝绸和棉织品深受泰国人民的喜爱。据顾炎武《天下郡国利病书》引崇祯十二年（1639）三月给事中傅元初《请开洋禁疏》说，暹罗、吕宋"皆好中国绫、罗、杂缯。其土不蚕，惟借中国之丝到彼，能织精好缎匹，服之以为华好"。另据《皇明四夷考》记载，暹罗人"腰束嵌丝帨加锦绮"。暹罗人还喜欢用中国丝绸制成纱笼（筒裙），暹罗农民常穿中国式的衣裤、开襟衣。宫廷中常用的幡帷白伞、僧侣穿的袈裟，都是用中国的丝绸裁制而成的。

　　中国与菲律宾的交往和文化联系可能很早就开始了。到了唐朝后期，中菲两国的关系已颇为密切，双方的贸易往来逐渐增多，并有一些唐朝人移居菲律宾群岛。菲律宾的许多地方都曾发掘出土唐代钱币、陶瓷器、装饰品等文物和中国式古墓。宋代有中国商船定期开往菲律宾，到摩逸、三屿等地开展贸易。据赵汝适《诸蕃志》记载，宋商用瓷器、货金、铁鼎、乌铅、白锡、五色琉璃珠、铁针、皂绫、缬绢、伞等，博易当地土产。中国先进的农业生产技术也传到了菲律宾。菲律宾的农民从华人那里学会了使用水牛、黄牛、马、犁

⚠ 东南亚海域沉船中打捞出的青黄釉碗　　⚠ 菲律宾收藏的青白瓷花口瓶

耙、粪肥（或其他有机肥料）、水车、水磨，学会了种植水稻、甘蔗的方法以及捕鱼法和养鱼法，等等。在历史上的中菲贸易中，耕畜和农具一直是中国输出菲律宾的重要货品。在手工业生产技术方面，榨糖、酿酒、造纸、冶金、纺织、印刷、雕刻、制造火药、木器、蜡烛甚至制鞋和裁剪衣服，也都由中国传入菲律宾。另外，关于采矿的技术，使用罗盘等航海技术以及印刷术等，也先后由华人传到菲律宾，在当地的经济生活中发挥了重要作用。

东南亚地区是中国古代外销瓷的主要市场之一。中国瓷器是从唐代末年开始输入东南亚地区的。宋元两代，中国瓷器开始大量销往东南亚地区，至明清之际则连绵不断，日益增多。在考古工作中，东南亚各国都有大量的中国各代瓷器被发现，成为中国瓷器在那里流传的历史物证。在中国瓷器广泛流行的同时，中国制瓷技术也传到东南亚地区。大批福建、广东的陶工到南洋谋生，也带去了中国的制瓷技术。在他们的影响下，东南亚各国的制瓷业也发展起来。

一

第四编

第十五章　大帆船与中国风

一、远方契丹的诱惑

自从《马可·波罗游记》在欧洲传播以后，有关"契丹"的传说广为流行，几乎到了家喻户晓的地步。那个名叫"契丹"的国家，"是一个遥远的国度，有着巨大的财富、智慧的人民、悠久的历史"①。东方和中国的财富神话，使欧洲的贵族、商人和冒险家们醉心向往。这被说成是"远方契丹的诱惑"。

在马可·波罗时代，欧洲一直与东方有着贸易往来。当时，东西方贸易商路，无论是陆上丝绸之路，还是海上丝绸之路，都是东西方交通的大通道，往来的商队相望于道。

但是，到了14世纪后期以后，中西之间传统的贸易路线受到了严重的阻碍。首先是1370年，西察合台的蒙古贵族帖木儿夺得了统治地位，宣布自己是成吉思汗的继承人，建立起盛极一时的帖木儿帝国，明朝将其称为撒马尔罕国。帖木儿在中亚地区建立的帝国，使得传统的中西间丝绸之路交通受到严重阻隔。

继而是发生在1453年的奥斯曼土耳其人攻陷君士坦丁堡，吞并了东罗马帝国的大部分领土，奥斯曼帝国成为地跨亚、非、欧三洲的大帝国，是当时世界上的最强国之一。奥斯曼帝国的舰队称霸地中海、红海和波斯湾，控制了红

① 〔美〕唐纳德·F.拉赫著：《欧洲形成中的亚洲第二卷·奇迹的世纪》第2册，刘绯等译，人民出版社2013年版，第111页。

海、波斯湾和黑海通往地中海的交通线，向过境各国商人勒索大量捐税，垄断了欧洲同东方的贸易。当时就有人指出，通过红海商路的税赋和运输成本使得东方商品的购买价格变为原来的六倍。

此外，多年以来，阿拉伯人一直垄断着地中海东部、北非和印度沿海之间的贸易。欧洲和东方之间海路和陆路的商贸往来，长期受制于埃及卡拉米商人和阿拉伯骆驼队商人。陆上运输的迟缓、运费的昂贵和缺少安全的保证，也已越来越不能适应欧洲市场的需要了。

然而，虽然传统的交通贸易路线受到阻隔，但是欧洲人并没有丢掉一切，幻想和希望依旧存在。马可·波罗所讲的关于"契丹"的故事，是他们深刻的历史记忆。他们已经取得的成就，刺激了他们的野心。开辟新的交通路线成为欧洲人的当务之急。如果他们不再能安全地走旧的陆路，他们一定要找出到东方的新的海路。欧洲各国贵族、商人急切地希望寻找到一条摆脱阿拉伯人、绕过地中海东部的新航线。他们认为，一旦找到不经地中海的新航线，东方货物所缴纳的通行税就只需过去的八十分之一。

寻访东方仍然是挡不住的诱惑。

所以，可以说，在欧洲中世纪晚期，对东方的渴望与想象，极大地启发了欧洲的向外扩张。16世纪以后开始的欧洲扩张，其发动的最初动力在于东方的引力。这

△ 16世纪时，葡萄牙人就是用这种大帆船往来于中国和葡萄牙之间

▲ 1745年哥德堡号的第三次远航

是巨大财富的引力，是先进文明的强大引力。

于是，欧洲人开始寻找通往东方的新途径，也就有了一系列寻找新航路的海上探险活动。探寻"契丹"是冒险界这首长诗的主旨，是数百年航行业的"意志灵魂"。有一位英国学者说："现代的航行地理学者实导源于当时探寻契丹的热诚。"

所以说，《马可·波罗游记》对15—16世纪欧洲航海事业的发展起到了极为重要的激励和促进作用。当时一些著名航海家和探险队的领导者曾读过马可·波罗的游记，从中受到鼓舞和启示，激起了对于东方的向往和冒险远游的热情。正是现实经济利益的驱使，以及马可·波罗所描述的富庶东方的召唤，直接推动了欧洲人的地理大发现运动。有人说寻找"东方"是欧洲大航海事业的"意志灵魂"，而这种"意志灵魂"正是在《马可·波罗游记》中培育、生长和锻造的。在达·伽马第二次航行印度前夕的1502年，《马可·波罗游记》的葡萄牙语文本在里斯本出版。这本书的出版前言在评价葡萄牙人当时对中国的认识时说："向往东方的全部愿望，都是来自想要前往中国。航向遥远的印度洋，拨旺了对那片叫作中国（Syne Serica）的未知世界的向往，那就是要寻访契丹（Catayo）。"

从最初的动机来说，大航海时代的来临，就是对海上丝绸之路新航路的探索，就是要寻找更为便捷的沟通东西方的新航线。大航海正是丝绸之路在新的技术条件下、新的时代要求激励下的延伸和发展。但是，这种延伸和发展与古代丝绸之路的意义和作用在本质上已完全不同了。因为正是大航海时代的来临，把整个世界联系在了一起，实现了不仅仅是欧亚大陆，还包括所谓"新世界"的互联互通，从而开始了真正意义上的全球化时代。

二、巨量的中国商品涌向欧洲

在葡萄牙人最早发现绕过非洲好望角的新航线之后，西欧各国陆续卷入大航海的浪潮中。先是葡萄牙、荷兰，继而是英国、法国、瑞典等国，后来还有美国加入，在持续3个世纪的时间里，成百上千的欧洲商船，乘风破浪，踏海扬波，最后云集在中国的港口。它们都是冲着中国的商品而来的。它们是海上丝绸之路的搬运工。那时候，中国丰饶的、数量巨大的商品支撑着整个中西贸易网络。广东的"十三行"是当时世界上最大的贸易集散地之一。

⌃ 法国扇面图案《中国陶瓷店》

△ 油画《静物写生》，画中有中国织锦和瓷器

中国输出的商品门类齐全，不仅数量巨大，而且品种繁多。其中除了一定数量的农副产品和初级工业原料产品外，大部分是具有高度工艺水平的手工业产品，包括丝绸、棉、麻、毛纺织品，以及服装衣物、食品香料、家具漆器、珠宝首饰、生活日用品、工艺美术品、中草药等，几乎涵盖了日常生活领域的各个方面，以及火炮、火器等军需品。特别是丝绸、瓷器、茶叶畅销数世纪，风行于欧洲各国，号称中国的"三大贸易"。

法国学者亨利·柯蒂埃写道：

> 我们通过欧洲的旅行者认识了从广东出口的商品：除了绿茶、红茶和丝织物以外，充斥着外国人住宅的主要产品是南京的黄色丝织品（云锦）、瓷器、粉状糖和冰糖、樟脑、桂皮、中国红皮萝卜、中药、大黄、木制工艺品、烟火等等。还要加上广东的象牙、在宁波雕刻的木艺、福州的棕色和金色漆、北京的红色漆、滑石做成的小摆设、玉做成的花瓶和神像，以及其他的货物都装满了那些从广东到洛里昂（Lorient）的船只。[①]

那么，到底有多少种类、多少数量的中国商品运至欧洲，已经无法统计，下面仅举几个例子，就可以一窥其壮观的场面。

---

① 〔法〕亨利·柯蒂埃著：《18世纪法国视野里的中国》，唐玉清译，上海书店出版社2006年版，第107页。

1592年，从葡属亚述岛出发的一艘西班牙大帆船马拉德·斯奥斯号，被英国舰队劫持到英国普利茅斯港。当时一名叫理查德的人把他所看到的从船上卸下来的东方货物记录下来：

> 船上装载的货品（珠宝除外，因为珠宝太贵重了，他们不会让我们看到）主要有香料、药材、丝绸、白棉布、被褥、地毯和颜料等。香料有胡椒粉、丁香、肉豆蔻核仁、新鲜的生姜；药材有贝加明延令草、乳香、良姜、mirabolans、芦荟、zocotrina、指甲花等；丝绸有缎子、塔夫绸、里子绸、仿金线织物、半成品的中国丝绸、细丝绸、白色斜纹丝绸、卷曲的Cypresse。棉布有白色宽幅的，有精细浆水的，有棕色的等等，也有带盖的和有菱形花纹的毛巾，薄绸和棉布的被褥，与土耳其毛毯类似的毯子，还有不知哪儿来的珍珠、麝香植物、麝香猫、龙涎香。其余货物数量较大但价值不高，如象牙、中国瓷器、可可核、兽皮、如黑玉般的黑檀木、床架、奇怪的树皮纤维的织物、手工艺品。[①]

再举18世纪初法国安菲特利特号的例子。在大航海时代的中欧贸易中，法国是后起的国家，海运贸易远不及其他国家发达。1698年，安菲特利特号首航中国，1700年8月3日返回法国。它是第一艘航行到中国的法国商船。1700年10月4日起，安菲特利特号上的商品在南特公开销售。据《优雅信使报》1700年9月号发表的销售公告说，其中的商品有：

> 大批的红铜和黄铜器皿；共计8000匹的布帛，包括绢、绮、普通罗和皱纹罗、缎画、重皱织物、哔叽、平纹布、针织棉等；还有中国的漆、刺绣和绘画；17箱瓷器，包括瓷瓶、瓷碗、瓷盒、瓷壶、大小瓷盘、瓷杯或瓷茶具、瓷酒瓶、平底瓷杯、带把瓷杯、赐糖罐、瓷盐罐、壁炉瓷

---

① 引自袁宣萍著：《十七至十八世纪欧洲的中国风设计》，文物出版社2006年版，第37页。

∧ 广州十三行码头搬运货物上船

∧ 广州十三行商馆区

器配套物、其他各种细瓷产品；17箱漆器，其中有4箱各自内装有3件小漆匣和带堆金花卉图案的文房四宝，另外9箱中装有各种各样的漆桌；14箱酒具；21箱漆画和人物花卉画等；还有30箱中国屏风；4箱叶状屏风；3箱尚未安装好的纸屏风；455根手杖、大批纸张、广州和南京刺绣、12条挂毯、绣花缎、11条丝巾、6卷绘画、38件麻织品。

曾在1750—1752年间作为瑞典东印度公司商船上随船牧师的奥斯贝克到过广州，他在《中国和东印度群岛旅行记》中记载了他所在的这条商船所搭载的货物清单，其中有：

4000匹丝绸，5300匹黄布，5000磅生丝，4000磅土茯苓，2165磅珍珠母，1万磅西米，4170磅大黄，9000磅有色纸（墙纸），6325磅用于捆东西的藤竹，约500箱瓷器，6吨烧酒及各种漆器、纽扣等。除了这些货物外，大宗的还是茶叶，总计有将近100多万磅。

我们已经知道，从16世纪开始，这样往返于欧洲与中国的商船络绎不绝，每一艘商船都是满载而归。

由此，我们可知运往欧洲各国的中国商品数量之巨大。

中国输出的这些商品，是具有古老传统的产品或手工艺品，凝聚着数千年的文化积淀，既体现着复杂的工艺技术，又具有丰富的文化内涵。而瓷器、丝绸和茶叶在这一时期欧洲生活方式和艺术风格的

△ 康熙二十四年（1685）开海贸易之后设立的粤海关

变化中扮演了重要的角色。物质领域的交换和交流，进一步发展成为艺术的、思想的、文化的交流。中华民族创造的精神文化产品也走进欧洲大陆，成为"公共的财产"，成为"世界的文化"。

三、轰动欧洲的"三大贸易"

大帆船运送到欧洲的中国商品，以丝绸、瓷器和茶叶为最大宗，号称"三大贸易"。

自从6世纪拜占庭引进中国的蚕种和养蚕制丝技术以后，欧洲也逐渐发展起自己的丝织业，但欧洲生产的丝绸在质量上无法与中国生产的相比，所以欧洲并没有减少对丝绸的进口，丝绸贸易一如古代那样重要。中国的丝绸依然在中西贸易中扮演着不可替代的主角地位。直到19世纪以前，中国丝绸一直是向欧洲出口的主要商品。

⚑ 外销白缎地彩绣人物伞，清代，中国丝绸博物馆藏

中国丝绸的大量涌入，给欧洲的丝绸产业造成很大冲击。在英国，中国丝绸的大量进口使英国丝织业面临倒闭的危险，英国竟于1701年禁止进口中国丝绸。法国也出现了同样的情况。法国从17世纪80年代开始限制或禁止中国丝绸进口，以扶植法国丝织工业。1691年，法国又颁布了禁止输入丝绸的法令。但是，这些法令似乎并没有得到严厉的执行。因为，当地的丝绸产品包括中国丝绸的仿制品，一是

价格要比中国货高出许多；二是因为消费者偏爱外国货，本地产品远远比不上中国丝绸的诱惑力。所以，来自中国的精美丝绸制品仍然通过各种渠道，包括走私的渠道，源源不断地输入欧洲各国。

16—18世纪，欧洲对于中国丝绸的需求远远超过以前的时代，各种丝织品，比如服装、地毯、挂毯、窗帘、床罩等，一起输入欧洲。

外销黄地双面绣亭台楼阁披肩，清代，中国丝绸博物馆藏

中国丝织品因其明亮的色彩、异国情调的纹样和相对低廉的价格，受到欧洲上层社会妇女们的欢迎，成为她们的主要服饰之一，并成为某种社会身份的标志。在路易十四时代的法国，宫廷男女服饰都以刺绣、折裥、蝴蝶结装饰，贵妇人的高跟鞋面有些也是以中国丝绸、织锦为面料，上面绣有各种精美的图案。伦敦的贵妇人把中国丝绸服装视为时髦。这些服装往往绣着象征吉祥如意的麒麟、龙凤等图案，古典华贵，深得贵妇们的欢心。有些妇女喜欢穿着中国刺绣的服装，披着中国刺绣的披肩、围巾，口袋里装着有中国刺绣的手帕，甚至请中国刺绣工匠绣制丝绸名片。中国丝绸有一个独特的地方，即行走时衣裙摩擦会发出轻轻的丝鸣声。在当时欧洲的社交场合，这种丝鸣声是上流社会妇女展示魅力的一个重要手段。

17世纪晚期，中国的手绘丝织品成为欧洲社会最为流行的样式。到1673年，中国花样渐趋"平民化"，已经有了印花丝织品，以代替高价的手绘丝织品。鉴于这种绘制或印花丝织品的消费越来越广，法国的一些丝织厂纷纷仿效，专造各款绘花或印花的丝织品，再加上中国的商标，以满足人们的嗜好。

外销瓷：广彩人物纹盘

瓷器是中国人的伟大发明，是中华文化发展历史进程中最重要的物质文化成果之一。瓷器的发明，以及其千余年的发展进程，体现着由中华文化所孕育的中国人的创造智慧和开拓精神。

16世纪初开始，中国瓷器大量销往欧洲。由于瓷器在各地都有着广泛的市场需求，因而其具有巨大的利润空间，这种巨大的商业利润激发着人们不辞劳苦、不畏风险，去从事贩运瓷器的各种远程贸易活动。在接下来的3个世纪中，中国瓷器销售到欧洲的数量达到3亿件之巨，另外还有巨量的瓷器销往东亚及东南亚各地。300年间，中国瓷器外销欧亚的数量，每年合计高达300万件。

瓷器传到欧洲后，引起了人们狂热的追捧，特别是在宫廷王室贵族社会中出现了一大批瓷器爱好者。作为非西方文化的艺术品，中国陶瓷在世界上获得的广泛认同和青睐是独一无二的，它的价值和品位已经可以比肩于西方任何一个门类的艺术品，以及西方历史上那些声名显赫的艺术大师的作品。特别是在17—18世纪，收藏和展示东方瓷器，成为欧洲王室和贵族奢华生活的重要形式之一。瓷器成为各国王室相互仿效、彼此较劲的身价通货。

对中国瓷器的爱好和收藏，不仅在上层社会的皇室和贵族之间流行，这种风气也流传到了民间。在17世纪，瓷器被视为一种新奇的珍玩，只有少数大宫廷才有比较大量瓷器的陈列，但至18世纪之时，特别是在饮茶成为社会流行风尚后，瓷器逐渐成为普通家庭用品。精美绝伦的各种瓷器，深入社会的各个阶层，走进人们的日常生活，给欧洲人的日常生活带来极大的方便。瓷器在日常生活领域的广泛影响，不仅仅局限于餐桌，也不仅仅是改变了人们的餐具、茶具等日常使用品，它还作为居室的陈设、装饰，美化着人们的

∧ 广州外销画《瓷器出窑》，英国维多利亚和阿尔伯特博物馆藏

∧ 乔凡尼·贝利尼和提香《诸神之宴》，位于画面后排中心位置的女神手上和男神头上的是中国
　明代样式的瓷器，美国华盛顿国家美术馆藏

生活环境。18世纪英国经济学家亚当·斯密曾提到，他在爱丁堡和巴黎的人家中看到大量白色中国瓷器。而瑞典人凭自己的想象在自己的家里布置了一个"中国厨房"，厨房的墙壁和餐桌都是用中国瓷器装饰的，他们称之为"瓷器厨房"。

中国瓷器在欧洲的销路随着社会经济的发展不断增加，与此同时，中国的制瓷工艺技术也传播到欧洲各国，从而刺激和推动了欧洲仿效中国瓷器建立自己的制瓷业。欧洲的瓷器制造工场，无论是在工艺还是在造型艺术上，都是以仿制中国瓷器为主，即大量采用中国的纹饰，又进而仿效中国的款式。有的时候还在未上釉的器物底部刻上假冒的中国标志"底款"，来冒充精美绝伦的中国上等瓷器。

茶叶是世界三大无醇饮料中饮用价值最高、最普遍的天然饮料，现在全世界有50多个国家生产茶叶，100多个国家和地区进口茶叶，饮茶已经成为人们日常生活的重要组成部分。中国是世界上最早发现茶树和利用茶树的国家，是世界茶文化的发祥地。溯本求源，各国的茶树种子、茶叶名称和有关茶的文化，都是直接或间接从中国传播出去的。饮茶习俗和茶文化在中国普及不久，就陆续传播到国外，经历了东西方的璀璨之旅，惠及世界上许多国家和地区，为各国人民提供了美味的健康饮品和精致的茶文化。

17世纪初，欧洲人开始茶叶进口贸易。在整个17世纪和18世纪初，荷兰是欧洲国家中最大的茶叶贩运

⚠ 外销画《中国的茶叶贸易》

国和茶叶经销商，几乎独占长达80年之久的茶叶贸易。欧洲饮茶风在18世纪已很盛行。茶叶贸易的巨大利润吸引欧洲国家竞相加入茶叶贸易的行列。英国东印度公司是当时世界上最强大的跨国公司，从18世纪开始就支配了世界的茶叶贸易。英国东印度公司完全依靠茶叶得到迅速发展。在它的全盛时期，它掌握着中国茶叶贸易的专卖权，操纵着茶叶买卖，限制茶叶输入英国的数量，控制茶叶的价格，垄断了茶叶的国际市场。由英国东印度公司运销的中国茶叶，在18世纪70年代占广州全部外销茶的33%，到80年代增至54%，90年代激增至74%，19世纪初达到80%。

持续了3个多世纪的茶叶贸易，把数量巨大的中国茶叶运抵欧洲，为那些从事这种远程贸易的欧洲各国东印度公司以及其他商人创造了超额的巨大利润，积累了前所未有的财富，为以后近代资本主义的发展奠定了雄厚的基础。

大规模茶叶的输入，使饮茶成为深入欧洲人日常生活中的一种普遍的消费需求。饮茶不仅是消费一种饮料，而且成为一种生活方式，成为一种普遍流行和被人们接受的民间文化。

英国流行饮茶与查理二世国王的凯瑟琳王妃有很大关系。凯瑟琳是西班牙国王胡安四世的女儿，1662年，她嫁给了查理二世。在她的嫁妆中，有一箱茶叶。她使饮茶成为英国宫廷的时尚，常在宫廷里举行茶会，不久饮茶习惯又从宫廷传播到整

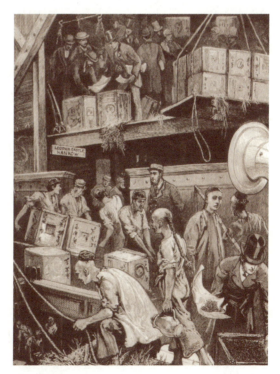

△ 19世纪的铜版画，忙碌的人们在卸载装有中国茶叶的集装箱

∧ 广州外销画《采茶》，英国维多利亚和阿尔伯特博物馆藏

个英国上流社会。17世纪后期以后，饮茶习俗已经在英国社会各阶层中普遍流行了。

英国最早的茶叶零售是在咖啡馆里进行的。1657年，在伦敦的交易巷，一家咖啡馆开始卖茶叶，这是英国首次公开出售茶叶。首次卖茶的招贴海报和价目表，现仍保存在伦敦博物馆中。这个海报突出强调茶叶的保健功能，可以说是英国第一份"茶叶宣言"。

之后不久，伦敦陆续有一些咖啡馆开始经营茶叶零售业务和提供饮茶服务。到18世纪，伦敦的咖啡馆实际上成了茶馆。据说在1700年的时候，伦敦就有超过500家的咖啡店卖茶。而在18世纪上半叶，伦敦大约有2500家咖啡馆卖茶和提供饮茶服务。1706年，伦敦出现了首家红茶专卖店——"汤姆咖啡馆"。除此之外，伦敦的药房也将茶叶作为治疗伤风感冒的新药进行贩卖，接着玻璃行、绸缎店、陶瓷商、杂货店也都开始卖茶。到18世纪中叶，出现了茶叶专卖店。1783年，英国共有33778个获得许可的茶叶经销商；1801年，共有62055个茶叶经销商。也就是说，在英国每174个人就有一个茶叶经销商。茶叶成为英国全民共饮的大众饮料。

饮茶在17世纪后期到18世纪成为英国上层贵族和文人学子中流行的雅好。英国还发展出"下午茶"这种特有的茶文化。19世纪中叶，一位名叫安娜·玛丽亚的女伯爵，每天下午都会差遣女仆为她准备一壶红茶和点心，她觉得这种感觉真好，便邀请友人共享。很快，下午茶便在英国上流社会流行起来。下午茶成为维多利亚时代社会生活的重要组成部分。这个时期是英国中产阶级崛起的时期，他们想通过模仿上层社会的活动来显示自己的富有，所以中产阶级的女士像贵族一样用下午茶。下午茶是完美的午后娱乐活动。在以严谨的礼仪要求著称的英国，下午茶逐渐产生了各式各样的礼节要求与习惯，并成为英国上流社会中每日必不可少的环节之一。

四、中国商品带来的异域风情

来自遥远中国的、充满异国情调的、新颖奇特的各类物产，大大地开阔了人们的眼界，丰富了人们的知识，满足了人们极大的好奇心。所以，在那个时代里，痴迷地追逐新奇的中国物品，在生活的各个领域、各个方面拥有、收藏、使用、品评、鉴赏中国的商品，成为社会普遍流行的时尚。

大量中国商品涌进欧洲后，在当时的欧洲人看来，它们是先进的、高品质的、高档次的、精致的，充满异域风情的，因而也是时髦的、时尚的、流行的。在那个时候，拥有和享用来自中国的商品，是一种身份的标志，是跟上时代的象征。在当时的欧洲社会，人们以拥有中国物品为时尚和荣耀，中国物品是高雅与先进的象征。皇室、贵族以及上流社会的富人阶层，大量地收罗来自中国的物品，引领社会的消费时尚，即使是普通百姓，也希望拥有一两件中国丝绸的服装、几件中国瓷器和漆器，甚至是一把扇子、一件小饰品等，以跟上社会的潮流。

⚥ 描绘18世纪欧洲上层人士生活的绘画，集中展现了当时的
"中国热"，涉及中国丝绸、瓷器、茶等

在巴黎、伦敦等许多城市里，都有专门出售中国商品的商店或店铺。葡萄牙是最早开展东方贸易的国家，由于中国瓷器和其他物品的输入，葡萄牙首都里斯本很快成为欧洲专门销售中国古董和中国手工艺品的中心，不少专门经营中国瓷器和手工艺品的商店也蓬勃兴起。1580年，里斯本大街上已经有6家专门出售中国瓷器的商店。最吸引人的是里斯本的格尔明街，那里以销售中国瓷器闻名。此外，还有许多出售中国商品的售货亭和货摊。

早在17世纪初，巴黎就有一些专门从事贩卖中国商品的商人和店铺。巴黎的圣日耳曼大街和圣罗兰大街的大型集市上，有大量的中国瓷器和古玩出售。路易十四的首席大臣马扎林主教的中国收藏，部分来自圣日耳曼集市。所以，在当时买到和拥有中国的物品并不很难。

英国也早就设立了专卖中国商品的商店。据说早在1609年，伦敦就有了第一家瓷器店。据1774年的《伦敦指南》记载，在伦敦，这种专门出售瓷器、漆器和其他中国工艺品的商号至少有52家。这些商家兼有商贾和艺术家的双重身份，他们根据顾客和市场的需要，设计造型和装饰图案，委托东印度公司的商人带到中国，让中国人制造他们需要的瓷器等艺术品。到18世纪英国的乔治时代，即使是在偏僻的乡村杂货店里，也能买到东方缎带等一些时髦的奢侈品。

在那个年代里，品种多样、制作精美、丰富多彩的中国商品走进了欧洲人的日常生活，提高了他们的生活品质，改变了他们的审美趣味，甚至在一定程度上改变着他们的生活方式和生活态度，使他们的日常生活丰富起来、精致起来。所以，这些中国商品成为一种时尚，成为一个风向标，也成为个人品位、地位和身份的象征符号。不仅如此，他们也通过这些看得见、摸得着而且每天就在生活周围存在的物质化的东西，获得了一些有关中国的知识，至少激起了他们对于中国的想象。

△ 英国油画《喝茶的家庭》，约创作于1727年

五、中国艺术品的收藏热

流入欧洲的中国物品，除了通过商业渠道进入欧洲人的日常生活中，还有少量是到过中国的传教士、旅行家等带回去的礼品。这些传教士和旅行家有的在中国居住多年，还有一些人可能没有到过中国，但在东方活动，比

∧ 德国德累斯顿茨温格尔宫的迈森瓷器走廊

如在菲律宾、印度、日本等地进行传教或旅行，也会收集到不少中国物品。1980年，西班牙奥古斯定修道会建立了一座"东方博物馆"，展出该会在东方传教活动的传教士们400年间带回西班牙的中国物品和菲律宾艺术品。这些展品中的绝大多数都是中国的历代文物，其中有周代青铜器、汉代铜镜、唐俑、宋瓷、明清山水画卷等。此外，还有许多民间风俗、民间信仰的文物，如老子的雕像、八仙和玉皇大帝的画像、观音菩萨的泥塑等，牧童回乡、河畔停舟、雅士抚琴、文人挥毫、福禄寿合欢等题材的画卷，以及皇帝的龙袍、官服、印章、刺绣等。除了奥古斯定修道会，其他修会的传教士们所带回的中国物品分别珍藏在各地的教堂或修道院中。

在那个时代的欧洲，收藏是一种社会风尚，而收藏的重点，主要是来自东方的奇珍异物。欧洲的富人都搜集包括中国的瓷器和漆器在内的物品。许多贵族和社会名流都在家里专门开辟了"中国工艺品陈列室"。

荷兰收藏家帕鲁达努斯，共拥有87只收藏柜，藏品范围很广，有地理学、植物学、动物学等方面的标本，也有各种人工制品，如瓷器、漆器、服装等工艺品。这些东西大部分来自中国、印度和日本。1633年，帕鲁达努斯去世后，他的部分藏品捐给了荷兰的莱顿大学。莱顿大学专

门建造了一栋楼，用来收藏和陈列他捐赠的藏品。这种形式便成为近代欧洲博物馆的前身。

　　许多皇室成员、贵族以及上流社会的人都有收藏中国物品的雅好，或多或少都要收集一些中国的工艺品，以显示自己的文化和时尚品位。法国国王亨利四世从东方购进了许多瓷器和纺织品，还从中国购买了大量的生丝，在里昂创办皇家丝织工场，以满足宫廷的需要。亨利四世的王后玛丽·德·美第奇指示廷臣为她提供中国式的漆釉书桌和柜橱，还特许一名经营中国商品的商人出入卢浮宫。路易十三的首席大臣黎塞留主教是雅好艺术的收藏家，曾在他的官邸里展示他丰富的收藏，包括中国漆的屏风、漆床以及400多件中国瓷器。

　　17世纪的英国作家伊夫林在日记中记载了他在一些贵族家里看到的来自中国的东西。1682年，他在一位名为伯恩博士的家里看到了一箱子珍贵的物品，在走廊里有一个日本式的屏风，还有另外一个屏风，上面画的是中国的风景和中国人的生活场面。1684年6月22日，伊夫林在日记中写道，"一名叫汤生的耶稣会士"让他看了一些"由日本及中国耶稣会士寄来的珍品"，这是由英国东印度公司转运到巴黎的货物，暂在伦敦停留。伊夫林说，他这辈子还没见过类似的东西，伯恩博士的珍品中，最醒目的是巨大的犀牛角和金碧辉煌的背心。那背心以金线编织刺绣，颜色鲜活，既优雅又活泼，欧洲压

根儿见不到。还有一条镶着各式珍贵宝石的腰带和锐利到不能碰的匕首，刀刃的金属光泽也不是常见的，偏淡偏青。至于扇子，倒像是此地女士们惯用的样式，只是大得多，有个雕琢精美的长柄，扇面上则布满了汉字。伊夫林说，这些物品几乎让人误以为直接来自弗兰西斯·培根的乌托邦小说《新大西岛》。

到了18世纪，这种风潮仍然持续不衰。法国大臣贝尔丹是一个中国物品迷恋者，他有一个完整的陈列馆。这个陈列馆就在他位于巴黎林荫大道的府邸中。他通过各种渠道搜集的中国物品，包括中国素描画、绘画、艺术品等，成为他珍异品陈列馆中最富有特色的部分，其中还珍藏着钱德明神父从中国为他搜集来的各种中国乐器。实际上，这个珍异品陈列馆向当时的所有学者开放，变成了一座真正的中国博物馆。

△ 荷兰普林西霍夫博物馆收藏的中国漳州窑瓷器

六、日常生活的中国情趣

在欧洲人日常生活的其他领域，也随处可见中国风的余韵和影响。一切广告、书籍插图、舞台布景、演员化妆，都以中国风尚为引人注意、争尚新奇的创作。例如中国折扇在17、18世纪的法国特别流行，法国宫廷贵妇，不论冬夏，都一定手持中国式绢制聚头扇，即折叠扇，以代替16世纪时流行的羽毛扇。

欧洲人把中国情调引到他们的娱乐游戏中。中国服装舞会和化装舞会首先在巴黎、维也纳出现，后来又在其他宫廷举行。舞会上最早出现中国人装扮的时间是1655年。1685年，在凡尔赛宫举办的一次假面舞会上，路易十四的弟弟奥尔良公爵一晚上便换了好几套装扮，最后出场时，他变成了一个"中国人"，给人留下深刻的印象。这种娱乐在18世纪变得非常风行，甚至法兰西学院的学生也经常携带化装面具。1700年元旦，法国宫廷采用中国节日庆祝形式来迎接18世纪的第一个新年，参加者身着中国式丝绸刺绣服装，皇家乐队用笙、笛、锣等中国乐器演奏音乐，似乎已经象征了这个世纪的情调。

这是欧洲以中国为时髦风气的鼎盛时代。

▲ 18世纪英国产的中国风壁纸

那时候的欧洲出版了许多有关中国的书籍，其中有旅行家的游记和报道，有传教士们的书信、报告、著作和翻译的中国文献，有专家学者、作家撰写的关于中国的评论，还有一些作家、剧作家以中国为题材撰写的剧本或小说。这些书籍都广为流传。总之，"中国"是当时出版界和新闻界的热门题材，有关中国的一切，都是报纸杂志专栏作家们热衷的选题，似乎不谈论中国，就赶不上时代的潮流。比如创刊于1717年的英国《旁观者》报，就曾连续刊登一系列有关中国的文章，内容涉及瓷器、茶叶、长城、园林艺术、孝道等很多方面。翻阅一下18世纪那些日益大众化的杂志、小报，就会为英国人对于中国的兴趣和了解感到吃惊。

△ 英国勃立克林府第"中国式卧室"中的仿中国壁纸

这种追求中国趣味、模仿中国样式的风尚广泛流行于各个艺术领域，一切来自中国的工艺品，如瓷器、漆器、丝绸、餐具、陈设、家具、各种小摆件、小手工艺品等，都成为人们热烈追求的对象，同时出现了许许多多体现中国趣味、中国风格的仿制品。许多贵族和上流社会人士的宅邸流行按照中国的风格进行装修，或者保留一间所谓"中国房间"。这种"中国房间"，有专门摆放和收藏瓷器的"瓷屋"，或用漆绘木板装饰的"漆屋"，还有的按照他们想象的中国风格进行装饰和装修。

"中国风"流行于社会的各个阶层，上至国王王后、贵族政客，下至黎民百姓，都以自己的方式和能力追逐这股时尚潮流。有一位法国学者研究了18世纪法国"中国热"的社会基础和地理范围，认为参与"中国热"的主要是王室成员、贵族、官吏、律师、医师、艺术家、学者和富商，还有军人、神职人员、金融家、产业阶级等。"总而言之，法国18世纪'中国热'的特征是：法国的重农派学者们具有理想和神秘的中国之形象，他们把中国视为'最智慧的国家'；商人们是具有'遍布珍异物和财富'的中国之理想，他们将中国以及整个东方视为财富之源；自由职业者们怀有崇尚'以深厚情趣和雅致而生活'的中国之信念，形成了浪漫中国之形象；学者们却形成了一种有关'文化

▲ 意大利雷亚莱宫的中式房间

高度发达'的中国之观点，将中国视为文明和礼仪之邦。"①

总之，在18世纪，中国成为欧洲最炫目的魅力之源。在那个时代，迷恋中国的物品与风情，成为普遍流行的社会时尚，成为一种大众流行文化。而这种大众流行文化，首先是从物质文化、从对中国商品的追捧和迷恋开始的。

七、洛可可：中国趣味的新风格

中国商品的异域情调，中国工艺美术的神秘意蕴，以及全社会风行的中国趣味，共同塑造了欧洲的艺术风格，这种风格被称为"洛可可风格"。

在17世纪末18世纪初，欧洲艺术领域的主导风格是巴洛克风格。巴洛克样式的特点是宏大、辉煌、壮丽。此时正值路易十四时代，所以这种风格又叫"路易十四风格"。而17世纪后期，正是欧洲人为中国的物品和艺术所迷狂的时期，与当时欧洲艺术领域的巴洛克风格正好重叠。巴洛克艺术虽然源自古典风格，但它华丽的装饰感、昂贵的材质、奢华的氛围，与那个时期人们对中国的想象是基本合拍的。外销瓷器上的釉色和华丽的装饰，比大理石更为光洁的中国漆家具，奢华的中国锦缎和刺绣上色彩的丰富变化，甚至外销艺术品昂贵的价格，有关东方旅行的神奇而又冒险的经历，都符合这个时代的总体精神。

但是，中国艺术风格对于欧洲的影响，更表现在对洛可可风格的形成所发挥的促进和推动作用上。这种风格，模仿中国文化、艺术中的柔美梦幻色彩，表现在许多生活层面上：壁纸、柳条盘子、壁炉台、木头檐口、格子框架、家具、亭子、宝塔以及最重要的园艺。

"洛可可"（rococo）一词源于法语"rocaille"，意为假山石或装饰用的贝壳。"洛可可风格"是18世纪风行于欧洲的一种艺术上的解放运动，其特点是轻飘活泼，线条丰富，色调灰淡，光怪陆离，重自然逸趣而不尚雕琢，与欧洲以前流行的严谨匀称的古典风格完全不同。

---

① 耿昇著：《中法文化交流史》，云南人民出版社2013年版，第58页。

洛可可风格不仅仅是一种艺术形式的特殊风格，也是一种审美观念、一种社会情调。作为欧洲文化史上一个重要阶段的洛可可时代，处处弥漫着中国文化的优雅情调，是中西文化交流史上别具风味的一章。洛可可艺术与中国古代艺术风格之间具有神奇般的契合，它实际上就是一种"中国味的新风格"。

在当时欧洲人的心目中，中国是一个遥远、神秘、开明、温和、道德高尚的"文化中国"。而大量流入欧洲社会的中国美术工艺品，更是激起了人们对那个遥远帝国的想象与神往。实际上，在当时流入欧洲的中国商品中，有很大一部分具有很鲜明的艺术性质，而且这些商品又有许多是以生活日用品的形式出现的，深入人们的日常生活中，这就使这种艺术性质渗透到大众文化领域，因而具有广泛的群众性。瓷器、漆器、绸缎、屏风、壁纸、绘画、雕刻所具备的艺术性质，使得它们格外引人注目。这是因为，中国外销艺术品精美的工艺和别致的造型，以及全然不同于西方传统的装饰纹样，为欧洲提供了异国情调的审美体验与想象空间。大部分没有到过中国的欧洲人，正是通过这些外销艺术品来认识中国并感知中国文化的。

中国瓷器对洛可可艺术风格的形成有重要影响。在中国制瓷技术的影响下，欧洲各国相

▲ 法国18世纪90年代的中国装饰图案

继办起瓷器工场，它们大都模仿中国瓷器，描绘亭台楼阁、小桥流水、菊花柳树等独特的中国艺术风格的图案。温雅清脆的中国瓷器，不仅为洛可可艺术提供了新的物质材料，而且象征了洛可可时代特有的光彩、色调、纤美和情调。

欧洲各国的丝织业都模仿中国的丝织技术和纹样图案，特别是法国生产的丝绸丝质柔软，并且大量采用中国的纹饰图案，所以，法国丝绸产品的这种技术特点，连同中国风格的花式装潢，都是取法中国的。

在丝绸和瓷器的设计方面，都采用了来自中国的风格和图样，成为当时流行的"中国风"设计的重要表现形式。有人说，中国文化对于洛可可风格的影响，不仅在文字方面，而且在于中国清脆的瓷器和各种丝绸上绚艳悦目的光泽，这种光泽暗示18世纪的欧洲社会秉持一种想象中的快乐人生观。

▲ 法国布歇《中国花园》

在洛可可时代，中国文化对欧洲的绘画艺术产生了重大影响。一方面，由于大量工艺美术品的传入，形成了普遍的审美意识的"中国趣味"；另一方面，也有一些中国山水画、人物画流传欧洲，为欧洲画家直接欣赏、借鉴中国绘画艺术提供了可能。

接受中国绘画艺术影响而突出表现洛可可风格的最杰出的代表是法国画家华托。华托是法国绘画艺术史中一位很重要的人物，正是他使法国绘画摆脱了刻板的巴洛克风格，开启了洛可可画风。在技术上，

华托在许多方面借鉴了中国画法，给风景画注入了一种独立的生气。他以山水烘托人物，把山水作为背景或壁画。他使用娇嫩而半透明的颜料作画，喜爱玫瑰色、天蓝色、紫藤色和金黄色的调子。这些色调和构图呈现出来的画面，产生一种非常和谐的效果。华托还画过不少中国景物和人物画，但都是凭想象画成，画中的境界反映了他幻想中的东方。

八、流行一时的"英-中花园"

中国的园林和建筑艺术对欧洲人有着特别大的吸引力。在中国文化的影响和刺激下，欧洲各国的建筑园林艺术在洛可可时代有了突出的发展，形成了欧洲造园艺术文化史上一个有特殊意义的阶段。

中国的"自然式园林"与欧洲的"几何规则园林"形成了强烈的反差和对比。中国皇宫的富丽堂皇，南方民居的典雅清秀，庙宇塔寺的庄严肃穆，都明显具有东方文化的特点。来到中国的欧洲人，看到与他们习惯的园林式样完全不同的中国园林，看到与他们习惯的建筑样式完全不同的中国建筑，印象十分深刻。所以，在近代早期来华的传教士、商人等，都有对中国园林、造园艺术以及中国建筑风格的热情洋溢的介绍。

在向欧洲介绍中国园林艺术方面，英国建筑家威廉·钱伯斯起到了很大作用。

钱伯斯在瑞典东印度公司的一条商船上任货物经理。1742—1744年间，他在中国广州，工作之余搜集了一些有关中国建筑、园林、服饰和其他艺术的资料。1748年，他曾再次到中国考察，描画了许多中国建筑、家具、服饰等的式样，特别是对中国建筑做了大量的速写。后来，他脱离了航海生活，先后到巴黎、意大利学习建筑。1755年，钱伯斯回到英国，担任威尔士亲王的绘画教师。1757—1763年，他为王太后主持丘园的园林和建筑设计，1761年开始任英国宫廷的建筑师，1782年成为宫廷总建筑师。

1750年，钱伯斯受肯特公爵之托，在英国东南一个叫丘城的地方建造别墅。他在此设计了一座中国式庭园，名为"丘园"。园中垒石为假山，小涧曲折绕其下，茂林浓荫；园内有湖，湖中有亭，湖旁耸立一座九层四角形塔，每层有中国式的檐角，塔顶四周以80条龙为饰，涂以各种颜色的彩釉。塔旁还有一座类似小亭的孔子庙，图绘孔子事迹，并杂以其他国家及其他宗教的装饰，唯雕栏与窗棂为中国式。丘园中某些局部的规划也具有相当程度的中国特色，在水面以及池岸处理上尤显突出，两者之间过渡自然。丘园中那如茵的绿草地，点缀其间的鲜艳花卉，伫立一旁的深色调参天古木，组合在一起显得相当协调，充分体现了钱伯斯独特的艺术感觉和创造力。

丘园是钱伯斯最著名的代表作，是钱伯斯式风格的最佳体现。有一位艺术评论家评论钱伯斯的"丘园"："钱伯斯建园，用曲线而不以直线，一湾流

∧ 广州外销画《园林景色》，英国维多利亚和阿尔伯特博物馆藏

∧《英中园林图解》一书中的圆明园长春仙馆图

△ 伦敦丘园中的花园和鸟舍

水，小丘耸然，灌木丛生，绿草满径，林树成行，盎然悦目。"①

　　1763年，钱伯斯把丘园的建筑平面图和剖面图汇集成册，出版了《丘园设计图》一书。1771年，瑞典国王看到这本书后，封钱伯斯为骑士，授予北极星勋章，而英国国王乔治三世批准他可以在英国使用这个头衔。钱伯斯的声望达到了顶峰。

　　钱伯斯建造的丘园引起了模仿的浪潮。1770年前后，中国的园林及建筑实际上成为英国某些公园的主题，使英国涌现出一批"中国风"园林。比较有代表性的，有建于1772年的德罗普摩尔花园，还有阿莫斯博雷花园、夏波罗花园等。牛津的沃斯顿公园也是用中国式园林构图方式来设计的。1798—1799年，罗伯特在贝德福德的沃布建造了农场花园，其中的牛奶场采用了中国形式，用白色大理石和彩色玻璃装饰，在中心有一个喷泉。墙的四周环绕着

————————

①　引自沈立新著：《绵延千载的中外文化交流》，中国青年出版社1999年版，第282—283页。

许多中国和日本的各色碟碗，里面装满了新鲜牛奶和奶酪，操作台上的物品柜完全是中国式的家具。窗户是落地玻璃，上面绘有中国画，在幽暗的灯光下显得非常神秘。

在众多园林建筑中，英国人最喜欢用的是"中国亭"。在18世纪，英国所建造的中国亭大部分是建造在水边或水中的，它们常常用于垂钓或划船。随着中国园林样式迅速地传播开来，英国很多地区出现了中国亭。在一个秀气的园林里面放置一个中式亭子，对所有的贵族来说好像是花园必不可少的装饰。因为它的体积小，很轻盈，很快替代了流行很长时间的、用很多柱子支撑起来的圆形古典小庙。

在18世纪后期，中国式庭园建筑在英国蔚成风气，日趋完善。此风传到法国，便有"英-中花园"之称。法国一些贵族刻意模仿中国园林，在私人花园里建造亭台楼阁、小桥流水、假山石岛，甚至把圆明园的花卉移植到法国。巴黎的一些花园被设计成"自然式"，里面有湖面、小溪，还有中国的桥、岩洞和假山，即在凡尔赛曾流行的所谓"乡村之景"。1774年，凡尔赛的小特

△ 克劳德-路易·夏特莱《小特里阿侬宫的花园》，18世纪

里阿侬宫花园建成。这座花园是由园艺师理查德设计建造的。它位于小特里阿侬的东北、北和西北三面，里面有栽种异国植物的大温室、亭阁、大楼阁、塔等。在当时，这座花园被认为是"最中国式"的。这座花园是为玛丽·安托瓦尔特王后建造的，而王后可能阅读过传教士王致诚有关圆明园的描述，所以才有了建造这样的中国式花园的想法。

1773年始建的蒙梭花园是一座很典型的"英—中花园"，水面多且富于变化，有小溪、跌水和湖泊，湖心有一座小岛，岛上建造了一座中国式建筑物。园内还有中国式的桥和岩洞、假山。1780—1787年建于纽斯特附近的斯腾公园是法国最精美的英中式园林，其部分建筑是根据荷兰人尼霍夫访华时从中国带回的资料设计的，园林中有中国的三角亭等。

18世纪的法国建筑师让·弗朗索瓦·勒鲁瓦为地处巴黎郊外的尚蒂伊宫建造了一座中式花园。这座宫殿和花园是孔蒂王子所有的。这座"中国花园"的标志性建筑是一座规模不大的假山，上面有石块砌筑的登山小路。假山前有一条蜿蜒曲折的小河，河边建有茅草小屋。小屋旁有一个水车，说明这是一座中国的农舍。

"中国风"设计的园林在德国、瑞典、西班牙等地也很有影响。在18世纪的欧洲，仿造中国式的园林，或者说建造一座"英—中花园"，已经成为一种贵族的时髦。此风从英国开始，继而各国纷纷仿效，一时间中国式园林遍布欧洲各国。

九、《赵氏孤儿》的西译与流传

中国文学在欧洲产生重大影响的事件，首推《赵氏孤儿》的西译和流传。《赵氏孤儿》是元代纪君祥所作的元曲。它是第一个传入欧洲的中国戏剧，也是18世纪唯一在欧洲流传的中国戏剧。

《赵氏孤儿》全剧的法文译本是由来华传教士马若瑟于1732年翻译的，取名为《中国悲剧赵氏孤儿》，1734年在巴黎《法兰西时报》上刊登了一部分。

1735年杜赫德的《中华帝国全志》出版时，将全剧译本收录在其第3卷中。马若瑟的译本是经过删节的节译本。译者只译对白，不译诗，曲子则都没有译，只注明谁在歌唱，但基本上保留了原作品的轮廓。

《赵氏孤儿》传入欧洲后，引起了评论家们的注意，也引起了剧作家们的兴趣。在18世纪40年代到80年代，就出现了四五种改编的剧本。最早的是英国威廉·哈切特的改编本。这个改编本的标题中说该剧是历史悲剧，是根据杜赫德的《中华帝国全志》中一部中国悲剧改编的。剧中按照中国式样，插了歌曲。这个改编本基本保持了元剧的轮廓和元剧的主要段落，但剧中人物有了很大改变，把老子、吴三桂、康熙都用上了。

伏尔泰在读到传教士马若瑟的法译本《赵氏孤儿》后，给予了较高的评价。他指出，《赵氏孤儿》是中国14世纪的作品，若与法国或其他欧洲国家14世纪的戏剧相比，不知高明了多少倍，简直可以算是杰作了。13—14世纪的中国是蒙古族统治的时期，居然还有这样的作品，这说明征服者不但没有改变被征服者的风土习俗，而是正相反，他们保护了中国原有的艺术文化，采用了中国原有的法制。这也就证明了，"理性与智慧，与盲目的蛮力相比，是有天然的优越性的"。

伏尔泰以《赵氏孤儿》为摹本，创作了《中国孤儿》。伏尔泰的《中国孤儿》对原作进行了较大的改编。他把这个故事从公元前5世纪的春秋时期往后移了一千七八百年，把一个诸侯国内部的"文武不和"故事改为两个民族的文明与野蛮之争，把在西方人心目中最能代表征服者的成吉思汗作为剧中的一个重要角色。在技术方面，他遵照新古典主义的戏剧规律，把《赵氏孤儿》剧情的时间跨度从20多年缩短到一个昼夜。情节也简单化了，原剧包括弄权、作难、搜孤、救孤、诛奸等段落，伏尔泰只保留了搜孤和救孤。同时，依照当时"英雄剧"的做法，加入了一个恋爱的故事。他的《中国孤儿》原来写了三幕，后来采纳朋友的意见，扩展为五幕，目的在于描绘东方的风土习俗，从而激发人们的荣誉感与道德感。

伏尔泰改编的《中国孤儿》于1755年在巴黎法兰西剧院公演，盛极一时。

《中国孤儿》中的角色造型

当时的著名演员莱卡扮演成吉思汗，M.克莱朗扮演伊达梅。莱卡穿着西方制作的东方式服装，挂土耳其大刀，戴翎毛红顶的头盔，无比威武；M.克莱朗穿着白裙青绿上衣，衬以金色网络，肩披波兰式金黄外套，十分优娴典雅。他们在舞台上表演这个可歌可泣的故事，几乎轰动了整个巴黎。《中国孤儿》当时共上演16场，后来又在宫中演出，宫廷也对这一出完全是中国内容的法国戏给予欢呼。剧本也跟着出版，并引起广泛关注。巴黎出版界还把20年前发表过的马若瑟的《赵氏孤儿》译本重新付印，单独发行，刺激了人们对这部中国戏剧的兴趣。

伏尔泰改编的《中国孤儿》剧中，有战争，有爱情，有道德，但主要的是道德。所以伏尔泰在《中国孤儿》剧名下又加了一个副题"五幕孔子的伦理"。他着重于臧棣这一角色，他说："臧棣应当像是孔子的后裔，他的仪表应当跟孔子一个模样。"伏尔泰以《中国孤儿》来表达他对中国文化的理解，力图证明中国文明的伟大力量和它的巨大价值。这部剧以形象的方式说明，统治中国的王朝虽然会灭亡，但中国古老的文明将永久地存在，它深深扎根于人民之中。剧本借用伊达梅之口说："我们中华民族从古以来，有的是高尚的艺术，有的是威严的法律，还有清静的宗教，这些都是世世代代可以夸耀世界的立国之宝。"又说："我们的国朝是建立在父权上，伦常的忠信上，正义上，荣誉上，和守约的信义上，换一句话，孝弟（悌）忠信礼义廉耻就是我们立国的大本。我们大宋朝虽已被推倒，可是中华民族的精神是永不会灭亡的。"[1] 因此，在中国大地上，真正的被征服者，并

---

[1] 引自朱谦之著：《中国哲学对欧洲的影响》，上海人民出版社2006年版，第296页。

不是中国人民，而是成吉思汗和鞑靼族。在剧的结尾，成吉思汗表示要释放臧棣夫妇和孤儿王子。伊达梅听了不相信，问他："是什么东西使你改变了主意？"成吉思汗回答说："你们的道德。"成吉思汗为中华文化所感化，他对伊达梅表示：

> 你把大宋朝的法律、风俗、正义和真理都在你一个人身上完全表现出来了。你可以把这些宝贵的教训宣讲给我的人民听……忠勇双全的人是值得人类尊敬的，我要以身作则，从今起我要改用你们的法律。[①]

伏尔泰把中华文化看成最合乎理性和人道的文化，《中国孤儿》中体现了中华文化的力量和价值，同时也表达了伏尔泰对中华文化的推崇和向往之情。这也是当时许多启蒙思想家共同的文化趣味和理性激情。

伏尔泰把《赵氏孤儿》改编为五幕道德剧《中国孤儿》，进一步刺激了戏剧家们对这部中国戏剧的兴趣。1759年，英国演员和剧作家墨菲依据伏尔泰的改编本再做改编，完成了英语的改写本，也叫《中国孤儿》。和伏尔泰一样，墨菲也把这部中国剧看作一部道德剧。许多评论家认为，墨菲改编的《中国孤儿》在许多方面借鉴了伏尔泰的版本。他的《中国孤儿》有一个序幕，是出自桂冠诗人怀特海的手笔。序幕的开头说：

> 希腊与罗马，不用谈了。到了这年头，
> 那些陈旧乏味的东西早已过了时候；
> 就是加上一些不相干的玩意，
> 在观众看来，依旧是索然无味，
> 至于庄严的行列，配上纡徐的音乐，
> 谁也不再留意，好比纪念市长的节目。
> 今天晚上，我们诗人附着老鹰的翅膀，

---

① 引自朱谦之著：《中国哲学对欧洲的影响》，上海人民出版社2006年版，第297页。

> 为了搜求新颖的品德，飞往日出的地方，
>
> 从中国的东海之滨给咱们英伦人士
>
> 勇敢地带回了一些孔子的道理。①

　　墨菲改编的《中国孤儿》于1759年4月在伦敦德如瑞兰剧院上演，由当时著名的剧作家和演员加立克在剧中饰主角，布景服装也极富东方异国情调。该剧连演8场，颇获成功，使墨菲成为当时有名的悲剧作家。据说，演出时，剧院特别备置了一套中国布景以及最适合的中国服装。当时的报刊有文章评论说："服装是新鲜、精巧、别致；布景是宽敞、整齐、妥帖。一开始，就看到宫殿里的一个大厅，大厅深处可以看到篡位者的宝座。戏里也谈到这宫殿是如何的富丽堂皇，但这描写一点也没有超过舞台上的实际情况。此外，还有一个祭坛，是一座新奇精巧的建筑。"②豪华的舞台布景和艳丽的服装是墨菲的《中国孤儿》获得成功的一个重要因素，让人们在舞台上看到了奇异的中国风情。同时，他改写的内容和塑造的人物更是其剧本取得成功的主要因素。当时有一首诗写道：

> 今天晚上有一位诗人乘苍鹰的双翅，
>
> 向着新的道德飞翔，
>
> 飞向日出处，飞向东方的中华帝国。
>
> 它勇敢地使英国人听到了儒家伦理。③

　　在18世纪后期，墨菲的这个剧本仍在英国的舞台上上演，还曾到爱尔兰和美国演出。

---

　　① 引自范存忠著：《〈赵氏孤儿〉杂剧在启蒙时期的英国》，载乐黛云编《比较文学研究》，湖北教育出版社2008年版，第179页。

　　② 引自范存忠著：《〈赵氏孤儿〉杂剧在启蒙时期的英国》，载乐黛云编《比较文学研究》，湖北教育出版社2008年版，第180页。

　　③ 引自〔法〕安田朴著：《中国文化西传欧洲史》，耿昇译，商务印书馆2000年版，第637页。

第十六章　欧洲人的初步中国知识

一、曼努埃尔国王的问题清单

欧洲人为了寻找东方、寻找中国，乘着大帆船，克服重重困难，踏万顷波涛，开辟出一条条海上航线，实现了人类历史上的伟大壮举。最后，他们找到了东方，找到了中国，看到了他们心中向往的"契丹"。他们踏上中国的土地，有了对中国最初的印象，也给他们的同胞发回了这些最初印象的报告。

在16世纪初欧洲人来中国之前，欧洲人实际上对中国的了解很少。在古罗马时代，因为丝绸的关系，罗马人乃至欧洲人对这个产丝的国家只有一点模糊的印象和听过一些传闻，对中国实际的地理位置不是很清楚。到了中国元朝时期，马可·波罗以及一些到过中国的旅行家、教士、商人有关中国的游记，记述了这个遥远帝国的一些事情，使欧洲人对中国有了一些初步的了解和认识。那时候，他们了解到有关东方盛产香料、宝石和黄金的情况。大航海时代的来临，新大陆的发现，都与这些关于中国和东方的传闻有关。但是，马可·波罗等人的记录仍是不完整的，甚至还带有许多传奇色彩，欧洲人对于中国实际状况的认识还是不甚了了。

中西文化真正的实质性接触，两大文明的正式相识，以及欧洲人对于中国有了比较具体的和真实的了解，还是在16世纪初欧洲人大批来中国后才开始的。

最早来东方的欧洲人是葡萄牙人，他们也最早撰写了向欧洲介绍中国的文献。"由于葡萄牙人的远航开拓，转瞬之间东方世界便展现给欧洲以崭新的规模，成为具有强大吸引力的一极。这不仅有物质原因，而且也有精神因素。与海洋、陆地和亚洲人的接触共存扩展了葡萄牙人的地理视野，极大地改变了他们的生活方式和世界观。我们那些旅行家收集的第一手资料更新了传统的知识，对亚洲的看法发生了革命性的变化。""与中国土地的接触为获得地理和人种方面的资讯提供了方便，同时亦必然导致渲染过去未知情况的文稿泛滥。这样，商人和冒险家，士兵和王国官员，以及各教派传教士，都尽其所能帮助人们更好地了解中国这个世界。"[①]

所以，在16世纪，葡萄牙成为欧洲的中国知识、东方知识的集散中心。

葡萄牙人在进入印度洋并向太平洋扩张期间，所到之处，几乎都会见到来自"terras dos Chijns"（"秦人之地"）的丝绸、瓷器等物产，都能听到有关"秦人"和"秦人之地"的奇闻逸事。所以，他们的目标不仅是印度和亚洲其他国家，而且还非常重视搜集有关"秦人之地"的情报，打探"秦国"的虚实。在达·伽马前后曾去过马林迪或马六甲的葡萄牙人，他们在返回里斯本时，不仅带回去许多"秦人之地"的物产和情报，而且还向亲友、朝廷大臣乃至国王转述有关"秦人之地"的故事。此外，在1502年，一位不知名的葡萄牙人根据船员们的见闻，绘制了一幅亚洲地图，地图上的马六甲附近标着"Terra dos Chins"（"秦人之地"），并且还注明了该地的物产，如大黄、珍珠、麝香、瓷器等。"秦人之地"就是他们所说的中国。这大概是当时葡萄牙人关于中国的最初知识。

葡萄牙国王曼努埃尔一世对"秦人之地"极有兴趣，他派遣阿尔梅达和欧布盖克到东方建立殖民帝国之后不久，于1508年2月13日又诏令塞盖拉前往征服马六甲，并以其为扩张基地，开发远东。此外，国王还在谕令中要求塞盖拉调查一系列问题。

---

① 澳门《文化杂志》编：《十六和十七世纪伊比利亚文学视野里的中国景观》，大象出版社2003年版，《序言》第1、3页。

　　对于旅居麻剌甲之中国商人，详加调查，如中国商人从何处来？行
程如何？携若何之商品来麻剌甲或其他之地求贸易？又其来麻剌甲也，
始于何时？以及船只之数目若干？式样若何？中国商人在麻剌甲商馆之
有无？资产之有无？武装之有无？勇壮之态度若何？衣服式样若何？宗
教若何？其国版图之面积若何？凡此种种，俱一一在调查之列。[①]

　　曼努埃尔一世是积极推动与中国联系和贸易的国王。他的这个"问题清
单"，表现出他们急切认识中国的迫切愿望，也表明了当时他们对中国的了解
程度。

　　最初东来的葡萄牙人，都按照国王的指示，尽可能地发回他们在东方的
见闻和印象。16世纪以后，陆续有大批欧洲商人、海员、传教士、冒险家来
到东方，来到中国。他们之中有些人在回国后写下了在中国的所见所闻、所
感所思，或者在私人通信中介绍他们在中国的经历和观感，向欧洲报道了有
关中国的文化信息。这一时期来华的西方人写的中国行记及对中国的报道，
为欧洲提供了最初的
关于中国的知识。

　　这些报道最重要
的一个特点，就是其
中大部分作者都到过
中国或者到过中国附
近的地方。即使是没
有来过东方的作者，
他们依据的也是那些
亲历者提供的第一手
材料。对于这些旅行

▲ 葡萄牙曼努埃尔国王画像

---

① 引自周景濂编著：《中葡外交史》，商务印书馆1936年版，第8页。

家们来说，他们从遥远的欧洲来到东方，首先面对的是一个完全陌生的自然环境、完全陌生的人群、完全陌生的文化。在他们之前，他们所有关于中国的了解，大概不超过马可·波罗的论述。于是，他们对于这块神秘土地的所有事物都充满着好奇与惊叹，他们如饥似渴地呼吸着这里的空气，吸收着这里的文化养料。所以，我们看到，在他们的笔下，所有的事物都是新鲜的，都是与他们熟知的欧洲不同的，都是值得记录和可以回去讲给自己的同胞们听的。但是，他们还没有走进中国的大门，只是来到了大门口，倚门而望，草草地看上几眼，就急着去写他们的书了，就急着去给他们的同胞讲中国的故事了。所以，这些记述与以后得以深入中国内地并且在那里长期生活的耶稣会士等传教士们的书简和著作相比，还是比较肤浅的、走马观花式的，带有许多想象的、道听途说的成分，以致17世纪末的来华传教士李明批评16世纪那些西方旅行家和商人，说他们的记述中充满了道听途说和庸俗的无稽之谈。但这毕竟在向认识真实的中国方面迈进了一大步，并且在很大程度上影响了那个时代欧洲人的中国知识，同时对17—18世纪欧洲人对中国的认识也具有很大的影响。比如门多萨的著作影响了蒙田、培根等欧洲大思想家们对中国的看法。直到17、18世纪，拉达、平托以及门多萨等人的论述还一再为作家、学者们所引用。

二、倚门而望：初来中国的葡人报道

早在1513年，便有葡萄牙商人或航海家到达广州沿海的屯门岛。他们返回葡萄牙后，其中一名叫科尔沙利的航海家在1515年1月6日的一封信中写道："这里（广州）是我在世界上所到过的最富裕的地方。坚固雄伟的城墙，宽阔的街道，珠江上往来如梭的无数帆船，繁华的商业市场以及经营瓷器、丝绸的商店，使我目不暇接。"同时科尔沙利又写信给他在佛罗伦萨的朋友说："（去年）我们葡萄牙的航海家到了中国。他们是发明了（伟大的瓷器和）丝绸的人民。我们的船舶不准许靠岸。但是，我们在广州度过了几天美好的时光。

他们还出售了货物，使我们获得了巨大的利益。"①

另一位航海家、为葡萄牙人服务的意大利人埃姆波利在1515年11月写的一封信中说："我们发现了中国，并在那里逗留了一段时间。这是世界上拥有最富裕的财产的国家，很多美丽、伟大的情景，使我们大吃一惊！所以，我假如不死的话，真希望在再次到广州时，能带领我的同伴们到北京去见中国的皇帝！"②

葡萄牙人卡斯坦涅达于1551—1554年出版了8卷本的《葡萄牙人发现和征服印度史》。卡斯坦涅达于1528年抵达印度，在那里住了近10年的时间，1538年回到葡萄牙，便开始专事写作。这部巨著中有大量涉及中国的内容，介绍了佛教仪式、中国的庙宇等，也介绍了中国的风俗制度，音译介绍了中国的官职。卡斯坦涅达认为，中国人在机械工艺和文学艺术上均有卓越才能，掌握了许多科学知识，并设立学校传授先人的训导。《葡萄牙人发现和征服印度史》出版后，又于1577年再次出版了一个葡萄牙文本，以后还出版过意大利文本。

葡萄牙历史学家巴洛斯自1539年至1563年完成的3卷本《亚洲史》，是第一部描写亚洲及欧亚关系的史学巨著，书中对中国多有论述。巴洛斯生前受到葡萄牙王室的信任，长期从事海外贸易的管理工作，他还是一位作家和历史学家，写过小说、语法书等。他并未到过中国，他的资料来源，一方面是利用葡人寄回国内的资料，还直接采用葡萄牙官方的原始记录；另一方面也利用了中国的有关文献。在欧洲学者中，巴洛斯是最早翻译和使用中国文献的。

巴洛斯的《亚洲史》汇集了已公开发表的葡萄牙人中国游记，对中国的地理、行政、宗教、科学进行了不少翔实而权威的介绍。巴洛斯还画出一张中国海岸及广阔领土的地图，并声明这张地图取材于中国舆地书籍，由他的中国仆人译出。他说："我现在画出了一种航海家所不知道的海岸和中国庞大领土的内部地图，插入我所著的地理书中，这都是从中国舆地书中录下的，中国的全

---

① 引自朱培初编著：《明清陶瓷和世界文化的交流》，轻工业出版社1984年版，第35页。
② 引自朱培初编著：《明清陶瓷和世界文化的交流》，轻工业出版社1984年版，第35页。

▲ 16世纪末欧洲人眼中的中国人

部情况，均以游记体裁加以详载，此书由中国带回。因此，我专门请了一名华人担任翻译。"①巴洛斯还提到中国人对自己文化的优越感，他说："正如希腊人认为其他民族都是蛮族一样，中国人说他们有两只眼睛可认识世上万事，至于我们欧洲人，在对我们进行传授以后，我们就有了一只眼睛，而认为其他人都是瞎子。"②巴洛斯在这里借用这个"两只眼睛"和"一只眼睛"的比喻，表达对中华文化的仰慕。后来这个比喻在欧洲很流行，但更多的时候，是被用来批评中国人妄自尊大的心理。

除了介绍中国的情况，巴洛斯在其著作中还详细记述了16世纪初葡萄牙在东南亚的殖民活动以及欲通过东南亚与中国通商贸易的情况。

第一位以使者身份来华的葡萄牙人多默·皮列士是新航路开辟之后首批

---

① 引自吴孟雪著：《明清欧人对中国文献的研究和翻译（一）》，《文史知识》1993年第6期。

② 〔葡〕费尔南·门德斯·平托等著：《葡萄牙人在华见闻录——十六世纪手稿》，王锁英译，澳门文化司署、东方葡萄牙学会、海南出版社、三环出版社1998年版，第134页。

到达北京的欧洲人之一。皮列士在1512—1515年间利用在南洋各地搜集的材料，撰写了《东方志》一书。这是地理大发现后欧洲人第一本详尽描述东方（包括中国）的著作。这部著作"是所有语言中有关葡萄牙侵入之初亚洲海上贸易的最重要的独一无二的原始资料"，"他是他那个时代欧洲最优秀的亚洲情报搜集者"。①

《东方志》不是如其他同时代的作品那样添加了许多想象和传闻，皮列士"具有非凡的观察力，永不满足的好奇心和杰出的调查能力。他在短短的几年里收集到大量关于许多东方民族和文化的资料，而当时欧洲人对这些资料一无所知"②。他在序言里说："我在这里则了解一切，体验并且眼见到他们。"

盖略特·伯来拉出身于葡萄牙贵族家庭。1534年他从葡萄牙来到印度，1539年到达麻剌甲（马六甲）。在1539年至1547年，他可能不止一次乘船到中国沿海进行走私贸易。1548年末或1549年初，两艘葡萄牙商船到福建海岸进行走私贸易活动，商船上有30个左右的葡萄牙人，其中就有伯来拉。1549年3月，这两艘船在福建最南端的诏安县走马溪被中国海防军俘获，被押解到福州。后来，在葡萄牙商人的资助下，伯来拉和另一些被流放到广西的人被安全地偷运出来。伯来拉可能是在他逃走后不久写下他的俘囚生活回忆的。1561年末，其手抄本作为耶稣会传教报告的附录寄往欧洲。伯来拉对中国南部的记录在当时已广为流传，并且略有删节地被译为意大利语，1565年在威尼斯出版，1577年在伦敦出版了英译本。

葡萄牙人克路士是一名多明我会的修士。1548年，他作为12名多明我会教士团的一员，在副主教伯慕德斯修士的率领下前往亚洲，乘船赴果阿。克路士先是在印度传教，后来到了马六甲，他曾在马六甲为教会修建了一所修道院。1556年冬季，他曾到中国广州逗留了几个星期。后来他可能去了忽鲁

---

① 〔英〕崔瑞德、〔美〕牟复礼编：《剑桥中国明代史（1368—1644）》（下卷），杨品泉等译，中国社会科学出版社2006年版，第310—311页。
② 澳门《文化杂志》编：《十六和十七世纪伊比利亚文学视野里的中国景观》，大象出版社2003年版，第1页。

△ 16世纪末的版画《中国妇人》

谟斯，在那里从事传教活动。1570年2月，他的《中国志》在葡萄牙出版。

克路士的《中国志》被认为是欧洲出版的第一部专述中国的著作，在此之前比较著名的马可·波罗的游记以及克路士同代人卡斯坦涅达、巴洛斯等人的著作，并不是专谈中国的书，而是部分涉及中国。克路士的《中国志》有十分之九的内容是专记中国的，"它第一次呈现了16世纪时一个欧洲人所能看到的关于中国全面而详细的观察"[1]。他在书的"序言"和"致读者"中也明确说明他著书的目的就是要"详述中国的事物"，"既谈它的土地，也谈它的人民，由此进而详述该国家及其省份。然后我将谈建筑和船只，接着，土地的耕作和人们的职业，男人和女人的服饰，他们的一些风俗习惯，再详谈治理国家的人及其政府。最后，我要谈祭礼和宗教信仰，及我在该国发现的有利于传播基督教的倾向，和不利于传播的障碍"。[2]欧洲学术界把克路士的著作称为《马可·波罗游记》之后又一部有价值的历史文献。

三、冒险家平托的传奇故事

在16世纪来东方的葡萄牙人中，费尔南·门德斯·平托的经历最富有传奇色彩。他出身贫寒，从小在贵族家当差，后来怀着发财的愿望，和当时的其

---

① 〔美〕唐纳德·F. 拉赫著：《欧洲形成中的亚洲第一卷·发现的世纪》第1册，周云龙等译，人民出版社2013年版，第305页。

② 〔葡〕克路士著：《中国志》，载〔英〕C. R. 博克舍编注《十六世纪中国南部行纪》，何高济译，中华书局1990年版，第40—41页。

他冒险家一样，于1537年去印度，此后一直以各种身份在东方各国游历，直到1558年才返回葡萄牙。他在这21年中，走遍东方国家，经历了无数的奇险之事，充满传奇色彩。正如他自己说的，"曾13次被俘，16次被卖"。他做过海盗、商人，还参加了耶稣会，陪同沙勿略神父一起到日本传教，出资建造了日本第一座天主教堂。后来，他又退出了耶稣会。

大概从他回国后的第二年，即1559年开始，他着手《游记》的写作，叙述他在东方旅行的奇闻逸事，1580年完稿。全书长达226章，叙述了他在埃塞俄比亚、霍尔木兹、马六甲、暹罗、缅甸、中国等地的游历。

平托的《游记》完稿后，为人们竞相传抄阅读，但正式出版则是在他去世31年之后的1614年。据说在出版前，宗教法庭对该书进行了检查删改，耶稣会也删去了与他们有关的内容。

《游记》中有一部分是关于平托在中国游历的记述。他到过广州、泉州、镇海、宁波、南京、北京等地。根据他自己的描述，在1542年5月14日，在葡萄牙人安东尼奥·德·法利亚的带领下，有一支近150人的队伍乘坐两条快船，从镇海出发，去往一个叫加雷铺的海岛，平托也在这支队伍之中。他们听一位中国向导说，这个岛上有中国17个国王的陵墓，里面金银成堆，而除了僧人，无人防守。他们沿着海岸北上，进入一条大河，溯河而上，路上惊险迭起，船上屡有减员，但一路上始终没有引起人们的注意。83天后，他们悄悄地到达该岛。当天晚上，他们上岛后就近将一座庙宇洗劫一空。原以为这次行动不会被发现，第二天可以深入岛内，抢劫陵墓，实际上却被人发现了。他们匆忙逃遁，起锚行船，但遇到风暴，仅有14人幸免一死。他们伪称是遭遇海难的暹罗商人，一路行乞，想步行到南京，再从南京搭船去镇海或广东，但在途中被当地总兵以不务正业流民罪逮捕，并被押解到南京，又从南京被押到北京，被判流放Quansi（可能是甘肃）。最后，他们中只有9人幸存，得以返回。

平托在《游记》中记录了他们在中国的这些经历和所见所闻的一些事情。他在书中讲到中国地域广大，物产丰富，特别提到中国的瓷器、丝绸，还有长城。

　　平托是欧洲最早描绘东南亚与亚洲北方、东北方贸易往来的小说家之一。他使人们对这些沿海地区海上贸易的开拓有了一个全面的了解。他到过舟山双屿港。他在游记中写道，"双屿港由对峙两岛构成"，"又有风景优美的小溪，溪水味甘，源出高山"。在双屿港附近居住的外国人，除葡萄牙人外，还有日本等10多个国家的商人，多时达3000多人。他们来双屿港互市贸易。入夜灯火通明，一派繁荣，甚至港道拥堵，船只无处停泊。凡是运到那里的货物都可以获得三四倍的利钱。欧洲人的白银源源不断地流入中国，换取中国的丝绸、瓷器、棉布等商品。平托称，双屿港是16世纪东亚最繁华的国际贸易中心。这个双屿港的地理位置，根据近年专家的考证，是舟山市普陀区六横岛西岸与佛渡岛东岸之间的水道，是国际航线与中国内地的连接点。

　　《游记》出版后，被称为"另一部《马可·波罗游记》"，很快被译成西班牙语、法语、荷兰语、德语及其他语言，成为一本真正的"畅销书"，甚至超过了《堂吉诃德》的销量。书中反映的异国情调和海外冒险的传奇经历令读者们耳目一新。

　　然而，人们更多是把它称作一部融真实与想象于一体的小说，但也有人斥之为《天方夜谭》式的故事。但是，平托在书的前言中强调，"所有这些奇闻轶事，无论是悲是喜，是动荡还是安宁，都不是为了取悦于人，也不是出于无边臆想，而是事实的忠实传述，愿读者自明"①。美国学者丽贝卡·卡茨指出："在世界文学艺术的巨著中，《游记》是最被人们误解的作品之一。"②现在的学术界更肯定它是一部独一无二的作品，具有很高的文学、历史和思想价值。

---

　　① 引自任继俞主编，《国际汉学》编委会编：《国际汉学（第6辑）》，大象出版社2000年版，第84页。

　　② 〔葡〕费尔南·门德斯·平托等著：《葡萄牙人在华见闻录——十六世纪手稿》，王锁英译，澳门文化司署、东方葡萄牙学会、海南出版社、三环出版社1998年版，第140—141页。

四、拉达出使中国及其纪事

马丁·德·拉达是最早来东方的欧洲传教士之一。拉达出身于西班牙的一个贵族家庭。11岁时，他被送往巴黎求学。他在巴黎大学居留了五六年，回国后进入萨拉曼卡大学学习神学，并加入了圣奥古斯丁会。16世纪50年代末或60年代初，拉达自愿赴墨西哥传教。1565年，他又随列格兹比的探险队与修士乌尔达涅塔等人一起来到菲律宾。拉达在菲律宾的传教工作进行得很出色，在1572年被选为马尼拉的大主教。

1575年，拉达的主教任期期满后不久，他就被挑选为赴中国使团的团长。6月，拉达一行启程前往福建，往返一共用了4个月零16天（1575年6月12日至10月28日）。他们于7月5日抵达厦门，7月11日下午到达泉州。他们在泉州住了两个星期，后又到福州逗留了38天。最后于9月14日启程回菲律宾。拉达在中国逗留期间曾与地方官员交往接触，购买了百余种中国图书典籍。

拉达在返回马尼拉后写了出使报告，记述他和同伴在福建停留两个月的见闻。报告分为两部分：第一部分记述他到中国的旅行、在福建的行程以及返回马尼拉的过程，题为《出使福建记》；第二部分是一个对中国的简述，题为《记大明的中国事情》。其中，第二部分又分为12章：（1）王国的版图和位置，（2）各省，（3）城镇，（4）军事事务，（5）人口和税收，（6）明朝的历史，（7）礼仪、习俗和服饰，（8）饮食，（9）建筑、农耕、矿藏等，（10）司法和行政，（11）宗教和祭祀，（12）和尚、道士、尼姑。

拉达在他的中国记事中首先明确指出，他们通称为中国的国家，威尼斯人马可·波罗叫作契丹。[①]在16世纪以前，欧洲人对中国的地理概念尚不清晰，误认为"中国"和"契丹"是两个国家。葡萄牙人皮列士曾确认"北京"就是

---

① 〔西〕马丁·德·拉达撰：《记大明的中国事情》，载〔英〕C. R. 博克舍编注《十六世纪中国南部行纪》，何高济译，中华书局1990年版，第185页。

"汗八里"，所以才估计"中国"和"契丹"可能是同一国家的不同名称。而拉达则是"第一个明确无误地把中国考定为马可·波罗的契丹的欧洲作家"①。不仅如此，拉达还指出中国历史上的不同名称，如汉唐、宋元、契丹，"今天它的本名是大明"。拉达介绍了中国的地理位置、幅员和行政区划。他是最早提到长城的欧洲作家之一。他写道："（中国）北面是一道雄伟的方石筑成的边墙，那是世界上最著名的建筑工程之一。……根据他们史书说，这道边墙是将近一千八百年前由秦始皇（King Cincio）所建。"②

拉达的著作受到欧洲人的高度重视，门多萨在撰写《中华大帝国史》时采用了其中许多内容，并且将他的《记大明的中国事情》作为该书第二部分的一卷收入其中。

五、门多萨的《中华大帝国史》

门多萨的《中华大帝国史》是16世纪有关中国问题的影响最大的一部著作。门多萨出生在西班牙的多莱西亚·德加麦罗斯，17岁去墨西哥，加入奥斯定会，成为一名修道士。在墨西哥，他一面潜心研究神学、语法和艺术，一面在当地热心传教，因而具有在"异域"开拓事业的能力和经验。他在墨西哥期间，正逢米格尔·洛佩斯·德莱古斯比率船队远征并占领菲律宾，墨西哥成为从西班牙派往菲律宾的传教士和各级官吏的中转站，也是他们返回西班牙的必经之地，那时有关菲律宾和中国的各种信息成为当地引人注目的话题，引起门多萨对东方事物的浓厚兴趣。后来，门多萨受派作为西班牙出使中国的使团团长，但因故没能成行。

1583年，门多萨返回罗马，拜见了教皇乔治十三。当时，天主教极欲到

---

① 引自〔英〕C. R. 博克舍编注：《十六世纪中国南部行纪》，何高济译，中华书局1990年版，第48页。

② 〔西〕马丁·德·拉达撰：《记大明的中国事情》，载〔英〕C. R. 博克舍编注《十六世纪中国南部行纪》，何高济译，中华书局1990年版，第187页。

东方拓展势力，但苦于对中国历史、文化茫然无知，急需一本关于中国社会情况的资料汇编。受教皇委托，门多萨广泛搜集资料，整理来华传教士的文件、信札、报告，以及各类翻译成西文的中国书籍，并接触了曾经到过中国的修士，最后完成了《中华大帝国史》。

《中华大帝国史》共分为两大部分。第一部分是对中国国情的综述。该部分共分三卷：第一卷重点介绍了中国的疆域、地理概貌、气候、土壤分类、省的建制、城镇区划等，第二卷主要讲中国人的宗教信仰以及对超自然力的崇尚，第三卷主要是中国古代帝王的世系、宫闱秘闻、贡赋、差役、军队、战争、行政管理、司法、科举以及自然科学等方面的概况。第二部分是由三篇旅行记构成。门多萨在这部著作中详尽地介绍了中国的政治制度、教育制度、历史地理、物产风俗等。这部书所报道的内容远远超过马可·波罗的介绍，举凡中国社会的林林总总，书中皆有提及，是一部欧洲最早系统介绍中国历史和地理的学术性著作，可称得上是当时欧洲人了解中国的百科全书。

《中华大帝国史》于1585年在罗马出版西班牙文版，随后很快被译成欧洲各国文字。5年内，意大利文、法文、英文、拉丁文和德文的译本在欧洲各地印行了好几版。到了16世纪末，门多萨的《中华大帝国史》以7种不同的欧洲语言（西、意、德、拉丁、荷、法、英）重印了46次，可见此书影响之广。据记载，英国哲学家弗朗西斯·培根曾阅读过门多萨的《中华大帝国史》，他在对中国的认识上，显然受到门多萨的影响。荷兰从事东方探险的先驱、荷兰东印度公司的创建者之一范·林斯霍滕也是《中华大帝国史》的热心读者，他在1595年出版的名著《路线》中有关中国的概述就是在门多萨著作的基础上写出的。

门多萨的这部作品为当时的欧洲人打开了了解和认识中国的窗口，使欧洲人从通过充满神秘色彩的传闻来"想象"中国，跨入通过中国的现实来认识中国的时代。门多萨的《中华大帝国史》第一次使中国在西方文本与文化中获得了历史化的、清晰完整的形象。他对中国充满热情和想象，把中国描绘得如同天堂一般圣美，盛赞中华民族"是一个沉静和有才智的民族"。这种看法实际上是早期来华的欧洲旅行者们所描述的共同的景象。"它所描绘的中国的新

门多萨的《中华大帝国史》

形象仍然以财富和繁荣为特征，但这是普遍富裕上的繁荣、富有，而不是王宫的辉煌，对于这一点，其创造者当然没有目睹过。但在同时，出现了强调该国公正的行政管理的现象，这在紧接着的一个时期将成为耶稣会士所描绘的中国形象的主要特征。"①另一方面，门多萨对中国的描绘和赞美，也是当时欧洲知识分子希望在遥远的国家里看到的景象。因此，门多萨的这部著作成了16世纪末17世纪初欧洲人新的"中国图像"的基础，为此后两个世纪里欧洲的"中国热"提供了一个知识与价值的起点。

门多萨的《中华大帝国史》是16世纪欧洲人了解、认识和描述中国的一个总结和集大成者。它左右了相当长一个时期内欧洲人对于中国的认识。而要真正走进中国这个知识域的"大门"，还要等到17世纪利玛窦他们来了以后。

---

① 〔英〕雷蒙·道森著：《中国变色龙——对于欧洲中国文明观的分析》，常绍民、明毅译，中华书局2006年版，第39页。

第十七章 传教士们讲述的中国事情

一、传教士的书信和报告

1582年8月，有一位意大利青年来到澳门，踏上了他多年神往的中国大地。他的到来，注定是中西文化交流史上的重大事件，也是中华文化走向西方、走向世界的重要一步。

这位意大利青年的中文名字叫利玛窦，这一年他刚满30岁。利玛窦在澳门停留了一年，主要是研习中文，习得关于中国语言文字的初步知识。1583年9月10日，利玛窦和同伴罗明坚得到两广总督郭应聘的邀请，到达肇庆。他们在肇庆建了一座教堂，在那里住了下来。从此，西方传教士在中国的传教事业迈出第一步。

▲ 中国籍耶稣会士游文辉绘《利玛窦像》，这幅画后来由金尼阁带回罗马，保存在罗马耶稣会总部

从利玛窦开始，先后来华的传教士有近千人。他们在持续200年的传教过程中，书写的大量书信、报告、著作以及翻译的汉文经典，在欧洲各国出版和流传。他们对于中华文化西传的贡献，主要是通过这种文献的传递而实现的。

⚠ 法国吉美博物馆藏书中的插图，插图上半部的3位外国
　传教士分别是利玛窦、汤若望、南怀仁

以文本形式传入的中国知识，与当时大量传入的中国商品相比，是欧洲人了解中国更为重要的来源。这些传教士隶属于不同的修道会，来自不同的国家，他们书写的文献使用了拉丁、葡、西、意、法、德、荷等多种语言，被广泛收藏于欧洲档案馆、图书馆和博物馆之中。

　　早期来华的利玛窦等人，都是当时的饱学之士。有学者评论说，利玛窦是"文艺复兴中的人物"，他"不仅仅作为传教士和宗教人士，而且还以能为中国人传去他们过去不懂的地理学和数学知识的科学家的面目，出现在中国人面前"①。17世纪末和18世纪来华的法国耶稣会士，如洪若翰、白晋等人，因为本身就从事科学研究，所以在科学修养上都具有很高的水平，每个人都有自己擅长的研究领域。对于耶稣会士们的学识修养，中国的知识阶层也给予了充分的肯定。徐光启赞扬他们说："其道甚正，其守甚严，其学甚博，其识甚精，其心甚真，其见甚定。"《明史》上说，当时耶稣会士"东来者，大都聪明特达之士，意专行教，不求禄利。其所著书多华人所未道"。耶稣会士们的文化修养和科学修养，是他们在来华后进行人文历史和科学研究的基础，也是他们实现自己的传教使命和文化使命的必备条件。

　　由于耶稣会士们大部分都是学有专长的专家学者，他们在中国的活动也

　　① 〔意〕彼埃罗·科拉迪尼著：《利玛窦与文艺复兴》，耿昇译，载任继愈主编《国际汉学》第4辑，大象出版社1999年版，第371页。

一直为欧洲学术界所关注，所以他们与欧洲的学术界保持着密切的联系。邓玉函、汤若望、罗雅各都是意大利近代科学兴盛时期最著名的科学社团"灵采研究院"的成员。邓玉函还曾在灵采研究院与伽利略共事多年，而汤若望至少亲自聆听过伽利略的学术报告。邓玉函还曾与开普勒保持着通信联系。这些传教士在欧洲学术界都是很受关注、很受欢迎的人，他们与欧洲学术界人士保持着长期的通信联系。在返回欧洲后，他们更是与欧洲学术界的人士频繁接触、交往，开展多方面的学术活动。

在这一时期，各个领域的专家学者、思想家们争先恐后地与耶稣会士建立交往和联系，是欧洲学术界一大特别的现象。启蒙运动时期的思想家们，如马勒伯朗士、莱布尼茨、伏尔泰、孟德斯鸠等，都与耶稣会士或其他传教士建立了友谊，保持了长时期的通信联系。他们的许多重要著作，或者是应传教士的邀请而写作的，比如马勒伯朗士的著作，或者是接受了他们提供的大量资料，或者是受到了传教士们的启发。

传教士们的书信和著作有一大部分是参与"礼仪之争"的结果。耶稣会士们采取利玛窦开创的传教策略，受到其他修会以及罗马教廷和欧洲宗教界人士的强烈批评，他们在欧洲的上级也要求对此做出说明。因此，他们为了给自己的做法辩护，写了大量的报告、书信和著作，向欧洲介绍中国的历史和文化，宣传他们在中国传教的经历和业绩。另一方面，反对耶稣会这种传教策略的在华传教士也写了许多书信和著作，阐明他们的主张。所以，在当时的传教士关于中国的文献中，有很大一部分与"礼仪之争"有关。

罗耀拉在创建耶稣会之初，为了使不断扩展的耶稣会基层机构与耶稣会上层领导保持密切的联系，也为了使分散在世界各地的耶稣会士团结一致、相互支持，他在耶稣会内建立了一个严密的通信体系，要求传教士报告其所传教之地的人情风俗和地理概况。在耶稣会，各总会长都靠着固定的书信往来去领导这个庞大的组织。首先，各地的耶稣会分支机构应定期向常驻罗马的总会呈递报告。这种报告一般分为三类：一类是直接呈报给耶稣会高层领导人的，一类是可在耶稣会士中间传阅的，再一类是可供公之于世的。其次，耶稣会士之间或耶稣会士与教外的友人之间也应常常交换信件。其中有些信件可被视作"传导性文献"，这类信件往往是对某一地区传教工作的介绍。特别是一些信件记述了传教区域内的山川形势、自然景观以及土著居民的生活习俗、文明特征等情况。这类信件事实上已具有一定的研究成分，它们往往被翻译成多国文字，辗转传抄，后来又使用了印刷技术，使之得到更广泛的传播。早期耶稣会士的书信集曾大量印刷发行，如1551—1562年耶稣会士书信共汇编为10卷出版。

因此，耶稣会成员们定期向罗马上交详细描述其活动的报告便成了一种制度。罗明坚和利玛窦到中国以后，一直与耶稣会的罗马总会保持联系，每年递交报告。耶稣会中国副省成立后，耶稣会教区发展至中国各个行省，每年的报告先由个别传教士递交给副省会长，然后，经其编辑汇合后，再写成年报，分各道寄回罗马总会。1581—1654年，耶稣会总部曾选择出版了各传教地的年报。在中国的耶稣会士也曾个别出版了某年的年报，如金尼阁于1615—1625年编辑出版的中国年报。

书信是当时传教士们的一种主要书写文体。传教士们远离故国，背井离乡，总是想办法与国内保持联系。虽然当时的交通极为不便，所有的信件都要通过固定往返中欧之间的商船传递，一封从中国发出的信到收信人手里往往需要一两年的时间，但是，这些传教士仍然写了大量的书信。其中，有给自己亲属的，有给欧洲教会组织以及教会内朋友的，还有许多是与学术界的知名学者保持通信联系的。信的内容主要是向他们介绍他们所关心的、有关中国文化各方面的问题，几乎涉及中国的版图、物产、科学技术、制度、风俗、历史、宗教等方面，所以这些信的学术价值很高。这些书信在欧洲知识界广泛传播，受到了前所未有的欢迎。这是因为大众不信任那些传奇性的虚构故事，而希望阅读一些严肃的著作、未经修饰的文学作品和真正的文献。这批要经过数月"旅行"才能到达的私人信件为欧洲带去了"另一个星球"的形象和情况。这些书信反复流传，被人反复转抄。它们是如同一种真正的、客观的编年史而出现的，是大众所喜欢的文献之一。他们的书信传播了有关中国的"报道",维持了知识界的中国热。

传教士们的通信和笔记在当时都被汇编成书,在西方传诵一时。比如龙华民、庞迪我分别在1601年和1605年编辑出版过耶稣会士的书信集。1603—1611年里斯本出版的5卷本耶稣会传教士书信汇编《耶稣会神父事务年度报告》,是里斯本耶稣会会长费尔南·格雷罗主持编辑的最重要的传教士书信集之一。传教士们每年寄来的信件,展现出耶稣会传教士们传教活动最密集的亚洲各地区广阔而又真实可信的画面,尤其是印度、中国和日本。这份年度报告不仅简要地提供宗教方面的情况,而且以相当大的篇幅介绍传教士们所在传教地区的政治形势、地理环境及主要的社会文化风俗。1608—1614年出版的3卷本耶稣会士文献汇编中,有大量来到中国的传教士们撰写的文献。

到了18世纪,法国的耶稣会士编辑出版了《耶稣会士书简集》,由法国耶稣会士卢哥比安、杜赫德和帕都叶先后分类编纂,积成卷帙,于1702—1776年陆续在巴黎出版。《耶稣会士书简集》共34卷,其中包括144封来自中国的书信和报告,绝大多数出自法国耶稣会士之手。

《耶稣会士书简集》成为18世纪及以后许多中国学家和对中国文化感兴趣的人们的主要资料来源。《耶稣会士书简集》中的书信都是根据传教士本人的亲身经历撰写的,有亲临其境之感,并且文笔流畅,语言优美,引人入胜。此外,编辑们还根据当时读者的阅读习惯和兴趣,对书简做了一定的编辑和删改,去掉了晦涩的学术性强的内容,使其出版后大受欢迎。这部书简集是18世纪的一部扛鼎之作,是供当时哲学家和政治家们广泛开采的"宝藏"。

△《耶稣会士书简集》

在18世纪后期,巴黎

还出版了《中国回忆录》，即《北京传教士关于中国历史、科学、艺术、风俗、习惯等的回忆录》。这部巨著的内容基本上是乾隆时期在华法国耶稣会士寄给贝尔丹的各类专题论文，内容涉及中国的历史、自然科学、工艺技术、语言文学等方面。贝尔丹在1765—1792年与在北京的耶稣会士们有几百封的"文学书信"往来。贝尔丹通过这些书信，得以了解乾隆朝的政治、经济、社会与文化等各方面的情况。这些书信有很大一部分被编入了《中国回忆录》。

二、传教士的中国研究著作

在这200年间，传教士们还撰写了大量介绍和研究中国文化各个方面的著作，包括一些全景式的描述性著作和专题研究著作，对于中国文化的西传具有更大的意义和价值。据统计，从1687年到1773年，耶稣会士总共撰写了200多种与中国有关的著作。

另有统计资料显示，在17—18世纪，在华耶稣会士撰写的关于中国的著作共有700多部，其中刊布的作品550部，未刊布的作品201部，包括文学、宗教（除天主教以外的其他中国宗教及其历史）、医药、艺术（建筑、音乐、绘画）、哲学、社会生活（社会风情、中国概况）、礼仪（与"礼仪之争"有关的祭祀礼及其他大小礼节、仪式）、语言（语法、字典、源流考辨）、译文、时事（写作之时的政治、社会状况、重大事件）、科学（动物、植物、技术、手工艺等）、历史、地理（游记、地图、路线描述）、天文历算（天文史、历法、数算等）。正是这些作品，向欧洲传递了中国的形象，是欧洲人有关中国知识的首要来源。欧洲学者许多论述中国的书籍，都是以这些著作为基础进行写作的。

传教士们最早写的介绍中国的书，是范礼安在利玛窦协助下完成的《论中国的奇迹》。这本书是他们撰写的《圣方济各·沙勿略传》中的3章，这3章有时也单独刊行为小册子，介绍中国的基本情况和当时的政治、经济、社会的现实状况，作为来华传教士的参考资料。书中还附有一张由利玛窦根据中国典籍记载研究绘制的《中国全图》。在撰写这部著作的时候，他们还没有进入中国内地，只能利用他们在澳门所能搜集到的资料以及有关传闻，所以还不能与以后那些传教士们的深入研究著作相比。

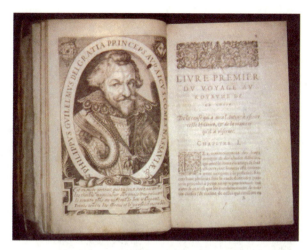

在来华传教士介绍中国的作品中，最著名的一部书是1615年出版的《基督教远征中国史》，即《利玛窦中国札记》。《利玛窦中国札记》一面世，立即引起广泛的关注，迅速在欧洲各国传播开来。这部著作是当时介绍中国文化制度的权威著作，对欧洲人了解中国起了重要的作用。

明清之际来华的传教士中还有许多人撰写和出版介绍、研究中国的著作。例如，曾德昭、卜弥格、卫匡国、南怀仁、柏应理、鲁日满、殷铎泽、李明、刘应、白晋、钱德明等人，都曾著有介绍和研究中国历史文化的著作。据统计，仅耶稣会士中有著作可考的就有70余人。他们源源不断地将在华见闻和关于中华文化的研究成果呈现在欧洲读者面前，大大丰富了欧洲人关于中国的知识，为中华文化的西传起到了积极的媒介作用。

传教士们向欧洲介绍中国，通过书信、手册、对开本出版物、旅行笔记、译作以及论文，源源不断地向欧洲传播关于中国历史与现状每一方面的信息。这些叙述都出自那些受过良好教育又充满好奇心之人的个人观察，他们的动机是为了唤起国内同胞和同会会友们对中国的兴趣。耶稣会士们倾向于把中国人描述为一个在道德和政治上都十分成熟的民族，由受过高水平教育和充满智慧的统治者来治理，而统治者的基本统治理念来自道德和与社会相关的普遍人类理性。毫无疑问，在那一时期的欧洲人眼中，中国在政治、社会和经济上都显

△ 天主教北京南堂

得颇为成熟。当然，从另一方面来看，这种描述又显得过于夸张和富于理性化色彩，无疑是为耶稣会士的任务目标服务的。

不论是出于什么动机，不管是为了宗教还是为了科学，传教士们通过他们的书信、报告、著作和回忆录等，把一幅幅关于中国的图画展现在欧洲人面前。在17世纪的后半期，这些报告和翻译作品在欧洲被广泛阅读，由此传到西方的观念对该时期欧洲人的思想产生了深刻的影响，从而进入启蒙时期的意识形态讨论之中，从各种途径对该时期一些主要观念的形成起到了重要作用。

大批传教士的书信、旅行日志、著作等，不仅为当时的欧洲提供了日益丰富的关于中国的知识，更有意义的是，许多耶稣会士的作品激发了欧洲人的想象力，从学者精英到门外汉，从庶民百姓到欧洲君主，无不对中国充满兴趣。因而，不但中国的书籍在欧洲随处可见，而且中国的大量技术、工艺被直接照搬，用于欧洲的农业革命和工业革命。

上述《耶稣会士书简集》，是当时影响最大的有关中国的文献，杜赫德神父为此做出了重大的贡献。

杜赫德于1692年9月8日进入耶稣会，1708年在巴黎书院任教。随后，杜赫德被选为郭弼恩的继承人，而郭弼恩当时专门负责收集、整理各国耶稣会士们的信函。杜赫德在编辑《耶稣会士书简集》期间，掌握了大量耶稣会士的资料，同时与在中国的耶稣会士保持了长达24年的通信联系。所以，在一定程度上说，杜赫德成了当时在华耶稣会士的"通信中心"和"文献中心"。他在多年主编《耶稣会士书简集》的基础上，进一步根据海外传教士的报告、书信、著述和笔记中的有关材料，整理辑纂完成了《中华帝国全志》这样一部综合性著作。

《中华帝国全志》共4卷，是一部关于中国的综合性研究著作。杜赫德没有到过中国，他基本上是一位书斋里的学者。他的成就，主要是大量地收集和研

DESCRIPTION
GEOGRAPHIQUE
HISTORIQUE, CHRONOLOGIQUE,
POLITIQUE, ET PHYSIQUE
DE L'EMPIRE DE LA CHINE
ET
DE LA TARTARIE CHINOISE,
ENRICHIE DES CARTES GENERALES ET PARTICULIERES
de ces Pays, de la Carte générale & des Cartes particulieres du Thibet, & de
la Corée, & ornée d'un grand nombre de Figures & de Vignettes gravées
en Taille-douce.

Par le P. J. B. DU HALDE, de la Compagnie de JESUS.

TOME TROISIEME.

A PARIS,
Chez P. G. LE MERCIER, Imprimeur-Libraire, rue Saint Jacques,
au Livre d'Or.

M DCC XXXV.

AVEC APPROBATION ET PRIVILEGE DU ROY.

△《中华帝国全志》第3卷书名页

究来自各方面特别是在华耶稣会士们的书信、报告、著作等文献。《中华帝国全志》第1卷序言中所开列的其笔记、书信在该书编纂时曾被使用的来华传教士，共有27人。

但是，这并不是说《中华帝国全志》只是资料的编纂，杜赫德只是一位资料的收集和汇总者。实际上，在编纂这部巨著的过程中，杜赫德付出了艰辛的努力，做了大量的研究和思考，进行了大量的文字编辑和加工工作。所以，尽管他大量利用了第二手资料，《中华帝国全志》仍然是一部具有独立价值的学术著作。

《中华帝国全志》初版时对开本有2500多页。在这样巨大的篇幅中，作者分述了中国的地理、历史、政治、宗教、经济、民俗、教育、科技、文学等，又节译了四书、五经、诏令奏章、戏曲、小说以及医卜星相之书。可以说，《中华帝国全志》是150年间欧洲人了解中国的一个总结，被誉为"西洋汉学之金字塔，可以夸耀世界的纪念碑"。《中华帝国全志》被称为"法国古汉学的不朽著作"。

　　《中华帝国全志》于1735年在巴黎出版，书中还插入了康熙年间由法国传教士实测绘制的42帧中国地图的翻刻版，由当时著名的制图家法国王室技师丹维尔和他的学生们改描刻版制成。《中华帝国全志》出版以后，引起很大轰动，受到广泛的欢迎。当时有报刊评论说："我可以向你担保，假如世界上存在一种值得有头脑的人去探索、关注，去尝试的事物的话，那么，就请读一读这部伟大的著作吧，它会把你愉快地带到一个新的世界。""全书充满一种高尚、淳朴的气氛，它随处都使人感受到作者真挚而善良的意见和评断。"①

　　此书在法国出版后，立即引起英国出版家的重视，次年即有英文节译本，1738年和1742年又先后出版了两卷全译本。

　　当时的法国知识界和学术界，都把《中华帝国全志》作为了解中国的权威读本。伏尔泰、孟德斯鸠、魁奈等人都从这部巨著中获得和吸取有关中国的知

∧ 杜赫德基于传教士描述绘制的中国人的婚礼

① 引自阎宗临著，阎守诚编：《传教士与法国早期汉学》，大象出版社2003年版，第59页。

识，并将其奉为经典。伏尔泰在《路易十四时代》里称该书是"由一位从未离开过巴黎的人所编撰的关于中国的最好的书"。魁奈本人明确表示自己受到了杜赫德的影响，他说："杜赫德神甫精心收集了不同的回忆录，并刻意把它们改写成历史讲义。这部著作的功绩是相当卓著的，我正是依靠这位作家的材料来论中国的"[1]。

三、传教士对中国国情的介绍

在传教士来中国之前，已经有一些旅行家到过中国，有的深入中国内地，大多数只到过一些沿海地区。这些人有的留下了一些游记或回忆录，使其成为大航海时代以来最早关于中国的报道，也就是欧洲人获得的最早的关于中国的知识。但是，这些知识往往还是片面的、零散的，而且多是当事人亲身经历的见闻或者是来自不同方面的传闻和道听途说。

传教士来到中国后，对他们来说，面对的仍然是一个不了解、不熟悉的新鲜世界，他们要在这里生活和传教，首先需要了解这个国家的基本情况，了解中国的山川地貌、风土人情、社会制度、语言文化，而他们向欧洲教会组织报告的、向亲友介绍的以及他们最初研究的，就是中国的基本国情。所以，我们看到，早期来华传教士的书信、报告和著作，从利玛窦开始，都一再重复地介绍中国的基本国情。只是由于他们深入到了中国的内地和政治文化中心，并且有与各阶层中国人广泛接触的机会，同时他们学会了中国的语言和文字，能够与中国人直接交流和阅读中国的文献，所以，他们对于中国国情的了解和研究，要比早期的旅行家们全面、深刻得多，也更加准确。他们向欧洲介绍中国，首先就是介绍他们所了解的、所研究的这个地域广阔的国家的基本状况。

《利玛窦中国札记》第一卷就是关于中国概况的全面介绍，对中国的地大

---

[1]　引自阎宗临著，阎守诚编：《传教士与法国早期汉学》，大象出版社2003年版，第92页。

耶稣会士利玛窦（右）和汤若望正在展示中国地图

物博和繁荣富庶有着令人印象深刻的描述。利玛窦写道："就其领土漫长的伸延和边界而言，它目前超过世界上所有的王国合在一起。""由于这个国家东西以及南北部都有广大的领域，所以可以放心地断言：世界上没有别的地方在单独一个国家的范围内可以发现有这么多品种的动植物。……凡是人们为了维持生存和幸福所需要的东西，无论是衣食用品还是奇巧物与奢侈品，在这个王国的境内都有丰富的出产……实际上凡在欧洲生长的一切都可照样在中国找到。还有大量为欧洲人闻所未闻的各种各样的产品。"①接着，利玛窦详细介绍了中国的各种物产，如粮食、蔬菜、水果、矿产，介绍了中国的服饰、建筑、瓷器、船只，特别提到当时欧洲人还不曾了解的茶和漆；还介绍了中国的火药、焰火表演、戏曲、音乐、乐器、造纸术、印刷术、浮雕、绘画、制扇技艺；等等。

在利玛窦眼中，中华民族是勤劳和智慧的民族，也是讲究礼貌和道德的民族。利玛窦详细介绍了中国的各种礼仪，特别提到中国人尊师敬老的传统美德，说在对待长辈尽孝道方面，世界上没有别的民族可以和中国人相比；说中

① 〔意〕利玛窦、〔比〕金尼阁著：《利玛窦中国札记》，何高济等译，广西师范大学出版社2001年版，第7、9页。

国人比欧洲人更尊敬老师，一个人受教于另一个人哪怕只有一天，也会终生都称后者为老师。利玛窦详细考察了当时中国的政治制度，介绍了中国皇帝的统治方式和传位形式，中央和地方政府的官制和组织形式，认为中国的皇帝和人民都没有征服的野心。利玛窦特别注意到中国知识阶层参与政府管理的情况，认为这是中国政治与欧洲政治的不同之处。利玛窦认为，中国政府的整个性质都与中国人在文学和科学上所取得的进步以及中国实行的科举考试制度有直接关系。因此，他详细介绍了中国科举考试制度的内容和程序。

但是，利玛窦在中国生活期间正值晚明时期，此时的中国正处于明末社会大动乱的前夕。利玛窦所看到的，首先是一片繁荣富庶、歌舞升平的景象，但与此同时，明王朝官僚体制的腐朽和吏治败坏已经日益严重，各种社会矛盾正在积聚和逐渐尖锐化。利玛窦以外国人的旁观态度，敏锐地看到了中国政治的种种弊端。

在《利玛窦中国札记》问世之前，西班牙耶稣会士庞迪我在一封长信中对中国进行了比较全面的介绍。庞迪我1599年来到中国，1600年3月在南京与利玛窦汇合，然后他们带着准备献给万历皇帝的"方物"循运河北上，于1601年抵达北京。1602年3月9日，庞迪我从北京给他远在托华多的导师路易斯·德·古斯曼主教写了一封长信，即《一些耶稣会士进入中国的纪实及他们在这一国度看到的特殊情况及该国固有的引人注目的事物》。古斯曼当时正在写《耶稣会在东印度、日本及中国传教史》一书。

在这封长信中，庞迪我对中国的地理方位、山川形势、物产、人口、城乡概况、经济与贸易发展水平、政治体制、外交政策，以及中国人的历史、文化、习俗、宗教信仰乃至宫廷内幕等方面进行了百科全书式的介绍。这份文献基本上代表了16世纪与17世纪之交欧洲人对中国最全面、最客观的认识。由于庞迪我来华后始终追随在利玛窦身边，所以庞迪我致古斯曼主教的长信也融汇了利玛窦的一些基本看法。庞迪我一方面肯定了门多萨著作中具有真实性的那部分内容，另一方面根据自己对中国的实地观察，对门多萨记述有误的地方做了更正。

庞迪我的这份长信是比较早的向欧洲报告中国国情状况的文献，是《利玛窦中国札记》出版前，一位游历了大半个中国的欧洲人写下的最有学术价值的、有关中国国情的文献。他对中国国情做了大量的报道，在欧洲各国引起重视并受到普遍的欢迎。1604年，这份长信在巴亚多利德出版，几年间，就先后有西班牙文、法文、意大利文、德文等译本问世。

在谈到传教士们介绍中国的著作时，多明我会传教士闵明我所著《中华帝国纵览》也值得一提。闵明我是西班牙籍多明我会的传教士，他于1658年来华传教。1664—1668年，他在广州参加在华传教士关于礼仪之争的讨论，会后他自行返回欧洲。回到欧洲后，闵明我写作了《中华帝国纵览》一书，1675年6月完成初稿，送交多明我会审查，第二年6月出版，后来陆续被译成法文、德文和意大利文。而在英国出版的摘译本尤其受到英国读者的欢迎。

闵明我长期在中国的省城生活和进行传教活动，对中国社会现实和民众的情感以及生活习俗有更深入的了解，所以他比拉达、门多萨和庞迪我等人对中国的认识更为深刻。他建议欧洲各国政府仿效中国政府，减轻田赋，造福农民，甚至认为可以把中国称作"伊甸园"。

1688年在巴黎出版的安文思的《中国新史》，是一部全面概述中国和中国文化的著作。有研究者认为，与其他早期来华传教士的著作相比，安文思对中国的介绍更为系统和全面。安文思是葡萄牙耶稣会传教士，原名加布里埃尔·德·麦哲伦，为著名航海家斐迪南·麦哲伦的后裔。他于1640年前往中国传教，直到1677年病逝于北京，在中国生活了37年，其中在北京就居住了29年。他撰写《中国新史》时，在中国已经生活了20多年，对中国已经有了较为深入的认识。安文思完成《中国新史》后，并没有立即出版，而是由柏应理将该书带到了欧洲。柏应理在罗马期间晋见了主教德斯特烈，主教向柏应理询问了一些有关中国的情况。柏应理一一回答了主教的提问，同时将安文思的著作手稿交给了主教，说这份手稿完全可以满足他想了解中国的愿望。主教以极大的兴趣阅读之后，将手稿交给了伯农，请他将书稿译成法文。这就是1688年最初在巴黎出版的版本。

△ 17世纪欧洲生产的瓷匾，描绘了当时西方人对中国的想象

　　安文思在《中国新史》中记述了中国的名称、地理位置、历史、语言、物质生活、矿产、航运、船舶、政治制度、国家结构等，特别对中国社会的礼仪风俗、城镇特点、官僚贵族体制和皇城建筑等做了较为详尽的记述，呈现出一幅全景式的中国图画。《中国新史》原来的书名是《中国十二绝》，意即中国的12条优点。这12条优点是：（1）中国版图广大；（2）中国历史悠久；（3）中国的语言文字优美；（4）中国典籍丰富；（5）中国人有礼貌和教养；（6）中国水运便捷，公共工程完善；（7）中国工艺制造精美；（8）中国物产丰富；（9）孔子地位崇高，影响很大；（10）中国政治发达；（11）中国君主伟大；（12）北京城宏伟。

　　李明的《中国近事报道（1687—1692）》是17世纪末比较全面概述中国当时国情的著作。该书是法国耶稣会士李明在华期间写给法国国内要人的通信汇编，共14封信。李明以自己的亲身经历对在中国的所见所闻做了详尽的报道，其中涉及中国城市、房屋建筑、气候、土地、运河、水道及物产，中华民族的

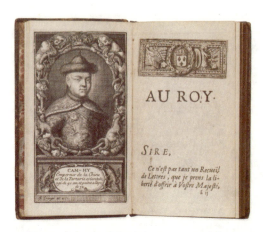

△ 李明的《中国近事报道（1687—1692）》1696
年于巴黎出版

特点，其悠久、杰出之处及优缺点，中国人的语言、文字、书籍和道德，关于中国人思想的特点等，还包括政府和政治、中国人的宗教信仰、基督教在中国的立足和发展。

《中国近事报道（1687—1692）》1696年在巴黎出版。首版为两卷本，出版后获得巨大成功，短短4年间法文重版5次，并有英文、意大利文及德文译本。然而，这本书深深地卷入了"礼仪之争"中，索邦神学院两个月内召开了30多次会议，对这本书进行审查，有160多位神学家参加会议并发表意见。虽然其中的大多数人赞成此书的出版，但最后1700年索邦神学院仍以"有悖于神学原则"为由而下禁令将其尘封。直到近300年后的1990年，这本书才得以在巴黎再版。

经过传教士们的介绍和研究，以及其他旅行家们的著述，17世纪的欧洲人已对中国有了一个明确的概念。在此之后传教士们的书信、报告和著作中，也有许多对中国国情进行概括性介绍的内容，但随着研究的逐渐深入，他们更多的是转向更为具体的专门领域的研究，并取得了很多重要的成果。

四、传教士对中国历史的研究

在来华传教士的著作中，有不少是关于中国历史的著述。

金尼阁撰写的系统讲述中国历史的著作《中国编年史》，是第一部根据中国史籍编译的中国通史。作者计划从远古时期写起，一直写到明朝。第1册写到了200年前后，于1628年出版，但计划以后的3册，是否完成，至今情况不明。

在来华传教士中，较早著述中国历史的是葡萄牙耶稣会士曾德昭。曾德昭1613年到达南京，一直在中国杭州、上海、南京、广州等地传教。1636年返回欧洲，在旅途中完成了《大中国志》。《大中国志》于1642年在西班牙首都马德里出版。这部著作和门多萨的《中华大帝国史》一样，一经出版，便被译成多国文字，受到欧洲东方学者的欢迎。

这部著作的英译本有一个很长的标题："伟大和著名的中国史，其中准确地记述了各个省份，以及那个民族的品质、风俗、学术、法律、军事、政府和宗教。尚述及该国的交通和商品。最近由奥伐罗·塞默多神父用意大利文撰写；他是一个葡萄牙人，曾在该国的都城及其他著名城市居住了22年。现由一位有身份的人译为英文，附几幅地图和图画，以满足人们的好奇心，并推进大不列颠的贸易。"

曾德昭在中国待了22年之多，对当时处于明朝末期的中国，了解得是比较透彻的。他的《大中国志》比利玛窦的著作更为详细地介绍了中国的社会历史状况，特别是具体介绍了中国南方各省和北方各省的特点、物产等人文地理情况。

来华传教士关于中国历史的另一部重要著作是冯秉正所著的《中国通史》，共12卷。冯秉正于1703年来中国，当时康熙皇帝正命人将朱熹的《通鉴纲目》译成满文。冯秉正参照满文译本，用法文翻译汉文原本，还翻译了明代商辂等人的《续通鉴纲目》，补充了宋末、元、明的史实，又根据其他各书和自己的见闻补充了明末清初之事。1737年，全书始告完成，冯秉正将书稿寄回法国。不料，由于偶然的变故，此稿竟被人遗忘了数十年。直到1773年，这部书的原稿才在里昂大学图书馆被人发现。后来，书稿转到历史学家格鲁贤的手中，由他主持于1777年至1783年在巴黎出版。格鲁贤又把自己编的论述清代十五省的人文地理和地形的《中国志》(《中国及中国人的法律、风俗、习惯、科学和艺术全志》)作为第13卷，附录其后，于1785年在巴黎出版。

冯秉正的《中国通史》首次向欧洲系统地介绍了中国的通史知识，在当时的欧洲产生了一定的影响，奠定了冯秉正作为"法国汉学家奠基者"的历史地

⚠ 冯秉正《中国通史》插图

位。后来，法国历史学家考狄的名著《中国通史》中清之前的部分，多取材于
这部著作。法国汉学家戴遂良、高第和勒内·格鲁塞等人在从事创作和研究的
时候，都从这部著作中获益匪浅。

　　格鲁贤是卢浮宫圣路易的议事司铎，后又在珍宝库中任国王兄弟蒙西埃
的图书馆馆长。他早年从事报刊编辑工作，同时研究中国的历史、美术和文
学。他曾在《世界传记》杂志上发表《孔子传》。格鲁贤的原作为冯秉正《中
国通史》第13卷的《中国志》出版后很受欢迎，随后又数度单独发行，分别在
1785年、1787年和1818—1820年有过3个独立法文本，1788年和1789年分别
在伦敦和莱比锡推出英译本和德译本，英译本又于1795年再版。

　　在来华传教士的中国历史研究方面，耶稣会士卫匡国的研究影响较大。卫
匡国于1643年来中国，曾旅行中国各地，后来长住杭州。在"礼仪之争"时，
卫匡国被派往罗马向教廷陈述中国耶稣会的态度，完成使命后复返杭州。他在

回欧洲期间，出版了几本书，其中有《中国史初编》10卷，于1658年在德国慕尼黑出版。在此之前，欧洲人已经从门多萨、曾德昭等人的著作中对中国历史有了一些了解，但还是比较笼统和模糊。而卫匡国的这部著作第一次把真实的中国历史用欧洲语言呈现在欧洲人面前。法国历史学家格鲁贤指出："我们对于中华帝国的所有历史知识，全部浓缩在卫匡国的那部篇幅不大的著作中。"①

《中国史初编》是欧洲学者撰写的第一部系统地向欧洲介绍中国的历史著作。据卫匡国自己说，他的写作根据是《书经》《春秋》等儒家典籍以及《史记》《资治通鉴》等。内容包括夏、商、周王朝的兴亡，战国诸侯的合纵与连衡，秦始皇修长城和焚书坑儒，汉高祖和汉武帝的丰功伟绩，以及与外族的往来和诸子百家的思想等。卫匡国的这部著作于1692年译成法文出版。

卫匡国在《中国史初编》中，从开天辟地写起，从传说最早的帝王伏羲直到汉哀帝（西历纪元开始时），介绍了历代帝王的事迹。虽然他从盘古说起，但并不认为这是真正的历史，而认为伏羲以后的历史才是可信的。卫匡国确认了公元前2952年伏羲即位的史实，并向欧洲读者表明，自那以后中国人有了从未间断的历史。

他还列出了历代帝王的在位年代，既采用中国的干支纪年法，又应用公元纪年法。他认为干支纪年法是黄帝所创，所以中国历史的第一个甲子始于黄帝，即公元前2697年。从这一年起，他不间断地排出了44个甲子和第45个甲子的前58年，共计2698年。

柏应理于1689年出版的《中国古代帝王年表》，被认为是"17世纪欧洲出版的关于中国的最重要的作品之一"。这个《年表》于1686年及1687年刻有单行本，1687年附于《中国哲学家孔子》一书后发表。

在此之前，卫匡国已经首先提出了中国的历史纪年问题，但是卫匡国的中国历史纪年结束于耶稣诞生，即中国东汉的汉哀帝时期。他在书中认为中国古

---

① 引自许明龙著：《欧洲十八世纪中国热》，外语教学与研究出版社2007年版，第67—68页。

代的历史可以追溯到公元前2952年的伏羲时代，但直到在叙述公元前2697年的黄帝统治时期，才开始使用干支纪年的方法。柏应理也是从公元前2952年伏羲时代来叙述中国历史的，从黄帝时代的公元前2697年开始使用干支纪年的方法。

柏应理在编纂《中国古代帝王年表》时着重注意了两个问题。一是他认识到在欧洲人的印象中，中国的历史悠长而复杂，因此他们对中国史起源的论述远比对其后的细节讲得更为有趣。于是在读了《史记》等典籍后，柏氏把中国史的开端定为公元前2952年，即伏羲统治时期。他认为此前的神话故事是不足为信的。二是他注意到由于中西历法不同导致中西年代之间的差异。当时的欧洲人对这个遥远国度的历史是一知半解、将信将疑的。柏氏却把中国历史上的大洪水与《圣经》中的大洪水横向联系起来，认为那是一次世界性的大洪水，从而把中西的历史连接起来了。尽管这样的结论还存在着漏洞，但毕竟提高了西方人对中国史的可信度，为西方人理解中国史做出了根本性的贡献。

这样，柏应理与卫匡国一起，给了欧洲人一个中国历史的全貌。

柏应理还在书中发布了一份中国历代王朝和帝王的简表，从伏羲开始一直到1683年的康熙皇帝为止。同时介绍了中国历代22个王朝的简单情况，包括每个王朝的名称、帝王的人数、统治的年数等。柏应理总结说，在这22个朝代之前，曾经有8个帝王统治过中国，一共737年；那22个朝代一共3898年。中国的历史可以分为73个甲子，另外就是伏羲和神农统治时期的255年是不太可靠的历史。对于柏应理的这个《中国古代帝王年表》，有学者评论说："柏应理对中国历史记载的准确性和完整性印象很深并且把这种印象传达给了欧洲读者。对中国历史记载可靠性的传播是《年表》的主要贡献之一。"①

除了上述几部关于中国历史的著作外，明清之际来华的传教士中还有一些人撰写了关于中国历史的著作。据有关资料统计，在1552—1773年间，来华传教士撰写的有关中国历史的著作共计36部。

---

① 引自张西平著：《欧洲早期汉学史——中西文化交流与西方汉学的兴起》，中华书局2009年版，第448页。

五、传教士对中国天文学和博物学的研究

在来华传教士中，有许多是杰出的科学家，他们对中国的科学技术十分关注，也进行了大量的研究和介绍。其中，他们最关注的首先是天文学领域。

中国是世界上天文学发展最早的国家之一，很早就有了可考的文字星象记录。李约瑟曾在他的《中国科学技术史》中指出："中国人在阿拉伯人以前，是全世界最坚毅、最精确的天文观测者。在很长一段时期内，几乎只有中国的记录可供利用。"

邓玉函和汤若望等晚明来华的耶稣会士，直接参与了《崇祯历书》等的编纂工作。他们很早就开始了对中国天文历法的研究，对中国古代天象记录进行了分析。汤若望著的《古今交食考》，特别提到了中国古代的日月食记录。后辈耶稣会士在研究日月食时，还时常提到此书的成果。1689年7月，莱布尼茨在罗马与耶稣会士闵明我相见，讨论了许多问题。这位闵明我曾经作为南怀仁的助手在钦天监工作，在与莱布尼茨相见后回到中国，被任命为钦天监正，接替刚去世的南怀仁的工作。闵明我向莱布尼茨介绍了中国人观测、研究天体的一些情况，他认为中国人由于带有功利的目的，所以天文观测只能相信一半，并指出在传统和欧洲天文计算之间有差别时，中国人仍相信传统。莱布尼茨给闵明我的调查清单中，也包含着许多天文学的内容。

耶稣会士们对中国天文历法的研究，对于法国的天文学有很大影响。巴黎天文台台长卡西尼从1689年初就开始研究中国天文学史，1692年出版了一部专门的著作，谈到中国天文学的历史和现状。这部著作当时很有影响，也推动了后来的耶稣会士对中国天文学史的研究。

在较晚些时候来华的法国传教士中，有一些人担负着政府委托的考察中国科学技术状况的使命。因而，研究中国的科学成了他们的主要任务，而传教则退而居其次。17世纪末，李明就曾向欧洲介绍过中国的天文学。他在参观北京观象台后，引用另一位耶稣会传教士的话说："这些铜制机器已经制造

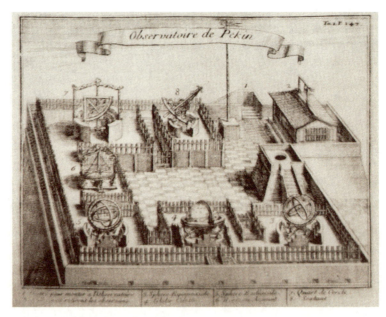

▲ 观象台图，李明《中国近事报道（1687—1692）》插图，上海图书馆藏

七百年了，在这个硕大城楼平台上也存放了几个世纪，可其式样仍显明亮清晰，就像是刚铸造的一样。无论是存放地点的宏伟，还是机器设计制造的精美，远非欧洲人所能比……总之，中国以此显示了他们的全部科学和富庶，这足可让那些无此等设计制造能力的其他民族感到羞愧。"

他描述了在观象台上中国天文学家辛勤、仔细地观测天象和星体变动的情况。他说："可能正是这对古代的迷恋和对古老习俗的热爱，才使中国人那么醉心于他们的天文观测，因为他们中有人随时都在观测，但是，他们很少利用观测的结果，这真是令人惊奇。四千年来，他们一直细心研究星宿的运动，他们应该对之有深刻的认识。……中国人并不停止他们的观测：每夜有五位数学家在我刚谈到的塔楼上工作，他们不停地观察天空。"[1]

① 〔法〕李明著：《中国近事报道（1687—1692）》，郭强、龙云、李伟译，大象出版社2004年版，第82页。

来华传教士宋君荣对中国天文学史进行了研究并做出了全面的阐释。在来华之前，宋君荣已在神学、哲学、天文、地理等方面有很深的造诣，还曾在巴黎天文台受过严格的训练，是法国许多一流科学机构的成员，有"耶稣会中最博学的"教士之称。他于1722年来华，重点研究中国古代史和中国科技史，著作颇丰，被誉为"18世纪最伟大的汉学家"。他在中国精心研究天文学，从事天象观测，并与中国学者切磋交流。他把天文学与中国古代史结合起来，发表了许多天文学史论著，不仅在上古史研究

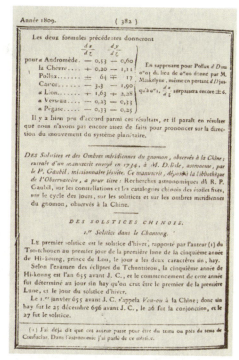

△ 传教士宋君荣研究中国古代二至日圭影观测的论文，载1809年《天文年历》

方面达到了很高的造诣，在对天文学起源的研究、观测记录的整理等方面也取得了杰出的成就。

在17—19世纪，博物学尤其是植物学堪称当时的"大科学"，吸引了人们的巨大兴趣。来华的传教士们对中国丰富的物产和自然资源十分关注，特别是对中国的植物学、动物学有深入的研究。如前所述，《利玛窦中国札记》中就有一部分对中国植物资源和动物资源的概括性介绍。曾德昭的《大中国志》中介绍过龙眼、荔枝等中国南方特有的水果。

在早期来华的传教士中，卜弥格最早开始了对中国植物学的研究。卜弥格曾在海南岛逗留了将近一年的时间，在这期间，他对岛上的动植物进行了深入的调查，收集了大量的资料。他的《中国植物志》是欧洲出版的第一部关于远东和东南亚大自然的著作。这部著作于1656年在维也纳出版。"它对

△ 法国挂毯 "中国皇帝"，中间白胡子的是汤若望，他
正在向皇帝解释天文学

中国的植物（和动物）的介绍和其中的插图，却是欧洲将近一百年来人们所知道的关于中国动植物的仅有的一份资料，而且它的内容涉及面很广。后来一些热衷于编撰普及读物的人曾多次翻印过它，还有一些到过中国也了解中国的学者……也利用过这份资料。"①

卜弥格对博物学的关注和研究为来华传教士指引了一个新的汉学研究方向。在他的影响下，后期来华的耶稣会士也撰写了许多涉及中国博物知识的论著，绘制了远东自然物种图谱，并积极采集植物标本和种子。

　　汤执中来华前曾是著名植物学家阿特林·耶西乌的学生，并担任法国科学院通讯院士。他对蓝属植物和靛青染色术极有研究，现在普遍盛开于西欧的翠菊（Reine-Marguerite），最初是汤执中由中国寄到巴黎皇家花园的。他还是西方最早研究中国柞蚕的，著有《蚕的饲养》。汤执中曾将收集到的大量标本和4000幅中国动植物图版寄给巴黎的耶西乌。它们曾被收藏于法国自然历史

---

① 〔波兰〕爱德华·卡伊丹斯基著：《中国的使臣——卜弥格》，张振辉译，大象出版社2001年版，第203—204页。

博物馆，不幸的是这些图版后来都散失了。巴黎科学博物馆尚藏有汤执中所绘的72幅植物图。他撰写了《北京植物及其自然史中其他物品的字母顺序排列目录》，收入260种植物，后来在莫斯科出版。汤执中还撰写了一部《中国植物小辞典》。

韩国英曾研究过中国的地质、矿物、化学和动植物。他积极开展植物学田野调查，采集大量植物样本并制作成标本，方便欧洲人士直观了解中国的药材、植株、种子等自然资源。1760年他到北京后，在京城周边地区做过植物标本的采样工作，把采摘的地黄种子寄到圣彼得堡。这批种子的生长情况为后来德国植物学家约瑟夫·格尔特纳的植物学观察提供了直接帮助，留下了珍贵的一手资料。1780年，韩国英将几册专门制作的植物标本寄回法国，均标注中文名称。由于在中国从事植物学田野工作的出色贡献，一种生活在中国南方的蕨类植物"蚌壳蕨科植物金毛狗属"的西文名字（Cibotium Koult）就以他的法文名字（Cibot）命名。韩国英在田野考察的基础上，利用一手素材积极编撰中国植物志，致力于中国植物的普及介绍。他著有一本植物图谱——《中国的植物、花卉和树木》，成书于1772年，主要以北京紫禁城御花园中生长的植物为蓝本，多为中国本地独有的植物，也包括部分药用植物。该书的原本被中国皇帝收藏，副本寄回了法国。

六、传教士对中医药学的研究

中国的医药学也是传教士们最先注意到的科学领域。波兰耶稣会传教士卜弥格是最早研究中医并且是最有成就的人之一。卜弥格的父亲原是波兰王室的御医，一直希望自己的孩子们也从事医学。卜弥格虽然最后选择了神学专业，但对欧洲的医学一直很感兴趣，他读过不少医学的重要著作，对欧洲的医学史也很熟悉。1643年卜弥格来中国后，便开始注意到中国的医学，并展开了相关的研究。他在手稿《中国事务概述》中，就对有关脉诊治病方法的具体问题进行了研究。他说，中国有许多欧洲不知道的能治病的植物、药品以及治病的方法。

卜弥格主要的医学著作是《医学的钥匙》。这部著作当时没有出版。他把这部著作的手稿交给了柏应理，请他寄往欧洲出版。但柏应理中途把这份手稿交给了一位荷兰商人，这位荷兰商人又把它寄到了巴达维亚（雅加达）。巴达维亚的荷兰东印度总督约翰·梅耶特瑟伊克获得了这部手稿，将它交给了荷兰医生克莱叶。克莱叶是当时巴达维亚的首席大夫。1682年，克莱叶将手稿寄给了德国汉学家门采尔，在门采尔的帮助下，该手稿以《中医指南》为题在法兰克福出版。《中医指南》共分4编，第1编有4分册，书中有中药名289条，附木版图29幅、铜版图1幅。第2编、第3编是一个欧洲考据学家的论述。第4编是"择录这位考据学家发自广州的几封信"。《中医指南》所署的作者名字是克莱叶，没有标明卜弥格是本书的作者。但是这个版本的内容不完整，缺少了原稿中的一个重要部分，出版后反响不佳。

1686年后，即克莱叶的《中医指南》出版后4年，门采尔在《纽伦堡科学年鉴》上发表了《医学的钥匙》，并明确指出这本书的真正作者是卜弥格。这本书的全名是《耶稣会在中国的传教士卜弥格认识中国脉诊理论的一把医学的钥匙》。这部著作共4卷、18章。第1卷是翻译的王叔和的《脉经》。第2卷介绍了一些中药，包括王叔和用过的配方和这些配方的主要成分。第3卷是一篇论脉搏的文章，有关于诊脉治病的介绍和辅助的图表，还有展示人体上针灸穴位的解剖图表。第4卷有37幅插图，论述了舌诊的方法。

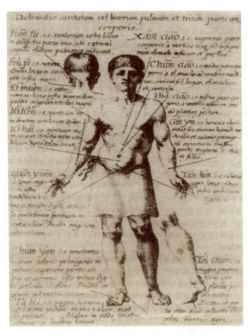

△ 卜弥格《医学的钥匙》插图：人体针灸穴位图

卜弥格还有另外一部关于

中医的著作——《中医处方大全》，以"四味和五气的理论"对中药进行论述，介绍了一些药物的一般属性。这是中国的中草药第一次被大规模地介绍到欧洲。《中医处方大全》中列举了将近400种中国动植物和矿物的名字，这在当时出版的任何一部关于中国的著作中都是没有的。

卜弥格的《医学的钥匙》和《中医处方大全》在欧洲产生了很大影响。17世纪末，英国医生弗洛伊尔将卜弥格关于中医脉学的译述转译成英文，连同他自己的著述合为《医生诊脉表》一书，于1707年在伦敦出版。弗洛伊尔极为重视对卜弥格的研究，公开声称自己已经懂得了卜弥格介绍的所有中国医学的原则。

来华传教士中，还有许多人对中国的医药学很感兴趣。他们的研究涉及望舌苔、脉学、性病、法医、传染病、药物、外科、养生、神功、磁力、针灸等领域。杜赫德的《中华帝国全志》第3卷是中医专辑，收有《脉经》《脉诀》《本草纲目》《神农本草经》《名医必录》《医药汇录》等部分内容的译文。

许多传教士的书信和著作中，都提到了人参，而且详细论述了人参的功效，看来他们十分重视这种中药材。杜德美在一封信中详细描述了人参的形态、药性、生长环境、分布区域以及功效等，他还服用过人参，认为很有疗效。1711年，这封信被他发往法国，后被收入《耶稣会士书简集》，1713年又被转载在英国皇家学会的《哲学汇刊》上，引起了欧洲科学家的极大兴趣。杜德美曾在长白山一带朝鲜边境附近的一个村子里见到过人参，他说村子里有一个人去山里挖了4株完整的人参，放在篮子里给他们看。杜德美依照原样画下

▲卜弥格《单味药》插图：人参

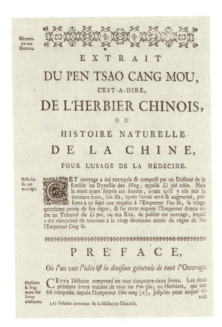

▲ 白晋翻译的《本草纲目》印刷本

了人参的形状图。他还考察了人参的生长环境，认为它位于北纬39度至47度之间、东经10度至20度之间（他以北京子午线为基准）。他由此推断，中国可能不是人参的唯一产地，和长白山地理纬度相近、环境相似的加拿大魁北克一带可能也出产人参。事隔4年，这一推断竟然得到了证实，而且西洋参的发现地正好在魁北克，发现者拉菲托正是在读了杜德美的信后受到启发的。

传教士们对于中医药学的介绍，在欧洲引起了广泛的关注。19世纪的科学家达尔文在《人类的由来》一书中，就引用了耶稣会士们翻译的《本草纲目》中的部分内容，他用金鱼颜色形成的资料来说明动物有人工选择的问题。在《动物与植物在家养下的变异》一书中，他提到"上一世纪耶稣会士出版的那部主要是辑自中国古代百科全书的伟大著作"，就是指《本草纲目》。据统计，达尔文的著作中提到中国医学和植物学的资料多达104处。

传教士们介绍的中医药学，对欧洲的医学发展也产生了一定的影响。"在17和18世纪时，欧洲医学应向中医学习很多东西。这种思想状态一直持续到19世纪……西医中轮番出现的不少急需解决的问题都在中医中解决了。例如，治疗性病、通过脉搏来诊断和预报疾病、种痘、艾灸、动物磁力疗法、针灸和药物。"①

① 〔法〕伯德莱著：《清宫洋画家》，耿昇译，山东画报出版社2002年版，第206页。

第十八章　利玛窦与孔子相遇

一、利玛窦发现的孔子

　　孔子是中国的孔子，是东方的孔子。孔子及其儒学思想是东方思想智慧的结晶。但是，孔子又不仅仅属于中国，不仅仅属于东方。16世纪来中国的欧洲传教士，在中国发现了孔子。他们把自己的发现传播回欧洲，使孔子及其思想进入欧洲思想文化界的视野。孔子走向西方，走向世界，成为世界思想史上的宝贵精神财富。

　　最早来华的传教士利玛窦首先注意到了孔子。利玛窦在中国生活多年，熟练地掌握了中国语言，具有广博的中华文化知识。尤其是在与中国文人士大夫的交往中，他深入地认识了中华文化，也深入地了解了孔子儒学思想的内涵及其在中华文化中的重要意义。他在自己的传教活动和著述中灵活地援引儒学思想观点。可以说，他是西方第一位系统地认识和了解孔子及其儒学思想的学者，也是最早向欧洲介绍孔子及其儒学思想的学者。利玛窦从1584年直至其暮年，一直保持着与欧洲的通信。在这些信中，利玛窦未曾掩饰他对孔子以及儒学思想的好感，他将孔子与古罗马哲学家塞内加并提，甚至认为孔子大大超过了欧洲的古代贤哲。

　　在西方人中，利玛窦最早认识到了孔子的重要地位。在《利玛窦中国札记》中，利玛窦以崇敬的心情提到中国儒家思想的创始者孔子："中国哲学家之中最有名的叫做孔子。……他既以著作和授徒也以自己的身教来激励他的人民追求道德。他的自制力和有节制的生活方式使他的同胞断言他远比世界各国

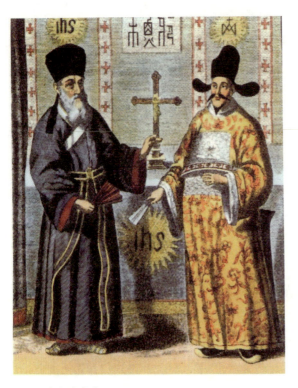

△ 利玛窦与徐光启

过去所有被认为是德高望重的人更为神圣。的确，如果我们批判地研究他那些被载入史册中的言行，我们就不得不承认他可以与异教哲学家相媲美，而且还超过他们中的大多数人。"①

利玛窦把孔子和"四书""五经"介绍给欧洲人，认为"四书""五经"是为着国家未来的美好和发展而集道德教诲之大成。他说，中国有学问的人都非常敬重孔子。在这个国家有一条从古传下来并为习俗所肯定的法律，规定凡希望成为或被认为是学者的人，都必须从孔子的几部书中导引出自己的基本学说。利玛窦还注意到，不仅是知识阶层，就是统治者也给予孔子最高的敬意，他们感激地承认他们都受益于孔子的学说。

利玛窦指出，中国唯一较高深的哲理科学就是道德哲学，儒学是一种主张理性的学说，在维持社会稳定与和谐方面起了很大作用。"儒家这一教派的最终目的和总的意图是国内的太平和秩序。他们也期待家庭的经济安全和个人的道德修养。他们所阐述的箴言确实都是指导人们达到这些目的的，完全符合

---

① 〔意〕利玛窦、〔比〕金尼阁著：《利玛窦中国札记》，何高济等译，广西师范大学出版社2001年版，第23页。

良心的光明与基督教的真理。"①

利玛窦把孔子的儒家学说看作是一种宗教。利玛窦说，中国人以儒教治国，有着大量的相关文献，远比其他教派更为著名。不过，利玛窦不承认儒教是正式的宗教。他认为儒教不过是一个学术团体，其目的是恰当地治理国家。所以他认为中国人可以同时是儒教成员和天主教教徒。他说，从开始自己的信仰就受到儒家的保护，原来儒家的道理没有任何与天主教相冲突的地方。这一结论既有助于利玛窦向士大夫、平民百姓传教，他也不需要改变生活方式和思想观念，亦成为其调和儒学与天主教的前提。为了进一步揭示天、儒相通，利玛窦还高度评价儒家的伦理观，说这是中国人对先祖父辈的孝敬。

在对中国典籍的研究上，利玛窦在以天主教神学思想合儒、补儒、超儒方面做出许多努力。利玛窦用天主教教义去附会儒家的学说，将先秦典籍中的"天"解释成天主教的"Deus"，即"天主"，从而证明天主教与儒家在这个根本问题上的立场接近。他还认为儒家经过宋明理学这一发展阶段后，其非人格的"天""理"已远离早期儒家的"天"的原旨，因而要士大夫返璞归真，恢复对"天"其实也就是对天主教之"Deus"的信仰。

在"Deus"这个词的翻译问题上，最能看出利玛窦以耶附儒，调和天主教和儒家之核心概念的倾向，也最能说明利玛窦在调和天主教和儒家思想上的独具匠心。因为即使是"上帝"这个现成名词，也远没有"天"所具有的那种儒家概念的正统性和在中国语言中使用的普遍性。也就是说，"天主"之"天"恰好与儒家的关键概念"天"相契合。加上"主"以后的"天主"即"上天之主"，又与中国人的"天"相区别，从而巧妙地避免了与中国原有的概念相混淆。"天"字之被选中，大大方便了耶稣会的传教，也使中国的士大夫在不违背儒家原则的情况下接受和实践一种全新的信仰。康熙皇帝曾赐给北京的传教士一幅亲笔手书的条幅，上书"敬天"两个汉字。

---

① 〔意〕利玛窦、〔比〕金尼阁著：《利玛窦中国札记》，何高济等译，广西师范大学出版社2001年版，第72页。

△ 利玛窦墓碑

在中西文化交流史上，利玛窦首先向欧洲较为详细地介绍了中国的儒家思想学说。从利玛窦开始，传教士们大都把中国的儒家典籍和学术思想作为向欧洲介绍中华文化的一个主要方面，使儒家学说在欧洲思想界得以传播。

利玛窦在中国度过了他的后半生，1610年在北京去逝。《利玛窦中国札记》却漂洋过海地传回欧洲，使西方对中国孔子有了最初印象。他开启了一个新世界，把孔子介绍给欧洲，把哥白尼和欧几里得介绍给中国，打开了中国与欧洲文化交流的新纪元。

二、儒学是传教士的必修课

利玛窦不但自己研究孔子的儒学经典，还要求以后来的传教士都把读儒家的书作为必修课。1593年12月，利玛窦在向耶稣会总会长的报告中说："今年一年，我们都用功读书，我给我的同伴神父讲完了一门功课。这门功课称为'四书'，是四位很好的哲学家写的，书里有很多合理的伦理思想，中国的学者，人人都读这四部书。"1594年，利玛窦将"四书"译成拉丁文，并略加注释。利玛窦说，他翻译"四书"是为了给日后的传教士所用，因为在他看来，传教士来华若不精通儒家经典，绝不会有什么收获。他也希望"四书"受到欧洲人的重视。利玛窦是第一个将儒家经典"四书"翻译成欧洲文字的译者。他的这个译本，成为来华传教士必须研习的读本，也成为后来传教士翻译的蓝本。之后，利玛窦又向总会长报告说："在已度过的这几年中，我让一些优秀的先生讲解了'四书'

之外的'六经'。我在所有这些书中都作了长段摘录，这是为了支持我们的信仰……"

利玛窦开启了天主教在中国的传教事业。在他之后，陆续有传教士来华，一直到清代康乾时期，持续200多年，先后有数百人抵达中国。这些传教士来自欧洲许多国家，包括意大利、葡萄牙、西班牙、法国、德国、捷克等。其中不少人都和利玛窦一样，是学有专长的专家学者，是那个时代的饱学之士。这些来华的传教士，努力学习中华传统文化，特别是研读儒家经典，对中国的传统礼俗、儒家思想都有比较深入的了解。中华文化的博大精深、中国典籍的智慧灵气、中国民情的奇异风采，都给他们留下了深刻的印象。正是这些来华的传教士，在中国发现了孔子，认识到孔子的儒学思想在中国学术思想史上的重要地位以及在中国社会文化中的重要影响。他们是第一批向欧洲介绍孔子及其思想的人。

从利玛窦开始，入华耶稣会士都把刻苦研习中国儒家文化、学习儒家古典文献"四书""五经"作为重要任务。法国传教士马诺瑟曾向康熙皇帝报告说："于十三经、二十一史、先儒雅集、百家杂书，无所不购，废食忘寝，诵读不辍，已数十载，今须发交白，老之冉冉将至而不知，果为何哉？有能度吾之心者，必知其故也。"

传教士们注意到孔子和儒家思想在中国极其重要的地位，热心于对中国典籍的翻译和对儒家思想的研究，他们取得了很大的成就，也在欧洲思想界产生了深远影响。

葡萄牙耶稣会士曾德昭的《大中国志》中说，孔子在中国具有很高的地位，"孔夫子这位伟人受到中国人极大的崇敬，他撰写的书，及他身后留下的格言教导，也极受重视，以致人们不仅把他当作圣人，同时也把他当作先师和博士，他的话被视为是神谕圣言，而且在全国所有城镇修建了纪念他的庙宇，定期在那里举行隆重仪式以表示对他的尊崇"①。他还说，儒家的经典"四

---

① 〔葡〕曾德昭著：《大中国志》，何高济译，上海古籍出版社1998年版，第59页。

书""五经"，"这9部书在他们当中可说是神圣的。有关的注释需要他们努力学习，背下来，竭力了解困难之处，使他们获得各种辨识力，这样去节制他们的行为，制定治国之方。这都是根据从其中找到的格言警句进行的"①。

西班牙多明我会传教士闵明我所著《中华帝国纵览》介绍了孔子的学说，引用了100多句孔子和其他典籍的格言。在启蒙运动时期，这本书尤其受到学术界的高度重视。莱布尼茨、洛克、狄德罗、卢梭、伏尔泰、孟德斯鸠、魁奈、傅尔蒙等人都曾提到过这本书，认为它对于了解中国大有裨益。

1688年在巴黎出版的安文思的《中国新史》，是一部全面概述中国和中国文化的著作，其中也谈到了孔子，有一章的题目就是"孔子的崇高地位和巨大影响"。

法国耶稣会士李明在《中国近事报道（1687—1692）》中对孔子和"四书""五经"作了详细的介绍。李明撰写了孔子的小传，还辑录了孔子的一部分箴言。他指出："孔子是中国文学的主要光辉所在……这正是他们理论最清纯的源泉，他们的哲学，他们的立法者，他们的权威人物。尽管孔子从未当过皇帝，却可以说他一生中曾经统治了中国大部分疆土，而死后，以他生前宣扬的箴言，以及他所作出的光辉榜样，他在治理国家中所占的位置谁也无法胜过他，他依然是君子中的典范。"②李明介绍了"五经"中每部经典的主要内容，然后指出："这五本书是非常古老的，所有其他在王朝有一定威望的书不过是这五本书的抄本或评注本。在不计其数的曾为这著名的原著付出劳动的作者中，没有任何人比孔子更杰出。人们尤其看重他所收集成'四书'的有关古代法律的书，并视其为完美政治的准则。书中论述了治理政府的伟大艺术、道德和不道德的中庸思想、事物的本性，以及共同的义务。"③

---

① 〔葡〕曾德昭著：《大中国志》，何高济译，上海古籍出版社1998年版，第60页。

② 〔法〕李明著：《中国近事报道（1687—1692）》，郭强、龙云、李伟译，大象出版社2004年版，第177页。

③ 〔法〕李明著：《中国近事报道（1687—1692）》，郭强、龙云、李伟译，大象出版社2004年版，第175页。

传教士们特别关注中国的教育和科举制度。他们注意到，在中国人那里，读书几乎成为终身职业。中国学生们学习的内容主要是儒家学说所阐述的道德、历史、法律和人际关系的原则，是政治和民事的治国之道。

中国通过科举考试来选拔人才、选拔官吏的制度，形成于隋唐时期，到宋代有所发展，至明清时期更加完备，是中国的基本行政管理制度之一，是中国文官政治的重要基础。近代以来来华的欧洲人士，很早就注意到了这种选官任官制度，并且都用很多笔墨来介绍这种制度。16世纪来中国的欧洲人关于中国的游记和报道中，都曾记载过中国科举考试的情况。1596年，英国女王伊丽莎白曾写了一封信给万历皇帝，表示对中国科举制度饶有兴趣。从利玛窦开始，传教士们对科举制有了比较深入的了解和研究。在其他许多传教士的著述中，也都一再提到或详细论述中国的科举考试制度。

《利玛窦中国札记》中有对中国科举考试制度的详细介绍，对中国科举考试制度及考试内容颇为赞赏。他说中国"最隆重的学位，是关于伦理学的，考中的人，能进身仕途"，而考试的内容就是"孔子曾修订的四部古书，他自写了一部，共有五经"。"除五经以外，又有三位或四位作家的各种道德劝言，收集在一起，称为四书。"他进一步解析中国科举考试为什么以"四书""五经"为内容，说："因为这些书里的言论颇为高明，古代的君主便订立了法律，学者都应以这九部书为其学问之基础；只能理解还不够……还要练习，把其中的每一句话发挥成各式各样的文章。因为每个人不可能把这九部书全部读过，以致能以其中任何一句话为题，立刻写成典雅的文章，就像在考试时所要求的。故此每个人都须精通四书，至于五经，每人可任选一部，以应考试。"近代西方国家确立文官制度曾

▲ 粉彩耶稣会纹章瓶（清道光至光绪年间）

受到中国科举制的直接影响，而向西方详细介绍中国的科举制，很可能是从利玛窦开始的。

传教士们对中国科举考试制度的研究和介绍，在欧洲各国特别是在英国和法国引起高度重视，许多启蒙思想家和其他方面的学者，纷纷表示赞扬这种考试制度。伏尔泰推崇中国的文官制度，认为中国官僚奉行儒家信条，恪尽职守，他们构成一个各部门职能相互制约的和自我调节的好政府，而能够进入这样的衙门工作的官员，都是经过层层的严格考试才被选拔上来的。魁奈在《中华帝国的专制制度》中也有一节专门讨论科举制度，详细地介绍了三级学位的划分和考试程序。魁奈非常欣赏这种制度，希望欧洲也有类似的做法。

三、传教士对儒家典籍的翻译

传教士们不仅热情地向欧洲介绍孔子的儒家学说，还将儒家的经典翻译成欧洲文字，直接介绍给欧洲读者。

最早将中国典籍翻译推介到欧洲的是西班牙传教士高母羡。高母羡是西班牙多明我会传教士，1588年抵达菲律宾，在当地的华人社区进行传教活动。1590年，他在当地华人的帮助下，将《明心宝鉴》译成西班牙文。

《明心宝鉴》是一本用于儿童启蒙的读物，明洪武二十六年（1393）由范立本辑录而成，收录了中国圣贤和历代名家以及民间流传的有利于道德修养的700余条语录。高母羡认为相当多的传教士并不了解中国的文化特征，所以看不到儒家学说与基督教教义有近似的地方。他翻译《明心宝鉴》就是为了使欧洲人了解中国，从而确立和平传教的信心。《明心宝鉴》后来由米格尔·德·贝纳维德斯神父带回西班牙，并于1595年12月呈献给西班牙国王菲利普二世。

在来华传教士中，最早将儒家经典译为拉丁文的，是与利玛窦一起来到中国的罗明坚。最初，他开始翻译"四书"，是为了教授新的来华传教士学习中文。1588年，他奉命自澳门回欧洲向罗马教皇汇报期间，将"四书"中

《大学》的部分内容翻译为拉丁文，由另一名耶稣会士波西维诺编入1593年出版的《历史、科学、救世研究丛书选编》。

1626年，金尼阁将"五经"译为拉丁文版，在杭州刊印，书名为《中国第一部神圣之书》。该书是中国经籍最早刊印的西文本，也是初来华传教士的读本。

意大利耶稣会士殷铎泽和葡萄牙耶稣会士郭纳爵于1662年在江西建昌府刊刻《中国的智慧》一书，内有一篇简短的孔子传记、《大学》的全部译文和《论语》的前部分译文。1667年，殷铎泽在广州刻印《中庸》译本，书名为《中国政治道德学说》，两年后又在印度果阿翻印此书。果阿这时已经是天主教在东方的传教基地。1672年，《中国政治道德学说》以法文在巴黎出版。

1687年，欧洲有一本意大利文的《中国杂记》出版，书末附有孔子传和《中庸》的译文。作者是德籍传教士白乃心。

"四书"的全译本出自比利时耶稣会士卫方济之手。卫方济以拉丁文译"四书"以及《孝经》和《幼学》。其特点是逐字翻译，书名亦不例外，如《大学》译为《成年人之学问》，《中庸》译为《不变之中道》，注释也较为详细。卫方济的译文于1711年以《中国六经》为题由布拉格大学图书馆印行。另外，卫方济还著有

△《中华帝国全志》1736年法文版中的孔子像，旧金山大学利玛窦中西文化历史研究所图书馆藏

《中国哲学》一书，这是他研究中国古典经籍的心得，也与《中国六经》同时在布拉格出版。

至卫方济的《中国六经》止，亦即到18世纪初，中国的"四书"已全部译成西文在欧洲刊行流传。

在后期来华传教士中，孙璋、蒋友仁、钱德明、韩国英等人也都对汉学有较高造诣，并从事中国古典经籍的翻译工作。钱德明于1784年出版了《孔子传》，其书除参考各种史籍外，并及论语、史记、家语诸书，自诩为"孔子传记家之传记家"。他还著有《孔门弟子传略》，书中列颜子、曾子、子思、孟子、仲子等五子，是百余年来西方人研究中国经籍的必读之书。韩国英译有《大学》《中庸》，还编著有《论中国人之孝道》。

四、《中国哲学家孔子》的流传与影响

在当时由传教士翻译的中国典籍中，柏应理的《中国哲学家孔子》是最重要的和影响最大的。

柏应理在中国生活了20多年，与江南文人交往甚密，对中国古典经籍多有领悟和研究。柏应理回欧洲后，向教皇献上400余卷由传教士们编纂的中国文献。柏应理在欧洲期间，为中华文化的西传做了大量的工作。

1687年，他在巴黎出版了《中国哲学家孔子》的拉丁文本，中文标题为《西文四书直解》。据丹麦学者龙伯格考证，从此书序言原稿上的修改痕迹看，耶稣会在华教团早在此20年前就已经准备出版这部著作了。

清初，在各地的23位传教士被集中到广州。在此期间，他们召开了"广州会议"。这是来华的各个天主教修会讨论关于中国礼仪的会议。会议期间，耶稣会士恩理格、鲁日满和柏应理开始在原先"四书"简单直译的基础上，重新进行了校对和注释。这项工作在1670—1672年完成。作为书中一部分的《中庸》，即殷铎泽的《中国政治道德学说》，是在此之前完成的。柏应理回欧洲时，又在书稿中加上自己写的序言和《中国年表》，在巴黎出版。书的

全名是《中国哲学家孔子，或者中国知识，用拉丁文表述，通过殷铎泽、恩理格、鲁日满和柏应理的努力》。

《中国哲学家孔子》一书首版共522页，分为四个部分：

（1）柏应理给法国国王路易十四的献辞，表达了他对法国国王支持在华传教事业的敬意。

（2）导言。分别由殷铎泽和柏应理撰写。殷铎泽撰写的导言主要介绍了中国的儒家、道教、佛教以及宋明理学所重视的《易经》，对"四书"从思想文化上做了总体性的介绍和铺垫，帮助欧洲学者来理解这部书。柏应

△《中国哲学家孔子》，法国巴黎1687年出版

理的导言开宗明义便说明耶稣会士之所以编著此书，并不是为了满足欧洲人对中国的兴趣，而是希望此书能为到中国传教的教士们提供一种可用的工具，指明哪些是中国的经典著作，以及这些著作又有哪些重要的注疏书籍。导言中认为"四书""五经"是中国最古老的经典著作，其中"经"的地位要高于"书"。"五经"之首是《书经》（《尚书》），在重要性方面，《诗经》居第二，《易经》居第三，《春秋》居第四，《礼》居第五。导言还介绍了宋代理学家朱熹的理学和易学，朱注的《五经大全》《四书大全》《性理大全》等书目，以及"太极""理"等新儒学的范畴。

（3）殷铎泽所撰写的孔子传记，开卷是孔子的全身像，图中孔子身穿儒服，头戴儒冠，手持笏，站在一座庙宇式的书馆之前。书馆上端写有"国学"二字，附拉丁注音和解释，书馆柱子上写有"天下先师"字样。孔子身后的两旁是装满经书的大书架，书架上的书籍均标出书名，自上而下，一边是《书经》《春秋》《大学》《中庸》《论语》，另一边是《礼》《易经》《系辞》《诗经》《孟子》，都附以拉丁文注音。书架的下面还有孔子弟子们的牌位，上写颜回、子思、子路等，共18名。这是最早传到欧洲的孔子画像。这幅肖

在《中国哲学家孔子》中，孔子被描绘成为一个贤明学者的形象。这一形象在当时的欧洲广为流传，代表了17—18世纪欧洲对中国的积极印象

像把孔子描绘成在图书馆内的学术贤哲而非在庙宇中的神祇先知。这种描绘显示出了耶稣会士是如何强调孔子理性一面的，这正是欧洲人推崇孔子的重要原因。

（4）《大学》《中庸》《论语》的译文，皆附译注疏，总题目为《中国之智慧》。译文的最大特点，是力图证明中国先儒的经典著作中早就有和天主教教义一致的地方了。

另外，书后还有一份附录，内容包括：

（1）从黄帝到汉哀帝元寿二年（前1）的中国王朝纪年表，表前有长达30页的引言。

（2）基督降生至1683年，即汉平帝元始元年（1）至清康熙二十二年（1683）的中国王朝纪年表，表前有长达14页的引言。

以上这两个纪年表即《中国古代帝王年表》。

（3）中国现状概要，包括行政和军事区划、城镇、户籍、丁男、山川、河流、湖泊的统计数字；学校、藏书楼的数量，以及秀才、举人、进士的数量；释道两教的寺庙、道观和僧人、道士的数目，以及天主教教堂和教徒数目；税收情况。

全书的最后是一幅中国地图，图上标出中国的115座大城市和耶稣会士们建立的近200处教堂的所在地。

《中国哲学家孔子》是耶稣会士出版的第一部论述中国人思想的专著，是欧洲17世纪对孔子形象及其著述介绍得最为完备的书籍。该书给《论语》所译的拉丁文标题为"Ratiocinantium Sermones"（富有理性者的谈话），书中将孔子描绘成了基督教先知式的人物。他们认为《大学》全书"表现出崇尚理性的精神"。"当欧洲和亚洲还处在迷信状态的时候，中国人中间已经形成了完美的道德。他们的居室和国王的宫廷已经成为道德的圣殿。"该书把孔子比作古罗马哲学家爱比克泰德："在欧洲，当苏格拉底、柏拉图、塞内加和普鲁塔克几乎已经尽人皆知的时候，难道我们不可以希望我们的中国爱比克泰德受到重视，至少听到赞赏声么？"

《中国哲学家孔子》是第一部比较完整地向西方介绍中国传统思想文化的书籍，对中华文化的西传具有启蒙作用。它第一次把中国、孔子、政治道德三个名词联在一起，孔子在欧洲因此被称为道德与政治哲学上最伟大的学者与预言家。欧洲的学者们欢呼这位被拉丁化了的孔子是人类最伟大的英雄人物之一，是中国的苏格拉底。由此，孔子的伦理观风靡整个欧洲。

《中国哲学家孔子》一经出版，立即在欧洲思想界引起轰动和反响，各种译本纷纷问世，各家杂志纷纷撰写文章加以介绍。《中国哲学家孔子》由于原文是拉丁文，不能满足公众的需求，于是在第二年就有一些改写本、节译本问世。

柏应理传播的孔子儒家学说对启蒙时代发生了直接影响。法国哲学家培尔最早是通过阅读柏应理的著作而洞悉中国的宗教特别是佛教，进而获知中国存在唯物主义思想与无神论的。法国思想家弗雷烈在阅读柏应理的著作时，也同培尔一样得出了古代中国人存在无神论的看法。弗雷烈在评述孔子时说孔子的教义涉及哲学的四个部分——伦理、逻辑、政治和雄辩术，但他既不接受玄学，又不接受博物学和神学，所以他本人也讲一名贤士不应该对所有的事感到不安。因此，其教理主要是伦理性的，风俗学在中国人中是所有科学中"最高和最受器重的一门科学"。因此，他既不讲天主，也不讲灵魂的不死性，更不讲彼世。"他鼓励道德是为了道德本身以及它由于自然后果而必然会导致的功利。"

法国启蒙思想家也大都读过《中国哲学家孔子》，如伏尔泰在《风俗论》中介绍孔子学说时，就提到了柏应理的这本书。孟德斯鸠怀着巨大的兴趣，认真阅读了这部用艰涩的拉丁文撰写的书，并作了详细的笔记。在笔记中，他写下了一些自己的观点，并将书中的许多段落译成法文。

英国作家坦普尔对《中国哲学家孔子》一书评论说：

> 孔子的著作，似乎是一部伦理学，讲的是私人道德，公众道德，经济上的道德，政治上的道德，都是自治、治家、治国之道，尤其是治国之道。他的思想与推论，不外乎说：没有好的政府，百姓不得安居乐业，而没有好的百姓，政府也不会使人满意。所以为了人类的幸福，从王公贵族以至于最微贱的农民，凡属国民，都应当端正自己的思想，听取人家的劝告，或遵从国家的法令，努力为善，并发展其智慧与德性。[①]

关于孔子的为人，坦普尔推崇备至。他说，孔子是一位极其杰出的天才，

---

① 引自范存忠著：《中国文化在启蒙时期的英国》，上海外语教育出版社1991年版，第15页。

学识渊博，德行可佩，品性高超，既爱自己的国家，也爱整个人类。他也提到了孔子的文风，说孔子"词句典雅，巧譬善喻"。坦普尔在《讨论古今的学术》一文中把孔子的思想与希腊哲学相提并论，他说："希腊人注意个人或家庭的幸福，至于中国人则注重国家的康泰。"

德国哲学家莱布尼茨对《中国哲学家孔子》一书非常重视。他在这部书出版之前就得知了有关消息。莱布尼茨评价这部著作时说：

> 这本书并不是孔子本人写成的，而是由他的弟子编纂的，其中一部分选自孔子自己的言论。这位哲学家的寿命超过了几乎所有希腊哲学家的寿命。书中处处都有杰出的思想和格言。他常常使用比喻。例如，他说只有到了冬天才能知道哪些树木能保持常青。同样，人在安宁与幸福时可能看起来都差不多，但是在危险和混乱时，才能发现英勇和有功劳的人。①

《中国哲学家孔子》代表了17世纪耶稣会士研究中国的学术成就公开传播的一个高潮。这些译作被欧洲人广泛阅读，耶稣会士对孔子富有赞赏性的描述产生了深远的影响。

---

① 引自〔美〕孟德卫著：《奇异的国度：耶稣会适应政策及汉学的起源》，陈怡译，大象出版社2010年版，第314页。

第十九章 中华文化与启蒙运动

一、启蒙运动的"守护神"

通过耶稣会士译介的儒家经典，以及他们对孔子的评论与推崇，特别是《中国哲学家孔子》的出版，孔子走进了欧洲思想家们的视野。更为重要的是，孔子及其儒家思想成为启蒙运动的一个重要思想之源。

孔子走进欧洲哲学的视野，恰逢其时，正好与欧洲轰轰烈烈的启蒙运动相遇。这是一次伟大的文化相遇，是世界文化史上一个重大的文化事件。美国中国学家顾立雅指出："启蒙运动开始时孔子成为欧洲的名人。一大批哲学家，包括莱布尼茨、沃尔夫、伏尔泰，以及一些政治家和文人，都用孔子的名字和思想来推进他们的主张，而在此过程中他们本人亦受到了影响。……在欧洲，在以法国大革命为背景的民主理想的发展中，孔子哲学起到了相当重要的作用。通过法国思想，它又间接影响了美国民主的发展。"[①]

中华文化在欧洲的大规模传播，给欧洲思想界以强烈的刺激和震动，引起了各国思想家对中华文化广泛而热烈的兴趣。思想家们对中华文化特别是西传的中国孔子儒家思想进行了不同程度的研究，发表了许多关于中华文化的议论和评论。这些议论和评论，是他们对一种过去不了解、不熟悉的而又属于完全异质性的文化所做的"诠释"和"解读"，是对从远方传来的中国精神和中国

---

① 〔美〕H. G. Creel（顾立雅）著：《孔子与中国之道——现代欧美人士看孔子》，高专诚译，山西人民出版社1992年版，第7页。

思想的"理解"和"接受"，也是对中华文化大规模冲击的"回应"。

发生在17—18世纪的启蒙运动，是人类历史上一次伟大的文化革命，是一场波澜壮阔的思想解放运动。启蒙运动以理性主义为旗帜，对基督教神学世界观以及整个封建专制主义意识形态进行了无情的、摧毁性的批判，为行将到来的法国大革命做了思想上和理论上的准备。启蒙运动几乎延续了一个世纪，涌现出一大批启蒙思想家，创造了法国历史上一个光辉灿烂的时代，即"启蒙时代"。

启蒙思想家们首先是一批社会批判家和改革者。在批判旧制度的同时，他们也在探索建立新制度的模式和途径，提出了种种社会改造的方案，憧憬建立理性和永恒正义的王国。此时，遥远的中国成为他们理想的典范。在传教士、商人和旅行家们大量的报道中，中国常常被描绘成这样一个国家：繁荣富庶，安定和平，人民安居乐业，讲究道德，彬彬有礼，充满智慧、文明与和谐。他们特别赞美中国的制度，认为它是稳定与经久不衰的保证。

在当时关于中国的报道中，中国几乎成为一个"天堂般的地方"，与破败凋零、危机四伏的欧洲形成了鲜明的对照。法国汉学家安田朴认为，"中国思想的发现为欧洲尤其是为法国的任何梦寐以求地想使其国摆脱暴政和修道生活的人都提供了一些论据。因为，中国确实存在着一种最为丰富多彩的、最为兴旺发达和最为精美雅致的文明"①。于是，中国成了启蒙思想家们心目中的"理想王国"。对当时的欧洲人来说，中国就是一个他们所向往的理想之乡、乌托邦。

中国这个典范还对启蒙思想家的社会改革方案起到了示范作用。例如伏尔泰和魁奈都大力赞赏中国的专制制度，认为这是一种"开明君主"制度，主张以中国为榜样，在法国也实行这样的开明君主制。中国的重农主义经济政策，单一农业税制，教育和科举制度，设置谏官，兴修水利，德治主义等，都受到启蒙思想家们的赞扬和推崇。他们希望从中国的政治文化中吸取

---

① 〔法〕安田朴著：《中国文化西传欧洲史》，耿昇译，商务印书馆2000年版，第470页。

实际的经验和智慧。

理性主义是启蒙思想家们的一面旗帜。区分"理性"与"信仰",并且用理性主义批判蒙昧主义和信仰主义,是18世纪启蒙思想家的主要特征。不仅如此,"理性"还成了他们的基本思想原则,成了他们检验和衡量一切的标准和价值尺度。启蒙运动崇尚理性的精神,据许多研究者认为,至少部分是源于中国的。当然,古希腊的哲学传统,以及近代自然科学的发展,都是启蒙运动的思想源泉。至于中国文化的影响,更可能的情况是,中国儒家思想学说被启蒙思想家做了诸种理性主义的理解和解释,并从中选择了某些成分,充作理性主义的思想材料。不论是哪种情况,启蒙思想家大力张扬的理性主义旗帜,确实带有明显的中国儒家文化的印记。

以儒家思想为核心的中国传统精神文化,是一种非宗教性的、以人为本位的伦理型文化。儒家学派对中国宗法制度下的人际关系进行了理论上的概括与总结,形成了一套完整的伦理道德观念和理论体系,构成中华文化意识形态系统的核心。中国传统伦理学是世界诸文化体系中最完备的伦理学之一。当中国文化传入以基督教神学为统治意识形态的、神本主义的欧洲时,欧洲人在宗教神学的权威之外看到了另外一种权威的存在,即伦理道德的权威。他们发现,中国文化中的伦理道德权威,不是来自"上帝"的启示,而是来自一个人自身的"良知"与"良能"的启示。正是这样的发现,使启蒙思想家们在传入欧洲的中国文化中,似乎看到了批判基督教神学的理性之光,找到了摧毁基督教神学权威的思想武器。

德国学者利奇温在分析中国儒家思想对启蒙运动的影响时指出,孔子成了18世纪启蒙时代的保护神,18世纪的整个前半叶,孔子又成为欧洲的兴趣中心。[①]

在中西文化交流史上,启蒙时代是一个重要的时期。历史提供了一个难得

---

① 〔德〕利奇温著:《十八世纪中国与欧洲文化的接触》,朱杰勤译,商务印书馆1962年版,第68、69页。

的机遇，使中华文化在这一关键时期走进西方文化，从而为启蒙思想家们的理智活动、为西方新文化的创造和发展发挥了重要影响。由于启蒙运动在世界文化史上的重要作用和地位，因此也可以说，中华民族的文化创造、孔子的儒家思想学说，也通过启蒙运动间接地参与了世界文化历史的进程。

二、莱布尼茨说中华民族使我们觉醒了

从17世纪中期开始，经由入华耶稣会士们的媒介，中国文化进入了欧洲思想家们的视野，成为他们时常谈到的话题。他们以哲人的睿智和敏感，发表了至今看来仍然可能还有启发意义的对中国文化的种种评论。但是，从笛卡尔到马勒伯朗士以及培尔，他们可能接触到的资料还不是很充分，他们对中国的认识还是有限的，而且这种有关中国的信息及其影响还没有在欧洲充分展开，因而他们还没有充分认识到中国文化的西传对于欧洲思想和文化发展将会有何种程度的影响，将会有什么样的深远意义。"认识中国文化对于西方文化发展的重要性，来布尼兹实为第一人。"[①]或者说，在当时的欧洲知识界，他是"以最大的顽强精神和持之以恒地关心中国的人"[②]。

莱布尼茨是17世纪末18世纪初德国最重要的哲学家，历史上少有的渊博学者和科学巨匠。莱布尼茨在年轻的时候就对中国文化有所接触，在此后的一生中，他似乎与中国和中国文化结下了不解之缘。1669年，他起草了《关于奖励艺术及科学——德国应设立学士院制度论》一文，建议把对中国和中国文化的研究列入德国学士院研究内容中。这是欧洲学术界第一次提出把"汉学"列为研究学科、进入国家研究院的建议。同年，他倡议创办"德意志艺术和科学促进会"，以后他又于1670年建议创办"费拉德尔菲亚协会"，该会以耶稣会

① 〔德〕利奇温著：《十八世纪中国与欧洲文化的接触》，朱杰勤译，商务印书馆1962年版，第69页。引文中的"来布尼兹"即"莱布尼茨"。

② 〔法〕维吉尔·毕诺著：《中国对法国哲学思想形成的影响》，耿昇译，商务印书馆2000年版，第385页。

莱布尼茨像

为榜样，成为一个国际性的科学家团体，并在远东设立科学联络处，以与中国交流科学信息。1676年，他在汉诺威图书馆任职期间已经开始研究孔子的学说。1687年柏应理的《中国哲学家孔子》一书出版不久，莱布尼茨便仔细地阅读了该书。他在给闵明我的信中说道："您的教友柏应理，这个极其杰出的人物已经开始向我们介绍了一些真实的中国历史。不过，他这样做使得我们的求知欲望非但没有得到满足，反而进一步地受到了激发。"①

1689年莱布尼茨访问罗马时，遇见了当时正从中国回来的耶稣会士闵明我，这次相遇对莱布尼茨以后关于中国的兴趣和研究起了决定性的影响。除了与闵明我的往来，莱布尼茨终其一生与许多耶稣会士保持经常的接触，其中包括与白晋的著名通信。此外，同他有通信联系的以及他提到的传教士还有张诚、苏霖、安多、南怀仁、汤若望、邓玉函、李明、龙华民等人，莱布尼茨熟悉他们发自中国的报道和研究、介绍中国的著作。莱布尼茨非常珍视与耶稣会士们的通信联系，迫切地希望从他们那里获得更多有关中国的知识。1990年，德国出版了一部由里达·维德迈编辑的《莱布尼茨中国书简集》，收入了莱布尼茨与耶稣会士等关于中国问题的通信71封，其时间跨度从1689年7月1日到1714年2月5日，前后长达25年之久。

1697年，莱布尼茨编纂出版了《中国近事——为了照亮我们这个时代的历史》一书。莱布尼茨撰写的序言，集中表达了他对中国文化的看法，充分论证了中国文化对于激励和促进欧洲文化发展的重要意义。该书有6个附录，收

---

① 〔德〕莱布尼茨著：《致闵明我的两封信》，载〔德〕夏瑞春编《德国思想家论中国》，陈爱政等译，江苏人民出版社1989年版，第23页。

录了在华耶稣会士关于当时中国以及关于中国与俄国之间关系的报告和信件，是当时欧洲人了解中国的一个很有参考价值的文献。

莱布尼茨关于中国的评论充满了激情的赞誉和仰慕。他在中国发现了一片崭新的文化天地，他漫游于其中并且常常流连忘返，情不自禁。莱布尼茨将欧洲文化与他所了解的中国文化进行比较，认为欧洲与中国在许多方面是不相上下的。他说，中国这一文明古国在人口数量上早已超过欧洲，在很多方面，它与欧洲各有千秋，在几乎对等的竞争中，二者各有所长。他在晚年写的关于中国哲学的通信中又这样介绍中国："中国是一个大国，它在版图上不次于文明的欧洲，并且在人数上和国家的治理上远远胜于文明的欧洲。在中国，在某种意义上，有一个极其令人赞佩的道德，再加上有一个哲学学说，或者有一个自然神论，因其古老而受到尊敬。这种哲学学说或自然神论是自从约三千年以来建立的，并且富有权威，远在希腊人的哲学很久很久以前。"[1]他在书中说，在日常生活以及经验地应付自然的技能方面，欧洲人与中国人是不分伯仲的；在思考的缜密和理性的思辨方面，显然欧洲人要略胜一筹，在数学方面亦比他们出色，但中国人的天文学可以和我们的相媲美。然而，在道德修养方面，中国人则远远高于欧洲人。莱布尼茨写道：

> 然而，昔日有谁会相信，地球上还有这样一个民族存在着，它比我们这个自以为在各方面都有教养的民族过着更具有道德的公民生活呢？但从我们对中国人的了解加深以后，我们却在他们身上发现了这一点。如果说我们在手工技能上与他们不分上下、在理论科学方面超过他们的话，那么，在实践哲学方面，即在人类生活及日常风俗的伦理道德和政治学说方面，我不得不汗颜地承认他们远胜于我们。[2]

---

[1] 引自忻剑飞著：《世界的中国观——近二千年来世界对中国的认识史纲》，学林出版社2013年版，第151页。

[2] 〔德〕莱布尼茨著：《中国近事——为了照亮我们这个时代的历史》，〔法〕梅谦立、杨保筠译，大象出版社2005年版，第2页。

　　莱布尼茨分析了中国人是如何"完美地致力于谋求社会的和平与建立人与人相处的秩序"的。他指出，中国人较其他国民而言是具有良好规范的民族，他们对公共安全以及共同生活的准则考虑得非常周到。他们极为尊敬长辈，彼此之间也都互相尊重，礼貌周全，相敬如宾。在中国，不论邻里之间，还是自家人内部，人们都恪守习惯，保持着一种礼貌。莱布尼茨特别提到了康熙皇帝，说他尽管高高地踞于万人之上，却极为遵守道德规范，礼贤下士。"有谁不对这样一个帝国的君主感到惊讶呢？他的伟大几乎超越了人的可能，他被人们视为人间的上帝，人们对他的旨意奉行无违。尽管如此，他却习惯于如此地培养自身的道德与智慧；位居人极，却认为在遵纪守法、礼贤下士方面超过臣民才是自己的本职。"①

　　莱布尼茨对中国人的道德生活极为推崇，认为中国人可以对其他民族起到典范作用。"肯定无疑的是，中华帝国之大，本身便决定了它的重要性；作为东方最聪明的民族，中华帝国的声望是卓越的，其影响被其他民族视为表率。"②他说："我觉得鉴于我们目前面对的空前的道德没落状况，似乎有必要请中国的传教士到欧洲给我们传授如何应用与实践自然神学，就像我们的传教士向他们教授启示神学一样。因此我相信，若不是我们借一个超人的伟大圣德，亦即基督宗教给我们的神圣馈赠而胜过他们，如果推举一位智者来评判哪个民族最杰出，而不是评判哪个女神最美貌，那么他将会把金苹果判给中国人。"③

　　莱布尼茨充分认识到中国文化的传入对于欧洲文化发展的重大意义。因此，他主张大力加强和中国的文化交流。1692年3月21日，莱布尼茨在给闵

---

　　① 〔德〕莱布尼茨著：《中国近事——为了照亮我们这个时代的历史》，〔法〕梅谦立、杨保筠译，大象出版社2005年版，第3—4页。

　　② 〔德〕莱布尼茨著：《中国近事——为了照亮我们这个时代的历史》，〔法〕梅谦立、杨保筠译，大象出版社2005年版，第13页。

　　③ 〔德〕莱布尼茨著：《中国近事——为了照亮我们这个时代的历史》，〔法〕梅谦立、杨保筠译，大象出版社2005年版，第6页。

明我的信中说，"相隔遥远的民族，相互之间应建立一种交流认识的新型关系"，"交流我们各自的才能，共同点燃我们智慧之灯"。①因此，他主张欧洲人对中国文字应该有足够的知识，并且希望来华传教士们多做向欧洲介绍中国的工作。莱布尼茨认为"东方和西方的关系是具有统一世界的重要性的媒介"②。他也许已经意识到，中国和欧洲两大文明的接触、交流、融合，将对整个世界文化格局的变迁和发展，对全人类文明的历史性进步，产生意义深远的重大影响。

莱布尼茨说：我们发现了中华民族，它使我们觉醒了。

三、伏尔泰在中国发现了"新世界"

法国是欧洲启蒙运动的中心。在法国启蒙思想家的阵营中，伏尔泰是一位居于核心位置的、最有影响的领袖人物。伏尔泰一直关注来自中国的文化信息，研读有关中国的著作，与许多耶稣会士保持着接触和联系。和他那个时代的许多知识分子一样，他具有较多的关于中国的知识，并且对于远方的中国抱有很大的热情。伏尔泰有近80部作品、200余封书信论及中国，内容涉及中国的政治、历史、宗教、哲学、科技、文艺、习俗等各个方面。伏尔泰把中华民族视为"世界上最明智和最开化的文明民族"。伏尔泰有一段著名的话：

> 欧洲王公及商人们发现东方，追求的只是财富，而哲学家在东方发现了一个新的精神和物质的世界。③

---

① 〔德〕莱布尼茨著：《致闵明我的两封信》，载〔德〕夏瑞春编《德国思想家论中国》，陈爱政等译，江苏人民出版社1989年版，第21—22页。

② 〔德〕利奇温著：《十八世纪中国与欧洲文化的接触》，朱杰勤译，商务印书馆1962年版，第74页。

③ 引自〔德〕利奇温著：《十八世纪中国与欧洲文化的接触》，朱杰勤译，商务印书馆1962年版，第79页。

△ 伏尔泰坐像

伏尔泰在中国发现了一个"新世界"，这个"新世界"具有新的精神和新的文明，成为他致力于改造法国社会的政治理想，成为他极力赞赏和追捧的文化榜样。

伏尔泰称赞中国古代文化取得的优秀成果，说中国是世界上最优美、最古老、最广大、人口最多和治理最好的国家。在伏尔泰对中国的"发现"中，他最为注重的是儒家礼治秩序，认为这是中国人的道德和法律。伏尔泰和启蒙思想家们认为他们从中发现了一个新的道德世界。

伏尔泰曾认真研读过各种儒家经典和孔子思想论著的译本，对孔子称赞备至。他说："我钻研过他的著作；我还作了摘要；我在书中只发现他最纯朴的道德思想，丝毫不染江湖色彩。"[1]他还在一封信中称："孔子为天地之灵气所钟，他分别真理与迷信，而站在真理一边。他又不媚帝王，不好淫色，实为天下唯一的师表。"他对孔子极为推崇和赞颂，指出：

这个庞大的帝国的法律和安宁建筑在既最合乎自然而又最神圣的法则即后辈对长辈的尊敬之上。后辈还把这种尊敬同他们对最早的伦理大师应有的尊敬，特别是对孔夫子应有的尊敬，合为一体。这位孔夫子，我们称为Confucius，是一位在基督教创立之前约六百年教导后辈谨守美德的先贤古哲。[2]

① 〔法〕伏尔泰著：《哲学辞典》上册，王燕生译，商务印书馆1991年版，第322页。
② 〔法〕伏尔泰著：《路易十四时代》，吴模信等译，商务印书馆1982年版，第595页。

在另外一封书简中，伏尔泰写道："这位孔夫子事实上是一个非常高尚的人。他是理性之友，狂热之敌，他仁慈且安详，一点都不将真理与谎言相混。"

伏尔泰把中国皇帝与孔子相提并论，认为他们一个是只关心人民幸福的国王，一个是布道者。"我钦佩他们两人，我简直对他们着迷了。"他还指出："他们的孔子不创新说，不立新礼；他不做受神启者，也不做先知。他是传授古代法律的贤明官吏。我们有时不恰当地把他的学说称为'儒教'，其实他并没有宗教，他的宗教就是所有皇帝和大臣的宗教，就是先贤的宗教。孔子只是以道德谆谆告诫人，而不宣扬什么奥义。在他的第一部书中，他说为政之道，在日日新。在第二部书中，他证明上帝亲自把道德铭刻在人的心中；他说人非生而性恶，恶乃由过错所致。第三部书是纯粹的格言集，其中找不到任何鄙俗的言辞，可笑的譬喻。"①

伏尔泰在这里说的三部书，分别是《大学》《中庸》《论语》。伏尔泰还说自己认识一位哲学家，在他的书房里间悬挂了一幅孔子画像；哲学家在这幅画像下边提了四句诗：

> 唯理才能益智能，但凭诚信照人心；
> 圣人言论非先觉，彼土人皆奉大成。

伏尔泰认为，孔子的哲学是一整套完整的伦理学说，教人以德，使普遍的理性抑制人们利己的欲望，从而建立起和平与幸福的社会。伏尔泰从中国的历史发展中看到了孔子儒家伦理精神的力量。孔子的一整套伦理道德规范指导着中国人修身治国，使中国两千余年来得以国泰民安。

伏尔泰非常推崇中国的道德和法律制度。在他看来，中国在伦理道德和治国理政方面，堪称首屈一指。伏尔泰说中国人具有完备的道德哲学，它居于各

---

① 〔法〕伏尔泰著：《风俗论》上册，梁守锵译，商务印书馆2017年版，第88页。

科学问的首位。中国人的道德源于中国文化的理性原则。他赞赏中国人的道德与人心、人生相结合的主张，认为中国儒学的"性善"说与基督教的"性恶"说有本质的区别。人类"性善"，才使他们在"爱神"之外，能够"以深厚的感情，去爱其祖国及其父母妻子"。他说，西方民族的任何格言和教理都无法与此"纯粹道德"相比拟，孔子常说仁义，若使人们实行此种道德，世上就不会有人互相攻伐了。伏尔泰还称赞孔子"己所不欲，勿施于人"的说教，认为这就像爱比克泰德的道德观一样纯正、严肃和人道。他还认为，所有中国文化的优越和美好，都可以活生生地实体化，这就是孔子的思想和言行，孔子是中国文化的理性原则衍化为"纯粹道德"的最好体现者。"世界上曾有过的最幸福、最可敬的时代，就是奉行孔子的律法的时代。"① 他还援引传教士李明的话说："中国遵循最纯洁的道德教训时，欧洲正陷于谬误和腐化堕落之中。"②

伏尔泰在政治上主张开明君主制度或君主立宪制度，认为这是最好的政府形式。他从这种观点来看待中国的政治和法律制度，认为中国的政治制度不是专制政体，而是在法律限制下的君主政体。伏尔泰认为，中国道德与政治、法律的结合，即中国式的德治主义，成了公正与仁爱的典范。他主张法国和欧洲应该引进中国的优良法律和道德。既然法国能向中国学习制造瓷器，为什么不向中国学习其他优点呢？伏尔泰推崇中国文化，有着直接的现实意义。他以中国为榜样，针砭时弊，要为法国的社会改造提供一条可行的道路。

伏尔泰对中国文化的推崇和宣扬，对中国哲学家孔子的敬仰与赞扬，为中国文化在法国乃至欧洲的传播起到了很大的推动作用。与此同时，人们也把伏尔泰看作那个时代体现中国文化精神的一个符号性人物。1767年，有一位叫理查德的德国青年写信给伏尔泰，信中说道：

先生，请允许一位素昧平生的人从德国中部向您致意！您是欧洲的

---

① 〔法〕伏尔泰著：《风俗论》上册，梁守锵译，商务印书馆2017年版，第253页。
② 〔法〕伏尔泰著：《路易十四时代》，吴模信等译，商务印书馆1982年版，第597页。

孔夫子，是世界上最伟大的哲学家。您的热情和天才，以及您的人道主义的行为，使您赢得了任何世人都不敢企盼的地位：您堪与古代最著名的伟人并列齐名……

四、魁奈对中华文明的赞扬

重农学派的创立人和主要代表魁奈可能很早就对中国文化产生了兴趣。1749年，魁奈以御医身份住进凡尔赛宫，曾劝说路易十五模仿中国古代举行籍田典礼，又用中国皇帝亲耕这种形象劝说皇太子也就是后来的路易十六，促成皇太子在1768年举行的一次宫廷典礼上，亲手拿着用丝带装饰的耕犁模型在众人面前展示。这个举动是想用来证明他对法国农民的同情以及他对农民为国家做出贡献的重视。这个举动在当时得到了画家和诗人们的赞颂，被称为"对重农主义的流行性疯狂的一个贡献"。

魁奈读过许多有关中国的文献，对中国有着丰富的认识和了解。魁奈把中国作为他心目中的理想王国。魁奈推崇古代中国的统治方式，也把孔子作为他心目中的偶像，景仰备至，钦慕不已。他称述"中国人把孔子看作所有学者中最伟大的人物，是他们国家从其光辉的古代所留传下来的各种法律、道德和宗教的最伟大的革新者"；孔子是一位"坚贞不渝，忍受着各种非难和压制的著名哲学家"，是一位具有崇高声望，立法明智，要求在人民中树立起公正、坦诚和一切文明风尚的"贤明大师"；

△ 魁奈像

中国人对这位哲学家表达了"最崇高的敬意"，他被尊为中国"第一位教育家和学者"，他的著述"超凡拔俗"，具有极大的权威性；连皇帝也"对孔子表达了犹如对国君一般的敬意"。魁奈还将孔子学说与古希腊圣贤的思想加以对比，认为一部《论语》"充满了格言和道德原理，胜过希腊七贤之语"，对孔子的推崇景仰之情，溢于言表。

魁奈晚年出版了关于中国的专论《中华帝国的专制制度》一书。这部著作被称为当时欧洲"崇尚中国运动的顶峰之作"，"是这场运动达于高潮的标志"。魁奈在这部著作中详细考察了中国的经济、政治和法律制度，并给予了高度的赞扬。他以"专制"来总结中国的政治体制，并不是要批评中国。相反，他以西方法律传统中的自然法思想为出发点，认为中国的专制是合于法律的，中国的法律是自古便逐步完善的，它以法律、道德、宗教、政权相结合为特点。中国的皇帝是按照自然秩序治国的典范，只有在中国才把自然规律作为立法的基础和人们行为的最高准则，因而中国"由于遵守自然规律而得以年代绵长"，是"一个稳定而持久不变的政府的范例"。

魁奈有一个明确的政治目标。他企图把分崩离析的法国帝制置于一个新而健全的（即自然的）基础之上；并且希望这样的认识，在一个崇拜中国的时代里得到更大的重视。魁奈的政治理想，是主张建立一种"开明君主制"，要求君主受"自然规律"的约束，遵循"自然秩序"，以保证君主利益和人民利益一致。他提供给法国社会的改良药方，就是依靠"开明君主"，实行自上而下的经济改革，把封建君主专制政体同资本主义生产方式的经济秩序合为一体。

魁奈从他的政治理想和自然秩序论出发，特别瞩目于中国，尤其特别瞩目于中国的君主专制制度。在魁奈看来，中国"完全可以作为一切国家的范例"，因为"广大的中华帝国的政治制度和道德制度是建立在对于自然法则的认识的基础上，而这种制度也就是认识自然法则的结果"①。中国的法律制度是

---

① 〔法〕弗朗斯瓦·魁奈著：《中华帝国的专制制度》，谈敏译，商务印书馆1992年版，第111页。

建立在自然法基础上的，而自然法的存在使君主不敢违法作恶，能够保证他合法地行使职权，保证最高权力人物积德行善。如果君主迈错了步，偏离了正确的道路，忠实的大臣们会立即向他指出来，使他得以纠正自己的行为。这就是魁奈理解的中国的开明专制统治。他指出，"用专制一词来称呼中国政府，是因为中国的君主独掌国家大权"。但是，"中国的制度系建立于明智和确定不移的法律之上，皇帝执行这些法律，而他自己也审慎地遵守这些法律"[①]。这样的统治形式，在魁奈看来，对于统治者来说是一个福音，对于臣民来说也是一个受到崇拜的力量。

魁奈赞扬中国的教育制度，认为中国的学校教育不仅教学生读书写字，而且给予学生获致知识的教育。他认为，如果没有自然法则的知识，便不能明辨是非。良好的教育使中国成为一个完全符合自然法则的模范国家。

魁奈对孔子的学说和中国的文化制度极为推崇，而魁奈本人则被他的弟子们视为孔子事业的直接承继人，被称为"欧洲孔子"。重农学派的成员博多在谈到魁奈的《经济表》时指出：这位"欧洲孔子"已经发现了法国的基本秩序。他的学生弥拉波（又译作"米拉波"）在给卢梭的信中说：纯产品的发现，即我们应该归功于"可敬的欧洲孔子"的这一发现，将有一天会改变世界的面貌。弥拉波在魁奈去世时发表的葬礼演说中，把魁奈与孔子直接联系起来，以信奉孔子学说作为魁奈的盖棺之论，反映了魁奈理论与中国古代学术思想之间的密切关系，而这一点正是魁奈以及整个重农学派的重要理论特征。

五、其他启蒙思想家对中华文化的赞誉

伏尔泰、魁奈对中国文化的兴趣和热情代表了法国启蒙运动中一种基本的文化态度。有许多启蒙思想家都或多或少热心于有关中国的知识，并对中华

---

① 〔法〕弗朗斯瓦·魁奈著：《中华帝国的专制制度》，谈敏译，商务印书馆1992年版，第24页。

文化的传入和引起的冲击做出积极的回应。

在法国启蒙运动中，狄德罗是一位具有渊博学识和真知灼见的伟大思想家。和伏尔泰等人一样，狄德罗也具有比较多的关于中国的知识。他在为《百科全书》撰写的"中国"和"中国人的哲学"等条目中，表达了他对中国文化的看法。他说：

> 举世公认，中国人历史悠久，智力发达，艺术上卓有成就，而且讲道理，善政治，酷爱哲学；因而，他们比亚洲其他各民族都优秀。依某些著作家的看法，他们甚至可以同欧洲那些最文明的国家争辉。[①]

狄德罗对中国的古老表示敬意，认为这是一个举世公认的优点；他毫不怀疑中国人的智慧，一再说到中国人"智力发达""富有才智"，创造出很多相当精美的织品和瓷器。他讲到"中国人的优越"时说："我们是大诗人、大哲学家、大辩士、大建筑家、大天文家、大地理学者，胜过这善良的人民，却是他们比我们更懂得善意与道德的科学。如果有一天发现这种科学是居一切科学的第一位，那末他们将可以确定地说，他们有两只眼，我们只有一只眼，而全世界其余的人都是盲者了。"[②]

狄德罗还对中国哲学的发展历史进行了研究。他认为中国君主的哲学就是道德哲学、政治哲学，古代君主可以认为是哲人帝王，"五经"是中国最初的并

△ 狄德罗像

---

① 引自杜寒风著：《走向世界》，《读书》1992年第6期。

② 引自朱谦之著：《中国哲学对欧洲的影响》，上海人民出版社2006年版，第298页。

且是最神圣的读物，"四书"则是"五经"的注释。他对孔子也给予较高的评价，认为孔子更为潜心研究的是人和风俗，而不是自然及起因，孔子哲学是承上启下的正统的中国哲学。他说："孔子是否为中国的苏格拉底或阿那克萨哥拉（Anaxagoras）是很难决定的。这个问题和中国语言的造诣有关，依据前章对于孔子作品一部分的介绍，孔子谓为自然及其原因之研究者，不如谓其努力于人世及其习俗的研究。"①狄德罗专门介绍了35条孔子的"道德警句"。他还对《易经》作了较多的介绍，谈到了《易经》中包含的探求人类思维奥秘的努力和莱布尼茨发明二进制的关系。

霍尔巴赫是启蒙运动的中心人物之一，他的沙龙是当时巴黎最活跃的沙龙之一，是百科全书派的重要活动中心。霍尔巴赫也对中国文化进行了比较多的研究，他在《社会的体系》一书中提出了一份研究中国的阅读书目，其中包括：《耶稣会士书简集》、杜赫德的《中华帝国全志》、李明的《中国近事报道（1687—1692）》和阿尔维尔的《孟加拉事件》等。

霍尔巴赫非常推崇孔子以德治国的主张。他自造了一个法文的"德治"新词，并写了《德治或以道德为基础的政府》一书，认为建立于真理之永久基础之上的圣人孔子的道德，具有不可思议的力量，能使中国的征服者为其所征服。霍尔巴赫认为，国家的繁荣，必须依靠道德，而中国正是政治与伦理道德结合的典范。所以，"欧洲政府必须以中国为榜样"。他指出：人们感到，在这个幅员辽阔的国家，伦理道德是一切具有理性的人的唯一宗教。"因之道德科学之进一步的研究，遂成为获得职位或立身致仕的唯一法门。"中国是世界上唯一的将政治和伦理道德相结合的国家。这个帝国的悠久历史使一切统治者都明了了，要使国家繁荣，必须依靠道德。

霍尔巴赫认为中国人都具有信仰自由，因而享受着幸福和安宁。他在《健全的思想》一书中写道：

---

① 引自朱谦之著：《中国哲学对欧洲的影响》，上海人民出版社2006年版，第300页。

亚洲东部有一个幅员辽阔、经济繁荣、物产丰富的国家，这里的人口十分稠密，这里行使的法律是如此英明，连最野蛮的侵略者也恭恭敬敬地效法他们。这个国家就是中国。除了被当作极其危险的宗教教理而从中国驱逐出去的基督教以外，住在这个国家里的所有民族都可以信奉他们所选择的任何一种宗教；……中国人享受的幸福和安宁是值得其他许多四分五裂、备受精神痛苦，并且常常为宗教问题而诉诸武力的民族羡慕的。①

法国启蒙哲学家比埃尔·波维尔也是百科全书派的成员，他曾经到东方旅行，到过中国广东。1763—1764年，他两次写文章寄给里昂学院，并在那里做了演说，后来以《哲学家游记》为题出版，讲述了亚洲和非洲一些民族的地理、历史、物产、人口以及风情、习俗等，其中介绍了中国的一些情况。该书资料翔实，叙述精炼，受到读者的欢迎。由于他对农业和植物多有研究，每到一地总要察访当地特有的植物品种，所以有关中国农业的评述在他的著述中占有大量篇幅。他说中国政府的职责首先在于保护农业，而他认为农业发达是人民幸福、政治合理甚至是合乎人性的标志。他指出："中国农业的繁荣胜过世界各国，这不是由于进行各种特殊的勤劳，也不是由于耕作的方式或播种的方法，这是快乐国家必然会这样的。这成为特质，最重要的应推源于政府的做法，那不变的基础根深蒂固地只放在理性的一边。在同时代的人类之中，差不多历史一开始，中国就第一个按着各种法则在自然的指导下，且不可侵犯地维持着从一代传到一代。"②波维尔十分推崇中国的政治法律制度，他热情洋溢地说："如果中国的法律变为各国的法律，中国就可以为世界提供一个作为归向的美妙境界。到北京去！瞻仰着生人中最伟大的人，他是上天的真正而完全的

---

① 〔法〕霍尔巴赫著：《健全的思想——或和超自然观念对立的自然观念》，王荫庭译，商务印书馆1966年版，第140页。

② 引自忻剑飞著：《世界的中国观——近二千年来世界对中国的认识史纲》，学林出版社1991年版，第223页。

楷模。"①中国给他留下了极佳的印象，他对中国的一切都给予了很高的评价。

法国启蒙运动中的重要人物爱尔维修也曾对中国文化做出过热情的评论。他在《精神论》中曾对中国的历史文化表达热烈的赞美；在另一部著作中，他还借中国学者之口表述了他的宗教观，说宗教信仰产生于无知，神的产

∧ 巴黎咖啡馆里的哲学家们

生只不过是把人的愚昧无知奉为神圣而已。

启蒙时代法国自由思想家阿尔让侯爵是当时与伏尔泰、孟德斯鸠等人齐名的作家，他曾仿孟德斯鸠《波斯人信札》的模式，撰写了一部《中国人信札》。《中国人信札》中虚拟了几位中国文人，由于不同的际遇在全球游历，他们在旅行期间往来的书信，构成了这部作品的主要内容。书中的中国人，不仅仅是传统意义上的中国文人，他们还掌握了西方的古典语言和现代科学，对各地的风俗、信仰、精神和人民性格都作了介绍、分析，更重要的是他们类似人类学家的精神探险，其中包括对儒、释、道思想的反思及其与欧洲思想的比较。他极力向欧洲推荐具有尧舜道德的中国君主之楷模，认为欧洲尚缺少这样的君主。他将中国的儒、释、道与法国诸教派进行比较，批判了欧洲各国有害

① 引自〔德〕利奇温著：《十八世纪中国与欧洲文化的接触》，朱杰勤译，商务印书馆1962年版，第82—83页。

的教义、不公正的司法机构和行为有劣迹的君主。与此形成鲜明对照的，则是中国的儒家智慧、中国人的道德、中国哲学等好的东西。

六、歌德与中华文化的接触

歌德生活在18世纪后半期和19世纪前期。他生活的这个时代，洛可可风格的文化意义已经开始减退，但是，中国趣味和中国风格已经渗透到欧洲大地社会生活的各个角落，成为欧洲人日常生活的组成部分。歌德时代的欧洲仍然处于中国强大的文化影响之下。

歌德的父辈显然也受到过"中国热"的影响。在美茵河畔法兰克福的歌德故居，二楼的主厅名字叫"北京厅"，厅中陈设着中国式的描金红漆家具、蓄着八字长须的彩色小瓷人，墙上挂的也是印有中国图案的蜡染壁挂。在同一层楼的音乐室里，摆着一架仿照中国家具风格制作的古老风琴，琴盖上绘有一幅典型的中国风景画，一派中国乡村的静谧气氛。歌德谈到少年时学画，"临摹那些中国的、富于幻想但又自然的花卉画"。可以说，歌德在少年时代，就已经开始不自觉地受到中华文化的濡染。他在斯特拉斯堡求学时，又通过卢梭接触到了中国的哲学，可能读过《大学》《中庸》《论语》《孟子》《孝经》等中国经典的拉丁文译本。

但是，年轻时的歌德并不喜欢他周围的这些"中国式"的或洛可可式的东西。他多次以讽刺和批评的口吻谈到当时传到欧洲的中国艺术风格，批评当时有人仿作的中国诗，他还在一首诗中讽刺当时流行的中国式的造园艺术。不过，不管是否喜欢，这种"中国风"的家居环境以及整个社会弥漫的"中国风"，成为他成长的背景。

1775年，歌德到了魏玛，接触和了解中华文化的机会增多了，对中华文化的看法也逐渐发生了变化。1776年，他搬进伊尔姆河畔的别墅，在园子里建了一所中国式的用苔藓盖的小屋，作为他体验安静与孤寂的"隐居处"。在歌德参与设计的魏玛公园中，也有中国式的拱桥和圆顶亭子。另外，在歌德的私人收藏品中也有一些中国的工艺品。1786—1788年他在意大利旅行时，对在那不勒斯等地的博物馆中见到的中国工艺品大加赞赏。他评论中国的艺术作品，认为它"出乎其类的美"。他对中国整个的造型艺术并不熟悉，但对中国工艺品的巧夺天工评价极高。

歌德在魏玛时开始接触和研读大量有关中国的文献。杜赫德的《中华帝国全志》在当时的魏玛宫廷颇为流行。歌德在1781年时已经读过此书。在这一年1月10日的日记中，歌德写下："……读关于神学之通信。啊，文王！"这是他在读杜赫德的《中华帝国全志》第2卷关于文王的论述时的感叹，表露了他对于"以德化民"的"理想君主"的羡慕与惊叹。同年8月，歌德动笔将《中华帝国全志》所载的《赵氏孤儿》故事改编成悲剧《哀兰伯诺》，这是一部被歌德的朋友席勒称为可以"引导或敦促人通过作品本身而直探作家心灵的作品之一"。这部悲剧几经修改，时辍时作，一直到1806年还未完成，令歌德感到非常遗憾。

歌德的一生中，曾有两个时期对中国进行了比较集中和认真的研究。第一个时期开始于1813年，此时歌德已经64岁。在欧洲历史上，1813年是一个重要的转折点，拿破仑在莱比锡大会战中的失败，带来了封建复辟的黑暗时期。歌德对欧洲大陆上出现的动乱和历史倒退感到非常失望和厌倦，遂把目光转向东方。卫礼贤曾经指出，歌德思想范围的推广是和他的年岁同时增进的，"人类在他的中心渐成一个整体，东方也随着得了他的注意。最堪注意的，就是他留心研究东方情形底开始，正是拿破仑战争底时候，大多数的德国民族正在受着最大的政治底刺激"[①]。歌德在1813年11月10日给友人克内伯尔的一封信中谈到研究中国的动机："最近一段时间，与其说是真想干点什么，不如说是为了散散心，我着实做了不少事情，特别是努力地读完了能找到的与中国有关的所有书籍。我差不多是把这个重要的国家保留了下来，搁在了一边，以便在危难之际——像眼下正是这样——能逃到它那里去。即使仅仅在思想上能处

---

① 引自宗白华等著：《歌德研究》，中华书局1936年版，第259页。

∧ 德国法兰克福的歌德雕像

于一个全新的环境中，也是大有益处的。"①

　　据魏玛公爵图书馆借书登记的统计，歌德在此期间涉猎的有关中国的图书不下44种，内容包括历史、地理、文学、哲学等。其中有的书如《马可·波罗游记》还多次借阅。另外，歌德还曾在耶那大学图书馆和耶那皇宫图书馆借过同类图书。

　　歌德集中研究中华文化的第二个时期是从1827年开始的。1827年是歌德一生创作中最后一个兴旺时期的开端，这一年也是他接触中国文学作品最多的一年。歌德不仅再次阅读《好逑传》，并且在与艾克曼的谈话中对中国文学的特点作了认真的分析，指出"诗是人类的共同财富"，预言"世界文学的时代已快到来"。他还接连花了好几天时间研究和阅读中国诗体小说《花笺记》，

---

　　① 引自杨武能、莫光华著：《歌德与中国（新版插图增订本）》，四川人民出版社2017年版，第61页。

并将附在后面的英译《百美新咏》中的《薛瑶英》和《梅妃》等四首诗转译成德文，发表在他自己出版的《艺术与古代》杂志上。他称《花笺记》为"一部伟大的诗篇"。他还读了中国另一部小说《玉娇梨》的法译本，并在书上写了很多评注。另外，他在这一年读了法国人大卫选译的《中国短篇小说集》，这个集子计收《今古奇观》里的小说10篇，其中4篇原已包括在《中华帝国全志》之内。歌德在晚年大量认真研读中国文学作品，从中获得了许多启示和灵感。歌德最后几年的创作，可能在许多方面受到中华文化的影响。

歌德在当时就被人称为"魏玛的孔夫子""魏玛的中国人"。

孔子的儒家伦理学说在17、18世纪时广泛传播于欧洲思想文化界，并且产生了深刻的影响。中国儒家典籍的西译本在欧洲许多知识分子中传阅。歌德曾阅读过卫方济的拉丁文译本《六经》，并通过大量接触中国文学作品和其他有关中国的文献，对儒家的伦理学说和思想有了比较多的了解。这些都在歌德的思想和作品中留下影响的印记。卫礼贤曾指出，中国道德的出发点和歌德的人类教育的出发点具有相同之处。卫礼贤把歌德在《威廉·迈斯特的漫游时代》中的话和《孝经》具体对照，认为它们十分相似，只是"他有没有见过《孝经》，则吾人现尚不能断定"①。

《威廉·迈斯特的漫游时代》是歌德晚年的一部重要作品，表达了一种改良社会现状的乌托邦理想。书中有一部分对"教育省"的描写。在"教育省"这一理想的人类社会制度下，自觉人格修养的因素得到发展，这种人格修养以集体主义为方向，目的则在于进行共同的有益活动。歌德特别强调教育的优先地位，其最主要之点在于三种敬畏的学说。一是对于处于人之上的事物的敬畏，另一个是对于人之下的事物的敬畏，最后的第三种敬畏，它涉及与它相等的一切。敬畏的这三种要素当然象征性地表示人在自然界和社会中的地位。有研究者指出，歌德的这种"三敬畏"学说很可能是受到了孔子教育思想的启

---

① 〔德〕卫礼贤著：《歌德与中国文化》，载宗白华等著《歌德研究》，中华书局1936年版，第283页。

发。在强调实践和"因材施教"方面，歌德与孔子也多有相似之处。

歌德对儒家伦理学说持积极赞赏的态度。他特别推崇儒家提倡孝道。1817年，他读了元杂剧《散家财天赐老生儿》。这部杂剧讲的是财主刘禹年老无子，为了不绝香火后代，先是向穷人散钱，以求上天给以子嗣；待侍妾小梅为他生了儿子后，又将财产分为三份，女儿、侄儿和自己的儿子各得一份，以息财产继承权利之争，即所谓"疏财留子"。歌德读后，在写给友人的一封信中说："我们一谈到远东，就不能不联想到最近新介绍来的中国戏剧。这里描写一位断了香火不久就要死去的老人的感情，最深刻动人。"①

1827年1月31日，歌德在与艾克曼的谈话中提到他正在读一部中国传奇——《好逑传》。艾克曼说："中国传奇！那一定显得很奇怪呀。"歌德说：

> 并不像人们所猜想的那样奇怪。中国人在思想、行为和情感方面几乎和我们一样，使我们很快感到他们是我们的同类人，只是在他们那里一切都比我们这里更明朗，更纯洁，也更合乎道德。在他们那里，一切都是明智的，中庸的，没有强烈的情欲和富有诗意的激奋，因此和我写的《赫尔曼与窦绿苔》以及理查生写的小说有很多类似之处。他们还有一个特点，即外部的自然是始终与人物生活在一起的。人们经常听到金鱼在池塘里劈劈啪啪地戏水，鸟儿在枝头唱个不停，白天总是阳光灿烂，夜晚也总是月白风清。②

歌德具体分析了中国小说留给他的印象，赞赏中华文化中人与自然的和谐一致。他特别注重中华文化的道德价值，认为"中国的礼节可为其文明的代表"。他把《好逑传》与法国诗人贝朗瑞的作品相比，认为贝朗瑞的诗歌中

---

① 引自杨武能、莫光华著：《歌德与中国（新版插图增订本）》，四川人民出版社2017年版，第58页。

② 〔德〕艾克曼著：《歌德谈话录（全译本）》，洪天富译，译林出版社2002年版，第220页。

几乎每一首都是根据一种不道德的题材而创作的，中国诗人却彻底地坚持道德，有许多典故都涉及道德和礼仪。在另一处，歌德还将当时读到的中国剧本与一部德国作品相比，认为两者很相近，"所不同的，在德国人，家庭及社会环境的空气和新异事物已尽够剧中的需要，而在中国人的作品里，除具有这种本事外，还加有宗教的和社会的礼仪的点缀"①。在中国的文学作品中，歌德看到了如他所描绘的那么一幅明朗、和谐、合乎道德的社会图画，在那儿没有他厌恶的矛盾、斗争和动乱，只有阳光灿烂、花香鸟语、月白风清。歌德认为，在这样"纯洁的东方"，道德发挥了重要的功能，他说："正是这种在一切方面推行的严格的节制，使得中国维持了几千年，而且还会长存下去。"②

　　歌德这位伟大的文学家和思想家，拥有广阔的世界文化的胸怀。他在世界文化的视野中注视着中国，他在远方的中华文化那里看到了世界文化时代的到来。在歌德晚年的时候，欧洲中心主义正在崛起，欧洲人的"中国图像"也正在发生变化，偏见、歪曲和歧视将代替对中华文化的热烈赞颂之情。而正是在这样的情况下，歌德仍关注着东方，关注着世界文化时代的来临。也许这正是这位文化巨人的最可贵之处。

---

① 引自忻剑飞著：《世界的中国观——近二千年来世界对中国的认识史纲》，学林出版社1991年版，第250页。

② 〔德〕艾克曼著：《歌德谈话录（全译本）》，洪天富译，译林出版社2002年版，第220页。

结束语　中华文化的世界价值

一

本书简略地叙述了中华文化在海外传播的历史过程，记述了中华文化在不同地域和民族中发生的影响和作用。我们看到，在漫长的历史时期，中华文化在世界各地广泛而持久地传播，并对世界文化的发展产生了重大影响。

中华文化向海外传播，是非常广泛的。所谓"广泛"，其含义有二：一是传播的内容广泛，举凡中华民族的伟大创造，如物质产品、科学技术、典章制度、文学艺术、宗教风俗、学术思想等，都曾在海外传播、流传和发生影响；二是指传播的范围广泛，近则泽被四邻，如朝鲜、日本和越南，世受华风濡染而成为东亚文化圈的成员，远则经中亚、西亚而传至欧洲，或越大洋而传至非洲和美洲，在那些遥远的地方引起一阵阵文化冲击。我们在世界各地都可以看到中华文化传播的踪迹。中华文化曾经在世界的大舞台上一领风骚，中华民族曾对世界文明做出了重大的贡献。

历史上中华文化向海外的传播，内容非常广泛，影响十分深远，意义特别重大。中华文化以自己的光辉辐射四方，通过种种直接的和间接的途径，广泛传播于世界各地，使中华民族的文化创造变为全人类的共同财富，促进了世界各民族文化的进步和繁荣。

之所以如此，根本原因在于中华文化的丰富性和先进性。中华民族以其勤劳和智慧，使中华文化的发展高潮迭起，辉煌灿烂，长期居于世界领先地位。中华文化以其历史悠久，更主要的是以其丰富性、先进性和博大恢宏，在世界文化史上获得了持久的魅力。

中华民族贡献给人类的智慧，突出表现在丰饶的物产上。海外各民族首先是通过那些体现着中华民族智慧结晶的物质产品来知道和认识中华文化的。丝绸、瓷器、茶叶等中华民族创造的物质产品，改变和丰富了人们的生活。中国古代的科学技术一直走在世界的前列，如天文、地学、数学、生物学、化学、医药学、冶金技术、建筑技术等，这些领域的成果都曾陆续传播到海外。四大发明是中华民族奉献给世界并改变了整个人类历史进程的伟大科技成果，其意义远远超出其自身的技术领域，对文化的传承、对人类征服世界能力的提高、对世界历史的演变，都具有特别重要的作用。

古代中国不仅创造了发达的物质文化和科技文化，而且在哲学、艺术、政治文化等许多领域，都取得了辉煌的成就，并且和物质文化、科技文化一样，在很长一个历史时期中处于世界的先进水平，在向海外传播的过程中给其他民族的文化带去了中国的智慧。实际上，在漫长的历史进程中，几乎中华民族创造的所有文化成就，从物质到精神，从生产到生活，从政治到艺术，从宗教到民俗，等等，都或多或少、或远或近传播到海外，对世界各民族文化产生多种多样的影响。

二

中华文化在世界各地的广泛传播，不仅对其他民族文化的发展有一定的影响和作用，为世界文明做出了重大贡献，而且使自己获得了世界性的文化意义，使中华文化成为一种世界性的文化形态。中华文化向海外传播的历史，也就是中华民族、中华文化走向世界的历史。中华文化努力向海外开拓和传播，便是在不断地走向世界、追求中华文化普遍性和世界性的过程。中华文化走向世界，世界接纳了中华文化，因而中华文化也就成了全人类的共同财富。它不仅参与世界文化总体格局的构造，参与世界文化的对话，而且使自己获得了一种世界意识、世界观念和世界性的文化价值。因此，中华文化在历史上大规模地传播于世界各地，不仅对于接受其影响的国家和民族有积极的意义，而且对于中华文化自身，对其自身的发展，对其自身的文化价值，也是很有意义的，其作用是不可低估的。所以，中华文化在海外传播的历史，是中华文化历史的一部分。从这个角度来认识中华文化自身发展的历史，来认识中华文化本身，就更全面、更丰富，也更深刻了。

能够大规模向海外传播的文化，必然是开放的。开放性是中华文化的一个本质特征，开放性使中华文化保持了一种健全的文化交流的态势，形成了文化传播和文化输入的机制，而这正是中华文化具有强大生命力的原因之所在。中华文化延续几千年而道统不绝，在世界文化史上也是罕见的。究其原因，正是由于它保持着全面开放的态势，在大规模向外传播的同时也大规模地吸收、输入域外各族文明，因而不断接受新鲜刺激，处于动态的、变化的环境之中。流水不腐。中华文化的这种积极的输出和吸纳，使自己获得了鲜活的和强大的生命力。即便是在面对近代西方文化大规模和强有力冲击的时候，中华文化也能通过自身的"重整反应"而使自己走向现代化。

中华文化在海外的传播，是一个没有间断过的历史过程。在中国历史发展的各个阶段上，都有不同的文化内容、文化形式以不同的方式传播到域外的不同民族和地区。但是，这个过程并不是始终如一的，而是呈现出波浪式的过程。其中最耀眼的是几次大的传播高潮。这几次文化传播高潮的出现，各有其原因和特点，但共同的方面就是，这些高潮都出现在中国国力强盛、疆域广大、威力远被、和平发展的时期，汉、唐形成了中国历史上强盛的大帝国，成吉思汗建立了一个世界性的大帝国，欧亚大陆交通大开，而至明清之际，特别是康乾盛世，更是达到中国封建社会发展的最后高峰。一方面，国力的强盛带动了整个社会的创新和进步，出现了文化上的繁荣，因而有更先进、更新鲜的文化传播到海外，所以这几次传播的高潮也都是中华文化发展的高峰时期；另一方面，综合国力强盛的国家在世界上会有更大的影响力，更能引起人们的关注和兴趣，并且希望了解这种强盛发达的原因，产生学习吸取的愿望，主动学习先进文化。

三

中华文化在海外的传播，对于世界文明的发展具有重大的意义。中华民族的文化创造，是自身文明的丰富和发展，也是对世界文明的贡献。中华文化不是偏于东亚一隅的地域性文化，也不是游离于世界文化发展大势之外的，而是世界文化总体格局的有机组成部分、重要组成部分。由于中华文化的参与，世界文化格局才显得如此丰富多彩、辉煌壮观、气象万千，世界文化的总体对话才显得如此生动活跃、生机盎然、妙趣横生。如我们已经看到的，在世界文明发展的一些重要历史时期，中华文化的传播和介入，都成为世界文明发展和变革的推进力量。特别是在欧洲的文艺复兴和近代文明的发展进程中，中华文化都发挥了外部的推动和刺激作用。

中华文化在很长的一个历史时段里居于世界文化总体格局的领先地位，直到近代西方工业文明发展起来以后，中华文化的这种领先性才渐次衰落，让位于用现代科学技术装备起来的西方文化，世界文化的格局和态势为之一变，由主要是西方向东方学习，变为主要是东方向西方学习。但是，最近几十年，由于新技术革命和工业化的负面影响和西方文化的危机，也由于东亚地区特别是中国经济的稳定和高速发展，不少西方学者开始把目光转向东方，试图从中国古代文明中吸取适用于当代和未来的文化价值，甚至认为自近代世界体系产生后一直占据支配地位的西方文明的中心地位行将终结，代之而起的则是东方文明的兴盛。他们寄希望于东方文化、中华文化，从东方的复兴中看到人类未来的前景。他们着眼于东方文化、中华文化所蕴含的人文精神，试图以东方文化的智慧来拯救被技术文明破坏了的世界文化生态。

在全球化和科技革命的新的历史条件下，世界文明的发展更需要在中国文明基础上孕育的东方智慧。而经过近代以来激烈的文化冲突和历史性的蜕变，中华文化正日益焕发着新的生机，展现出新的生命力和发展前景。现代中国人以其生命智慧和民族精神，继往开来，在现代化的伟大征途中创造出更加灿烂辉煌的现代中国文化，为人类文明的繁荣做出新的贡献。在现代世界的总体文化格局中，在具有健全机制和健康态势的现代中外文化交流中，中华文化在吸收外国先进文化的同时，也重现丰采，以更宽阔的渠道、更丰富的内容、更广大的范围继续广泛传播于世界各地，在现代世界文化的总体对话中、在现代世界文化的繁荣和发展中做出贡献。在现代世界文化舞台上，中华文化仍然占有重要的位置，发挥着重要的作用。

这部著作展现了中华文化向海外传播的壮丽画卷，展现了我们先辈创造的伟大的历史。这是中华民族的生命智慧和中华文化生生不息的历史表征。我们是这生命智慧和历史光荣的现代传人。先辈的光荣和智慧，给我们激励，给我们营养，给我们进行文化创造以不尽的源头活水。我们从历史走来，历史给我们以鼓励、以动力、以生命之源。我们以过去的历史为光荣，更要做出无愧于中华民族光荣历史的伟大业绩。在今天的世界上，中华民族应该做出更大的贡献。

我们追寻前辈先人走向世界的历史踪迹，追寻中华文化在海外传播的历史踪迹，就是要从我们前辈先人对于世界文化的伟大贡献中，吸取激励我们进行现代文化创造的精神、智慧和力量。

主要参考文献

［1］周一良主编：《中外文化交流史》，河南人民出版社1987年版。

［2］李喜所主编：《五千年中外文化交流史》，世界知识出版社2002版。

［3］陈高华、陈尚胜著：《中国海外交通史》，中国社会科学出版社2017年版。

［4］何芳川主编：《中外文化交流史》，国际文化出版公司2008年版。

［5］王介南著：《中外文化交流史》，人民出版社2011年版。

［6］韩昇著：《东亚世界形成史论》，复旦大学出版社2009年版。

［7］韩昇主编：《古代中国——东亚世界的内在交流》，复旦大学出版社2005年版。

［8］〔美〕费正清、赖肖尔、克雷格著：《东亚文明：传统与变革》，黎鸣等译，天津人民出版社1992年版。

［9］朱云影著：《中国文化对日韩越的影响》，广西师范大学出版社2007年版。

［10］石源华、胡礼忠著：《东亚汉文化圈与中国关系》，中国社会科学出版社2005年版。

［11］《中朝关系通史》编写组编：《中朝关系通史》，吉林人民出版社1996年版。

［12］朴真奭著：《中朝经济文化交流史研究》，辽宁人民出版社1984年版。

［13］陈尚胜著：《中韩交流三千年》，中华书局1997年版。

［14］黄有福、陈景富著：《中朝佛教文化交流史》，中国社会科学出版社1993年版。

［15］陈景富著：《中韩佛教关系一千年》，宗教文化出版社1999年版。

［16］〔日〕木宫泰彦著：《日中文化交流史》，胡锡年译，商务印书馆1980年版。

［17］〔日〕上垣外宪一著：《日本文化交流小史》，王宣琦译，武汉大学出版社2007年版。

［18］池步洲著：《日本遣唐使简史》，上海社会科学院出版社1983年版。

［19］韩昇著：《遣唐使和学问僧》，中华书局、上海古籍出版社2010年版。

［20］〔日〕道端良秀著：《日中佛教友好二千年史》，徐明、何燕生译，商务印书馆1992年版。

［21］释东初著：《中日佛教交通史》，台湾中华佛教文化馆、中华大典编印会1970年版。

［22］郑彭年著：《日本中国文化摄取史》，杭州大学出版社1999年版。

［23］〔法〕阿里·玛扎海里著：《丝绸之路——中国－波斯文化交流史》，耿昇译，中华书局2014年版。

［24］纪念伟大航海家郑和下西洋580周年筹备委员会、中国航海史研究会编：《郑和下西洋论文集》，人民交通出版社1985年版。

［25］郑一钧著：《论郑和下西洋》，海洋出版社1985年版。

［26］王天有、徐凯、万明编：《郑和远航与世界文明——纪念郑和下西洋600周年论文集》，北京大学出版社2005年版。

［27］向达著：《唐代长安与西域文明》，生活·读书·新知三联书店1957年版。

［28］方豪著：《中西交通史》，上海人民出版社2008年版。

［29］沈福伟著：《中西文化交流史》，上海人民出版社2006年版。

［30］张国刚著：《中西文化关系通史》，北京大学出版社2019年版。

［31］潘吉星著：《中外科学交流史》，香港中文大学出版社1993年版。

［32］潘吉星著：《中国古代四大发明——源流、外传及世界影响》，中国科学技术大学出版社2002年版。

［33］〔美〕杰克·威泽弗德著：《成吉思汗与今日世界之形成》，温海清、姚建根译，重庆出版社2009年版。

［34］〔法〕沙海昂注：《马可波罗行纪》，冯承钧译，中华书局2004年版。

［35］〔美〕劳伦斯·贝尔格林著：《马可·波罗传》，周侠译，海南出版社

2010年版。

［36］〔法〕安田朴著：《中国文化西传欧洲史》，耿昇译，商务印书馆2000年版。

［37］〔法〕让-诺埃尔·罗伯特著：《从罗马到中国——恺撒大帝时代的丝绸之路》，马军、宋敏生译，广西师范大学出版社2005年版。

［38］〔美〕唐纳德·F.拉赫著：《欧洲形成中的亚洲第一卷·发现的世纪》，周云龙等译，人民出版社2013年版。

［39］〔美〕孟德卫著：《1500—1800：中西方的伟大相遇》，江文君等译，新星出版社2007年版。

［40］〔英〕约翰·霍布森著：《西方文明的东方起源》，孙建党译，山东画报出版社2009年版。

［41］〔英〕S.A.艾兹赫德著：《世界历史中的中国》，姜智芹译，上海人民出版社2009年版。

［42］〔美〕J.J.克拉克著：《东方启蒙：东西方思想的遭遇》，于闽梅、曾祥波译，上海人民出版社2011年版。

［43］〔英〕赫德逊著：《欧洲与中国》，王尊仲等译，中华书局1995年版。

［44］沈福伟著：《中国与欧洲文明》，山西教育出版社2018年版。

［45］沈福伟著：《西方文化与中国（1793—2000）》，上海教育出版社2003年版。

［46］沈定平著：《明清之际中西文化交流史——明代：调适与会通》，商务印书馆2001年版。

［47］沈定平著：《明清之际中西文化交流史——明季：趋同与辨异》，商务印书馆2012年版。

［48］澳门《文化杂志》编：《十六和十七世纪伊比利亚文学视野里的中国景观》，大象出版社2003年版。

［49］〔美〕M.G.马森著：《西方的中国及中国人观念（1840—1876）》，杨德山译，中华书局2006年版。

［50］〔美〕史景迁著：《大汗之国——西方眼中的中国》，阮叔梅译，广西师范大学出版社2013年版。

［51］忻剑飞著：《世界的中国观——近二千年来世界对中国的认识史纲》，学林出版社1991年版。

［52］〔英〕吴芳思著：《中国的魅力——趋之若鹜的西方作家与收藏家》，方永德等译，东方出版中心2009年版。

［53］〔德〕利奇温著：《十八世纪中国与欧洲文化的接触》，朱杰勤译，商务印书馆1962年版。

［54］朱谦之著：《中国哲学对欧洲的影响》，上海人民出版社2006年版。

［55］韩琦著：《中国科学技术的西传及其影响》，河北人民出版社1999年版。

［56］〔美〕卡特著：《中国印刷术的发明和它的西传》，吴泽炎译，商务印书馆1957年版。

［57］〔西〕门多萨撰：《中华大帝国史》，何高济译，中华书局1998年版。

［58］〔英〕C. R. 博克舍编注：《十六世纪中国南部行纪》，何高济译，中华书局1990年版。

［59］张西平著：《儒学西传欧洲研究导论——16—18世纪中学西传的轨迹与影响》，北京大学出版社2016年版。

［60］张西平著：《交错的文化史——早期传教士汉学研究史稿》，学苑出版社2017年版。

［61］〔美〕孟德卫著：《奇异的国度：耶稣会适应政策及汉学的起源》，陈怡译，大象出版社2010年版。

［62］〔美〕邓恩著：《从利玛窦到汤若望——晚明的耶稣会传教士》，余三乐、石蓉译，上海古籍出版社2003年版。

［63］〔波〕卜弥格著：《卜弥格文集：中西文化交流与中医西传》，〔波〕爱德华·卡伊丹斯基波兰文翻译，张振辉、张西平中文翻译，华东师范大学出版社2013年版。

［64］〔法〕杜赫德编：《耶稣会士书简集——中国回忆录》，郑德弟等译，大

象出版社2005年版。

［65］〔法〕谢和耐著：《中国与基督教——中西文化的首次撞击》（增补本），耿昇译，上海古籍出版社2003年版。

［66］张国刚、吴莉苇著：《启蒙时代欧洲的中国观——一个历史的巡礼与反思》，上海古籍出版社2006年版。

［67］〔韩〕黄台渊、金钟禄著：《孔夫子与欧洲思想启蒙》，〔韩〕卢珍译，人民日报出版社2020年版。

［68］〔法〕维吉尔·毕诺著：《中国对法国哲学思想形成的影响》，耿昇译，商务印书馆2000年版。

［69］〔法〕亨利·柯蒂埃著：《18世纪法国视野里的中国》，唐玉清译，上海书店出版社2006年版。

［70］〔法〕蓝莉著：《请中国作证——杜赫德的〈中华帝国全志〉》，许明龙译，商务印书馆2015年版。

［71］〔法〕弗朗斯瓦·魁奈著：《中华帝国的专制制度》，谈敏译，商务印书馆1992年版。

［72］谈敏著：《法国重农学派学说的中国渊源》，上海人民出版社1992年版。

［73］〔德〕莱布尼茨著：《中国近事——为了照亮我们这个时代的历史》，〔法〕梅谦立、杨保筠译，大象出版社2005年版。

［74］李文潮、〔德〕H. 波塞尔编：《莱布尼茨与中国》，李文潮等译，科学出版社2002年版。

［75］〔美〕孟德卫著：《莱布尼茨和儒学》，张学智译，江苏人民出版社1998年版。

［76］孙小礼著：《莱布尼茨与中国文化》，首都师范大学出版社2006年版。

［77］〔德〕夏瑞春编：《德国思想家论中国》，陈爱政等译，江苏人民出版社1989年版。

［78］杨武能、莫光华著：《歌德与中国（新版插图增订本）》，四川人民出版社2017年版。

［79］范存忠著：《中国文化在启蒙时期的英国》，上海外语教育出版社1991年版。

［80］〔美〕H. G. Greel（顾立雅）著：《孔子与中国之道——现代欧美人士看孔子》，高专诚译，山西人民出版社1992年版。

［81］耿昇著：《中法文化交流史》，云南人民出版社2013年版。

［82］〔美〕罗伯特·芬雷著：《青花瓷的故事》，郑明萱译，台湾猫头鹰出版公司2011年版。

［83］〔美〕威廉·乌克斯著：《茶叶全书》，侬佳等译，东方出版社2011年版。

［84］姚宝猷著：《中国丝绢西传史》，商务印书馆1944年版。

［85］武斌著：《中华文化海外传播史》，陕西人民出版社1998年版。

［86］武斌著：《孔子西游记：中国智慧在西方》，广东人民出版社2021年版。

［87］武斌著：《丝绸之路全史》，辽宁教育出版社2018年版。

后 记

　　对于中华文化在海外的传播与影响这一课题的研究，可以说是我多年学术活动的基础。在20世纪90年代初，我开始进入这个领域，便一直在这个领域里徜徉，其他的研究和著述，大部分都是在这个基础上生发出来的。起先，写作了名为《中华文化在海外的传播》的小册子，到1998年，出版了三卷本的《中华文化海外传播史》。之后，继续进行相关资料的搜集和研读，同时进行国内外的学术考察。从2013年开始进行大规模的修订与补充，完成了六卷本《新编中华文化海外传播史》。这样一说，就过去30多年了。

　　中华文化在海外的传播与影响研究，是一个具有学术价值的课题，也是一个具有很强的现实意义的课题。其核心问题，就是如何更全面、更深入地认识我们自己的文化传统，认识中华文化。中华文化源远流长，生生不息，是世界文化史上的一个高峰、一个奇观。中华文化不是在一个封闭的环境中独自成长的，而是在世界文化的大格局中，在与其他民族、其他文化的交流、对话和相互的激荡中成长发展的。在这个漫长的过程中，中华文化以多种方式、多种渠道传播到世界各地，丰富、刺激了其他民族文化的发展，为世界文化的繁荣进步做出了重要贡献。这是我们民族文化的自豪与光荣。如果从这个方面、这个角度去认识中华文化，就会更全面、更深刻，也更能了解我们在世界文化史上所占据的地位和所产生的影响。

　　从中华文化在海外传播和影响的角度来认识中华文化，不仅在学术上需要下更大的功夫，获得学术界的更多了解，而且也应该让这个问题成为大家的通识，成为中华文化史的通识。但是，多卷本几百万字的学术著作，难以获得普通读者的接受。这样的大部头是面向专业学术研究者的。所以，我在完成了那个多卷本之后，就一直想写一本比较简明扼要的书稿，让更多的人了解中华文化走向世界的历史，了解我们民族文化的历史辉煌与光荣。正好，最近，山东人民出版社的胡长青社长和马洁主任约我写这样一本稿子，使我的这个愿望有了实现的机会。

要把几百万字的研究成果改写成几十万字的稿子，其实是非常难的。所谓"简明扼要"，并没有一个可以参考的标准。我在写作过程中，主要把握了这样两条：一是重点讲一些相关话题的重要事件、重要事项。那么，什么是"重要"的呢？我想就是对于文化发展来说，某一事项很重要、影响很大，甚至是起到关键性作用，比如印刷术的传播，就是对世界文化发展有转折意义的重大事项。二是突出一些重要人物。人是文化交流和传播的主要载体，历史上有许许多多的人为中华文化的传播做出了贡献，留下姓名的只是少数人，我们知道的有张骞、郑和、鉴真、朱舜水，还有空海、利玛窦、马可·波罗等。讲文化交流、文化传播，首先是这些人的故事，就是这些人和他们的事迹的故事。

一个是事，一个是人，这两个要点，是我在写作过程中注意把握的。历史就是人和事的故事，所以，我尽量把每个故事讲完整，也争取尽量讲生动。这样就可能给读者提供比较直观、生动的历史画面了。

武　斌

2021年2月1日于沈阳浑河之畔

2021年9月30日又识